《古代漢語》編委會

高等學校語言文學教材系列

古代漢語（上）
Ancient Chinese

主　編　張玉金

副主編　羅維明　孫緒武　張令吾　鍾明立

暨南大學出版社
JINAN UNIVERSITY PRESS

中國・廣州

圖書在版編目（CIP）數據

古代漢語．上／張玉金主編．—廣州：暨南大學出版社，2013.8（2024.7重印）
（高等學校語言文學教材系列）
ISBN 978－7－5668－0493－8

Ⅰ．①古…　Ⅱ．①張…　Ⅲ．①古漢語—高等學校—教材　Ⅳ．①H109.2

中國版本圖書館CIP數據核字（2013）第029066號

古代漢語（上）
GUDAI HANYU（SHANG）
主　編：張玉金

出 版 人：陽　翼
策劃編輯：杜小陸
責任編輯：周玉宏　郝　文
責任校對：黃　穎
責任印製：周一丹　鄭玉婷

出版發行：暨南大學出版社（511434）
電　　話：總編室（8620）31105261
　　　　　營銷部（8620）37331682　37331689
傳　　真：（8620）31105289（辦公室）　37331684（營銷部）
網　　址：http://www.jnupress.com
排　　版：廣州良弓廣告有限公司
印　　刷：佛山市浩文彩色印刷有限公司
開　　本：787mm×1092mm　1/16
印　　張：20.25
字　　數：441千
版　　次：2013年8月第1版
印　　次：2024年7月第11次
定　　價：49.80圓

序

目前普遍使用的古代漢語教材，是由王力先生主編、中華書局出版的《古代漢語》。這部教材的長處是不言而喻的，所以至今仍能被廣泛採用。但是它已經不能完全適應當前古代漢語教學的實際要求，至少有以下三點欠缺：

1. 理論知識陳舊，不能充分吸收當前學術界新的定論性成果。

2. 教材共四大冊，分量太大，而目前各高校古代漢語課一般都只開兩個學期。

3. 教材中的常用詞部分已經沒有必要列出了，因爲《古漢語常用字字典》（蔣紹愚等編，商務印書館出版）早已出版，而且經過了多次修訂。

因此，重編一套《古代漢語》教材是十分必要的。

我們是按照下述原則來編寫這套《古代漢語》教材的。

首先，在文選的選擇上遵循重視“文以載道”的原則，在充分重視文言文這種“文”的基礎上，還要重視這種“文”所載的“道”。所以選文既要注重其語言的典範性，也要重視其思想內容的現實性。這樣，我們不但能把古代漢語的理論知識教給學生，培養學生閱讀古書的能力，而且也能用傳統文化的精華教育學生，使他們在思想品德、爲人處世、心理素質等方面有所提高。

其次，在文選的編排上遵循循序漸進、由淺入深的原則。上冊的文選只有今注，下冊則不但有今注，也有古注。這種文選編排的意圖是使學生通過學習今注進而閱讀古注，使學生接觸到古書的原貌，真正提高閱讀古書的能力。

再次，堅持感性認識和理性認識相結合的原則，每個單元都包括文選、常識和古代文化常識三部分。先學習文選，以形成感性認識，而通過學習常識，又上升到理性認識。再通過學習每個單元中的古代文化常識部分，以拓寬知識面。有些《古代漢語》教材有常用詞部分，我們認爲這部分應刪去，因爲現在已有一些比較好的古漢語字、詞典可以查閱，沒有必要再列這樣的內容。

最後，堅持學習與練習相結合的原則，每個單元在文選、常識和古代文化常識之後都有練習題。通過練習，學生不但可以鞏固學到的知識，還可以加深對所學知識的理解。

參加本書編寫的人員，都是廣東省高等院校中文系的语言学教師。他们從教多年，大都有高級職稱或博士以上學位。這樣的編者隊伍，能夠確保此書的質量。

各位編寫人員承擔的任務如下：

上册
緒　　論：張玉金
第一單元
文　　選：劉志生
常　　識：譚赤子
古代文化常識：卞仁海
練 習 題：劉志生　譚赤子

第二單元
文　　選：夏永聲
常　　識：毛元晶
古代文化常識：卞仁海
練 習 題：夏永聲　毛元晶

第三單元
文　　選：袁海林
常　　識：蔣書紅
古代文化常識：卞仁海
練 習 題：袁海林　蔣書紅

第四單元
文　　選：王　晶
常　　識：張令吾
古代文化常識：卞仁海
練 習 題：王　晶　張令吾

第五單元
文　　選：徐志林
常　　識：郭浩瑜
古代文化常識：卞仁海
練 習 題：徐志林　郭浩瑜

附　表：
一、繁簡字對照表：張玉金
二、漢字部首例釋：秦曉華

下册
第六單元
今　　注：宫欽第
古　　注：鍾明立
常　　識：卞仁海
古代文化常識：卞仁海
練 習 題：宫欽第　卞仁海

第七單元
今　　注：羅維明
古　　注：鍾明立
常　　識：陳增嶽
古代文化常識：卞仁海
練 習 題：羅維明　陳增嶽

第八單元
今　　注：梁立勇
古　　注：鍾明立
常　　識：謝潔瑕
古代文化常識：卞仁海
練 習 題：梁立勇　謝潔瑕

第九單元
今　　注：龐光華
古　　注：鍾明立
常　　識：孫緒武
古代文化常識：卞仁海
練 習 題：龐光華　孫緒武

第十單元
今　　注：沈建民　魏慧斌
古　　注：鍾明立
常　　識：沈建民　魏慧斌
古代文化常識：卞仁海
練 習 題：沈建民　魏慧斌

附表：常用字上古音表：田範芬

書稿完成後，又承暨南大學出版社的杜小陸主任及其他編輯、校對細加審校，在排印方面也做了許多工作，謹在此表示由衷的感謝。

由于水準有限，書中錯誤、不當之處一定不少，懇請專家和廣大讀者指正。

張玉金

2013 年 3 月

凡　例

一、本書分上、下兩冊。每冊各分爲五個單元，每個單元都包括文選、常識、古代文化常識和練習題四個部分。

二、文選按體裁編選，第一至第八單元爲散文和詩歌，第九單元爲辭賦和駢體文，第十單元爲韻文。所選的篇章，大多數是先秦時代典範的文言文。

三、上冊每個單元的文選都只有今注部分。下冊每個單元的文選則包括今注和古注兩個部分。

四、文選“今注”的形式、體例及術語等都參考王力先生主編的《古代漢語》（校訂重排本，中華書局，1999 年 5 月第 3 版）。首列“文選”二字，然後介紹文選所出自的書（如《左傳》）或作者（如沈約）的情況。列出篇名，篇名後標出文選出自書的哪一部分。每篇文言文的長度，一般以兩課時或一課時能講完爲限。第一段的第一個注要對所選的文言文的內容進行說明。注釋務求簡明，除特殊句式外，一般不譯。注意吸收學術界新的定論性成果。“今注”中的注釋，一般不採用兩說。但有時編者覺得這兩說都可取，就同時列出。列在前面的說法，是編者比較贊同的。出土文獻包括摹本、釋文和注釋三個部分。

五、文選“古注”先介紹文選所出自的書（如《左傳》）或作者（如沈約）的情況。無注釋。古注篇目不與今注的篇目相同。選取著名的古注，兼顧各種類型（如傳注類、章句類、音義類、集解類、義疏類、補注類等）。原文影印，豎排。

六、常識中的重點是文字、詞彙、語法、訓詁、音韻（包括《詩經》韻例、詩律、詞律等）等，也包括修辭、文體、句讀和古文今譯等內容。常識的形式、體例、術語等都參考王力先生主編的《古代漢語》。常識介紹一般簡明扼要。常識中的例句，既選用本書文選中出現過的句子，也選用本書範圍外的句子。難懂的地方，略加注釋。不追求知識的系統性，重點講授古代漢語中特有的現象。理論和術語注意時代性，注意與現代漢語的銜接和統一。語法理論和術語要注意與中學文言文語法體系的銜接。注意吸收學術界新的定論性成果。

七、在每個單元的常識之後、練習題之前都有古代文化常識部分，集中講解對讀懂古書所必要的相關古代文化常識。每單元一講，共十講。

八、每個單元之後，都有練習題。練習題與該單元的文選、常識相對應，是圍繞常識和文選選題的。練習題中有思考題、與常識部分對應的應用題、古文標點今譯題、古文閱讀題等。練習題十道左右。文選編寫者一般出三道題，包括釋詞題（解釋句中加點詞的意義和用法）、古文標點今譯題、古文閱讀題等。常識編寫者一般出七道題，包括名詞解釋、簡答題、思考題、與常識部分對應的應用題等。

九、上冊後有兩個附表，一是《繁簡字對照表》，二是《漢字部首例釋》。下冊後有一個附表《常用字上古音表》。附表是供學生在學習古代漢語時查找使用的，帶有工具書性質。

目　錄

第三單元

第四單元

第五單元

附　表

緒　論

古代漢語是古代漢民族使用的語言，是古代漢民族最重要的交際工具。古代漢語與現代漢語是相對的。現代漢語是指從鴉片戰爭到現在的漢語，它可分爲兩個階段：鴉片戰爭到“五四”時期爲早期現代漢語，“五四”以後則爲現代漢語。古代漢語則指鴉片戰爭以前的漢語，它可分爲上古漢語、中古漢語和近代漢語三個階段：西漢以前爲上古漢語，東漢至魏晉南北朝爲中古漢語，隋唐至鴉片戰爭爲近代漢語。跟現代漢語一樣，古代漢語也有口語和書面語兩種形式，但是古代的口語，現在已聽不到，如今我們接觸到的只是古代漢語的書面語。

古代漢語的書面語有兩個系統：一是以先秦（主要是指兩周時代）口語爲基礎而形成的上古漢語書面語以及後代用這種書面語寫成的作品中的語言；二是六朝以後在北方話基礎上形成的書面語。前者可叫作文言，後者可稱爲古白話。這兩者雖然都是古代漢語書面語，但是古代漢語課學習的對象主要是文言，一般不涉及古白話。文言又可以分爲兩類：第一類是典範文言，這主要是指以先秦口語爲基礎而形成的上古漢語書面語；第二類是仿古文言，這主要是指後代用上古漢語書面語寫成的作品。古代漢語課學習的重點，應是典範文言，本套教材所選的作品，大多數是用這種典範的文言寫成的。

古代漢語是高等學校中文系的一門專業基礎課，也是一門工具課，是中文系學生必須要學好的內容。

這門工具課的教學目的，主要是要培養學生閱讀古書的能力。明白了這一點，對於從事古漢語教學有指導意義。古漢語教材中有文選部分，其中選讀了古代的文學作品、歷史作品和哲學作品等，但是教文選時主要不是爲了傳授古代的文學、歷史和哲學知識，而是要把這些文選當作語言材料，用來學習古代漢民族語言，豐富古代漢語的感性認識。古代漢語教材中又有常識部分，其中包括古漢語的語音、詞彙、語法和文字等方面的理論知識，學習這部分內容不是爲了系統掌握這些學科的理論知識，而是要把由學習文選形成的感性認識上升到理性認識。兩個方面相互結合，使閱讀古書的能力得以提高。

學習古代漢語課的最終目的，當然是爲了繼承中華民族的優秀文化遺產。我們知道，中華民族有着幾千年有文字記載的歷史，在這幾千年輝煌的歷史中，我們的民族創造了光輝燦爛的古代文明。這些優秀的文化遺產，對我們今人來說，是一筆極其實貴的財富。我們偉大的祖國，正在從事建設現代化發達國家的偉業。任何現代化，都必須在傳統的基礎上進行。不繼承我們民族優秀的文化遺產，要想實現現代化是不現實的。我們民族優秀文化遺產絕大多數是靠歷代文獻記載而延續下來的。要想繼承古代文化，就必須懂古代漢語，有閱讀古書的能力。因此，古代漢語課是一把打開古代文化寶庫的金鑰匙。

那麼，如何學好古代漢語課，進而擁有閱讀古書的能力呢？

在學習古代漢語這門課程時，要做到三個結合，即文選與常識的結合、課堂教學與課後練習的結合、課內教學與課外閱讀的結合。

文選與常識的結合，已體現在教材的編寫之中。本套教材分上、下兩冊，共有十個單元，每一單元既有文選又有常識。在古代漢語的學習中，也要遵循這一原則。學習文選時，要照顧到常識；學習常識時，也要照顧到文選。通過學習文選，能形成對古代漢語的感性認識；而通過學習常識，又能夠把感性認識提高到理性認識。這樣一來，閱讀古書的能力就能得到提高。

課堂教學與課後練習的結合，也體現在本套教材的編寫之中。本套教材的每個單元之後都有練習題，讓學生在課後去做。教師在課堂上講授文選和常識，使學生初步形成了對古代漢語的感性認識和理性認識。學生通過課後練習鞏固了已學得的理論知識，培養了運用這種理論知識的能力。練習題中一般都有標點翻譯題，做這種練習題則可鍛煉和檢驗學生閱讀古書的能力。截至目前，大學古代漢語的課堂教學，一般是教師一個人在上邊講，學生們在下邊聽。這樣，學生的學習缺乏主動性和創造性，如果讓學生做課後練習，則可彌補這一不足。

課內教學與課外閱讀的結合往往被忽略，但這是應大力提倡的。古代漢語課程的學習可以培養學生閱讀古書的能力，但學生閱讀古書的能力有高低之分。一個學生，如果僅僅滿足於教師的課堂教學和學生的課後練習，那是難以培養出較高的閱讀古書的能力的。要想使閱讀古書的能力達到一個理想的水準，必須增加課外閱讀的量。課外閱讀的對象，首先是本教材中教師沒時間講授的部分。由于課時所限，本教材的文選和常識，教師不一定都能講授，這時要求學生在課外閱讀，教師加以輔導。不然，就不能說是完成了古代漢語課的教學任務。因爲如果僅僅學習教師講的內容，考試也僅僅考教師講的內容，學生的知識面就太窄了，難以完成培養學生閱讀古書能力的任務。要知道，完整的古代漢語課，是由課堂教學和課外閱讀兩大塊構成的，不可偏廢。課外閱讀的對象，還可以是教材以外的其他書籍。這種書籍可以分爲兩大類：一類是典範文言著作，如《左傳》、《論語》等；第二類是古代漢語方面的理論性著作，如《文字學》、《音韻學》、《訓詁學》、《古代漢語語法學》、《古代漢語詞彙學》等。這類理論著作的閱讀，可以在選修相關課程的同時進行。如果學校沒有開設相關的選修課，那麼就要自學了。

課外閱讀，可以在古代漢語課講授的過程中進行，更可以提倡在課程結束之後進行。如果能做到這一點，那就會有很高的閱讀古書的能力。當然，不能要求每個學生都做到這一點。對於那些想報考古代漢語、現代漢語、古代文學等方向研究生的學生，或者對古代漢語感興趣的學生，則要求他們加強課外閱讀這一環節，教師要給予指導。而對於一般的學生則不必強求，但也應要求他們閱讀本教材中老師沒有講授的部分（文選和常識）。

古代漢語課雖有一定的難度，但若在學習中遵循“三個結合”的原則，就很容易入門。入門其實不難，深造也是辦得到的。

第一單元

文選

左傳

《左傳》原名爲《左氏春秋》，漢代改稱《春秋左氏傳》，簡稱《左傳》。舊時相傳是春秋末年魯國史官左丘明爲傳《春秋》而作。《左傳》實質上是我國第一部敍事詳細完整的歷史著作。它起自魯隱公元年（前722），迄於魯悼公十四年（前453）。

《左傳》是記錄春秋時期社會狀況的重要典籍，取材於王室檔案、魯史策書、諸侯國史等。書中主要記錄了周王室的衰微和諸侯爭霸的歷史，同時對各類禮儀規範、典章制度、社會風俗、民族關係、道德觀念、天文地理、曆法時令、古代文獻、神話傳說、歌謠諺語都有記述和評論。

《左傳》代表了先秦史學最高成就，是研究春秋時期歷史的重要文獻，對後世的史學產生了很大影響，特別是對確立編年體史書的地位起了很大作用。

《左傳》在文學和語言上也有很大成就。作者長於記述戰爭，又善於刻畫人物，語言簡練。

通行的古注主要有《春秋左傳注疏》（晉杜預注，唐孔穎達疏），今注有《春秋左傳注》（楊伯峻撰）。

楚人獻黿於鄭靈公（宣公四年）[1]

楚人獻黿於鄭靈公。公子宋與子家將見[2]。子公之食指動，以示子家，曰："他日我如此[3]，必嘗異味。"及入，宰夫將解黿，相視而笑。公問之，子家以告。及食大夫黿[4]，召子公而弗與也。子公怒，染指於鼎[5]，嘗之而出。公怒，欲殺子公。

［1］本文表現了鄭國統治階級內部的權力鬥爭。黿（yuán），狀似鱉而大，俗稱癩頭黿。古人

以爲美味。鄭靈公，名夷。鄭穆公太子，公元前605年即位。

［2］公子宋，字子公，鄭國大夫。子家，即公子歸生，鄭國大夫。見，指被詔上朝見君。

［3］他，別的。

［4］食（sì），動詞的使動用法，使……吃。

［5］染指，用手指在湯中蘸了一下。

子公與子家謀先[1]。子家曰："畜老[2]，猶憚殺之[3]，而況君乎？"反譖子家[4]，子家懼而從之。夏，弑靈公。書曰："鄭公子歸生弑其君夷。"權不足也[5]。君子曰："仁而不武[6]，無能達也[7]。"凡弑君，稱君，君無道也；稱臣，臣之罪也。

［1］謀，商議。先，先動手。

［2］畜，牲畜。

［3］憚，害怕，這裏指不忍心。

［4］譖（zèn），誣陷，這裏指誣陷子家想弑君。

［5］權，權利。一説"權謀"。

［6］仁，仁愛，指子家起初稱"畜老，猶憚殺之，而況君乎"。武，勇武果敢。

［7］達，實現。

鄭人立子良[1]，辭曰："以賢則去疾不足[2]，以順則公子堅長。"乃立襄公[3]。襄公將去穆氏[4]，而舍子良。子良不可，曰："穆氏宜存，則固願也。若將亡之，則亦皆亡，去疾何爲[5]？"乃舍之，皆爲大夫。

［1］子良，穆公庶子。

［2］去疾，子良名。

［3］襄公，即鄭襄公（？—前587），春秋時鄭國國君，姬姓，名堅。鄭靈公庶弟。

［4］穆氏，指襄公的衆兄弟們。

［5］何爲，指爲何獨留。

初[1]，楚司馬子良生子越椒，子文曰[2]："必殺之。是子也，熊虎之狀，而豺狼之聲，弗殺，必滅若敖氏矣[3]。諺曰：'狼子野心。'是乃狼也，其可畜乎[4]？"子良不可。子文以爲大戚。及將死，聚其族，曰："椒也知政，乃速行矣，無及於難。"且泣曰："鬼猶求食，若敖氏之鬼，不其餒而[5]？"及令尹子文卒，鬭般爲令尹[6]，子越爲司馬。蔿賈爲工正，譖子揚而殺之，子越爲令尹，己爲司馬。子越又惡之[7]，乃以若敖氏之族圄伯嬴於轑陽而殺之[8]，遂處烝野[9]，將攻王。王以三王之子爲質焉[10]，弗受，師於漳澨[11]。

［1］初，當初，這是追述往事的習慣説法。

［2］子文，子良之兄。

［3］若敖，原名熊儀，楚熊咢之子。周平王七年（前764）熊儀卒，被尊爲"若敖"，這是楚君有謚號的開始。

［4］其，語氣詞，加強反問。

［5］而，語氣詞。

［6］鬬般，即子文之子子揚。

［7］之，指蔿賈。

［8］圄，囚禁。伯嬴，即蔿賈。轑陽，楚邑。

［9］烝野，楚邑。

［10］三王，指文王、成王、穆王。

［11］漳澨，漳水邊。

鄭武公娶于申（隱公元年）[1]

初[2]，鄭武公娶于申[3]，曰武姜[4]，生莊公及共叔段[5]。莊公寤生[6]，驚姜氏，故名曰“寤生”，遂惡之。愛共叔段，欲立之。亟請於武公[7]，公弗許。及莊公即位，爲之請制[8]。公曰：“制，巖邑也[9]，虢叔死焉[10]。佗邑唯命[11]。”請京[12]，使居之，謂之京城大叔。祭仲曰[13]：“都城過百雉[14]，國之害也。先王之制，大都不過參國之一[15]；中五之一；小九之一。今京不度，非制也。君將不堪[16]。”公曰：“姜氏欲之，焉辟害[17]？”對曰：“姜氏何厭之有[18]？不如早爲之所，無使滋蔓，蔓難圖也。蔓草猶不可除，況君之寵弟乎？”公曰：“多行不義，必自斃[19]，子姑待之。”

［1］本文主要記敘了鄭國王室内部母子兄弟之間爾虞我詐的鬥爭。

［2］初，當初，從前。

［3］鄭武公，春秋時諸侯國鄭國（在今河南新鄭）國君，姬姓，名掘突，武爲謚號。申，諸侯國名，在今河南南陽，姜姓。

［4］武姜，武是鄭武公謚號，姜是娘家姓。

［5］莊公，即鄭莊公。共（gōng）叔段，莊公之弟。共是國名，叔爲兄弟排行居後，段是名。

［6］寤（wù）生，即難產。“寤”，通“啎”，逆。

［7］亟（qì），屢次。

［8］制，鄭國邑名，在今河南滎陽縣虎牢關。

［9］巖邑，險要的城邑。

［10］虢（guó）叔，東虢國君。

［11］佗，同“他”。唯命，“唯命是從”的省略。

［12］京，鄭國邑名，在今河南滎陽縣東南。

［13］祭（zhài）仲，鄭國大夫，字足。

［14］雉，古時建築計量單位，長三丈，高一丈。

［15］參，三。國，國都。

［16］堪，承受得起。

［17］焉，哪裏。辟，後來寫作“避”。

［18］厭，滿足。

［19］斃，仆倒，倒下去。

既而大叔命西鄙、北鄙貳於己[1]。公子呂曰[2]："國不堪貳，君將若之何[3]？欲與大叔，臣請事之；若弗與，則請除之，無生民心。"公曰："無庸[4]，將自及。"

［1］鄙，邊境上的城邑。貳，兩屬。貳於己，同時屬於莊公和自己。

［2］公子呂，鄭國大夫，字子封。

［3］若之何，對他怎麼辦。

［4］庸，用。

大叔又收貳以爲己邑，至於廩延[1]。子封曰："可矣，厚將得衆。"公曰："不義不暱[2]，厚將崩。"

［1］廩延，鄭國邑名，在今河南延津北。

［2］暱，親近。

大叔完聚[1]，繕甲兵，具卒乘[2]，將襲鄭，夫人將啓之[3]。公聞其期，曰："可矣！"

［1］完，修繕。聚，聚集。

［2］繕，修理，製備。甲，鎧甲。兵，武器。具，準備。卒，步兵。乘（shèng），兵車。

［3］夫人，指武姜。啓之，爲他打開城門。

命子封帥車二百乘以伐京[1]。京叛大叔段，段入於鄢，公伐諸鄢[2]。五月辛丑[3]，大叔出奔共。

［1］帥，率領。乘，一車四馬爲一乘。

［2］鄢，鄭國邑名，在今河南鄢陵縣。

［3］五月辛丑，隱公元年五月二十三日。古人用天干和地支搭配紀日。

遂寘姜氏于城潁[1]，而誓之曰："不及黃泉[2]，無相見也。"——既而悔之。

［1］城潁，鄭邑名，在今河南臨潁縣西北。

［2］黃泉，地下的泉水，黃色。這裏指墓穴。

潁考叔爲潁谷封人[1]，聞之，有獻於公，公賜之食，食舍肉。公問之，對曰："小人有母，皆嘗小人之食矣，未嘗君之羹，請以遺之[2]。"公曰："爾有母遺，繄我獨無[3]！"潁考叔曰："敢問何謂也？"公語之故，且告之悔。對曰："君何患焉？若闕地及泉[4]，隧而相見[5]，其誰曰不然？"公從之。公入而賦："大隧之中，其樂也融融[6]！"姜出而賦："大隧之外，其樂也洩洩[7]！"遂爲母子如初。

［1］潁考叔，鄭國大夫。潁谷，鄭國邑名，在今河南登封西南。封人，管理邊界的官。

［2］遺，贈送。

［3］繄，語氣詞，沒有實義。

［4］闕，挖。

［5］隧，用作動詞，這裏的意思是挖隧道。

［6］融融，快樂自得的樣子。

［7］洩洩（yì），快樂的樣子。

君子曰："潁考叔，純孝也，愛其母，施及莊公[1]。詩曰：'孝子不匱，永錫爾類[2]。'其是之謂乎！"

［1］施（yì），延及，擴展。

［2］這兩句詩出自《詩經·大雅·既醉》。匱，窮盡。錫，給予。

衛莊公娶于齊東宮得臣之妹（隱公元年）[1]

衛莊公娶于齊東宮得臣之妹，曰莊姜[2]，美而無子，衛人所爲賦《碩人》也[3]。又娶於陳[4]，曰厲嬀[5]，生孝伯，早死。其娣戴嬀[6]，生桓公，莊姜以爲己子。

［1］本文主要表彰了石碏（què）能"大義滅親"。衛，諸侯國名，姬姓，在今河南淇縣、滑縣一帶。齊，諸侯國名，姜姓，在今山東臨淄一帶。東宮，指太子。得臣，齊莊公的太子。

［2］莊姜，衛莊公的妻子，莊是丈夫謚號，姜是娘家的姓。

［3］《碩人》，《詩經·衛風》中讚美莊姜的詩。

［4］陳，諸侯國名，嬀（guī）姓，在今河南開封以東，安徽亳縣以北。

［5］厲嬀，衛莊公夫人。

［6］娣，妹妹。戴嬀，隨厲嬀出嫁的妹妹。

公子州吁，嬖人之子也[1]。有寵而好兵，公弗禁，莊姜惡之。石碏諫曰[2]："臣聞愛子，教之以義方，弗納於邪[3]。驕、奢、淫、泆[4]，所自邪也。四者之來，寵祿過也。將立州吁，乃定之矣；若猶未也，階之爲禍[5]。夫寵而不驕，驕而能降[6]，降而不憾[7]，憾而能眕者[8]，鮮矣。且夫賤妨貴，少陵長，遠間親，新間舊，小加大，淫破義，所謂六逆也；君義臣行，父慈子孝，兄愛弟敬，所謂六順也。去順效逆，所以速禍也[9]。君人者[10]，將禍是務去，而速之，無乃不可乎[11]？"弗聽。其子厚與州吁游，禁之，不可。桓公立，乃老[12]。

［1］嬖（bì）人，受寵的人，這裏指寵妾。

［2］石碏，衛國大夫。

［3］納，入。

［4］泆（yì），放縱。

［5］階之爲禍，成爲釀成禍亂的階梯。階，階梯。

［6］降，指地位下降。

［7］憾，恨。

［8］眕（zhěn），克制。

［9］速，招致。

［10］君人者，爲人君者。

［11］無乃，恐怕，大概。

［12］老，告老退休。

四年春，衛州吁弒桓公而立。公與宋公爲會[1]，將尋宿之盟[2]。未及期，衛人來告亂。夏，公及宋公遇于清。

宋殤公之即位也，公子馮出奔鄭，鄭人欲納之。及衛州吁立，將修先君之怨於鄭，而求寵於諸侯，以和其民[3]，使告於宋曰："君若伐鄭以除君害，君爲主，敝邑以賦與陳、蔡從[4]，則衛國之願也。"宋人許之。於是，陳、蔡方睦於衛，故宋公、陳侯、蔡人、衛人伐鄭，圍其東門，五日而還。

［1］公，魯隱公。

［2］宿之盟，魯隱公元年九月，魯國與宋國在宿地會盟。宿，國名，在今山東東平縣。

［3］求寵，討好。和其民，使其民衆安定和睦。

［4］賦，兵賦，指作戰所需的兵甲車馬等。

公問於衆仲曰[1]："衛州吁其成乎？"對曰："臣聞以德和民，不聞以亂。以亂，猶治絲而棼之也[2]。夫州吁，阻兵而安忍[3]。阻兵無衆，安忍無親，衆叛親離，難以濟矣。夫兵猶火也，弗戢[4]，將自焚也。夫州吁弒其君而虐用其民[5]，於是乎不務令德[6]，而欲以亂成，必不免矣。"

［1］衆仲，魯大夫。

［2］治絲，把絲理清。棼，通"紊"，紛亂。

［3］阻兵，依仗武力。安忍，安於殘忍。

［4］戢（jí），止息。

［5］虐用，暴虐地使用。

［6］務，致力。

秋，諸侯復伐鄭。宋公使來乞師，公辭之。羽父請以師會之[1]，公弗許，固請而行。故書曰"翬帥師"，疾之也[2]。諸侯之師敗鄭徒兵[3]，取其禾而還。

［1］羽父，即公子翬（huī）。

［2］疾，憎惡。

［3］徒兵，步兵。

州吁未能和其民，厚問定君於石子[1]。石子曰："王覲爲可[2]。"曰："何以得覲？"曰："陳桓公方有寵於王，陳、衛方睦，若朝陳使請[3]，必可得也。"厚從州吁如陳[4]。石碏使告於陳曰："衛國褊小[5]，老夫耄矣[6]，無能爲也。此二人者，實弒寡君，敢即圖之。"陳人執之而請涖於衛[7]。九月，衛人使右宰醜涖殺州吁于濮[8]，石碏使其宰獳羊肩涖殺石厚于陳[9]。

［1］厚，石厚，衛臣。定君，安定君位。石子，指石碏，石厚的父親。

［2］覲，諸侯朝見天子。

［3］朝，當時諸侯相會亦可稱朝。使請，求陳桓公向周王請求。

［4］如，往，到……去。

［5］褊（biǎn）小，狹小。

［6］耄（mào），年老。八九十歲叫耄。

［7］涖，臨，到。

［8］右宰，官名。醜，人名。濮，陳國地名。

［9］宰，家臣。獳羊肩，人名。

君子曰："石碏，純臣也[1]，惡州吁而厚與焉[2]。'大義滅親'，其是之謂乎！"

［1］純臣，忠誠不二的臣子。

［2］與，參與，一起。

衛人逆公子晉于邢[1]。冬十二月，宣公即位。書曰"衛人立晉"，衆也[2]。

［1］逆，迎接。邢，國名，姬姓。

［2］衆也，公子晉不當即位。石碏立之，符合大衆的願望，所以《春秋》書"衛人立晉"，稱人是因爲其得衆。

師陳于鞌（成公二年）[1]

癸酉[2]，師陳于鞌[3]。邴夏御齊侯[4]，逢丑父爲右[5]。晉解張御郤克[6]，鄭丘緩爲右[7]。

［1］文章記述了春秋時期齊國和晉國在鞌地進行的一場爭霸戰，由于齊侯驕傲輕敵，而晉軍同仇敵愾、士氣旺盛，戰役以齊敗晉勝而告終。

［2］癸酉，成公二年的六月十七日。

［3］師，指齊晉兩國軍隊。陳，列陣，擺開陣勢。

［4］邴夏，齊國大夫。御，動詞，駕車。御齊侯，給齊侯駕車。齊侯，指齊頃公，名無野。

［5］逢（páng）丑父，齊國大夫。右，車右。

［6］解（xiè）張，又稱張侯，晉臣。郤（xì）克，又稱郤獻子、郤子，晉國大夫，是這次戰役中晉軍的主帥。

［7］鄭丘緩，晉臣，"鄭丘"是複姓。

齊侯曰："余姑翦滅此而朝食[1]！"不介馬而馳之[2]。郤克傷於矢，流血及屨，未絕鼓音[3]，曰："余病矣[4]！"張侯曰[5]："自始合，而矢貫余手及肘[6]，余折以御，左輪朱殷[7]，豈敢言病。吾子忍之[8]！"緩曰："自始合，苟有險[9]，余必下推車，子豈識之[10]？然子病矣！"張侯曰："師之耳目，在吾旗鼓，進退從之。此車一人殿之[11]，可以集事[12]，若之何其以病敗君之大事也[13]？擐甲執兵[14]，固即死也。病未及死，吾子勉之[15]！"左並轡[16]，右援枹而鼓[17]，馬逸不能止[18]，師從之。齊師敗績[19]。逐之，三周華不注[20]。

［1］姑，副詞，姑且。翦滅，剪除消滅。朝食，早飯，這裏是"吃早飯"的意思。

［2］不介馬，不給馬披甲。介，甲，這裏用作動詞，披甲。馳之，驅馬追擊敵人。之，代詞，指晉軍。

［3］未絕鼓音，未停止擊鼓。古代車戰，主帥居車中，親掌旗鼓，指揮軍隊。“兵以鼓進”，擊鼓是進軍的號令。

［4］病，這裏是負重傷的意思。

［5］張侯，即解張。“張”是字，“侯”是名，古人名、字連用，先字後名。

［6］合，交戰。貫，穿。

［7］朱，大紅色。殷，深紅色，黑紅色。

［8］吾子，您，尊稱，比說“子”更親切。

［9］苟，連詞，如果，表示假設。險，險阻，這裏指難走的路。

［10］識，知道。之，代詞，代“苟有險，余必下推車”這件事。

［11］殿之，鎮守它。殿，鎮守。

［12］集事，成事，指戰事成功。

［13］若之何，固定格式，“對……怎麼辦”，“怎麼辦”。以，介詞，因爲。敗，壞，毀壞。大事，這裏指戰爭。

［14］擐（huàn），穿上。執兵，拿起武器。

［15］勉，努力。

［16］並，動詞，合併。轡（pèi），馬繮繩。古代一般是四匹馬拉一車，共八條馬繮繩，兩邊的兩條繫在車上，六條在御者手中，御者雙手執之。“左並轡”是說解張把馬繮繩全合併到左手裏握着。

［17］援，拿過來。枹（fú），鼓槌。鼓，動詞，擊鼓。

［18］逸，奔跑，狂奔。

［19］敗績，大敗。

［20］周，動詞，環繞。華不（fū）注，山名，在今山東濟南東北。

韓厥夢子輿謂己曰[1]：“旦辟左右[2]。”故中御而從齊侯[3]。邴夏曰：“射其御者，君子也[4]。”公曰：“謂之君子而射之，非禮也[5]。”射其左，越於車下[6]。射其右，斃于車中[7]，綦毋張喪車[8]，從韓厥[9]，曰：“請寓乘[10]。”從左右[11]，皆肘之[12]，使立於後。

［1］韓厥，晉大夫，在這次戰役中任司馬（掌祭祀、賞罰等）。子輿，韓厥的父親。

［2］旦，早晨。辟，後來寫作“避”，避開。其父在夢中告知，明晨交戰，避開車之左右而居中。

［3］中御，立戰車中央駕車。當時戰車，只有天子、諸侯、主帥之車將在中間，其他戰車皆御者在中間，左爲將，右爲車右。韓厥爲司馬，是軍中之將，本應在左，因有“旦辟左右”之夢，故居中爲御者。

［4］御者，指韓厥，其儀態如君子，邴夏請齊侯射之。

［5］非禮也，不合於禮。戎事以殺敵爲禮，齊侯的話說明他不懂戎禮。

［6］越，墜，掉下去。

［7］斃，仆倒，倒下去。

［8］綦（qí）毋張，晉大夫。姓綦毋，名張。喪車，丟失了車。

［9］從韓厥，跟着韓厥。

［10］寓，寄。寓乘，寄（於）乘，搭車。

［11］從左右，跟隨（韓厥）想站在左邊、右邊。

［12］皆肘之，都用肘推開他。肘，名詞用作動詞，用肘推。

韓厥俛定其右[1]。逢丑父與公易位[2]。將及華泉[3]，驂絓於木而止[4]。丑父寢於轏中[5]，蛇出於其下，以肱擊之[6]，傷而匿之[7]，故不能推車而及[8]。韓厥執縶馬前[9]，再拜稽首，奉觴加璧以進[10]，曰："寡君使群臣爲魯、衛請[11]，曰：'無令輿師陷入君地[12]。'下臣不幸[13]，屬當戎行[14]，無所逃隱[15]。且懼奔辟而忝兩君[16]，臣辱戎士[17]，敢告不敏[18]，攝官承乏[19]。"丑父使公下，如華泉取飲[20]。鄭周父御佐車[21]，宛茷爲右[22]，載齊侯以免[23]。

［1］俛，同"俯"，俯身。定其右，把被射倒的車右放穩當，以免其墜於車下。

［2］易位，調换位置。逢丑父乘韓厥俯身之機，與齊侯調换位置，己居中，齊侯居右。

［3］華泉，泉名，在華不注山下。

［4］驂（cān），驂馬。古代用三馬或四馬駕車，中間駕轅的馬叫服馬，左右兩邊的馬叫驂馬。絓，通"掛"，絆住。

［5］轏（zhàn），即棧車，竹木之車。

［6］肱（gōng），胳膊從肘至腕的部分。

［7］傷而匿之，匿，隱藏，這裏是"隱瞞"的意思。此爲追述前事。

［8］及，被（韓厥）趕上。

［9］縶（zhí），絆馬索。

［10］奉殤加璧以進，向齊侯進酒獻璧。奉，捧。觴，古代喝酒用的器具，猶如後代的酒杯。加，加上，放上。璧，玉環的一種。以上三句寫韓厥對齊侯行俘獲敵國國君時的禮儀。

［11］寡君，臣子對别國稱自己國君的謙詞。

［12］無，通"毋"，不要。令，使，讓。輿，衆多。陷入，進入，深入。

［13］下臣，韓厥自稱。這是人臣對别國國君稱自己的謙詞。

［14］屬，恰好之意。戎行，兵車的行列。

［15］無所逃隱，沒有逃走躲藏的地方。隱，隱蔽，躲藏。

［16］辟，後來寫作"避"，躲避，躲開。忝（tiǎn），辱，這裏用作使動。

［17］我不配當戎士。

［18］不敏，謙詞，不才之意。

［19］攝，代理。承乏，承當其空乏。

［20］如，動詞，往，到……去。

［21］鄭周父，齊臣。佐車，諸侯的副車。

［22］宛茷，齊臣。

［23］免，免於被俘。

韓厥獻丑父，郤獻子將戮之。呼曰："自今無有代其君任患者，有一於此，將爲戮乎[1]！”郤子曰：“人不難以死免其君[2]，我戮之不祥[3]，赦之，以勸事君者[4]。”乃免之。

［1］爲戮，被殺。爲，介詞，表被動。

［2］難，認爲……難，把……看作難事。免，使……免，使……脱身。

［3］不祥，不吉利。

［4］勸，鼓勵，勉勵。

晉靈公不君（宣公二年）[1]

晉靈公不君。厚斂以彫牆[2]；從臺上彈人，而觀其辟丸也；宰夫胹熊蹯不孰[3]，殺之，寘諸畚，使婦人載以過朝。趙盾、士季見其手[4]，問其故，而患之。將諫，士季曰：“諫而不入，則莫之繼也。會請先，不入則子繼之[5]。”三進[6]，及溜[7]，而後視之。曰：“吾知所過矣，將改之。”稽首而對曰：“人誰無過？過而能改，善莫大焉。《詩》曰：‘靡不有初，鮮克有終[8]。’夫如是，則能補過者鮮矣。君能有終，則社稷之固也，豈惟群臣賴之[9]。又曰：‘衮職有闕，惟仲山甫補之[10]。’能補過也。君能補過，衮不廢矣[11]。”猶不改。

［1］本文描述了晉靈公不行君道的行爲，着重表彰了敢於直諫、忠於國事的趙盾。晉靈公，晉國國君，名夷臯，文公之孫，襄公之子。不君，不行君道。

［2］厚斂，加重徵收賦税。彫牆，裝飾牆壁。

［3］宰夫，國君的厨師。胹（ér），煮，燉。熊蹯，熊掌。

［4］趙盾，趙衰之子，晉國正卿。士季，士蔿之孫，晉國大夫，名會。

［5］不入，不採納，不接受。

［6］三進，向前走了三次。

［7］及，到。溜，通“霤”，屋檐下滴水的地方。

［8］這兩句詩出自《詩經·大雅·蕩》。靡，没有什麽。初，開端。鮮，少。克，能。終，終了，結束。

［9］賴，依靠。

［10］這兩句詩出自《詩經·大雅·烝民》。衮（gǔn），天子的禮服，借指天子，這裏指周宣王。闕，過失。仲山甫，周宣王的賢臣。

［11］衮，指君位。

宣子驟諫[1]，公患之，使鉏麑賊之[2]。晨往，寢門闢矣[3]，盛服將朝[4]，尚早，坐而假寐[5]。麑退，歎而言曰：“不忘恭敬，民之主也。賊民之主，不忠。棄君之命，不信。有一於此，不如死也。”觸槐而死。

［1］驟，多次。

［2］鉏麑，晉國力士。賊，刺殺。

［3］闢，開着。

［4］盛服，穿戴好上朝的禮服。

［5］假寐，閉目養神，打盹兒。

秋九月，晉侯飲趙盾酒[1]，伏甲[2]，將攻之。其右提彌明知之[3]，趨登曰[4]："臣侍君宴，過三爵[5]，非禮也。"遂扶以下，公嗾夫獒焉[6]。明搏而殺之。盾曰："棄人用犬，雖猛何爲。"鬬且出，提彌明死之[7]。

［1］飲，使……喝。

［2］伏，埋伏。甲，鎧甲，這裏指披甲的士兵。

［3］右，車右。提（chí）彌明，晉國勇士，趙盾的車右。

［4］趨登，快步上堂。

［5］三爵，三杯。爵，古時的酒器。

［6］嗾（sǒu），喚狗的聲音，這裏用如動詞，喚，嗾使。獒，猛犬。

［7］死之，爲之死。之，指趙盾。

初，宣子田于首山[1]，舍于翳桑[2]，見靈輒餓[3]，問其病。曰："不食三日矣。"食之[4]，舍其半。問之，曰："宦三年矣[5]，未知母之存否，今近焉，請以遺之[6]。"使盡之，而爲之簞食與肉[7]，寘諸橐以與之[8]。既而與爲公介[9]，倒戟以禦公徒，而免之。問何故。對曰："翳桑之餓人也。"問其名居，不告而退，遂自亡也。

［1］田，打獵。首山，首陽山，在今山西永濟東南。

［2］舍，住宿。翳桑，首山附近的地名。

［3］靈輒，人名，晉國人。

［4］食（sì）之，給他東西吃。食，使……吃，給……吃。

［5］宦，給人當奴僕。

［6］遺（wèi），送給。

［7］簞，盛飯的圓筐。食，飯。

［8］橐，兩頭開口的口袋，用時以繩扎緊。

［9］與，參加。介，甲，這裏指甲士。

乙丑，趙穿攻靈公於桃園[1]。宣子未出山而復。大史書曰[2]："趙盾弑其君。"以示於朝。宣子曰："不然。"對曰："子爲正卿，亡不越竟[3]，反不討賊，非子而誰？"宣子曰："烏呼[4]。'我之懷矣，自詒伊慼[5]'，其我之謂矣！"孔子曰："董狐，古之良史也，書法不隱[6]。趙宣子，古之良大夫也，爲法受惡[7]。惜也，越竟乃免。"

［1］趙穿，晉國大夫，趙盾的堂兄弟。

［2］大史，太史，掌記國家大事的史官。這裏指晉國史官董狐。書，寫。

［3］竟，國境，邊境，這個意義後來寫作"境"。

［4］烏呼，感歎詞，即"嗚呼"。

［5］懷，眷戀。詒，通"貽"，給。伊，那。

［6］書法，記事的原則。隱，隱諱，不直寫。

［7］惡，指弑君的惡名。

晉公子重耳之及於難（僖公二十三年）[1]

晉公子重耳之及於難也，晉人伐諸蒲城。蒲城人欲戰。重耳不可，曰："保君父之命而享其生祿[2]，於是乎得人。有人而校[3]，罪莫大焉。吾其奔也。"遂奔狄。

［1］本文描述了晉公子重耳的逃亡歷程以及當時各諸侯國對待重耳的情況。及於難，遇到危難，指被驪姬陷害。

［2］保，依仗，依靠。生祿，從采邑中得到賦税收入，供給自己生活，所以叫生祿。

［3］校（jiào），較量。

從者狐偃、趙衰、顛頡、魏武子、司空季子[1]。狄人伐廧咎如[2]。獲其二女：叔隗、季隗，納諸公子。公子取季隗，生伯儵、叔劉，以叔隗妻趙衰[3]，生盾。將適齊[4]，謂季隗曰："待我二十五年，不來而後嫁。"對曰："我二十五年矣，又如是而嫁，則就木焉[5]。請待子。"處狄十二年而行[6]。

［1］狐偃，重耳的舅父，又稱子犯，舅犯。趙衰（cuī），晉國大夫，字子餘，重耳的主要謀士。顛頡（jié），晉國大夫。魏武子，魏犨（chōu），晉國大夫 。司空季子，名胥臣，晉國大夫。

［2］廧咎（qiáng gāo）如，部族名，狄族的別種，隗姓。居今河南安陽附近。

［3］妻（qì），嫁給。

［4］適，去，往。

［5］就木，進棺材。

［6］處狄，住在狄國。

過衛，衛文公不禮焉。出於五鹿[1]，乞食於野人[2]，野人與之塊[3]，公子怒，欲鞭之。子犯曰："天賜也。"稽首，受而載之。

［1］五鹿，衛國地名，在今河南濮陽縣南。

［2］野人，指農夫。

［3］塊，土塊。

及齊，齊桓公妻之[1]，有馬二十乘[2]，公子安之。從者以爲不可。將行，謀於桑下。蠶妾在其上[3]，以告姜氏[4]。姜氏殺之，而謂公子曰："子有四方之志，其聞之者吾殺之矣。"公子曰："無之。"姜曰："行也。懷與安，實敗名。"公子不可。姜與子犯謀，醉而遣之[5]。醒，以戈逐子犯。

［1］妻（qì），名詞用如動詞，嫁女。

［2］乘，古時用四匹馬駕一乘車，二十乘即八十匹馬。

［3］蠶妾，養蠶的女奴。

［4］姜氏，重耳在齊國娶的妻子。齊是姜姓國，所以稱姜氏。

［5］遣，送。

及曹[1]，曹共公聞其駢脅[2]，欲觀其裸。浴，薄而觀之[3]。僖負羈之妻曰[4]："吾觀晉公子之從者，皆足以相國。若以相，夫子必反其國。反其國，必得志於諸侯。得志於諸侯而誅無禮，曹其首也。子盍蚤自貳焉[5]。"乃饋盤飧[6]，寘璧焉[7]。公子受飧反璧。

［1］曹，諸侯國名，姬姓，在今山東定陶縣西南。

［2］駢（pián），並排。脅，胸部的兩側。

［3］薄，靠近。

［4］僖負羈，曹國大夫。

［5］蚤，通"早"。貳，不一致。

［6］盤飧（sūn），一盤飯。

［7］寘璧焉，將寶玉藏在飯中。

及宋[1]，宋襄公贈之以馬二十乘。

［1］宋，諸侯國名，子姓，在今河南商丘。

及鄭，鄭文公亦不禮焉。叔詹諫曰[1]："臣聞天之所啓[2]，人弗及也。晉公子有三焉，天其或者將建諸，君其禮焉。男女同姓[3]，其生不蕃。晉公子，姬出也[4]，而至於今，一也。離外之患[5]，而天不靖晉國[6]，殆將啓之，二也。有三士足以上人而從之[7]，三也。晉、鄭同儕[8]，其過子弟固將禮焉，況天之所啓乎？"弗聽。

［1］叔詹，鄭國大夫。

［2］啓，開，這裏是贊助的意思。

［3］男女，這裏指父母。

［4］姬出，姬姓父母所生，因重耳父母都姓姬。

［5］離，通"罹"（lí），遭受。

［6］靖，安定。

［7］三士，指狐偃、趙衰、賈佗。

［8］儕（chái），類，等。

及楚，楚子饗之[1]，曰："公子若反晉國，則何以報不穀？"對曰："子女玉帛則君有之，羽毛齒革則君地生焉。其波及晉國者[2]，君之餘也，其何以報君？"

［1］楚子，指楚成王。饗（xiǎng），設酒宴款待。

［2］波及，流散到。

曰："雖然，何以報我？"對曰："若以君之靈，得反晉國，晉、楚治兵[1]，遇于中原，其辟君三舍[2]。若不獲命，其左執鞭弭[3]，右屬櫜鞬[4]，以與君周旋。"子玉請殺之[5]。楚子曰："晉公子廣而儉，文而有禮。其從者肅而寬，忠而能力。晉侯無親[6]，外內惡之。吾聞姬姓，唐叔之後，其後衰者也[7]，其將由晉公子乎。天將興之，誰能廢之？違天必有大咎。"乃送諸秦。秦伯納女五人[8]，懷嬴與焉[9]。奉匜沃盥[10]，既而揮之。怒曰："秦、晉匹也，何以卑我！"公子懼，降服而囚[11]。

[1] 治兵，演練軍隊。

[2] 辟，後來寫作"避"，退讓，後退。舍，古時行軍走三十里就休息，所以一舍爲三十里。

[3] 弭，弓。

[4] 屬（zhǔ），佩帶。櫜（gāo），箭袋。鞬（jiān），弓套。

[5] 子玉，楚國令尹。

[6] 晉侯，指晉惠公夷吾。

[7] 後衰，衰落得最遲。

[8] 秦伯，指秦穆公。納女五人，送給重耳五個女子爲姬妾。

[9] 懷嬴，秦穆公的女兒。

[10] 奉，兩手捧着。匜（yí），古代洗手時盛水用的器具。沃，淋水。盥（guàn），洗手。

[11] 降服，解去衣冠。

公羊傳

《公羊傳》亦稱《春秋公羊傳》、《公羊春秋》，是專門解釋《春秋》的一部典籍，其起訖年代與《春秋》一致，即公元前722年至前481年，其釋史十分簡略，而着重闡釋《春秋》所謂的"微言大義"，用問答的方式解經。

《公羊傳》的作者舊題是戰國時齊人公羊高，他受學於孔子弟子子夏，後來成爲傳《春秋》的三大家之一。

春秋經文，言簡義深，如無注釋，則無法了解。注釋春秋的書，有左氏、公羊、穀梁三家，稱爲"春秋三傳"。另有鄒氏、夾氏二家，早在漢朝即已失傳。《漢書·藝文志》、《史記·十二諸侯年表》，將春秋三傳的淵源說得很詳細。晉范寧評《春秋》三傳的特色說："《左氏》豔而富，其失也巫（指多敍鬼神之事）。《穀梁》清而婉，其失也短。《公羊》辯而裁，其失也俗。"

《尚書》和《春秋》："左史記言，右史記事，言爲《尚書》，事爲《春秋》。"這是中國古代有記載的最早的兩部書。

《春秋》是記事的，後多散佚，僅留下經孔子整理的魯國的《春秋》，漢代有重新編撰整理的"春秋三傳"，即《公羊傳》、《穀梁傳》、《左傳》。現僅存左丘明編寫的《左傳》。《春秋》和《左傳》是編年體史書。

《公羊春秋》作爲家學，最初只是口耳相傳，至公羊高的玄孫公羊壽（漢景帝時人）方與齊人胡毋生（《漢書》作胡母生，複姓胡毋或胡母，名子都，生是"先生"的意思）合作，將《春秋公羊傳》定稿"著於竹帛"。所以《公羊傳》的作者，班固《漢書·藝文志》籠統地稱之爲"公羊子"，顏師古說是公羊高，《四庫全書總目》

則署作漢公羊壽，說法不一。但比較起來把定稿人題爲作者更合理一些。

《公羊傳》的體裁特點是經傳合併，傳文逐句傳述《春秋》經文的大義，與《左傳》以記載史實爲主不同。《公羊傳》是今文經學的重要經籍，歷代今文經學家時常用它作爲議論政治的工具。同時，它還是研究先秦至漢代儒家思想的重要資料。

後世注釋《公羊傳》的書籍主要有東漢何休撰《春秋公羊解詁》、唐朝徐彥作《公羊傳疏》、清朝陳立撰《公羊義疏》。

公何以不言即位（莊公元年）[1]

元年，春王正月。

[1] 本文主要記載了魯國的幾種禮制。元年，魯莊公元年，即公元前693年。

公何以不言即位[1]？《春秋》君弒，子不言即位。君弒則子何以不言即位？隱之也[2]。孰隱？隱子也[3]。

[1] 即位，指莊公即位。

[2] 隱，憐憫。

[3] 隱子，何休注："隱痛是子之禍，不忍言即位。"

三月，夫人孫於齊[1]。

[1] 孫，何休注："孫猶遁也。"

孫者何？孫猶孫也[1]。內諱奔，謂之孫。夫人固在齊矣[2]，其言孫於齊何？念母也。正月以存君[3]，念母以首事[4]。夫人何以不稱姜氏？貶。曷爲貶？與弒公也。其與弒公奈何？夫人譖公於齊侯："公曰：同非吾子，齊侯之子也。"齊侯怒，與之飲酒。於其出焉，使公子彭生送之。於其乘焉，搚幹而殺之[5]。念母者，所善也，則曷爲於其念母焉貶？不與念母也[6]。

[1] 孫，第二個孫讀作"遜（xùn）"，逃遁。

[2] 夫人固在齊矣，文姜於去年正月與桓公"遂如齊"以後，因參與殺害桓公，一直未敢回國。

[3] 存，省問，這裏是指祭祀。存君，祭祀逝去的國君。

[4] 首事，主持練祭之事。練，古喪禮。

[5] 搚（lā）幹，折斷肋骨。

[6] 不與念母，指不贊成莊公思念母親。

夏，單伯逆王姬[1]。

[1] 王姬，周天子女兒的通稱。

單伯者何？吾大夫之命乎天子者也[1]。何以不稱使？天子召而使之也。逆之者何[2]？使我主之也。曷爲使我主之？天子嫁女乎諸侯，必使諸侯同姓者主之。諸侯嫁女于大夫，必使大夫同姓者主之[3]。

［1］吾大夫之命乎天子者也，何休注：“禮，諸侯三年一供貢士于天子，天子命與諸侯輔助爲政，所以通賢共治，示不獨專，重民之至。大國舉三人，次國舉二人，小國舉一人。”

［2］逆，何休注：“魯自往之文。方使魯爲母嫁之，故與魯使自逆之。”

［3］主，主婚。

穀梁傳

《穀梁傳》是《穀梁春秋》、《春秋穀梁傳》的簡稱，是爲《春秋》作注解所著，爲儒家經典之一。傳說孔子的弟子子夏將這部書的內容口頭傳給穀梁俶（亦名穀梁赤，字元始），穀梁俶將它寫成書記錄下來，但實際上這部書的口頭傳說雖然早已有了，但其成書時間是在西漢。

《穀梁傳》以語錄體和對話文體爲主，用這種方式來注解《春秋》，是研究儒家思想從戰國時期到漢朝演變的重要文獻。

由于《春秋》言辭隱晦，表述過於簡約，給後人學習帶來諸多不便。爲了更好地表現《春秋》經文的內容大義，很多學者爲其著文詮釋，以補原書之不足。據《漢書・藝文志》記載，漢代傳注《春秋》的有五傳。後來《鄒氏傳》11 卷、《夾氏傳》11 卷亡佚，只有《左氏傳》、《公羊傳》、《穀梁傳》流傳至今，被稱爲“《春秋》三傳”。據後人考證，《穀梁傳》書中曾引用公羊子的話並加以辯駁，因此認爲成書要較《公羊傳》爲晚。

晉人范寧撰《春秋穀梁傳集解》，唐朝楊士勳作《春秋穀梁傳疏》，清朝鍾文烝所撰《穀梁補注》爲清代學者注解《穀梁傳》的較好注本。

宋公伐邾（昭公十九年）[1]

十有九年，春，宋公伐邾。

［1］本文主要表彰了太子止有了過錯而能自省、自責。宋公，宋元公。

夏，五月，戊辰[1]，許世子止弒其君買[2]。

［1］戊辰，五日。

［2］世子止，許國太子，名止，許悼公之子。買，許悼公名。

日殺，正卒也。正卒，則止不弒也。不弒而曰弒，責止也[1]。止曰：“我與夫弒者。”不立乎其位，以與其弟虺[2]，哭泣歠飦粥[3]，嗌不容粒[4]，未踰年而死。故君子即止自責而責之也[5]。

［1］責止，《集解》曰：“責止不嘗藥。”

[2] 虺（huǐ），此云止讓位於其弟虺。

[3] 歠（chuò），飲，喝。飦（zhān）粥，稠粥。

[4] 嗌（yì），咽喉。

[5] 即止自責而責之，《集解》曰："就其有自責之心，故以備禮責之。"

己卯[1]，地震。

[1] 己卯，十六日。

秋，齊高發帥師伐莒[1]。

[1] 高發，齊國大夫。

冬，葬許悼公。

日卒時葬，不使止爲弑父也。曰：子既生，不免乎水火[1]，母之罪也。羈貫成童[2]，不就師傅，父之罪也。就師學問無方[3]，心志不通，身之罪也。心志既通，而名譽不聞，友之罪也。名譽既聞，有司不舉[4]，有司之罪也。有司舉之，王者不用，王者之過也。許世子不知嘗藥，累及許君也。

[1] 水火，比喻災難。

[2] 羈貫，兒童的髮髻，束髮爲髻。

[3] 無方，沒有一定的定式、法度。

[4] 有司，此指專管選拔人才的官吏。

常識：文字

第一節　字典辭書的查閱和相關工具書

學習語言離不開字典辭書，尤其是古代漢語，歷史久遠，先人留給我們的只是一種書面語的形式，又跟我們的現實生活距離較遠，初學者會感到困難不小，因此字典辭書是必不可少的工具。有一定語文基礎的人，在學習古代漢語的時候，可以依靠字典辭書的幫助，解決碰到的一些諸如字詞、典故、史地知識、名物制度等疑難問題，達到讀書治學的目的。所以，字典辭書的查閱，是學習古代漢語首先要解決的問題。在這裏，一是談談查閱的幾種方法，二是談談相關的常用工具書。

一、幾種常用的檢字方法

現行的字典辭書，編排體例上不盡相同，常見的有按漢字的部首筆畫排列的，有按漢字的字音順序排列的，有按漢字的四角號碼排列的。相應地也就有以下幾種常用的檢字方法。

（一）部首筆畫檢字法

按照部首將漢字分部排列是《說文解字》的首創。許慎因爲分析漢字的小篆形體結構的需要，把漢字按偏旁分類，然後將這個偏旁立爲部首，全書共分 540 部。後人根據字形的變化，爲了檢字的便利，將部首簡省爲 214 部。在這個基礎上，一些字典辭書又有所增删合併，使分部和歸部稍有不同。同一部首內的字，再按筆畫多少爲序。這種方法比較符合漢字的實際，用途最廣。大多數現行的字典辭書，都會採用這種編排法作爲其中的一種檢字方法，用起來比較方便。

查檢按部首筆畫編排的書，首先要確定所查字的部首，根據部首的筆畫找到部首所在的頁碼，再計算該字部首之外的筆畫數，就可以查到要查的字了。如要在上海書店出版的《康熙字典》中查“矜”字：先確定“矜”屬“矛”部，五畫，在部首索引裏找到五畫“矛”的頁碼 910 頁，翻開 910 頁，再計“矜”字“矛”部之外的筆畫是四畫，就可以在“矛”部四畫下查到“矜”：“《唐韻》《集韻》：巨今切。《韻會》《正韻》：渠今切，並音撻。《說文》：矛柄。”

有些字典，部首目錄中標明的部首頁碼只是檢字表的頁碼，翻開檢字表後，再按部首外的筆畫數找到該字，字下標明的頁碼才是字典正文中該字的頁碼。如《新華字典》、《古漢語常用字字典》。

部首筆劃檢字法的難點，在於字的部首的確定。有些字的部首不明顯，查閱者不易確定，如“夾”、“東”、“栽”。《辭源》、《辭海》以後陸續出版的工具書，在部首的立部和字的歸部上也不完全統一。這樣就給使用者帶來不便。有些字典辭書往往在正文之前設一“難檢字表”，將部首不夠清楚的字按筆畫多少排列於此，以方便讀者。

下面是幾個與部首筆劃檢字法有關的詞語的基本意義：

偏旁：構成合體字形體的基本結構成分。傳統稱合體字的左邊爲偏，右邊爲旁。現在統稱合體字的上、下、左、右、外、中等部位的結構成分爲偏旁。

部首：字典辭書中把具有同一偏旁的字彙集在一起，建立爲一部，每一部就用那個相同的偏旁爲代表，叫作部首。部首又有文字學的部首和檢字法的部首的不同。後人說《說文》540 部首是文字學原則的部首，它從分析漢字的形體結構出發，部首標示該部字的本義所屬的意義範疇。現在字典所用的部首是檢字法的部首，它是爲了方便檢索而設立的，有時字的歸部和部首之間不一定有意義上的聯繫。如《說文解字》將“果”歸木部，“思”歸囟部；《辭海》則將兩字同歸田部，不再跟字的本義有關。

“札”字法：筆畫檢索的筆形順序，一般是同一部首內的字，筆畫少的排在前，筆畫多的列在後。筆畫相同時，按部首以外的筆畫起筆的筆形順序先後排列，通常以“札”字的筆順爲序，通稱“札”字法，即以橫、豎、撇、點、折依次排列。如同是心部六畫，簡化字：“恶”、“虑”、“恁”、“恋”、“恳”，按起筆的筆順先後排在六畫字表內。

（二）音序檢字法

從古到今，字典辭書的音序法有好幾種，有的按照古聲母喉、牙、舌、齒、唇音的順序排列，如《經傳釋詞》。有的按古代詩韻 106 韻（又稱平水韻）的順序排列，如《經籍籑詁》。有的按注音字母的次序排列，如《詞詮》。現在通行的是按漢語拼音方案 26 個字母的順序排列，只要熟悉漢語拼音方案，就能很快查到要查的字。

這種檢字法的難點在於：假如不知道字的讀音，就無從查找；或者不懂得古代的聲韻，也無法找到要查的字。

歷史上有關漢字注音方法的幾個術語的意義是：

直音：指用同音字來注音。這是反切發明之前的一種注音方法，如《康熙字典》："架……音駕。""柄……兵去聲。"這種方法的局限在於有時同音字很難找，或本來就不認識這個同音字，而失去了注音的作用。

反切：用兩個字拼合來給漢字注音，上字取其聲母，下字取其韻母和聲調，拼合成一個新的音節，就是被注字的讀音。這是中國古代一種最主要的注音方法，大約起源於漢代末年。如："貫，古亂反。"意思是取"古"的聲母 g，取"亂"的韻母和聲調 uàn，拼合成 guàn，就是"貫"字的讀音。"火，呼果切。"意思是取"呼"的聲母 h，取"果"的韻母和聲調 uǒ，拼合成 huǒ，就是"火"字的讀音。由于古今語音發生了變化，有的反切標示的讀音跟今天字的讀音已經不完全相同了，這是我們應該注意的。

注音字母：指 1913 年由讀音統一會制定的一套注音字母（1930 年改稱注音符號）這一套字母共有 37 個，在漢語拼音方案公佈之前，它取代了過去的反切，成爲給漢字注音的工具。《辭源》修訂本就在每個字頭下同時採用了漢語拼音、注音字母和反切三套注音方式。台灣的現行讀物都用注音字母來注音。但是，由于注音字母是漢字筆畫式的字母，如 ɑ o e i u ü 分别寫作ㄚㄛㄜㄧㄨㄩ，不方便進行國際交流，中國大陸在 1958 年後採用了漢語拼音方案，台灣則在 1986 年公佈了與漢語拼音方案十分接近的國語注音符號第二式。

（三）號碼檢字法

這是一種從字形着眼的漢字排序方法，它規定一套筆形和號碼的轉換規則，按照規則把筆形轉換爲數位，再把數位組成字的代碼，將字的代碼由小到大排成系列，就可供人檢索了。通行的是 1925 年由王雲五提出來的四角號碼檢字法。這種方法將漢字四個角的筆形歸納爲 10 種，分别用 0 ~ 9 十個號碼來代替，按字的左上角、右上角、左下角、右下角的順序將四角的號碼集成四位數就是該字的號碼，如沈 3411、白 2600、玳 1314。查檢時根據字的號碼查檢字表或索引，就能找到字的所在頁碼了。熟記筆形的號碼之後，用這種方法查起字來也很方便和迅速，它不需要像音序法那樣要先知道字的讀音，或是像部首法那樣要先找出字的部首。商務印書館出版的許多工具書都附有四角號碼索引，如《辭源》。

這種檢字法的難點，在於筆形和號碼之間沒有理據，需要死記硬背號碼和四個角的對應關係。

四角號碼檢字法有筆形和號碼對應的口訣是：

橫 1 竪 2，3 點捺，

叉 4 插 5 方框 6，

7 角 8 八 9 是小，

點下有横是 0 頭。

具體對應如下：

0	1	2	3	4	5	6	7	8	9
亠	一	丨丿	丶㇏	十	扌	口囗	㇕ ㇗	八𠂉	小⺌

一般附有四角號碼檢字或索引的字典辭書，對這種檢字方法都有比較詳細的介紹和說明。

現在出版使用的許多字典辭書，通常都附有兩種以上的檢字法供使用，以滿足各種不同的生活和學習需要。

二、常用工具書

今人在閱讀古書時，往往會碰到各種各樣的問題，字詞句章、文物典故、政治經濟、歷史文化等，如果不甚了了，就會妨礙讀懂古書。這時候，各類用途不同的工具書能夠幫助我們解決這些具體問題。只要我們學會查閱，勤於查閱，收穫是很大的。

我們在使用工具書時，要先做三件事：首先要看看書的序和出版年月，這樣可以大致了解書的內容和出版情況；然後要看書的"凡例"，細讀之後，就會知道使用方法，同時，對書中所用材料也有所了解；最後要注意書後附錄的補遺、勘誤之類，有時，在正文找不到的內容材料，在這裏可找到。

下面從查閱字詞、查閱詞語典故、查檢語句出處、查找人名地名、查閱歷代典章制度、查檢書目文獻等六個方面來介紹一些常用的工具書，重點介紹各書的性質、特點和編排體例。我們可以根據自己的不同需要，查閱相關的內容，以解決學習和研究中碰到的難題。

（一）查閱字詞

1. 按部首（筆畫）編排的書

（1）《說文解字》，常簡稱《說文》，東漢許慎撰。它是我國第一部系統地分析漢字結構的字書。它從漢字的偏旁中概括出 540 個部首，將 9 353 個字分列其下，另有重文（即異體字）1 163 個，首創了以部首統率漢字的字序排列（字典編纂）方法。在內容編排上，每個字都是先列小篆形體，然後解釋字義，分析字形；有些還附有引證材料、注明讀音和表示存疑等方面的內容。每字後附的反切注音皆爲宋代徐鉉所加。

《說文解字》以小篆的形體爲基礎，運用“六書”的理論分析字形結構，說明字的本義，它在上古和現代之間架起了相通的橋樑，古漢字的形義賴以保存，“六書”的道理靠它闡明。所以，我們要追根溯源，認識漢字的形體結構，尋求漢字的本義的時候，就不妨查查《說文》，可以少走彎路。但是《說文》的編排體例沒有一個明確的標準，部首的排列，只是盡量把形體相近或相關的排在一起；同部首的字，也只是盡量把意義相近的列在一起，這樣就造成了檢字的困難。中華書局新印本卷末附有楷體的“部首筆畫檢字表”，方便了讀者的檢索。

（2）《康熙字典》，清康熙年間張玉書、陳廷敬等編撰。書始編於康熙四十九年，成於康熙五十五年（1710—1716），前後用七年時間。全書分 214 個部首，部首按筆畫多少分爲十二集，用十二地支命名，有一首口訣可幫助記憶部首的筆畫與各集之間的關係：“一二子中三丑寅，四卯辰巳五午尋，六在未申七在酉，八九戌部餘亥存。”共收字 47 035 個，各部中字也按筆畫由少到多依次排列，方便查找。釋字時先音後義，字條下先列歷代主要韻書的反切，然後再解釋字義並引古書爲證。它的特點是收字多，字的古音古義收得全，例證豐富。從介紹中可以知道，這本書有助於查找生僻古字和字的古音古義。

《康熙字典》是在明代梅膺祚的《字彙》和張自烈的《正字通》的基礎上編寫而成的。部首法自《說文》後，經歷代文字學家的探討，從方便檢字出發，作了明顯的改進。到明代的《字彙》和《正字通》，簡化和歸併了《說文》的部首，將 540 部合爲 214 部，部首和每部中的字均按筆畫順序排列，字的歸部也採取據形歸部的原則，同時，這兩本書所收字也比《說文》大大增加了，都達到了三萬多字。《康熙字典》正是以此爲藍本增補修訂而成，成爲一段時期內最有影響的字典，也標誌着字典辭書編纂方面的部首法的成熟。但是，書中存在的錯漏問題不少，爲它作訂正的書主要有王引之的《字典考證》和王力的《康熙字典音讀訂誤》。

（3）《辭源》，陸爾奎、方毅等編著，1915 年由商務印書館出版。它是我國現代第一部以語詞爲主、兼收百科的較大規模的語文辭書。後來，1931 年又出版了《辭源》續編；從 1979 年至 1983 年，經過較大修改並分爲四冊的《辭源》修訂本陸續出版，1988 年又出了合訂本。至此，《辭源》成爲專收古漢語詞彙的工具書，爲閱讀古籍和研究文史提供了便利。

《辭源》沿用《康熙字典》的編排體例，全書 214 個部首分爲 12 集，共收單字 12 890個，詞語條目 84 134 條。書前附有部首索引和難檢字表，書後附有四角號碼索引、繁簡字對照表、歷代建元表，以滿足不同需要。《辭源》用繁體字排版，以字帶詞，每個字條下列漢語拼音、注音字母和反切三種注音，然後列出義項和書證。單字之後是以這個字開頭的詞語，依次進行解釋和引證。《辭源》比《康熙字典》前進了一大步，它採用新式標點，句讀分明，收詞豐富，例證較完備，奠定了現代詞典編纂的基本格局。

(4)《辭海》，舒新城等編著，1936 年由中華書局出版。它同《辭源》一樣，1958 年開始進行大規模修訂，期間出版過《辭海》未定稿、《辭海》三冊本，1980 年又出了《辭海》縮印本（一冊），還按學科分冊出版了語詞、哲學、經濟、政治、法律等共二十分冊。從這裏可以看出，它與《辭源》的側重點明顯不同，是一部兼有百科性質的大型綜合性辭書。

《辭海》修訂本用簡體字排印，將原來的 214 個部首調整爲 250 個部首，共收單字14 872個，詞語條目近十萬條。書前附有部首調整情況表、筆畫查字表，書後附有漢語拼音索引、中國工農紅軍長征圖、中國歷史紀年表、世界貨幣名稱一覽表、外國人名譯名對照表、外國地名譯名對照表等。字的注音用漢語拼音，並附直音，釋義簡明通俗；字條之下，兼解一般詞語和專科名詞術語，內容較爲豐富完備。

(5)《漢語大字典》，徐中舒、李格非、趙振鐸等主編，共有三百多人參加編寫，1986 年至 1990 年由四川辭書出版社和湖北辭書出版社出版。它是到目前爲止收集漢字最多的字典，全書分八卷，有單字 56 000 個左右，是一部全面解釋漢字字形、字音、字義的大型語文工具書。

《漢語大字典》將 214 個部首刪併爲 200 部。每個字頭下面，列出了甲骨文、金文、小篆、隸書的形體，反映了漢字形體的源流演變；注音分列漢語拼音、中古的反切和上古的韻部，釋義求全，義項豐富。每卷前列該卷的檢字表，書後附有筆畫檢字表。全書注重歷史地反映漢字形、音、義的發展。

(6)《漢語大詞典》，羅竹風主編，共有四百多人參加編寫。全書分十三卷，最後一卷是檢索和附錄，有音序檢字表和筆畫檢字表。1986 年由上海辭書出版社出版第一卷，其餘各卷從 1988 年至 1993 年由漢語大詞典出版社出版。

《漢語大詞典》收字一萬多個，詞語條目三十七萬條左右。它的部首跟《漢語大字典》一樣是 200 部。在釋字釋詞的編排上，多音多義的單字分列字頭，注音用漢語拼音和《廣韻》的反切，然後依次是釋義和書證。單字後列詞條，釋詞時注意了古今兼顧，義項齊備。它將傳世古籍中的複詞都基本收集完備，歷史地反映了漢語詞彙的發展變化狀況。

(7)《殷虛文字類編》，商承祚编，1923 年出版。全書收字 790 個，重文 3 394 個，按《說文解字》的分卷和部首編排，分十四卷；另附《待問篇》一卷，羅振玉《殷虛書契考釋》一卷，共十六卷。這本書是最早的甲骨文字典之一，爲初學者提供了有益的參考。

(8)《甲骨文編》，孫海波編，1934 年由燕京大學哈佛燕京學社石印出版。新版仍由孫氏根據新資料修訂後，1965 年由中華書局石印出版。

《甲骨文編》仿《殷虛文字類編》的體例，所收甲骨文以實物照相和拓本複印爲主，凡《說文》已收字，按《說文》的次序排列，在字條上面用篆文標明；《說文》未收字，則附在同部首後，在字條上面加隸定寫法。字條後對字形和用例作出說明。新版全書收字 1 723 個，附錄字 2 949 個，合計 4 672 個，遍收甲骨文異體，比初版多字 2 600 多個。這是一本學習和研究甲骨文的重要工具書。

（9）《金文編》，容庚編著。書成之後，出了好幾個版本，1925 年由羅振玉印行，1939 年由香港商務印書館修訂出版，1959 年由科學出版社出版校補本，1985 年由中華書局再版。

新版共收金文可識字 2 420 個，附錄字 1 352 個。《說文》已收字，按《說文》體例編排，《說文》未收字，附在所屬部首之後。該書取材豐富，對造字用字多有辨析，是一部重要的金文大字典。

2. 按字音順序編排的書

（1）《經籍籑詁》，清阮元主編，由臧鏞堂等幾十人參與編纂而成，清嘉慶三年（1798）付印。

《經籍籑詁》專門收集唐代以前各種古書的注解，將全書所收 13 349 字，按平水韻 106 韻分平、上、去、入四聲編排，每韻一卷，共 106 卷。字條下分列各書中的解釋，並注明出處。每字正文之下，字義包括本義、引申義、假借義等；正文之後又列該字的補遺。引證用書達一百多種。此書對研讀古代文獻有重要的參考價值，但是，平水韻對今人來說查檢不太方便。近年來中華書局、上海古籍出版社、成都古籍書店出的影印本都附有筆畫檢字。

（2）《古漢語常用字字典》，北京大學中文系漢語專業等單位集體編寫，1979 年由商務印書館出版。1993 年出了修訂版，1998 年改版，都作了一些修改補充，並去掉了原來所附的古漢語語法簡介。

全書共收古漢語常用字 3 700 多個，字條按漢語拼音音序排列。每個字頭下用漢語拼音和注音字母注音，然後是釋義、書證，一些字頭下還收有少量雙音詞。字典後附難字表、我國歷代紀元表。其中難字表收字 2 600 多個，只有漢語拼音注音和釋義，沒有書證，是字典正文的補充。書前的部首檢字表包括了正文和難字表中的所有字。書中還對一些較難懂的例句作了注解或串講，對一些同義或近義詞進行辨析。對古漢語的初學者來說，這應是一本合適的工具書。

（3）《新華字典》，由商務印書館出版，並再版修訂多次，是一部最常用的現代漢語工具書。同時，它也收列了一些古書中的常用字，對一些字在古代的用法也作出解釋，因此，對閱讀古書有一定的參考價值。

《新華字典》按漢語拼音排序，共收單字 10 000 多個（包括繁體字、異體字），帶注解的複音詞 3 500 多個。前附部首檢字表、難檢字筆畫索引，後附漢語拼音方案等九種可供檢索的資料。

(4)《經傳釋詞》，清王引之著，書成於清嘉慶三年（1798），出版於嘉慶二十四年（1819）。1956 年中華書局出了重印本，近年來又有嶽麓書社等的印行本。這是一本專門解釋虛詞的著作。

全書共收字 160 個，按古聲母喉、牙、舌、齒、脣的順序排列，分爲十卷。字頭下先說明意義用法，再引書證明。所用書證以經傳爲主，訓釋詞義重在特殊用法，通常用法往往略而不論。書中所論精當嚴謹，可惜收字太少，且查檢也不太方便。

(5)《詞詮》，楊樹達著，1928 年由商務印書館出版，1954 年以後由中華書局出版並多次重印，是一部重要的古漢語虛詞工具書。

《詞詮》收虛詞 472 個，按當時的注音字母順序排列，分爲十卷。每個虛詞下用注音字母注音，然後標明詞性，解釋意義，再舉例句並注明出處，對虛詞的解說能博採衆長，做到條理清楚，引例豐富。中華書局的版本前有部首目錄，後有漢語拼音索引可供檢索。

(6)《詩詞曲語辭匯釋》，張相著，1953 年由中華書局出版並多次重印。這是一本專門解釋唐宋元明詩詞曲中的特殊詞語（大半是通俗口語）的著作。全書收詞語 537 條，附目 600 多條。每個詞條下先解釋意義，再按詩、詞、曲的順序引列書證。書中引例豐富，給閱讀古代詩詞曲提供了有益的參考。書後有語詞筆畫索引可供查閱。

（二）查閱詞語典故

(1)《藝文類聚》百卷，唐武德五年（622）歐陽詢等編，歷時三年成書。1959 年中華書局將此書的宋刻本影印出版，1965 年重新進行校勘後再版。

《藝文類聚》是一部類書，它將古代文獻中摘錄的有關詞語典故，按照內容性質，分爲 46 部，727 子目，每一子目下，大量引錄先代詩文賦頌在類書中相關的記載。所引古籍達 1 431 種，其中絕大多數已亡佚，因此，這本書保存了許多古代珍貴的文學資料，給文史研究提供了有益的參考。因爲書是按類分部，查找有關內容時，要先判斷它的部類，再按部找到子目，就能找到需要的資料。

(2)《佩文韻府》，清康熙十三年（1674）張玉書等編，至康熙五十年（1711）完成。1937 年商務印書館有影印本出版，1983 年上海書店影印重版。佩文是康熙皇帝的書齋名。這本書以元代的《韻府群玉》和明代的《五車韻瑞》爲藍本，作了大量增補而成。

《佩文韻府》也是一部類書。它專門搜集供古代作詩文詞賦用的辭藻典故，按平水韻 106 韻分平、上、去、入四聲編排，共收字 10 257 字，詞語有幾十萬條。字頭之下，標出反切，注明字義，然後再引出以這個字爲詞尾的詞語。詞語下面標明出處，不作解釋，引用資料豐富。其中分韻藻（從《韻府群玉》和《五車韻瑞》鈔錄）、增（作者增補）、對語和摘句。對語輯對聯，摘句輯五、七言詩句，可惜不注原文的篇名或題目。現在要查閱古代詩文中詞語典故的出處，可利用影印本的筆畫索引和四角號碼索引。

（三）查檢語句出處

（1）《春秋經傳引得》，燕京大學哈佛燕京學社引得編纂處編，於 1937 年出版。1983 年由上海古籍出版社重印出版，附有中文拼音、筆畫和四角號碼檢字。

《春秋經傳引得》將春秋和三傳所用字全部打亂，按度擷法（引得書中用來代替漢字的解剖排列法）重新排列，並且不避重複，一個字在原書中出現多少次，在引得中也出現多少次。因此，只要知道句子的一個字詞，就可查到原文；還可了解一個詞在書中出現的頻率和所在句子中的位置，爲語言研究提供了有用的資料。引得前附有經傳全文，查到詞句後，即可按條目下的數字提示，查到詞在原文中的頁碼位置。

除了《春秋經傳引得》外，哈佛燕京學社還將其他一些先秦兩漢的重要古籍的詞語編成引得或通檢，共有 77 種，上海古籍出版社已陸續重印了其中的十幾種。

（2）《十三經索引》，葉紹鈞編，1934 年由開明書店出版。1983 年中華書局補訂後重排出版，書前附有新舊字形對照表、筆畫檢字表和篇目簡稱表，書後附有四角號碼檢字。

《十三經索引》將十三經文全部拆散，以讀書時需要停頓處爲一條（即相當於現在用逗號或句號分開的句子），按首字的筆畫爲序編成索引，每條下注明書名、篇名、頁碼和欄次。書名和篇名皆用簡稱，要了解全稱可查書前的篇目簡稱表，頁碼和欄次是指 1980 年由中華書局影印出版的阮刻《十三經注疏》中的數字。在索引中查到句子，即可知出處，再按頁碼和欄次翻開《十三經注疏》，就可看到完整的句子或全文了。

如果想根據十三經中的個別字詞查找書中的句子，就要去查哈佛燕京學社於 20 世紀 30 年代出版的各經的引得了（《尚書》的引得由顧頡剛主編，稱爲《尚書通檢》），只要知道一個字，就可在引得中找到文句，查到出處。這些引得後來都由上海古籍出版社重印出版。

（四）查找人名地名

（1）《中國人名大辭典》，臧勵和等編，1921 年由商務印書館出版，1930 年影印重版，近年又由上海書店重印。

《中國人名大辭典》是查找我國歷史人名的工具書。全書共收人名四萬多個，從遠古神話時代到清末的著名人物一併錄入。編排上按姓氏的筆畫排列，筆畫相同則按字典部首順序排列，同一姓中名字筆畫相同的，也按字典部首順序排列。每個姓名下面，依次是字、號、朝代、籍貫、家世、官職等，然後是概述其生平事迹及著作等。所引資料不注出處。書前附姓氏筆畫檢字表，書後附四角號碼人名索引、異名表、姓氏考略等可供檢索。

(2)《中國古今地名大辭典》，臧勵和等編，1931 年由商務印書館出版，1982 年重印。這本辭典的體例跟《中國人名大辭典》相同，也是按筆畫順序排列。全書收從遠古到現代（1928 年止）的地名四萬條，每條下敍述地理位置、歷代區域建制、沿革、變遷、古今地名對應等，是一部較全面的查找我國地名的工具書。書前附筆畫檢字表，書後附各縣異名表和四角號碼索引。

（五）查閱歷代政治、經濟、歷史、文化及典章制度

(1)《中國歷史紀年表》（我國歷代紀元表），附著在《辭海》、《古漢語常用字字典》等書後，是專門用來查檢歷史年代的圖表。它分項記錄了從五帝到清代各朝的帝王（姓名）、年號、干支、公元等內容，並附有古代用來紀年月日的干支次序表。用它來查閱各朝代與公元年的對應關係，比較方便快捷。

(2)《歷代職官表》，清道光二十五年（1845）黃本驥編。黃氏摘取清乾隆四十五年（1780）大型官修本《歷代職官表》的圖表和簡略的清代官制說明等，編爲六卷而成。

《歷代職官表》以清政府各部門爲條目，條目下說明所設職官的員額、品級，然後是職官圖表，圖表以清朝官制爲綱，歷代沿革分列其下，一目了然。每卷有本卷目錄。

本書 1965 年由中華書局整理修訂重版，採用了新式標點，約請專家撰寫了《歷代官制概述》和《歷代職官簡釋》分別附於表的前、後。書後還附有歷代職官表及簡釋的四角號碼檢字、筆畫順序檢字和拼音順序檢字。

(3)“十通”和《十通索引》。

“十通”是從唐代到 1921 年共十部政書的總稱。唐杜佑的《通典》，南宋鄭樵的《通志》和元馬端臨的《文獻通考》舊稱“三通”。清乾隆時又有官修本《續通典》、《續通志》、《續文獻通考》、《清通典》、《清通志》、《清文獻通考》，與前三通合稱爲“九通”。1921 年劉錦藻又編纂了《清朝續文獻通考》。商務印書館將它們一併刊印，稱爲“十通”，還編制出版了《十通索引》一冊，以便查找。這十部書記載了從上古到清朝各朝代典章制度的沿革變化和經濟、文化等發展情況，其中“三通”和“續三通”所載不止一個朝代，是通古今的政書，“清三通”和《清朝續文獻通考》則專述清代，是斷代的政書。

“十通”的體例跟類書相似，按照政治、經濟、歷史、文化、典章制度等分門別類，下面再分子目，彙集各種資料而成。“三通”大致從上古述至南宋寧宗，“續三通”大致從唐肅宗述至明末，内容各有側重。由于“十通”卷帙浩繁，分類又沒有一個客觀標準，查找起來相當困難，《十通索引》就給我們提供了方便。

《十通索引》分兩部分：四角號碼索引將“十通”的所有名詞術語、子目、篇章等，能立爲一條的，都按四角號碼檢字法編排次序，在每條下注明所引書名、頁數和欄次；另附單字筆畫檢字表。分類目錄索引分爲三通典索引、三通志索引和四通考索引三種，將“十通”原來單一的目錄分成三種詳細的目錄，並注明出處。因此我們可以充分利用。

（六）查檢書目文獻

（1）《四庫全書總目提要》，是清代關於《四庫全書》的目錄和提要彙編。清乾隆四十七年（1782）官修《四庫全書》編成，分爲經、史、子、集四大部類，這也是中國圖書的四部分類法。又由紀昀等編撰《四庫全書總目提要》二百卷，分著錄和存目兩項。著錄的書籍有 3 461 種，每一部書都有一篇提要，簡要地介紹書的内容得失、作者生平、版本存佚等情况，可以作爲閲讀古籍的入門之書。存目 6 793 種，是指《四庫全書》未收的書。

本書的體例，是在四部之下，分 44 類，有的門類下又分子目，有 65 目。四部各有總序 1 篇，44 類各有小序 1 篇，在一些子目或提要後，有的加按語闡明學術淵源、流派，或劃分類目的理由。後來又另編《四庫全書簡明目錄》20 卷，删去存目，提要也删繁就簡，便於查閲，與《四庫全書總目提要》同時刊行。新版的這兩部書，後面都附有四角號碼人名索引和書名索引可供檢索。近人余嘉錫的《四庫提要辨證》也可供參照。

（2）《書目答問補正》，范希增撰，1931 年出版，是在清代張之洞撰《書目答問》的基礎上增補而成。

《書目答問》五卷，分經、史、子、集、叢書五部，每部下又分類目，依時代先後爲序，共收書籍 2 200 多種，以通行習見本爲主，並按部類子目進行簡略介紹。

范希增的《書目答問補正》對原書的錯漏作了修訂，補充了各種版本和後出書籍，並簡單評價版本優劣，使所載書目更加完備。要檢閲通行的古籍，可以先到這裏查找。

（3）《中國叢書綜錄》三册，上海圖書館編，中華書局於 1959 年、1961 年、1962 年先後出版。

彙刻各類書籍爲一編，或集一人著作爲一集，冠以一個名稱，就是叢書。我國的叢書刊刻從宋代始，明清最盛。《中國叢書綜錄》收錄了全國各大城市 41 個主要圖書館收藏的歷代叢書 2 797 種，基本上反映了我國叢書的全貌。其中第一册是“總目分類目錄”，也就是叢書總目，用以登錄所收叢書的名稱，每部叢書名目下一一列出書中所收的書名（子目）和作者；這一冊後附有叢書書名索引、索引字頭筆畫檢字和全國主要圖書館收藏情況表可供查檢。第二冊是“子目分類目錄”，共收子目七萬多條，按經、史、子、集四部分類，每本書登錄名稱、卷數、作者和所屬叢書的名稱。第三冊是查檢第二冊的工具書，分“子目書名索引”和“子目著作索引”兩部分，索引按四角號碼編排；這一冊前附有四角號碼檢字法，索引字頭筆畫檢字和索引字頭拼音檢字，可供不同的需要。

第二節 漢字的起源和發展

一、關於漢字起源的傳說

梁東漢《漢字的結構及其流變》（1959）介紹了史籍記載的有關漢字起源的多種傳說。比如八卦說、結繩說、倉頡造字說、起一成文說、手勢語說、圖畫說等，其中最有影響的當是八卦說、結繩說和倉頡造字說。

梁東漢提到的這三種傳說，在東漢許慎的《說文解字・敍》中有相關論述：“古者庖犧氏之王天下也，仰則觀象於天，俯則觀法於地，視鳥獸之文與地之宜，近取諸身，遠取諸物，於是始作易八卦，以垂憲象。及神農氏結繩爲治而統其事，庶業其繁，飾僞萌生。黃帝之史倉頡，見鳥獸蹏迒之迹，知分理之可相別異也，初造書契。”

楊五銘認爲，許慎這段話的意思很清楚，是說在文字發明之前，我們的先民大抵經歷過使用八卦和結繩來幫助記憶的時代，而後才是倉頡造字，文字產生；許慎並沒有把八卦和結繩看成文字之始或漢字的前身。但後來劉師培在《小學發微》中說“大約《易經》六十四卦，爲文字之始矣”，朱宗萊在《文字學形義篇》裏主張“文字之作，肇始結繩”，（楊五銘《文字學》頁35，頁38）就把文字的起源跟八卦、結繩直接聯繫起來了。

（一）八卦說

史書講八卦，相傳爲伏羲所作。八卦指乾、震、兌、離、巽、坎、艮、坤，分別由“—”（陽爻）、“－－”（陰爻）的一長兩短兩種符號組成不同的卦形。“—”表示奇數，“－－”表示偶數。對應和代表天、雷、澤、火、風、水、山、地等大自然的事物。

中國古代有一首歌訣可以幫助人們很容易記住八卦各卦的卦形：乾三連，坤六斷。震仰盂，艮覆碗。離中虛，坎中滿。兌上缺，巽下斷。

八卦的演繹以《周易》爲代表。八卦以兩卦相叠演爲六十四卦，來象徵自然現象和社會現象的發展變化，具有樸素的辯證法因素。所以八卦最初是上古人們記事的符號，後被用爲卜筮符號，逐漸神秘化。春秋以後又被統治階級用作宣揚天命論和迷信思想的工具。八卦中，乾與坤、震與巽、坎與離、艮與兌是對立的。

由兩短一長的符號代表奇偶和陰陽，通過變化組合來達到記事的目的，這樣的變化組合記事，能表達的範圍很有限，把它們跟古代漢字放在一塊，實在難以看出有什麼聯繫。另一種可能是八卦原本由數字來表示，那就是漢字產生以後的事情了，如張政烺結合考古材料和傳世文獻所作的《試釋周初青銅器銘文中的易卦》，通過與《周易》對譯，成功釋讀出西周金文中比較常見的由數目字組成的易卦，爲學界所公認。

（二）結繩說

古代典籍有不少提到先民的結繩記事。

《周易・繫辭下》：“上古結繩而治，後世聖人易之以書契。”

《老子》第八十章：“使民復結繩而用之。”

《莊子・胠篋》：“昔者容成氏、大庭氏、伯皇氏、中央氏、栗陸氏、驪畜氏、軒轅氏、赫胥氏、尊盧氏、祝融氏、伏犧氏、神農氏，當是時也，民結繩而用之。甘其食，美其服，樂其俗，安其居，鄰國相望，雞狗之音相聞，民至老死而不相往來。”

《周易正義》引《虞鄭九家易》：“古者無文字，其有約誓之事，事大大結其繩，事小小結其繩，繩之多少，隨物衆寡；各執以相考，亦足以相治也。”

從這些古書記載來看，上古確實有過利用結繩來記事的事實。

根據一些記載，古埃及、波斯、古日本都有過結繩的事情。秘魯的土人用幾條不同顏色的繩子，平列地繫在一條主要的繩子上，根據所打的結在哪條繩子上、在什麼位置和所結的數目，來表示不同性別、不同年齡的人的數量。解放前我國雲南獨龍族人遠行，也用結繩的方法來計算日子，每走一天就打一個結。從這些情況來看，結繩的可區別性很低，記事功能也很弱，只能用結大結小來標記大事小事，或用不同顏色和位置來傳遞有限的信息，並且其中含義要互相商定，顯得籠統模糊。結繩應屬於實物性的記號，跟文字扯不上關係。

（三）倉頡造字說

倉頡造字的傳說在以下兩地流傳：①河南南樂縣：上古先民因集體狩獵而受啓發，既然每種野獸的蹄印各不相同，那麼用不同的符號就能表示不同的東西了。②河南白水：軒轅氏皇帝知道左史官倉頡首創文字後，大爲感動，乃賜倉姓，意爲“君上一人，人下一君”。後來上天知道這件事，下了一場穀子雨來獎勵倉頡，這就是人間穀雨節的由來。千百年來，倉頡故里的農民在穀雨節拜祭倉頡，並將這裏的村莊取名爲“史官村”（王繼洪《漢字文化學概論》頁32）。

古文獻中關於倉頡造字的記載林林總總，如：

《荀子・解蔽》：“故好書者衆矣，而倉頡獨傳者，壹也；好稼者衆矣，而后稷獨傳者，壹也。”

《韓非子・五蠹》：“古者倉頡之作書也，自環者謂之私，背私謂之公，公私之相背也，乃倉頡固已知之矣。”

《淮南子・本經訓》：“昔者倉頡作書，而天雨粟，夜鬼哭。”《脩務訓》：“昔者倉頡作書，容成造曆，胡曹爲衣，后稷耕稼，儀狄作酒，奚仲爲車。此六人者，皆有神明之道，聖智之迹，故人作一事而遺後世。”《泰族訓》：“倉頡之初作書，以辯治百官，領理萬事，愚者得以不忘，智者得以志遠；至其衰也，爲姦刻僞書，以解有罪，以殺不辜。”

“倉頡造字說”應該是可信的，理由是：其一，如《說文解字・敘》裏說結繩已無法滿足當時社會發展和人們生活的需要，必須要創造新的方式來記錄更多的信息。漢字產生於國家形成的過程中，社會政事的往來需要有文字，爲滿足這種需要，漢字產生了。其二，傳說倉頡是黃帝的史官，由有記載政事職責的史官來負責搜集整理和推廣漢字是義不容辭的，他起的作用很重要，所以史籍中留下的是他的名字。

二、漢字的起源、形成和發展

漢字起源於圖畫，應是由圖畫發展演變而來，這已是學界的共識。古人說書畫同源，商代的甲骨文字，其中有不少字圖畫象形的意味就非常明顯，有些字活脱脱就是勾勒事物特點的簡筆畫。宋人鄭樵就説過："書與畫同出……六書也者皆象形之變也。"（楊五銘《文字學》頁44）楊五銘認爲，從圖畫到文字，是一個質變的過程，在這個過程中，如裘錫圭所説："用象形符號表示族名，很可能是原始表意字產生的一個重要途徑。"（楊五銘《文字學》頁45）這些族徽符號的圖形，通過族名的中間環節，與語言中的詞逐步建立了牢固的聯繫，最後約定俗成地變成了文字。這就是圖畫通過族名演變爲文字的推測。

漢字字體的發展演變分爲兩個階段，以篆、隸之間爲界，前爲古文字階段，包括甲骨文、金文、古文、大篆和小篆，字形有着圖畫象形的意味；後爲現代漢字階段，包括隸書、草書、楷書和行書，字形由筆畫偏旁構成。

生動形象的甲骨文字：

鹿　龜　子　亦　鼎　酉　及　拯

最早的成系統的文字，現在已知的是商代的文字。刻寫在用於占卜吉凶的龜甲獸骨上的甲骨文，也稱契文或卜辭，是用綫條性的描畫勾勒出事物的特徵來表示意義。鑄刻在青銅器上的金文，有濃厚的圖畫性和裝飾性，内容和字數較爲簡略。

西周文字以金文爲代表。跟商代金文相比，記載内容非常豐富，出現了不少鴻篇巨製，如著名的《毛公鼎》字數達497個；筆畫的肥筆和塊面逐漸綫條化，更便於刻寫。

戰國文字通常以西方秦系文字和東方六國古文爲代表。秦系籀文屬大篆文字，出自《史籀篇》。而東方六國古文即指戰國時齊、楚、燕、韓、趙、魏等國使用的文字。這一時期的文字書寫工具表現出多樣化的特點，除金文外，有簡帛文、石鼓文、陶文、貨幣文和璽印文等，留下大量反映當時社會面貌的珍貴資料。

《説文解字》中收録的小篆以外的各類古文字，基本上都屬於戰國文字。

小篆，秦始皇命李斯將史籀大篆略加省改，作爲當時的規範文字，就是所謂的小篆。秦代官方用篆書（不限於小篆），日常書寫用簡便快捷的秦隸（草率的篆書）。

隸書，相傳爲秦始皇時程邈在雲陽獄中所作。秦代與小篆並行，後人稱爲秦隸或古隸。漢代隸書成爲通行文字，改變篆書之圓轉，筆畫以波磔爲特點，字形較爲扁平，稱爲漢隸或今隸。

草書，初成於漢代，從漢到唐有章草、今草、狂草之分。章草是隸書的快寫，基本上保持了隸書的體勢和用筆，上下字絕不牽連。今草是楷書的草寫，字字連屬，盡去章草的波磔，變横勢爲縱勢。狂草是一種特殊的今草，表現爲筆勢環繞，潦草狂放，變化無窮，有"一筆書"之稱。

楷書，魏晉間減省隸書的波磔而成，形體方正，筆畫平直。"楷者，法也，式也，模也。"（唐・張懷瓘《書斷》）

行書，幾乎與楷書同時興起，“不真不草，是曰行書”（唐·張懷瓘《書斷》）。介於楷書和草書之間，筆勢既不像草書那樣潦草，又不像楷書那樣端正。因其實用和行雲流水般的風格，成爲最流行的書體。民間形象地將它們描述爲“楷如立，行如趨，草如走”（劉國恩《漢字文化漫談》頁152）。

漢字由篆書到隸書的變化稱爲“隸變”，隸書的產生是古文字轉變爲現代漢字的分水嶺，隸變關係到書寫風格和漢字結構的巨大變化。

（1）書寫風格的變化：完全拋棄了篆書所遺留的象形意味。變圓轉不斷的綫條爲筆畫，標誌着方塊漢字的形成。

（2）字體結構的變化主要表現在兩個方面：

偏旁簡化——心：⺗ 忄 手：扌 水：氵 邑：阝（在右） 阜：阝（在左）

形體省併——纍靁：累雷 書：从聿者聲 釜：从金父聲 布：从巾父聲

烈然燕魚：四點底分別由火、燕尾、魚尾訛變而成。

服从舟，膾从肉，朔从月，舟、肉和月合併爲月。

漢字形體的現代化是很早完成的。下面矢、豕、爲、韋四字形從甲骨文到楷書的變化，形象地展示了漢字形體從上古到漢魏間的演變過程：

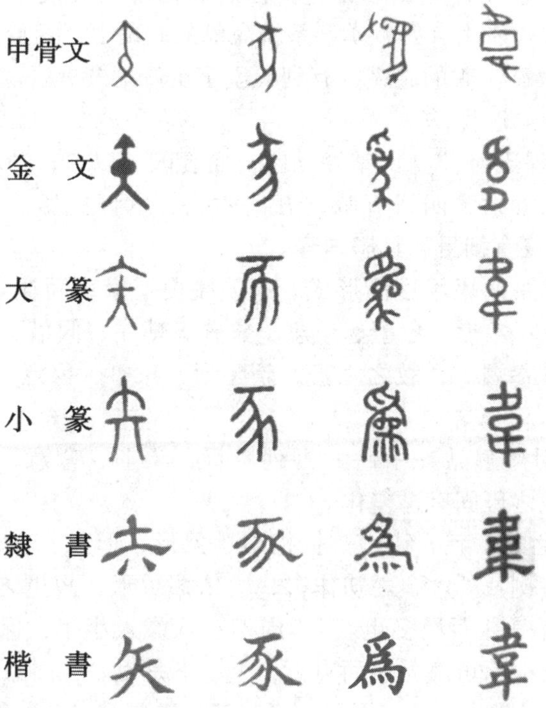

（荊貴生主編：《古代漢語》（第3版）上冊，武漢：武漢大學出版社，2005年版，頁150。）

第三節　漢字的結構

世界上的文字大體分兩種：表音文字和表意文字。漢字屬表意體系的文字，字形和意義有很密切的關係。古人很早就意識到漢字的這一特性，往往通過對漢字形體的分析來說明字義。延伸下來，後人就說，漢字方塊成體，字有“六義”，音別四聲，因而具有形象性、表現性和藝術性等傳統內質。由于它是表意體系的文字，本身包蘊和積澱了豐富的民族歷史文化含義，這是跟表音的拼音文字完全不同的。

一、六書說

所謂六書是漢代學者分析小篆的形、音、義而歸納出來的同漢字構形有關的六種原則——象形、指事、會意、形聲、轉注、假借。關於漢字結構的“六書”說，是在漢字各種構字方式運用自如、漢字系統完備的基礎上，對於漢字構成體系規律的整理和完善。對“六書”說的認識，有利於漢字更好地發展。

六書的提出有一個過程：

《周禮・地官・保氏》：“保氏掌諫王惡，而養國子以道，乃教之以六藝：一曰五禮，二曰六樂，三曰五射，四曰五馭，五曰六書，六曰九數。”這段話是最早出現“六書”之說的，但沒有細目和具體內容。

漢代，六書作爲一門學說逐漸形成。東漢歷史學家班固在《漢書・藝文志》中明確列出六書名目是：象形、象事、象意、象聲、轉注、假借。他說：“古者八歲入小學，故周官保氏掌養國子，教之六書，謂象形、象事、象意、象聲、轉注、假借，造字之本也。”

東漢鄭衆在《周禮解詁》中將六書列舉爲：象形、會意、轉注、處事、假借、諧聲。次序和名目較之班固有點變化。

東漢許慎的《說文解字・敍》是：指事、象形、形聲、會意、轉注、假借，並且首爲定義，舉出實例：“倉頡之初作書，蓋依類象形，故謂之文，其後形聲相益，即謂之字。字者，言孳乳而浸多也。”“周禮：八歲入小學，保氏教國子先以六書。一曰指事。指事者，視而可識，察而見意，上、下是也。二曰象形。象形者，畫成其物，隨體詰詘，日、月是也。三曰形聲。形聲者，以事爲名，取譬相成，江、河是也。

四曰會意。會意者，比類合誼，以見指撝，武、信是也。五曰轉注。轉注者，建類一首，同意相受，考、老是也。六曰假借。假借者，本無其字，依聲託事，令、長是也。”

各家列舉的名目、次第稍有不同。後來的人解釋六書，次序按班固，名目按許慎。許慎的《説文解字》後經宋代徐鉉、徐鍇兄弟整理，發展到清代，研究《説文解字》成爲一門學問，有所謂《説文解字》四大家：段玉裁、王筠、朱駿聲、桂馥。（段玉裁《説文解字注》、王筠《説文釋例》和《説文句讀》、朱駿聲《説文通訓定聲》、桂馥《説文解字義證》）近人丁福保將歷代研究《説文》的成果集爲《説文解字詁林》，規模宏大。

（一）象形

“象形者，畫成其物，隨體詰詘，日、月是也。”象形字的特點：描畫事物的形狀來表現字義。這種描畫並不要求很細緻形象，只要求把特點描寫出來。

象形字表現或指代的往往是具體形象的事物，如（以下雙引號內文字解釋字形，均引自《説文解字》）：

行“人之步趨也。从彳从亍。”甲骨文作，像十字路口之形；引申爲道路。

女“婦人也。象形。”

又“手也。象形。三指者，手之列多略不過三也。”

大“天大地大人亦大，故大象人形。”

交“交脛也。从大，象交形。”

人“天地之性最貴者也。此籀文象臂脛之形。”甲骨文作，像人側立之形。

口“人所以言食也。象形。”

果“木實也。从木，象果形在木之上。”甲骨文作，在木上增果形，表示“木實”。

眉“目上毛也。从目，象眉之形，上象額理也。”甲骨文作，在目上增眉毛之形。

人們也把“果”、“眉”一類的字稱爲複體象形。

日　月　水　人　又　口　行　大　交　魚　馬　鳥　燕　果　眉

（二）指事

“指事者，視而可識，察而見意，上、下是也。”指事是用記號（指事符號）指示事物特點的造字方法。

指事最基本的兩種情況是：

（1）純粹用指事符號。往往用抽象的符號表示某種概念。

上“高也。此古文上，指事也。”

下“底也。指事。”

厶（私）“姦邪也。韓非曰：倉頡作字，自營爲厶。”

回“轉也。从囗，中象回轉形。”

（2）在已有的象形字上加上指事符號。形象＋所指，意在所指。

刃“刀堅也。象刀有刃之形。”

本“木下曰本。从木，一在其下。”

末“木上曰末。从木，一在其上。”

亦“人之臂亦也。从大，象兩亦之形。”在“大”的兩臂下加一點指示部位。

旦“明也，从日見一上。一，地也。”

甘“美也。从口含一。一，道也。”在“口”中增一畫，像口含食物之形。

曰“詞也。从口，乙聲。亦象口氣出也。”甲骨文作，表示聲音從口出。

下　上　厶　回　甘　本　末　亦

象形字和指事字都是獨體字，區別：

（1）象形字是描畫形狀，即便是複體象形，象形符號仍然是強調（描摹）事物的形態。

（2）指事字強調的是指事符號，這種符號起指事作用而不是描寫事物的形態。

（三）會意

“會意者，比類合誼，以見指撝，武、信是也。”會意的意思是把兩個或多個獨體字組合起來，它們的形體或意義相關聯，而構成一個新字新義。

武①“夫文，止戈爲武。”（《左傳·宣公十二年》）善於制止一場戰爭就是武，以武力止息干戈，保衛和平。

② 本義指足迹，《離騷》：“及先王之踵武。”

③ 持戈踏步向前去打仗。

古人對“武”有多種解釋。甲骨文作形，從字形字義之間的關係看，應該是③比較符合實際。

信“誠也。从人从言。”言語真實。古人曰：人言以誠信爲貴。

及“逮也。从又从人。”

轟“群車聲也。从三車。”

暴“晞也。从日，从出，从廾，从米。”

祭“祭祀也。从示，以手持肉。”

步“行也。”甲骨文作，像兩隻腳交替地前行。

逐“追也。从辵，从豚省。”

鬥“兩士相對，兵杖在後。象鬥之形。”

莫“日且冥也。从日在茻中。”

牧“養牛人也。从攴从牛。”手拿棍子趕牛爲放牧。

現代的會意字：甭 歪 尖 孬 夯

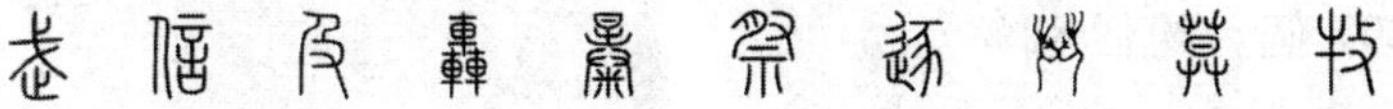

武 信 及 轟 暴 祭 逐 鬥 莫 牧

（四）形聲

“形聲者，以事爲名，取譬相成，江、河是也。”根據事物的意思取個名稱，然後用另一個讀音相同或相近的字譬況這個字的讀音。指由形符（意符、形旁）和聲符（音符、聲旁）兩部分組成的字，形符表示字的本意所屬的意義範疇（類別），聲符表示字的讀音。

形聲字的形符和聲符，一般都是象形字、指事字，也有的是會意字。沬——象形加指事。苫——象形加會意（占，从卜从口）。

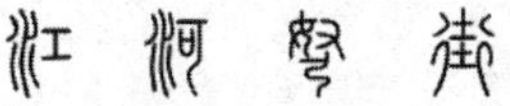

江 河 弩 街

有些形聲字由好幾個獨體字構成。

在《說文解字》裏，形聲字形符和聲符，大致有四種情況：

①形符表意，聲符表音。“从某，某聲。”這種情況最多最普遍。

桔“桔梗，藥名。从木，吉聲。”

飯“食也。从食，反聲。”

②聲符表聲兼表意。“从某，从某，某亦聲。”（《說文》大概收入四百多個）通常把這類字稱爲會意兼形聲字。

阱“陷也。从阜，从井，井亦聲。”

芬“草初生其香分佈。从屮，从分，分亦聲。”

③省聲字：聲符由某一個字省掉一部分充當。“从某，某省聲。”

茸“草茸茸貌。从艸，聰省聲。”

炊“爨也。从火，吹省聲。”

④省形字：形符由某一個字省掉一部分充當。“从某省，某聲。”

亭“民所安定也，亭有樓。从高省，丁聲。”

考“老也。从老省，丂聲。”

會意字和形聲字都是合體字，區别：

（1）形聲字由表意和表音兩部分構成，有表音成分。

（2）會意字合成的成分都是表意，無表音成分。

據蔣善國《漢字的組成和性質》一書統計，《說文解字》所收的 9 353 個字中包括：象形字 364 個，约佔 4%；指事字 125 個，佔 1% 多一點；會意字 1 167 個，佔 12% 多一點；形聲字 7 697 個，约佔 82%。

（五）轉注

“轉注者，建類一首，同意相受，考、老是也。”從舉例來看，兩個字部首相同，意義相同，可以互相解釋。

考“老也。从老省，丂聲。”

老“考也。七十曰老，从人、毛、匕（化），言鬚髮變白也。”

以“老”爲部首（形符），加上聲符“丂”構成形聲字“考”。有人認爲這是促成形聲字大量增加的一個渠道。如：身/躬　走/趨　民/氓　舟/船

許慎所舉兩字從構形來說，一爲形聲，一爲會意，跟轉注的定義不切合。所以歷來對何爲轉注爭議較大。

（六）假借

“假借者，本無其字，依聲託事，令、長是也。”本來沒有那個字，依據已有的字的形音寄託一個新詞新義。

“令：發號也。从亼、卪。”

“長：久遠也。从兀，从匕。”甲骨文作，像一長髮飄飄的老者形象。

概念與所引例不符。兩字從構形來看，一爲會意，一爲象形（《說文解字》則分析爲形聲）。其義应爲引申，並非假借。

假借是用字之法，語言中的詞沒有造新字去記錄，而是借用現成的同音字來表示。不用造字來滿足用字的需要，控制了漢字數量的增長；同時，“依聲託事”，使語言中語音發揮了更大的作用。如：

我（第一人稱代詞），耳（語氣詞），自（代詞），其（代詞），莫（無定代詞）等，都是“依聲託事”。

六書理論的形成和發展，說明了漢字構造和運用的規律。許慎還根據漢字以形表義的特點，在《說文解字》中首創 540 個部首，將一盤散沙的漢字整合成了有規律

可循的系統。這是文字學也即漢字學創立的開始。

六書說的局限：

（1）許慎只是說出名目、下定義和舉例，並沒有將所有小篆文字按六書分類，以至一些字的歸類，衆說紛紜，無法定論。

（2）許慎所舉義例過於簡約，有些不夠嚴密，歷來在理解上爭論不少。

後人對六書的再認識和分類，一種是“四體二用”之說，此說由清代的戴震提出並論證。戴震說指事、象形、會意、形聲“四者，書之體止於此矣”，爲四體。由此而用之，幾個漢字的意義相同，“其義轉相爲注，曰轉注”（數字共一用者）。一個漢字因爲聲音相同而借作他用，就是假借（一字具數用者）。“所以用文字者，斯其兩大端也。”（戴震《答江慎修先生論小學書》）認爲六書的象形、指事、會意、形聲四書是分析每一個漢字得出的不同結構類型，是造字之法，轉注和假借則是用字之法。“四體二用說”根據前四書和後二書的不同特點加以區分，有它的積極意義和合理因素，影響較大。但隨着人們對漢字認識和研究的深入，認爲轉注和假借跟造字的關係也很密切，轉注能促使形聲字大量產生，假借通過借字表音，也能促使新字的產生，一概而論就有失偏頗。另一種是“三書說”，由唐蘭首先提出。唐蘭針對象形、指事、會意之間有交叉、模糊不清的看法，在《古文字學導論》（1935）中，將六書歸併爲象形、象意、象聲三書。陳夢家又將三書的內容作了調整，爲象形、假借、形聲。裘錫圭進一步調整爲表意（意符字）、假借（表音字或音符字）、形聲（半表意半表音字或意符音符字）。

二、形聲字的結構形式與漢字的部首

（一）形聲字的結構形式

1. 形符和聲符通常的位置

左形右聲/江棋　　左聲右形/攻期　　上形下聲/空箕

上聲下形/汞基　　內形外聲/辯問　　內聲外形/閣園

2. 形符和聲符反常的位置（往往容易把聲符錯認爲是形符）

視祁——示聲　　錦欽——金聲　　釗到——刀聲

馮——仌聲　　和——禾聲　　盂——皿聲

3. 形符和聲符不能按自然結構分析

聲符偏於一隅　　旗旌旄施旆——其、生、毛、也、市聲

徒徙從——土、止、从聲

形符偏於一隅　　載栽裁哉——𢦏聲　　修倏條脩——攸聲

	勝滕騰謄——朕聲　　穎潁——頃聲
聲符在中間	衷褢裏——中、果、里聲（从衣）
形符在中間	風鳳（凡聲）哀（衣聲）
聲符變形	賴——从貝剌聲　　賊——从戈則聲

（二）漢字的部首

在《說文解字》中，部首就是意符、形符。漢字 80% 以上是形聲字，掌握部首，就能了解字的本義，也就能更好地理解引申義。

【頁】人頭。从頁的字，本義與人頭有關。頗，偏頭。顧，回頭。頓，低頭至地的禮節。顏，額面。題，額頭。

【攴】手持木棍“小擊也”。从攴的字，本義與手的動作有關。攻，擊，敲擊。放，放逐。敗，毀壞。

【貝】古人以貝爲錢。从貝的字，本義與錢貨有關。貫，貝串，古人用貝作貨幣。賀，以禮物慶賀。質，用於抵押的財物。賦，斂收錢糧。賤，貨物不值錢。

部首之間，因形義相通相近，可形成一個個不同系列。由一類部首構成的字，往往也有相通相類的特點。如下面的“口”部之類構成的字，都跟口的動作有關，或是動作的延伸，也因此造成不少異體相通。

【口】部之類。

與口相關的器官：喉吻噣喙　口的行爲：含嚼吮噬啼叫喊呱啾唧　口出之言：命問唯咨

舌　舔甜恬

甘　旨嘗

言　動詞：諫謗讒誣諱謂諾許謀訪誅識　名詞：詩詞　形容詞：諒誠謹信詐謊

欠　吹歡欣歌歙飲歔𣤸（唏嘘/欷歔　嘆/歎　嘯/歗　嘔/歐　歌/謌）

《說文解字》的部首是文字學原則的部首，部首標示着該部字的本義所屬的意義範疇。明清以後字典通用的 214 部首是檢字法原則的部首，分部從檢字的方便出發，部首不一定跟該部字的本義有關。

從漢字構形來看，象形［女網（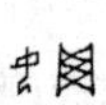）］、指事［夫朱（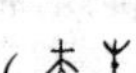）］、會意［益陟（）］，字形和意義之間的聯繫緊密而具體，早期大概可以看字識義。而形聲的字形和意義間就拉開了距離，其表義部分只是表義類、表範圍，不是具象的東西，比如木類以“木”爲形，加上不同的聲符，就構成了千百種樹木名。這樣的造字變得簡單而方便，因此形聲字成爲漢字的主流。今天我們對字形結構的分析，目的在於通過字形弄清本義源流，更好地掌握漢字。

第四節　古書中的用字

漢字已有幾千年的歷史，在長期的發展過程中，書面語裏同字異詞、同詞異字的現象很多，古書中常出現一些形體分歧的字，造成認識和閱讀困難。在現代漢語裏，通過《簡化字表》、《異體字表》等的規定，它們已經統一起來了。但是我們在讀古書時會常常碰到，需要正確地加以理解，以掃清閱讀的障礙。

中學讀古文時對這些形體分歧的字已有初步的認識，但是都統在一塊說，不求甚解。現在要分別對不同情況作進一步的探討，了解不同的源流原因，求得真知，從而正確地理解古書的本義，達到讀懂古書的目的。古書中形體不同的字大致可分爲：古今字、通假字、異體字。而繁簡字，則是 1956 年國務院公佈《漢字簡化方案》中的簡化字和原來繁體字的對應合稱。

一、古今字

同一個詞用兩個不同的字來表示，時間上一個先，一個後，先的是古字，後的是今字，古字有一義跟今字一樣。段玉裁對古今字的解釋是："古今人用字不同，謂之古今字。""凡讀經傳者，不可不知古今字。古今無定時，周爲古則漢爲今，漢爲古則晉宋爲今。隨時異用者，謂之古今字。非如今人所言古文、籀文爲古字，小篆、隸書爲今字也。"（段玉裁《說文解字注》）

古今字的特點是：

（一）在字形上，古今字之間絕大多數有形體相承的關係，今字是在古字基礎上增加形符或改換形符而成

1. 添加形符例

宴爾新**昏（婚）**，如兄如弟。（詩經 · 邶風 · 谷風）

取（娶）妻如之何？（詩經 · 齊風 · 南山）

三日不怠，三月不**解（懈）**。（禮記 · 雜記下）

亡不越**竟（境）**，**反（返）**不討賊。（左傳 · 宣公二年）

失其所與，不**知（智）**。（左傳 · 僖公三十年）

濟北王侍者韓女病**要（腰）**背痛。（史記 · 扁鵲倉公列傳）

辟/避　舍/捨　共/供　責/債　賈/價　益/溢　要/腰　禽/擒

2. 改換形符例

秦伯**說（悅）**，與鄭人盟。（左傳·僖公三十年）

主父定死，乃發喪**赴（訃）**諸侯。（史記·趙世家）

斂/殮　創/瘡　踞/倨　沒/歿

3. 形體完全改變例，這樣的情況較少

亦/腋　身/娠　呂/膂

（二）古今字在意義上，今字分擔古字的一個意義

（三）古今字大多聲符相同，所以語音相同或相近

古今字產生的原因是：字和詞比較，字相對較穩定，語言中的詞較活躍，造成早期一字寫多詞、一字多兼職的現象，一個字表示兩種以上的概念。後來造出新字承擔其中的一部分意義，古今字就產生了。

二、通假字

古代漢語書面語裏音同、音近字的通用和假借。通假字的本字和借字同時存在，在本字見存的情況下，古書中不用本字而用同音字。

通假字的特點是：

（一）借字和本字同音或讀音相近

公何不**蚤（早）**告我。（史記·秦始皇本紀）

逝（誓）將去女，適彼樂土。（詩經·魏風·碩鼠）

之死**矢（誓）**靡它。（詩經·鄘風·柏舟）

尺蠖之屈，以求**信（伸）**也。（周易·繫辭下）

陽貨欲見孔子，孔子不見。**歸（饋）**孔子豚。（論語·陽貨）

甚矣，汝之不**惠（慧）**！（列子·湯問）

（二）假借義跟本義無關

人們討論假借，一般分兩種情況：

（1）無其字的假借，借而不還。即“六書”中的假借，“本無其字，依聲託事”。比如“孰”、“莫”借爲代詞，“而”借爲連詞，“來”借爲動詞。

（2）本有其字的假借。本有其字，寫書的人寫了另一個音同音近的字來代替。即這裏說的通假。

上古書中通假字很多，比如《荀子·天論》中的通假字：（前一個爲借字，後一個爲本字）祅/妖　形/刑　臧/藏　財/裁　已/以　畜/蓄　邪/耶　錯/措　黨/倘　常/嘗　爾/邇　瑳/磋　有/佑　匿/慝　詘/屈　信/伸……

通假字産生的原因是：①求簡便（趨簡），用筆畫較簡單的同音字來代替。②一時的訛誤，從今天來看，是寫了別字。

通假字數量很大，先秦較多，兩漢減少了，唐宋更少了。説明文字的規範，有一個發展的過程。

三、異體字

兩個字的音義、用法全同，只是形體不同，在任何情況下都可以互相代替。

漢字可以用不同的造字法造出表示同一意義的字。形符只表示意義範圍，意義相近的形符可以互換。聲符是用漢字來表示，音同音近的字也可以互換。偏旁的位置也不那麽固定。異體字的形體差異有以下幾種情況，也即異體字産生的原因：

（1）造字法不同：

會意	形聲
凷	塊
埜	野
磊	磥
靨	縶
泪	淚
拿	拏挐

（2）形符不同：懽/歡　溪/谿　睹/覩　唇/脣

（3）聲符不同：猿/猨　褲/袴　蚓/螾　昵/暱

（4）形符聲符都不同：村/邨　剩/賸

（5）偏旁位置不同：稿/稾　胸/胷　和/咊　鵝/鵞

還有一些因筆畫不同造成的異體字，如：汙/污

有時候，位置不同，是不同的兩個字：猶≠猷　棗≠棘

古今字、通假字和異體字從意義方面來比較：

古今字——只有某一項意義相同。

通假字——字義之間毫無聯繫。

異體字——意義全同，讀音、用法全同，只是形體不同。

四、繁簡字

繁體字和簡化字，是以筆畫多少來劃分的。

1956 年國務院公佈了《漢字簡化方案》，1986 年重新發表《簡化字總表》，共有簡化字 2 235 個。簡化字的好處是減少了漢字的筆畫，加快了書寫的速度，易認易寫。局限則是從傳統漢字角度來看，比繁體更進一步打破了漢字原來的構造方式，使更多的字不能用六書的原則去分析了。

繁簡字之間有幾種關係值得注意：

1. 絕大多數繁簡字是同音同義，一對一的關係

体/體　达/達　虽/雖

2. 也有一些是一對二、一對三甚至一對四的關係，又分幾種情況

（1）同音替代。在古書中，本來是讀音相同、意義不同的兩個字，簡化後用一個代替另一個。這種情況值得注意，不注意就容易產生誤解。如：

云（說）　←　雲（雲彩）
咸（全、都）　←　鹹（有鹽味）
丑（地支第二位）　←　醜（相貌難看）
筑（樂器）　←　築（築牆）
干（盾牌）　←　乾（乾燥）

酒酣，高祖擊筑。（史記·高祖本紀）

築室反耕者，宋必聽命。（左傳·宣公十五年）

孝文在代時，前后有三男，及竇太后得幸，前后死，及三男更死，故孝景得立。（史記·孝景本紀）

子路從而後，遇丈人。（論語·微子）

僕夫悲余馬懷兮。（屈原：離騷）

隔籬呼取盡餘杯。（杜甫：客至）

形天……乃以乳爲目，以臍爲口，操干戚以舞。（山海經·海外西經）

材乾則直，塗乾則輕。（韓非子·外儲說左上）

（2）音義不同的替代。古代音義完全不同的兩個字，簡化後用一個代替另一個。如：

适（kuò 本義疾速，用於人名如南宫适）←　適（到……去，往；適合）
叶（xié 叶音，叶韻）　←　葉（樹葉）
术（zhú 白术，蒼术）　←　術（邑中道）

宁（zhù 貯積）　　　　　　　　← 寧（安寧）

(3) 兩字共簡爲一形。兩個原來意義不同的字用同一個簡化新字代替。

钟 ← 鍾（容器）鐘（鐘鼓）

历 ← 厤（厤法）歷（經歷）

脏 ← 臟（臟腑）髒（骯髒）

复 ← 復（反復）複（複雜）

還有個别字在特定意義上沒有簡化，如“徵”字，表“徵求”、“徵兆”意義時簡化爲“征”，表“宫商角徵羽”五音之一時不簡化；“乾”字，表“乾濕”時簡化爲“干”，表“乾坤”時不簡化，音也不同。

簡化字的來源多種多樣，有些是起用古字，或用局部代全體，或改换簡易的形符聲符，或用象徵性的簡單符號代替等等。

馭 鷄 漢 鄧 僅 歡 鳳 聖 樹 對 轟

驭 鸡 汉 邓 仅 欢 凤 圣 树 对 轰

以上一組字的簡化字都有“又”，除“馭”字的“又”表義外，“又”在其他字中既不表音也不表義，只是人爲約定簡化的記號，跟這些字的構形理據沒有聯繫。“馭”字之外的“又”分别由形符、聲符或部分形符聲符的混合體變化而成，對這些簡化字用傳統的六書無法分析。所以，有學者建議對現代漢字的結構分析應是：意符、聲符、記號。

古代文化常識——古代的姓氏

上古社會既有姓也有氏，姓是部落的族號，氏是姓的分支。古姓姜、姬、姚、嬴、姒等多从“女”字旁，《説文解字》：“姓，人所生也。从女、生，生亦聲。”因此可以推測，姓的產生可上溯到母系氏族社會，反映了“知母不知父”的社會狀況。隨着屬於同一氏族的子孫的繁衍，同一母族往往分出若干支族，每個支族都有區别於其他支族的名稱，這個名稱就是“氏”，如軒轅、神農、伏羲、燧人、陶唐等。所以，《通鑒外紀》説：“姓者，統其祖考之所自出；氏者，别其子孫之所自分也。”

上古的姓還起着區别婚姻的作用，即所謂“姓别婚姻”。同姓的男女禁止婚配，《國語·晉語》：“同姓不婚，惡不殖也。”反映了上古先人樸素的優生意識。

氏别貴賤。進入夏、商、周三代後，姓氏逐漸帶上了濃厚的政治和宗法色彩，《左傳·隱公八年》：“天子建德，因生以賜姓，胙之土而命之氏。”意思是説，周天子分封有德的人爲諸侯，根據他們始祖出生的情況給他們賜姓，賞賜給他們土地，並據此而確定他們的氏。因此，氏已經成了貴族的標記。周代貴族有姓氏，一般平民沒有姓氏；貴者有氏，賤者有名無氏；貴族中女子稱姓，男子稱氏，因此，姓對女子比較重要。爲了區別同姓女子，就在姓的前後加上不同的詞：

一、前加排行：孟、伯、仲、叔、季，如孟姜、伯姬、叔隗等。

二、前加夫家的采邑、謚號①，如晉姬、武姜、文嬴等。

三、後加氏、女、母、姬、媪、嫗等，如張氏、商女、孟母、吴姬、趙媪等。

上古男子的氏有以下幾種來源：

一、以國名爲氏。以此命氏的都是受封的諸侯國國君及其後裔。以周王室同姓封國的國名爲氏的有魯、晉、曹、鄭、滕、虢、管、衛、吴等48氏，以周王室異姓封國的國名爲氏的有齊、楚、宋、陳、趙、杞、鄧、薛、徐、曾等60氏。

二、以邑名爲氏。邑是各諸侯國分給卿、大夫的封地，卿、大夫就以邑名爲氏，例如劉、白、崔、盧、鮑、費、范等。

三、以鄉亭之名爲氏。周代爵位分爲公、侯、伯、子、男5種，相應的封地爲國、邑、關、鄉、亭5等，以鄉亭爲氏的有裴、陸、龐、郝、麋、采、歐陽等。

四、以居住地爲氏。例如傅、橋、東郭、南宫、西閻、北丘、百里等。

五、以先人的字或名爲氏。諸侯國國君的兒子稱公子，孫子稱公孫。玄孫不能再稱公孫，而以祖父的字爲氏。如果祖父没有字，就以名爲氏。

六、以官職爲氏。例如司馬、司徒、史、帥、錢、校、軍等。

七、以次第爲氏。例如伯、仲、叔、季、丁、癸、第二、第八等。

八、以技藝爲氏。例如巫、屠、卜、陶、匠等。

九、以謚爲氏。例如敬、莊、康、武、文、幽、昭、厲等。

姓、氏合一。到了秦漢時代，維繫周王室宗法制度的姓氏制度土崩瓦解，姓、氏合二爲一，氏就成了後來的姓。漢代時姓、氏通稱爲姓，而且所有人都有自己的姓了。

練習題

一、釋詞題（解釋下列句中加點詞的意義和用法）

1. 保君父之命而享其生禄，於是乎得人。（左傳·僖公二十三年）
2. 若以相，夫子必反其國。（左傳·僖公二十三年）
3. 及齊，齊桓公妻之，有馬二十乘，公子安之。（左傳·僖公二十三年）

---

① “謚”在第二单元文化常識《古人的名字》中有介紹。

4. 宣子驟諫，公患之，使鉏麑賊之。（左傳·宣公二年）
5. 秋九月，晉侯飲趙盾酒，伏甲，將攻之。（左傳·宣公二年）
6. 從左右，皆肘之，使立於後。（左傳·成公二年）
7. 射其右，斃於車中。（左傳·成公二年）
8. 都城過百雉，國之害也。（左傳·隱公元年）
9. 既而大叔命西鄙、北鄙貳於己。（左傳·隱公元年）
10. 衛人逆公子晉於邢。（左傳·隱公三年）

二、古文標點今譯題

不見先君乎君何所不逞欲且君嘗在外矣豈必不反當今不可衆怒難犯休而易間也乃出將適蒲彌曰晉無信不可將適鄄彌曰齊晉爭我不可將適泠彌曰魯不足與請適城鉏以鉤越越有君乃適城鉏彌曰衛盜不可知也請速自我始乃載寶以歸

三、古文閱讀題

秦穆公使賈人載鹽，徵諸賈人。賈人買百里奚以五羖羊之皮，使將車之秦。秦穆公觀鹽，見百里奚牛肥，曰："任重道遠以險，牛何以肥也？"對曰："臣飲食以時，使之不以暴。有險，先後之以身，是以肥也。"秦穆公知其君子也，令有司具沐浴，爲衣冠，與坐。公大悦。異日，與公孫支論政，公孫支大不寧，曰："君耳目聰明，思慮審察，君其得聖人乎？"公曰："然。吾悦夫奚之言，彼類聖人也。"公孫支遂歸，取雁以賀，曰："君得社稷之聖臣，敢賀社稷之福。"公不辭，再拜而受。明日，公孫支乃致上卿以讓百里奚，曰："秦國處僻，民陋以愚無知，危亡之本也。臣自知不足以處其上，請以讓之。"公不許。公孫支曰："君不用賓相而得社稷之聖臣，君之祿也；臣見賢而讓之，臣之祿也。今君既得其祿矣，而使臣失祿，可乎？請終致之。"公不許。公孫支曰："臣不肖而處上位，是君失倫也。不肖失倫，臣之過；進賢退不肖，君之明也。今臣處位，廢君之德而逆臣之行也。臣將逃。"公乃受之。故百里奚爲上卿以制之，公孫支爲次卿以佐之也。

1. 從文中找出兩句賓語前置句，並説明它們前置的類型。
2. 從文中找出兩個判斷句，寫在下面：

3. 把文中畫綫的句子譯成現代文：

（1）任重道遠以險。

（2）臣飲食以時，使之不以暴。

（3）吾悦夫奚之言，彼類聖人也。

（4）進賢退不肖，君之明也。

4. 說明下列句子中各詞的詞性和意義（若無實義，則說明其語法作用）。

(1) 賈人買百里奚以五羖羊之皮。

以：

(2) 使將車之秦。

之：

(3) 有險，先後之以身。

之：

(4) 民陋以愚無知，危亡之本也。

以：

四、名詞解釋

六書　部首　偏旁　形符　聲符　直音　反切　古今字　通假字　異體字　繁簡字

五、現行的字典辭書有哪幾種編排方式？各有什麼特點

六、漢字字體從古到今經歷了哪幾個主要階段？"隸變"的特點是什麼

七、字形和詞義有關係嗎？爲什麼

八、漢字最本質的特點是什麼

九、寫出下列句子中与之相對應的古今字、通假字、異體字

1. 公子取季隗，生伯儵、叔劉。（左傳·僖公二十三年）
2. 席不暇煖。（世說新語·德行）
3. 孟子曰：無或乎王之不智也。（孟子·告子上）
4. 布帛長短同，則賈相若。（孟子·許行）
5. 一脛之大幾如要。（賈誼：治安策）
6. 寒暑易節，始一反焉。（列子·湯問）
7. 楚王后車千乘，非知也；君子啜菽飲水，非愚也；是節然也。（荀子·天論）
8. 從臺上彈人，而觀其辟丸也。（左傳·宣公二年）
9. 太傅時年七八歲，着青布絝，在兄膝邊坐。（世說新語·德行）
10. 秦民大說。（史記·商君列傳）

十、請分析自己姓名用字的六書結構，並說明形體和意義之間的關係

第二單元

文　選

戰國縱橫家書

1973 年長沙馬王堆三號漢墓中出土的帛書，後被整理小組整理並命名爲《春秋事語》和《戰國縱橫家書》。後者寫絹寬約 23 厘米，長約 192 厘米，共 325 行，每行 30 至 40 字，共 1.1 萬多字。《戰國縱橫家書》全書共 27 章，每章用小圓點分開。其中有 11 章見於《史記》和《戰國策》，另外 16 章不見於現存的傳世古籍。

《戰國縱橫家書》中有半數以上的章節都是記載蘇秦的活動和言辭的。據此可以發現和訂正《史記》關於蘇秦活動的年代與有關史實的記載訛誤。所以，這部書是一部十分重要的戰國後期歷史資料，是進一步研究戰國歷史和語言文字的珍貴資料。書中語言樸素，辭氣真切，無後人修飾的痕迹，不如《戰國策》那樣鋪張揚厲，更能窺見其原始面目。所以，它在散文發展史上的文學價值也值得重視。

《戰國縱橫家書》由馬王堆漢墓帛書整理小組編寫，由文物出版社於 1976 年出版。書中除了帛書的釋文以外，還附有簡要的注釋。文物出版社於 1983 年又出版了《馬王堆漢墓帛書（三）》，其中包括《戰國縱橫家書》，並附有原帛書的全部圖版、釋文和簡要注釋。

蘇秦自梁獻書於燕王章（一）[1]

自粱（梁）獻書於燕王曰[2]：齊使宋竅、侯濡謂臣曰[3]：“寡人與子謀功宋[4]，寡人恃燕勺也[5]。今燕王與羣臣謀破齊於宋而功齊[6]，甚急，兵率有子循而不知寡人得地於宋[7]，亦以八月歸兵，不得地，亦以八月歸兵[8]。”

[1] 此章是《戰國縱橫家書》中的第六章。這是蘇秦寫給燕王七封信中的第六封。蘇秦曾受

燕昭王之命出使趙、韓、齊、魏等國。在出使期間，因受人毀謗，燕王對他的忠心產生了懷疑，所以蘇秦寫信給燕王表明自己的忠心。寫這封信時，蘇秦正爲燕國謀劃攻打齊國之事，在別的國家拉關係、搞情報，但此時齊王尚未識破，還在與蘇秦一起謀劃攻打宋國之事，所以把燕國將攻打齊國而迫使齊國不得不從攻宋前綫撤兵的計劃告訴了蘇秦。於是蘇秦把這些情報通過密信提供給了燕王，並勸阻燕王不要急於攻齊，也不要泄露其作爲間諜的身份。此章帛書圖版見右側；釋文依《戰國縱橫家書》（馬王堆漢墓帛書整理小組編，文物出版社 1976 年出版）。

［2］梁，典籍通常作“梁”，即魏國，因其國都爲大梁（今河南開封市），故亦稱梁國。

［3］灉當同“漼（cuǐ）”。宋竅（qiào）、侯漼，都是人名，齊國使臣。

［4］功，通“攻”，攻打。下文“功齊”、“功燕”之“功”用法同。

［5］勺，典籍通常作“趙”。

［6］指燕王打算等攻宋的齊兵被宋兵打敗後攻打齊國。

［7］齊兵已在巡察宋國邊境，你又巡行在外。有，通“又”。

［8］指齊王打算不管能不能得到土地，都會在八月撤兵。

今有告薛公之使者田林[1]，薛公以告臣，而不欲其從已聞也[2]。願王之陰知之而毋有告也。王告人，天下之欲傷燕者與群臣之欲害臣者將成之[3]。臣請疾之齊觀之而以報[4]。

［1］有，通“又”。薛公，指田文，封號孟嘗君，此時爲魏相。田林，人名，薛公從魏國派到齊國的使者。

［2］（薛公）不想讓其他人知道這個情報。

［3］成，成功，謂得逞之義。

［4］之，動詞，到。

王毋憂，齊雖欲功燕，未能，未敢。燕南方之交完[1]，臣將令陳臣、許翦以韓、梁問之齊[2]。足下雖怒於齊，請養之以便事[3]。不然，臣之苦齊王也，不樂生矣[4]。

［1］交完，指與南方之趙國交好。

［2］陳臣、許翦，都是人名。應是蘇秦派在韓、魏兩國的使者。問之齊，通過韓國和魏國向齊問罪。

［3］養之，指容忍齊王。便事，指等待時機行（攻齊）事。

［4］因給齊王帶來麻煩而日子不好過。

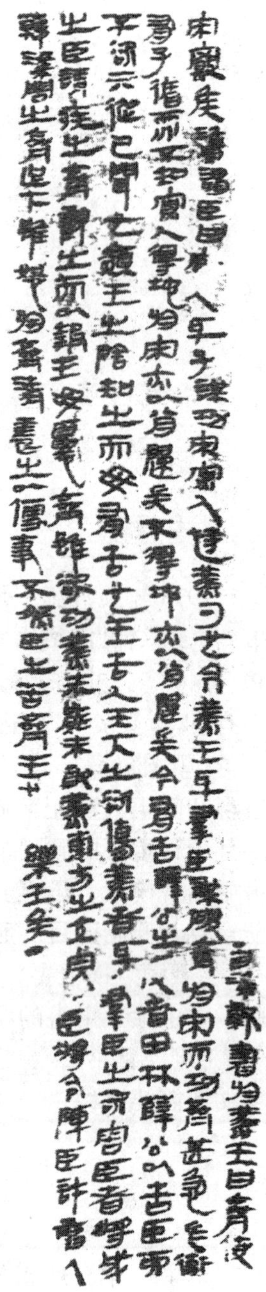

蘇秦自梁獻書於燕王章（二）[1]

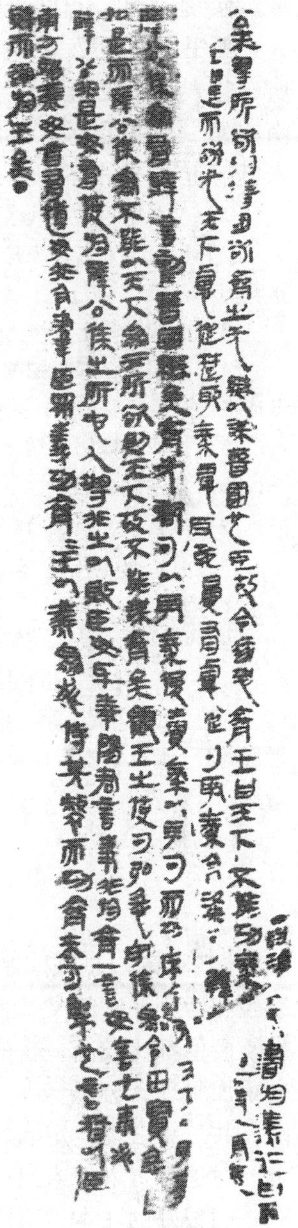

自梁獻書於燕王曰[2]：薛公未得所欲於晉國[3]，欲齊之先變以謀晉國也[4]。臣故令遂恐齊王曰[5]：“天下不能功秦[6]，□道齊以取秦[7]。”［齊王］甚懼而欲先天下[8]，慮從楚取秦[9]，慮反乾量[10]，有慮從勺取秦[11]。今梁、勺、韓、□□□□□□□薛公、徐爲有辭[12]，言勸晉國變矣[13]。

［1］此章是《戰國縱橫家書》中的第六章。這是蘇秦寫給燕王七封信中的第七封，大概是在薛公等人所發動的五國攻秦事後寫的。此章帛書圖版見右側；釋文依《戰國縱橫家書》（馬王堆漢墓帛書整理小組編，文物出版社 1976 年出版）。

［2］梁，典籍通常作“梁”，指魏國。

［3］指時任魏國相國的薛公等人發動的五國攻秦之事因諸侯各懷異心而無功撤退。晉國，這裏指魏國。

［4］先變，先背叛盟國。謀晉國，謀求魏國攻齊。

［5］遂，人名，應爲蘇秦派往齊國的使者。

［6］功，通“攻”，攻打。

［7］道，前脱一字。意謂五國之盟瓦解，其他成員國與齊分道而行。取，取悦。

［8］齊王，依據上下文或參照其他古籍補入的文字，以中括弧標示，下同。先天下，即先於別的盟國而取秦。

［9］從楚，指通過楚國。

［10］反，使……返回，這個意義後來寫作“返”。乾，典籍通常作“韓”。韓量，人名。《戰國策》作韓珉，一作韓岷，《史記》作韓聶。曾爲齊相，後居秦，招回他可聯絡齊秦關係。

［11］有，通“又”。勺，典籍通常作“趙”。

［12］徐爲，即趙國的將軍韓徐爲，是堅定的反齊派。辭，理由。

［13］因前句脱去七字，故語義不明。此句應指薛公、韓徐爲等人勸三晉之國背叛齊國。這樣蘇秦爲燕國謀求孤立齊國的計劃就成功了。

齊先鬻勺以取秦，後賣秦以取勺而功宋，今有鬻天下以取秦[1]。如是而薛公、徐爲不能以天下爲其所欲，則天下故不能謀齊矣[2]。

［1］有，通“又”。鬻天下，指出賣其他盟國。

［2］如果這樣還不能（幫助）薛公和徐爲達到反齊的目的，那麼其他各國就更無法對付齊國了。故，通“固”，引申爲更加。

願王之使勺弘急守徐爲[1]，令田賢急［守］薛公[2]。非是毋有使於薛公、徐之所，它人將非之以敗臣[3]。毋與奉陽君言事[4]。非於齊，一言毋舍也[5]。事必□□南方強[6]，燕毋首[7]。有慎毋非令羣臣衆義功齊[8]。齊王以燕爲必侍其斃而功齊[9]，未可解也[10]。言者以臣□賤而邈於王矣[11]。

［1］勺弘即趙弘，人名，應是燕王派出的使者。

［2］田賢，人名，應是燕王派出的使者。守，跟住，守住。以防他們受到挑唆而轉變反齊的立場。

［3］此句言非上述二人則不可派往韓徐爲和薛公身邊，其他人會非議此事並破壞蘇秦的計劃。

［4］奉陽君，即趙國國相李兌，奉陽君是其封號。他爲了得到齊王許給他的蒙邑而反對攻齊，與趙將韓徐爲意見相左，故蘇秦有此言。

［5］指非議齊國的話，一句也不要泄露出去。舍，拋出，指說出去。

［6］句中脫去二字，全句應謂一定要等到南方的趙國逞強（而首先與齊國開戰）。

［7］毋首，不要逞頭。

［8］有，通“又”。義，議論，這個意義後來寫作“議”，不要讓群臣在沒有命令的情況下議論攻齊之事。

［9］侍，通“待”，等待。斃，同“弊”，疲憊。

［10］解，化解。指齊國目前對燕國的這種疑慮難以消除。

［11］此句中脫一字。全句義爲議論我的人會以爲我地位低下而不被大王重用了，言外之意是要燕昭王不要聽信讒言而疏遠他。邈，疏遠。

戰國策

《戰國策》是戰國時期的史料彙編，記錄的內容主要是當時謀臣、策士的謀議、辭說和活動。它的文章長於敍事，語言富於表現力，描寫人物生動形象，因此史料和文學價值都比較高。書的作者已不可考，相傳爲戰國時期各國的史官和策士。後經劉向重加整理，分爲東周、西周、秦、齊、楚、趙、魏、韓、燕、宋、衛、中山十二國，共三十三篇，定名爲《戰國策》，相沿至今。

對這部書，前人只作了些零星的校勘工作，還談不上有系統的整理，因此至今沒有一個較好的注本。東漢高誘的注，已經殘缺。目前通用的本子是清嘉慶時黃丕烈重刊的宋姚氏本。

顔斶説齊王（齊策四）[1]

齊宣王見顔斶曰[2]："斶前！"斶亦曰："王前！"宣王不説[3]。左右曰："王，人君也；斶，人臣也；王曰'斶前'，斶亦曰'王前'，可乎？"斶對曰："夫斶前爲慕勢[4]，王前爲趨士[5]；與使斶爲慕勢，不如使王爲趨士。"

［1］《戰國策》原來没有小標題，小標題是後人加的，以下各篇同。本文記述的是顔斶（chù）和齊宣王的對話，表現和讚揚了顔斶不畏威權、不慕富貴的精神品格。

［2］齊宣王，戰國時齊國國君，齊威王之子，田氏，名辟疆。公元前 319 年至前 301 年在位。顔斶，齊國的隱士。

［3］説，高興，後來寫作"悦"。

［4］慕勢，趨附權勢。

［5］趨士，屈就士人。

王忿然作色曰："王者貴乎？士貴乎？"對曰："士貴耳，王者不貴。"王曰："有説乎？[1]"斶曰："有。昔者秦攻齊，令曰：'有敢去柳下季壟五十步而樵采者[2]，死不赦。'令曰：'有能得齊王頭者，封萬户侯，賜金千鎰[3]。'由是觀之，生王之頭，曾不若死士之壟也。"宣王曰："嗟乎，君子焉可侮哉[4]！寡人自取病耳[5]。願請受爲弟子，且顔先生與寡人游，食必太牢[6]，出必乘車，妻子衣服麗都[7]。"

［1］説，即説法，可譯爲"根據"。

［2］柳下季，又稱柳下惠，本名展獲，字禽，又叫展季；春秋時期魯國大夫；食邑在柳下，謚號惠，因此後人稱爲柳下惠。壟，墳墓。樵采，打柴。

［3］鎰，重量單位，二十兩爲一鎰。一説二十四兩爲一鎰。

［4］焉，疑問副詞，怎麽。"宣王"之前有删節。

［5］病，羞辱。

［6］太牢，古代君王、諸侯祭祀時，牛、羊、豕三牲齊備。這裏指肉食。

［7］麗都（dū），華美。

顔斶辭去曰："夫玉生於山，制則破焉。非弗寶貴矣，然大璞不完[1]。士生乎鄙野，推選則禄焉；非不得尊遂也[2]，然而形神不全。斶願得歸，晚食以當肉[3]，安步以當車[4]，無罪以當貴，清淨貞正以自虞[5]。"則再拜而辭去。

君子曰："斶知足矣！歸真反璞，則終身不辱。"

［1］璞，藴含着玉的石頭。

［2］遂，顯達。尊遂，即尊貴顯達。

［3］晚食以當肉，指推遲吃飯時間，（等到餓了再吃）粗飯也能和肉食一樣吃得香。

［4］安步以當車，從容不迫走路就當作坐車。

［5］清淨，指生活簡單；貞正，指節操純正。虞，通"娱"，快樂。本句後有删節。

馮諼客孟嘗君（齊策四）[1]

齊人有馮諼者[2]，貧乏不能自存[3]，使人屬孟嘗君[4]，願寄食門下[5]。孟嘗君曰："客何好[6]？"曰："客無好也。"曰："客何能？"曰："客無能也。"孟嘗君笑而受之，曰："諾[7]。"左右以君賤之也，食以草具[8]。

[1] 本文記述了孟嘗君的門客馮諼（xuān）多次爲他出謀劃策，從而鞏固了孟嘗君的政治地位。馮諼，一本作"馮煖"，《史記·孟嘗君列傳》作"馮驩"，都讀 xuān。客，用如動詞，可譯爲"作門客"。孟嘗君，姓田，名文，齊國的貴族，任齊相，孟嘗君是他的封號。他和魏國的信陵君、趙國的平原君、楚國的春申君並稱"戰國四公子"，門下有食客數千人。

[2] 者，表提頓。

[3] 存，存在，這裏指生活。

[4] 屬，囑託。這個意義後來寫作"囑"。

[5] 願，希望，能願動詞。

[6] 何好（hào），愛好什麼。

[7] 諾，答應的聲音。

[8] 食（sì），給……吃。草具，偏正結構，指無肉的飯食。草，指菜，據《烈士傳》載，孟嘗君廚有三列。上客食肉，中客食魚，下客食菜。具，原指供置饌餚，這裏指飯食。《禮記·內則》有"若已食，則退；若未食，則佐長者視具。"鄭玄注云：具，饌也。

居有頃，倚柱彈其劍，歌曰："長鋏歸來乎[1]！食無魚！"左右以告。孟嘗君曰："食之，比門下之客[2]。"居有頃，復彈其鋏，歌曰："長鋏歸來乎！出無車！"左右皆笑之，以告。孟嘗君曰："爲之駕[3]，比門下之車客。"於是，乘其車，揭其劍[4]，過其友[5]，曰："孟嘗君客我！"後有頃，復彈其劍鋏，歌曰："長鋏歸來乎！無以爲家[6]！"左右皆惡之[7]，以爲貪而不知足。孟嘗君問："馮公有親乎？"對曰："有老母。"孟嘗君使人給其食用，無使乏。於是馮諼不復歌[8]。

[1] 鋏（jiá），劍柄，這裏指劍。

[2] 比，並列，比照。一本"客"前有"魚"字。

[3] 給他準備車馬。這是雙賓語結構。

[4] 揭，高舉。

[5] 過，造訪。

[6] 爲家，養家。

[7] 惡（wù），厭惡。

[8] 於，介詞。於是，從此。

後，孟嘗君出記[1]，問門下諸客："誰習計會[2]、能爲文收責於薛者乎[3]？"馮諼署曰[4]："能。"孟嘗君怪之[5]，曰："此誰也？"左右曰："乃歌夫長鋏歸來者也[6]。”孟嘗君笑曰：“客果有能也。吾負之，未嘗見也。”請而見之，謝曰[7]：“文倦於事[8]，憒於憂[9]，而性懧愚[10]，沉於國家之事[11]，開罪於先生。先生不羞[12]，乃有意欲爲收責於薛乎[13]？”馮諼曰：“願之。”於是約車治裝，載券契而行[14]，辭曰：“責畢收，以何市而反[15]？”孟嘗君曰：“視吾家所寡有者。”

［1］記，文告之類的東西。

［2］習，熟習。計會（kuài），即會計。

［3］責（zhài），債務，這個意義後來寫作“債”。薛，孟嘗君繼承其父田嬰的食邑，故城在今山東滕縣東南。

［4］署，簽名。

［5］怪，形容詞的意動用法，對……感到奇怪。

［6］夫，指示代詞，可譯爲“那”。

［7］謝，道歉。

［8］倦於事，被（瑣）事搞得疲勞。

［9］憒（kuì）於憂，被一些令人憂心的事搞得心煩意亂。憒，心亂。

［10］懧（nuò），同“懦”，懦弱。

［11］沉，沉溺。

［12］羞，以爲羞恥。

［13］乃，副詞，卻，竟然。

［14］券（quàn）契，契約，借據。寫在竹簡或木牘上，刻齒其旁，中分兩半，借貸雙方各持一半，驗對時合起來看，即下文說的“合券”。

［15］市，動詞，買。反，返回，這個意義後來寫作“返”。

驅而之薛[1]。使吏召諸民當償者，悉來合券。券徧合[2]，起[3]，矯命以責賜諸民[4]，因燒其券[5]，民稱萬歲。

［1］之，動詞，往。

［2］徧，同“遍”，普遍，全部。

［3］起，站起來。

［4］矯，假託。

［5］因，連詞，表順承，可譯爲“隨後”。

長驅到齊，晨而求見。孟嘗君怪其疾也[1]，衣冠而見之[2]，曰：“責畢收乎？來何疾也？”曰：“收畢矣。”“以何市而反？”馮諼曰：“君云‘視吾家所寡有者’，臣竊計君宫中積珍寶，狗馬實外廐[3]，美人充下陳[4]，君家所寡有者以義耳[5]！竊以爲君市義。”孟嘗君曰：“市義奈何[6]？”曰：“今君有區區之薛[7]，不拊愛子其民[8]，因而賈利之。臣竊矯君命，以責賜諸民，因燒其券，民稱萬歲，乃臣所以爲君市義也[9]。”孟嘗君不說[10]，曰：“諾，先生休矣！”

［1］疾，快。

［2］衣冠，穿好衣服戴好帽子。

［3］實，充。廄（jiù），馬圈。

［4］下陳，等於說後列。

［5］以，疑是衍文。一說是表示強調的副詞。

［6］市義奈何，怎麼樣買義。

［7］區區，小小的。

［8］拊，通“撫”。子，名詞用如意動，把……看成自己的子女。

［9］所以，用來……的方式。

［10］說（yuè），喜悅。這個意義後來寫作“悅”。

後朞年[1]，齊王謂孟嘗君曰[2]：“寡人不敢以先王之臣爲臣[3]！”孟嘗君就國於薛[4]。未至百里，民扶老攜幼，迎君道中。孟嘗君顧謂馮諼：“先生所爲文市義者，乃今日見之[5]！”

［1］朞（jī），又寫作“期”。朞年，一週年。

［2］齊王，指齊湣王。

［3］不敢以先王之臣爲臣，（爲了尊敬先王）不敢把先王的臣當作我的臣。這是委婉語，實際上是撤他的職。先王，指齊宣王。

［4］就國，前往封邑。

［5］乃，副詞，才。

馮諼曰：“狡兔有三窟，僅得免其死耳[1]。今君有一窟，未得高枕而卧也，請爲君復鑿二窟。”孟嘗君予車五十乘[2]，金五百斤，西遊於梁[3]，謂惠王曰：“齊放其大臣孟嘗君於諸侯，諸侯先迎之者，富而兵強。”於是梁王虛上位[4]，以故相爲上將軍[5]，遣使者黃金千斤[6]，車百乘，往聘孟嘗君。馮諼先驅[7]，誡孟嘗君曰：“千金，重幣也[8]；百乘，顯使也[9]，齊其聞之矣[10]！”梁使三反[11]，孟嘗君固辭不往也[12]。

［1］僅，副詞，才。

［2］乘（shèng），一車四馬爲一乘。

［3］梁，即魏國。魏國原都安邑，惠王遷都至大梁（今河南開封），故稱梁國。

［4］虛，形容詞用爲使動，使……虛，可譯爲“空出來”。

［5］故相，原來的國相。

［6］“黃金”前省略了介詞“以”。

［7］先驅，先趕車回去。

［8］幣，禮物。

［9］顯使，顯貴的使者。

［10］其，語氣副詞，表示推測。

［11］三反，往返三次。

［12］固辭，堅決推辭。

齊王聞之，君臣恐懼，遣太傅賫黃金千斤[1]，文車二駟[2]，服劍一[3]，封書謝孟嘗君曰[4]："寡人不祥[5]，被於宗廟之祟[6]，沉於諂諛之臣，開罪於君，寡人不足爲也[7]。願君顧先王之宗廟[8]，姑反國統萬人乎[9]？"馮諼誡孟嘗君曰："願請先王之祭器，立宗廟於薛[10]。"廟成，還報孟嘗君曰："三窟已就，君姑高枕爲樂矣！"

孟嘗君爲相數十年，無纖介之禍者[11]，馮諼之計也。

[1] 太傅，官名。賫（jī），送物給人。

[2] 文車，繪有文彩的車。駟，由四匹馬拉的車的單位。

[3] 服劍，佩帶的劍。鮑彪注："王所自佩者。"

[4] 封書，封好書信。

[5] 祥，善。

[6] 被，遭受。祟（suì），神鬼降下的災禍。

[7] 爲，動詞，可譯爲"輔佐"。

[8] 顧，顧念。

[9] 姑，副詞，姑且。

[10] 希望你向齊王請求先王傳下來的祭器，在薛地建立宗廟。按，古人重視宗廟祭祀，如果在薛地建立宗廟，齊王必當全力保護，這樣就可以鞏固孟嘗君在齊國的地位。

[11] 纖，細。介，通"芥"，小草。

觸龍說趙太后（趙策四）[1]

趙太后新用事[2]，秦急攻之。趙氏求救於齊[3]。齊曰："必以長安君爲質[4]，兵乃出。"太后不肯，大臣強諫[5]。太后明謂左右："有復言令長安君爲質者，老婦必唾其面。"

[1] 事在趙孝成王元年（前 265）。文章記述了觸龍和趙太后之間的一場對話，對趙太后的情緒變化作了繪聲繪色的描述，語言生動，表現力極強；突出了觸龍委婉迂迴的進諫策略和高超的語言藝術。趙太后，即趙威后，趙孝成王的母親。觸龍，趙國的左師（官名）。"龍"《戰國策》原作"讋（zhé）"，是下文"左師觸龍言"中"龍言"二字的連寫之誤，今按新出土的《戰國縱横家書》及《史記·趙世家》改正。

[2] 用事，指當政。公元前 266 年，趙惠文王（趙何）死，其子孝成王（趙丹）年幼，趙太后實掌國政。

[3] 趙氏，即趙國。趙的祖先造父於周繆王時封於趙城，因此以趙爲氏；周幽王時，叔帶始建趙氏於晉國，事晉文侯；趙烈侯六年（前 403），周威烈王不得不承認"三家"分晉的事實，分別冊封"三晉"爲諸侯，始有趙國。

[4] 長安君，趙太后幼子的封號。

[5] 強（qiǎng），極力，竭力。

左師觸龍言願見太后[1]，太后盛氣而揖之[2]。入而徐趨[3]，至而自謝曰[4]："老臣病足[5]，曾不能疾走[6]，不得見久矣，竊自恕，而恐太后玉體之有所郄也[7]；故願望見太后[8]。”太后曰：“老婦恃輦而行[9]。”曰：“日食飲得無衰乎[10]？”曰：“恃鬻耳[11]。”曰：“老臣今者殊不欲食[12]，乃自強步[13]，日三四里，少益耆食[14]，和於身也[15]。”太后曰：“老婦不能。”太后之色少解[16]。

[1] 願，希望。

[2] 盛氣，怒氣衝衝。揖，當爲“胥”字傳鈔之誤。“胥”通“須”，等待。

[3] 徐趨，臣見君時應快步往前走，但觸龍病足，不能快走，只能徐趨。徐，慢。趨，快步走。

[4] 謝，道歉，告罪。

[5] 病足，腳有了毛病。

[6] 曾（zēng），副詞，可譯爲“竟然”、“居然”。疾走，快步跑。

[7] 有所郄，這裏指身體有毛病。這是一種比較委婉的說法。郄（xì），同“隙”。

[8] 望見，這是謙恭的說法，意爲不敢走近對方，只敢遠看。望，向高處、遠處看。

[9] 輦（niǎn），古時用人拉的車子，後來多指國君乘的車。

[10] 日，每天。得無，常與“乎”字相呼應，可譯爲“該不會……吧”。衰，減少。

[11] 鬻，同“粥”。

[12] 今者，近來。殊，很。

[13] 強（qiǎng）步，勉強散散步。

[14] 少益，兩個副詞連用，稍微漸漸地。耆，通“嗜”，喜愛。

[15] 和，安適。

[16] 色，臉色。少，稍微。解，消除，可譯爲“和緩”。

左師公曰[1]：“老臣賤息舒祺[2]，最少，不肖[3]；而臣衰，竊愛憐之[4]，願令得補黑衣之數[5]，以衛王宮。沒死以聞[6]！”太后曰：“敬諾[7]。年幾何矣[8]？”對曰：“十五歲矣。雖少，願及未填溝壑而託之[9]。”太后曰：“丈夫亦愛憐其少子乎[10]？”對曰：“甚於婦人[11]。”太后笑曰：“婦人異甚[12]。”對曰：“老臣竊以爲媼之愛燕后賢於長安君[13]。”曰：“君過矣[14]！不若長安君之甚。”

[1] 左師公，即左師觸龍。加“公”表示尊敬。

[2] 賤息，謙稱自己的兒子。息，兒子。

[3] 不肖（xiào），不像父親，後泛指不成材。這裏是自謙之詞。

[4] 憐，疼愛。

[5] 補黑衣之數，補充侍衛的數目，意思是在王宮當一名侍衛。黑衣，當時王宮的侍衛穿黑色衣服，故稱侍衛爲“黑衣”。

[6] 沒（mò），《史記·趙世家》作“昧”。昧，本義爲昏暗，引申爲無知，故有“冒（莽撞）昧”的意思。昧死，義同“冒死”，原意爲冒昧而犯死罪，後引申爲不顧生命危險之意。

[7] 敬，表示客氣。諾，應答詞，表示答應，同意。

[8] 幾何，多少。

[9] 填溝壑，這是對自己死亡的謙虛說法，意思是死後無人埋葬，屍體被扔在山溝裏。託，

託付。之，指舒祺。

[10] 丈夫，古代對男子的通稱。少子，小兒子。

[11] 比婦人（愛得）厲害。

[12] 異，特別。

[13] 媼（ǎo），古代對老年婦女的稱呼。燕后，指趙太后嫁給燕王爲妻子的女兒。賢，超過。

[14] 過，動詞，錯。

左師公曰："父母之愛子，則爲之計深遠[1]。媼之送燕后也，持其踵爲之泣[2]，念悲其遠也[3]；亦哀之矣[4]！已行，非弗思也；祭祀必祝之[5]，祝曰：'必勿使反[6]！'豈非計久長，有子孫相繼爲王也哉[7]？"太后曰："然。"左師公曰："今三世以前[8]，至於趙之爲趙[9]，趙主之子孫侯者[10]，其繼有在者乎[11]？"曰："無有。"曰："微獨趙[12]，諸侯有在者乎[13]？"曰："老婦不聞也[14]。"

[1] 計，考慮。

[2] 持其踵，抓着她的腳。應該是送別燕后時，燕后從車後面登車，趙太后抓着燕后的腳，非常捨不得她離去。踵，本義爲腳後跟，這裏借代腳。爲之泣，因爲她（遠嫁）而掉眼淚。

[3] 念悲，惦念感傷。

[4] 亦哀之矣，（這些行爲）就是哀憐她（的表現）呀！亦，副詞，加強判斷的語氣，可譯爲"就是"。

[5] 祝之，爲她禱告。

[6] 一定別讓她回來。古代諸侯的女兒出嫁到別國，除非被廢黜或亡國，是不回到母家的。反，這個意義後來寫作"返"。

[7] 子孫相繼爲王，子孫世世代代相承做國王。

[8] 世，代，父子相繼爲一代。

[9] 至於趙之爲趙，（一直）到趙國成爲趙國的時候，即到趙氏立國的時候（趙烈侯時）（從趙烈侯到趙孝成王，趙國共歷七代國君）。

[10] 侯，用作動詞，做諸侯。

[11] 其繼有在者乎，這是一個反問句，意爲趙主的子孫們只會享受父輩的榮耀，而沒有人能夠像父輩祖輩那樣立功受土了。

[12] 微獨，不只是。

[13] 諸侯，指其他諸侯國。"諸侯"二字之下承上省去了"之子孫侯者，其繼"等字。

[14] 不聞，沒有聽說。

"此其近者禍及身，遠者及其子孫[1]。豈人主之子孫，則必不善哉？位尊而無功，奉厚而無勞[2]，而挾重器多也[3]。今媼尊長安君之位[4]，而封之以膏腴之地，多予之重器，而不及今令有功於國。一旦山陵崩[5]，長安君何以自託於趙[6]？老臣以媼爲長安君計短也[7]，故以爲其愛不若燕后。"太后曰："諾。恣君之所使之[8]。"

[1] 這種情況時間近一點禍患就會落到自己身上，時間遠一點災禍就會累及子孫。意思是人主之子孫養尊處優而倦於功業，當前對自身不利，以後對子孫不利。此，指代上述的情形。其，指

人主之子孫。

[2] 奉，俸祿，這個意義後來寫作“俸”。勞，功勞。

[3] 挾（xié），持，擁有。重器，貴重的寶物，如金玉鐘鼎之類。

[4] 尊，用作使動，使之尊貴。

[5] 山陵崩，古代把國君的死比喻爲“山陵崩”，這是委婉語。這裏指趙太后去世。

[6] 自託於趙，在趙國託身。就是在趙國站住腳的意思。

[7] 以，認爲。

[8] 恣（zì），任憑。所使之，指支使他的方式。之，指長安君。全句的意思是，隨便你怎麼支使他。

於是爲長安君約車百乘，質於齊，齊兵乃出[1]。

子義聞之曰[2]：“人主之子也，骨肉之親也，猶不能恃無功之尊、無勞之奉，而守金玉之重也[3]；而況人臣乎？”

[1] 約車，套車，備車。乘（shèng），四馬一車爲一乘。質，動詞，抵押。這裏指做人質。

[2] 子義，趙國的賢士。

[3] 金玉之重，指金玉之類的貴重器物。

唐雎不辱使命（魏策四）[1]

秦王使人謂安陵君曰[2]：“寡人欲以五百里之地易安陵[3]，安陵君其許寡人[4]！”安陵君曰：“大王加惠[5]，以大易小，甚善。雖然[6]，受地於先王，願終守之，弗敢易。”秦王不說[7]。安陵君因使唐雎使於秦。

[1] 本篇讚美了唐雎不畏強暴、堅決維護國家利益，不辱君命的可貴精神。但所述之事可能有所誇大，與史實不盡相符。唐雎（jū），也寫作“唐且”，魏國人。

[2] 秦王，指秦始皇嬴政，此時尚未稱帝，所以稱“王”。安陵君，安陵國的國君。安陵是魏國的附庸國，故地在今天河南鄢陵縣西北。

[3] 易，交換。

[4] 其，語氣副詞，加強祈使語氣。

[5] 加惠，施恩。

[6] 雖，雖然。然，這樣。

[7] 說（yuè），高興，這個意義後來寫作“悅”。

秦王謂唐雎曰：“寡人以五百里之地易安陵，安陵君不聽寡人[1]，何也？且秦滅韓亡魏[2]，而君以五十里之地存者，以君爲長者[3]，故不錯意也[4]。今吾以十倍之地，請廣於君[5]，而君逆寡人者[6]，輕寡人與[7]？”唐雎對曰：“否，非若是也。安陵君受地於先王而守之，雖千里不敢易也[8]，豈直五百里哉[9]？”

[1] 聽，聽從，答應。

［2］滅韓亡魏，秦王政十七年（前230）滅韓國，二十二年（前225）滅魏國。

［3］長者，長輩。

［4］錯意，放在心上。錯，通“厝”，放置。

［5］請廣於君，請求擴大安陵君的領土。於，介詞，介引“廣”的賓語“君”。

［6］逆，違背。

［7］與（yú），語氣詞，表疑問。這個意義後來寫作“歟”。

［8］雖，連詞，表讓步，可譯爲“即使”。

［9］直，副詞，義同“只”，僅僅，只有。

秦王佛然怒[1]，謂唐雎曰：“公亦嘗聞天子之怒乎[2]？”唐雎對曰：“臣未嘗聞也。”秦王曰：“天子之怒，伏屍百萬，流血千里。”唐雎曰：“大王嘗聞布衣之怒乎？”秦王曰：“布衣之怒，亦免冠徒跣[3]，以頭搶地耳[4]。”唐雎曰：“此庸夫之怒也，非士之怒也。夫專諸之刺王僚也[5]，彗星襲月[6]；聶政之刺韓傀也[7]，白虹貫日[8]；要離之刺慶忌也[9]，蒼鷹擊於殿上[10]。此三子皆布衣之士也，懷怒未發，休祲降於天[11]，與臣而將四矣。若士必怒，伏屍二人，流血五步，天下縞素[12]，今日是也！”挺劍而起[13]。

［1］佛（fú）然，發怒的樣子。

［2］亦，語氣副詞，表強調。

［3］免冠，脱掉帽子。徒，裸露。跣（xiǎn），光腳。徒跣，可譯爲光着腳。

［4］搶（qiāng），觸，撞。

［5］吳國公子光（即後來的吳王闔閭）想殺掉他的堂兄吳王僚以自立爲王，於是重用伍子胥推薦的勇士專諸。專諸把匕首藏在魚肚子裏，借獻魚之機刺死了吳王僚。事見《左傳·昭公二十七年》和《史記·刺客列傳》。

［6］彗星襲月，彗星的尾光掃過月亮。

［7］韓國大夫嚴仲子與韓國國相傀（guī）（一名俠累）有仇，於是結交素有俠名的屠夫聶政。聶政感念他的知遇之恩，就直入韓都，爲他刺殺了韓傀。事成之後聶政怕連累他的姐姐，毀容剖腹而死。事見《戰國策·韓策》和《史記·刺客列傳》。

［8］白虹貫日，白光穿過太陽。

［9］吳王闔閭（即公子光）奪了吳王僚的君位之後，吳王僚的兒子慶忌逃到衛國。闔閭派吳國勇士要（yāo）離假裝得罪於他而去投奔慶忌，取得慶忌的信任後將其殺死。事見《吳越春秋》。

［10］蒼鷹擊於殿上，蒼鷹在宮殿裏搏鬥。

［11］休，吉兆。祲（jìn），凶兆。

［12］縞素，白色的絲織品。這裏指穿孝服。

［13］挺，拔。

秦王色撓[1]，長跪而謝之曰[2]：“先生坐！何至於此！寡人諭矣[3]。夫韓、魏滅亡，而安陵以五十里之地存者，徒以有先生也[4]。”

［1］色撓，臉上顯出沮喪的神情。撓，屈服。

［2］謝之，向唐雎道歉。

［3］諭，明白。

［4］徒，副詞，只是。

國　語

《國語》是我國最早的一部國別體史書。主要是記言，故稱《國語》。全書21卷，分記周、魯、齊、晉、鄭、楚、吳、越等八國貴族的一些言論。起於周穆王西征犬戎，止於三晉滅智伯，歷時500餘年。

它的作者，司馬遷認爲是“左丘”（左丘是否就是左丘明，未有定論）。今天比較可信的觀點是，《國語》是戰國時代的史官根據當時的一些史料整理而成，作者已不可考。

《國語》語言平實質樸，頗具史學價值，就文學價值而言，《國語》雖不及《左傳》，但比《尚書》、《春秋》等歷史散文還是有所發展和提高的。

現存最早的《國語》注本，是三國時吳國韋昭的注本。清代董增齡收集了漢唐以來各種注釋，寫成《國語正義》。近人吳曾祺有《國語韋解補正》，徐元誥有《國語集釋》，也可作參考。

叔向賀貧（晉語八）[1]

叔向見韓宣子[2]，宣子憂貧，叔向賀之。

宣子曰：“吾有卿之名，而無其實[3]；無以從二三子[4]，吾是以憂。子賀我，何故？”

［1］本文記述春秋時韓宣子在晉國有卿名而無實利，叔向反而向他道賀。認爲關鍵問題不在於貧富，而在於有沒有德行。沒有德行，越富有，禍害就越大，有了德行則可轉禍爲福。

［2］叔向，羊舌氏，名肸（xī），字叔向，春秋時晉國大夫。韓宣子，韓起，“宣”是其謚號，春秋時晉國的卿。

［3］實，實際，這裏是指財富。

［4］沒有什麼（財力）可以和卿大夫們交往。二三子，這裏是指晉國的衆卿大夫們。

對曰：“昔欒武子無一卒之田[1]，其宮不備其宗器[2]，宣其德行，順其憲則，使越於諸侯[3]。諸侯親之，戎狄懷之[4]，以正晉國，行刑不疚[5]，以免於難[6]。及桓子[7]，驕泰奢侈[8]，貪慾無藝[9]，略則行志[10]，假貨居賄[11]，宜及於難；而賴武之德，以沒其身[12]。及懷子[13]，改桓之行，而修武之德，可以免於難；而離桓之罪[14]，以亡於楚。

［1］欒武子，欒書，“武子”是其謚號，春秋時晉國的上卿。一卒之田，百頃田地。這是上大夫的俸祿。上卿的俸祿應爲一旅之田即五百頃。古時百人爲卒，五卒爲旅。

［2］家裏連祭祀的器具都不齊全。宮，房屋、居室。一本作“官”。

［3］越，指其美名超越國界。

［4］懷，歸附。

［5］執行律法沒有弊病。疚，弊病。

［6］免於難，指免於弑君之難。欒書殺死晉厲公，立悼公，國人因承受過他的恩德，不予追究，所以他能免於難。

［7］桓子，欒黶（yǎn），欒書之子，任下軍元帥，晉大夫。“桓”是其謚號。

［8］泰，過分。

［9］無藝，無極，無厭。

［10］略，干犯。則，指憲則，法度。行志，即行己之志，爲所欲爲。

［11］居賄，囤積財物。

［12］（有賴於欒武子的德行）得以善終。

［13］懷子，欒盈，欒黶之子，晉國下卿。“懷子”是其謚號。欒黶死後，欒盈母與人勾結，誣告欒盈將作亂，欒盈逃亡到楚國，後回國，被殺。

［14］離桓之罪，受到他父親犯下的罪行的牽連。離，通“罹”，遭受。

夫郤昭子[1]，其富半公室，其家半三軍[2]，恃其富寵，以泰於國[3]。其身尸於朝[4]，其宗滅於絳[5]。不然[6]，夫八郤五大夫、三卿[7]，其寵大矣；一朝而滅，莫之哀也[8]，唯無德也！

［1］郤（xì）昭子，郤至，晉國的卿，因有軍功而自傲，後被晉厲公派親信殺死，家族被誅滅。

［2］指他家的子弟在晉國三軍將佐職位中佔了半數。三軍，指晉文公重耳開始實行的軍事編制，包括上軍、中軍和下軍，每軍一萬人。

［3］泰，過分（奢侈）。

［4］尸，陳屍。

［5］絳，晉國國都，故城在今山西翼城東南。

［6］如果不是這樣的話。

［7］那八個姓郤的有五個做大夫，三個做卿。

［8］沒有人同情他們。之，代詞，作“哀”的賓語。

今吾子有欒武子之貧，吾以爲能其德矣[1]，是以賀。若不憂德之不建，而患貨之不足，將弔不暇[2]，何賀之有？”

宣子拜稽首焉，曰：“起也將亡[3]，賴子存之。非起也敢專承之[4]，其自桓叔以下[5]，嘉吾子之賜[6]。”

［1］吾子，比“子”更親近一點的尊稱。能其德，能繼承其德行。

［2］（我）將會連哀悼都來不及。弔，同“吊”。

［3］起，宣子自稱名。也，語氣詞，起舒緩語氣的作用。下句同。

［4］專承，獨自承受。

［5］其，語氣副詞，表推測。桓叔，名成師，號桓叔，他的兒子受封於韓邑，後來三家分晉，有了韓國，所以韓起尊桓叔爲始祖。

［6］（都）感激您的恩賜。嘉，讚揚，這裏是感激的意思。

王孫圉論楚寶（楚語下）[1]

王孫圉聘於晉，定公饗之[2]。趙簡子鳴玉以相[3]，問於王孫圉曰：“楚之白珩猶在乎[4]？”對曰：“然。”簡子曰：“其爲寶也幾何矣[5]？”曰：“未嘗爲寶。楚之所寶者，曰觀射父[6]，能作訓辭[7]，以行事於諸侯[8]，使無以寡君爲口實[9]。又有左史倚相[10]，能道訓典[11]，以敍百物[12]，以朝夕獻善敗於寡君，使寡君無忘先王之業；又能上下說[13]於乎鬼神，順道其欲惡[14]，使神無有怨痛於楚國。

［1］本文記述了王孫圉對什麼是寶物的問題的評論，字裏行間飽含着對趙簡子“鳴玉”的驕態的鄙視。王孫圉（yǔ），楚國大夫。

［2］定公，晉定公，名午，前511年即位，在位三十七年。饗（xiǎng），用酒食款待客人。

［3］趙簡子，即趙鞅，又名志父，晉國的卿。鳴玉，讓佩在腰間的玉飾在人行走時相互撞擊發聲。相，相禮，輔助國君執行禮儀。

［4］白珩（héng），白色的珮玉。珩，繫在珮玉上面的横玉。

［5］幾何，（價值）多少。

［6］觀（guàn）射（yì）父（fǔ），楚國的大夫。

［7］訓辭，教導之辭，這裏指外交辭令。

［8］行事，指出使。

［9］口實，話柄。

［10］左史，官名。倚相，人名。

［11］訓典，先王之書。這裏泛指古代典籍。

［12］敍，述說。

［13］說（yuè），這個意義後來寫作“悦”，這裏用作使動。

［14］順道，順應。欲惡（wù），好惡。

“又有藪曰雲連徒洲[1]，金、木、竹、箭之所生也，龜、珠、角、齒、皮、革、羽、毛，所以備賦[2]以戒不虞者也[3]，所以共幣帛以賓享於諸侯者也[4]。若諸侯之好幣具[5]，而導之以訓辭[6]，有不虞之備，而皇神相之[7]，寡君其可以免罪於諸侯，而國民保焉。此楚國之寶也。若夫白珩，先王之玩也，何寶焉？

［1］藪（sǒu），大澤。雲連徒洲，即雲夢澤，楚國著名的大沼澤，在今湖北省，面積廣八九百里。

［2］龜，龜甲。珠，珍珠。角，獸角。齒，象牙。皮，獸皮。革，犀牛皮。羽，鳥類的羽毛。毛，牦牛尾。賦，兵賦，軍用物資。

［3］虞，料想。

［4］共，供應。這個意義後來寫作“供”。賓，招待。享，饋贈。

［5］幣具，禮品。

［6］導之以訓辭，指用辭令疏通（和諸侯的）關係。

［7］皇神，大神。皇，大。相，佐助，保佑。

“圉聞國之寶六而已：聖能制議百物[1]，以輔相國家，則寶之；玉足以庇蔭嘉穀[2]，使無水旱之災，則寶之；龜足以憲臧否[3]，則寶之；珠足以禦火災[4]，則寶之；金足以禦兵亂，則寶之；山林藪澤[5]，足以備財用，則寶之。若夫譁囂之美[6]，楚雖蠻夷，不能寶也。”

［1］聖，聖人。制議，創造評判。

［2］玉，指用於祭禮的玉器，所以能庇護糧食豐收。

［3］憲，法，判定。臧否（pǐ），吉凶。

［4］珠足以禦火災，《說文》：“珠，蚌中陰精也。”所以古人將珍珠歸入“陰”的範疇，認爲它可以抵禦火災（火屬“陽”性）。

［5］藪，湖澤。

［6］譁囂，猶譁囂，指上文的鳴玉聲。

常識：詞彙

古代漢語中所有的詞，就構成它的詞彙。古代漢語詞彙不僅十分豐富，而且非常活躍。從古代漢語到現代漢語，詞彙的變化最爲顯著，幾乎處於經常變化的狀態。因此，學習古代漢語，掌握詞彙十分重要。王力先生曾在《談談學習古代漢語》中說："學習古代漢語最重要的是詞彙問題，語音不是太重要的，因爲除詩詞賦外，古書上並沒有語音問題。至於語法，古今相差不很大，容易解決。問題在詞彙，必須花大力氣。"

古代漢語詞彙的學習，首先，應該把字和詞嚴格區分開來。詞是具有一定語音形式、表示一個獨立完整意義、能夠自由運用的最小語言單位；字是記錄詞的符號形式。二者雖有密切聯繫，但不是同一概念。研究古代漢語詞彙要以詞爲單位。字和詞的對應關係有三：一是對於單音節詞來說，一個字記錄的是一個詞；二是對於單純複音詞來說，一個字記錄的只是一個音節；三是對於複合詞來說，一個字記錄的是複合詞中的一個語素。其次，應該用歷史主義觀點，用發展的眼光，縱向比較分析，明確詞彙是不斷發展變化的。既要看到它們的歷史繼承性，又要注意它們的時代差異性。再次，應該掌握一定數量的古今義異的常用詞。掌握常用詞，主要是詞義問題，如詞的本義和引申義、古今詞義的異同、同義詞和同源詞等，核心是掌握詞的本義。這樣，才能達到提綱挈領、以簡馭繁，使紛繁複雜的詞義條理清晰、脈絡分明的目的。

第五節　單音詞和複音詞

一、單音詞

單音詞就是由一個音節構成的，在書面上用一個漢字來記錄的詞。如：馬、車、理、走、好、美、君、臣等。古代漢語以單音詞爲主，這是古代漢語詞彙最顯著的特點。特別是先秦兩漢，單音詞佔絕對優勢的現象尤爲突出。例如：

越國以鄙遠，君知其難也，焉用亡鄭以陪鄰？鄰之厚，君之薄也。若舍鄭以爲東道主，行李之往來，共其乏困，君亦無所害。且君嘗爲晉君賜矣，許君焦、瑕，朝濟而夕設版焉，君之所知也唯。夫晉，何厭之有？既東封鄭，又欲肆其西封。若不闕秦，將焉取之？闕秦以利晉，唯君圖之。(左傳·僖公三十年)

例中共有102個字，除“行李”、“乏困”之外，其餘都是單音詞。據統計，《詩經》中，單音詞佔90.3%，《左傳》中，單音詞佔89%，《史記》中，單音詞約佔80%。總體而言，文言文中單音詞所佔比例在80%以上，而現代漢語則相反，複音詞比例佔80%左右。可見，古代漢語中的字和詞二者在多數情況下都是統一的。正因爲如此，才造成從東漢許慎時代到清朝段玉裁、王念孫時代1 700年間字、詞不分的局面。即使在當今的古代漢語研究中，也有把字和詞混同起來的情況。因此，我們在閱讀古書時，要區分哪一個是字，哪一個是詞。另外，更不能用今天的一個雙音詞去理解代替古代的兩個單音詞。例如：

湯武革命，順乎天而應乎人。(周易·革卦)

昔周公弔二叔之不咸，故封建親戚以藩屏周。(左傳·僖公二十四年)

墨子者，顯學也。其身體則可，其言則不辯。(韓非子·外儲說)

在古代漢語中，“革命”是兩個單音詞構成的動賓短語，是“變革天命”的意思；“封建”是兩個連動單音詞，是“分封建國”的意思；“身體”是兩個單音詞構成的偏正短語，是“躬身實踐”的意思。而在現代漢語中它們是雙音詞。

單音詞在書面語中用一個漢字記錄，一詞一字，單音詞和它的書面形式是統一的。隨着社會的發展，必然會產生大量的新詞新義，以適應社會發展的需要。然而漢字的發展總是滯後於社會的發展，於是便出現了古代漢語單音詞表示多個義項的情況，即一詞多義現象。這也是單音詞的一大特點。例如“道”，就可以表示“道路”、“道理”、“規律”、“學說”、“主張”、“方法”等意義。爲此，要學好古代漢語詞彙，還要學會正確辨析單音詞的各種意義。

二、複音詞

古代漢語詞的構成，一般從兩個方面來分析：一是從詞的語音形式來分析；二是從詞的結構來分析。

從詞的語音形式分，可以分爲單音詞、雙音詞、多音詞。單音詞前面已述。多音詞，是指由三個或三個以上的音節構成的詞，一般表現爲人名、地名、官名等專用名詞，如司馬遷、公輸盤、滕子京、零丁洋、上大夫等。多音詞在古代漢語詞彙中極少，在此不贅述。雙音詞是指由兩個音節構成的詞。在古代漢語詞彙中，雖然以單音詞爲主，但雙音詞也佔一定的數量，約佔20%，而且關係比較複雜。這裏要講的複音詞主要是雙音詞。

從詞的結構來分，可以分爲單純詞和複合詞。由一個語素構成的叫單純詞；由兩個或兩個以上的語素合成的詞叫複合詞，又叫合成詞。語素是語言中最小的音義結合體。它可以是單音節的，如君、臣、車、馬、走等；也可以是雙音節的，如仿佛、玲瓏、葡萄、蜘蛛、窈窕等；還可以是多音節的，如禽滑厘等。判斷一個雙音詞是單純詞還是複合詞，主要根據這個詞所包含的語素多少来確定，只有一個語素的是單純詞，兩個語素的是複合詞。

（一）雙音單純詞

1. 疊音詞

疊音詞是由兩個相同音節構成的單純詞，又叫重言詞、疊字。這種雙音單純詞主要用於摹擬聲音、描繪性狀。劉勰《文心雕龍·物色》："詩人感物，聯類不窮。流連萬象之際，沉吟視聽之區，寫氣圖貌，既隨物以宛轉，屬采附聲，亦與心而徘徊。故灼灼狀桃花之鮮，依依盡楊柳之貌，杲杲爲日出之容，瀌瀌擬雨雪之狀，喈喈逐黃鳥之聲，喓喓學草蟲之韻。"這段話指出了疊音詞摹擬聲音、描繪性狀的獨特修辭功能。

摹擬聲音的：

黄鳥于飛，集于灌木，其鳴喈喈。（詩經·周南·葛覃）

小弟聞姊來，磨刀霍霍向豬羊。（樂府詩集·木蘭詩）

車轔轔馬蕭蕭，行人弓箭各在腰。（杜甫：兵車行）

描繪性狀的：

氓之蚩蚩，抱布貿絲。（詩經·衛風·氓）

恢恢乎其於游必有餘地矣。（莊子·養生主）

煢煢孑立，形影相弔。（李密：陳情表）

必須注意，疊音詞的詞義同書寫它的字義無關，不能按單字來推測疊音詞的詞義。這也是區别疊音詞和單音詞重疊形式的重要依據。例如：

采采卷耳，不盈傾筐。（詩經·周南·卷耳）

燕燕于飛，參差其羽。（詩經·邶風·燕燕）

風雨淒淒，雞鳴喈喈。（詩經·鄭風·風雨）

"采采"是兩個單音節動詞的重疊。動詞的重疊，一般表示"快"或"連續進行"的語法意義。"燕燕"是名詞的重疊。名詞或量詞重疊，一般表示"每一"或"一切"的語法意義。"淒淒"是兩個形容詞的重疊。形容詞的重疊，一般表示"程度加深"的語法意義，"淒淒"意思是十分寒涼。以上三例都不是疊音詞，而是兩個單音詞的重疊使用。疊音詞只有一個語素，單音詞的重疊有兩個語素，結構不同，性質迥異。這一區分，清人邵晉涵在《爾雅正義》中早就論及："古者重語，皆爲形容之詞，有單舉其文，與重語同義者，如‘肅肅，敬也’、‘丕丕，大也’，只言‘肅’、只言‘丕’亦爲‘敬也’、‘大也’；有單舉其文即與重語異義者，如‘坎坎，喜也’、‘居居，惡也’，只言‘坎’、只言‘居’，則非‘喜’與‘惡’矣。”

2. 聯緜詞

聯緜詞是由兩個不同音節構成的單純詞，又叫“聯緜字”、“連語”。其特點爲聯緜詞讀起來是兩個音，寫出來是兩個字，這兩個字在記錄聯緜詞時只是純粹的語音符號，字義與聯緜詞的詞義無關。聯緜詞的詞義寓於兩個緊密組合的音節中，兩個音節共同表示一個整體意義，不可分開。王念孫《讀書雜誌·漢書第十六》：“凡連語之字，皆上下同義，不可分訓。說者望文生義，往往穿鑿而失其本指。”

根據聯緜詞兩個音節的語音關係，一般分爲雙聲、叠韻、雙聲兼叠韻和非雙聲叠韻四種形式，前兩者多見。

雙聲聯緜詞：

由兩個聲母相同或相近的音節組成。例如：

愛而不見，搔首踟躕（詩經·邶風·靜女）

黎民流離，困於道路。（後漢書·和殤帝紀）

瓦縫參差，多於周身之帛縷。（杜牧：阿房宮賦）

又如：

鞦韆　玲瓏　邂逅　唐突　憔悴　蜘蛛　枇杷　蕭瑟　磊落　磅礴　倜儻　坎坷　崎嶇　含糊　踴躍　嘹亮　鴛鴦　浩瀚　留連　蒹葭　容與　蟋蟀　栗烈　彷彿　伶俐

叠韻聯緜詞：

由兩個韻相同或相近的音節組成。例如：

吾嘗終日而思矣，不如須臾之所學也。（荀子·勸學）

迤邐觀鵝翼，參差覩雁行。（梁簡文帝：從軍行）

最是倉皇辭廟日，教坊猶奏別離歌。（李煜：破陣子）

又如：

朦朧　崔嵬　依稀　彷徨　混沌　從容　崢嶸　燦爛　逡巡　逍遥　窈窕　葫蘆　妖嬈　朴簌　殷勤　荒唐　婆娑　嬋娟　逶迤　徘徊　蹉跎　芍藥　玫瑰　橄欖　綢繆　紛紜　撲朔　觱篥

雙聲兼叠韻聯緜詞：

由兩個聲、韻均相同或相近的音節組成。例如：

悠哉悠哉，輾轉反側。（詩經·周南·關雎）

莫不優遊而自得，玉潤而金聲。（班固：東都賦）

芳草鮮美，落英繽紛。（陶淵明：桃花源記）

又如：

燕婉　繾綣

非雙聲叠韻聯緜詞：

由兩個既非雙聲又非叠韻的音節組成。例如：

搏扶搖而上者九萬里。（莊子·北冥有魚）

履舄交錯，杯盤狼藉。（史記·滑稽列傳）

因跳踉大闞，斷其喉，盡其肉乃去。（柳宗元：黔之驢）

又如：

旖旎　行李　淹留　周旋　芙蓉　蜈蚣　玳瑁　葡萄　滂沱

瑪瑙　浩蕩　跋扈　顛沛　單于　可汗　玻璃　鸚鵡　茉苡

對聯緜詞應注意的三個問題：

一是不可分訓，即兩個字不能拆開解釋，其結構是渾然一體不可割裂的。王念孫《讀書雜誌》："夫雙聲之字，本因音以見義。"又俞樾《古書疑義舉例》："古書叠韻之字，當會兩字爲一義，不當以一字爲一義。"

二是詞多異體，即一個詞有多種寫法。符定一《聯緜字典·凡例》："委蛇八十三形，音同而義相邇；崔嵬十有五體，音近而義無殊。"聯緜詞是單純複音詞，不管詞形怎麼變化，都改變不了它記音符號的特性，不能望文生訓。例如：

"猶豫"的異體有：猶與　猶予　由與　尤豫　猶夷　容與　優與　游移

"徜徉"的異體有：相羊　尚羊　常羊　翔羊　襄羊　猖羊　倘徉　相徉　尚徉　倡徉　相翔　尚陽

"匍匐"的異體有：扶伏　蒲服　匍伏　蒲伏　扶服　匍百　腹拍

三是以古音爲標準，不能以今音爲依據。如"蕭瑟"，今音讀 xiāo sè，不是雙聲，而古音都屬心紐，是雙聲聯緜詞；"芣苢"今音讀 fú yǐ，不是叠韻，而古音都屬之部，是叠韻聯緜詞。

（二）雙音複合詞

1. 聯合式複合詞

聯合式複合詞按其所構成的語素的不同意義，又可分爲同義複合詞、偏義複合詞和變義複合詞三種。

（1）同義複合詞：

由兩個意義相同或相近的語素構成。例如：

頒白者不負戴於道路矣。（孟子·梁惠王上）

是以君子遠庖廚也。（孟子·梁惠王上）

諸侯軍無不人人惴恐。（史記·項羽本紀）

又如：

踰越 年歲 干戈 鐘鼓 國家 悦懌 嫉妒 疾病 險阻 恭敬 衆庶 人民
朋友 規模 盜賊 倉廩 埃土 膏腴 祭祀 謹慎 和睦 功勞 馳騁 傾覆
斟酌 正直 股肱 賓客 留滯

(2) 偏義複合詞：

由兩個意義相近或相關、相對或相反的語素並列構成，其中一個語素的意義成了這個複合詞的意義，另一個語素只作陪襯，失去了它原來的意義。例如：

金鼓以聲氣也。利而用之，阻隘可也。(左傳·僖公二十二年)

陰獨察其動靜，與俱上下。(漢書·金日磾傳)

晝夜勤作息，伶俜縈苦辛。(玉臺新詠·孔雀東南飛)

閱讀古書時遇到該類偏義現象，應根據語境的内在邏輯關係來判斷詞義指向。

(3) 變義複合詞：

兩個意義相類、相對或相反的語素組合以後，通過引申、比喻或借代，產生了新的意義；新意義雖然和語素的原義有聯繫，但並不完全相同。例如：

民爲貴，社稷次之，君爲輕。(孟子·盡心下)

而不及今令有功於國，一旦山陵崩，長安君將何以自託於趙？(戰國策·趙策)

不復料其虚實。(資治通鑒·漢紀)

又如：

水火：災難 首尾：長度 斤兩：重量 干戈：武器
尊卑：等級 領袖：領導者 憂樂：感情 水土：環境

2. 偏正式複合詞

由修飾、限制和被修飾、被限制的兩個語素構成。有定中式和狀中式兩種。“定中式”的“中”一般爲名語素，“狀中式”的“中”一般爲動詞或形容詞性語素。例如：

帶長鋏之陸離兮，冠切雲之崔嵬。(楚辭·涉江)

未可以臆斷。(梁書·劉高傳)

自釋氏火化之説起，於是死而焚屍者所在皆然。(容齋隨筆·民俗火葬)

又如：

諸侯 方伯 天子 大夫 中原 中國 黔首 紅顔 公子 王孫 元帥 黄金
小人 良人 君子 寡人 黄泉 門下 先生 先進 不穀 不肖 宛珠 角弓
錦衾 狐裘 羌笛 國君 國風 魯縞 兵法 三老 朝廷 壯士 布衣 天下

3. 支配式複合詞

由支配和被支配的兩個語素構成，前一語素表動作行爲，支配關涉後一表對象的語素。此類複合詞可以是動詞，也可以是名詞。例如：

昔伯牙絕弦於鍾期，仲尼覆醢於子路，湣知音之難遇，惜門人之莫逮也。（曹丕：與吳質書）

魚遭密網怎翻身？（楊顯之：酷寒亭）

容貌不足動人，智謀不足自遠。（江淹：報袁叔明書）

又如：

稽首　結髮　痛心　謝罪　失色　解事　傷心　祭酒　革命　用事　執事　攝政　司寇　司命　爲人　終身　將軍　張楚　敗績　知府　儌幸　總角

4. 動補式複合詞

前一語素表示動作行爲，後一語素補充説明前一語素所表動作行爲產生的結果。在先秦文獻中由動補關係構成的複合詞極少。例如：

擊走　摧敗　封閉　平定　激怒　匡正

擾亂　助長　撲滅　充滿　斷絕　擊破

5. 主謂式複合詞

前一語素表示人或事物，後一語素表示人或事物的動作、狀態等。主謂式複合詞在先秦文獻中也很少。例如：

月食　夏至　霜降　花黃　心服　機巧　壟斷

天幸　尚食　御用　帑藏　地震　人定　威震

6. 加綴式複合詞

是由一個實語素和一個虛語素構成的。實語素又叫詞根，表示概念，是整個複合詞的意義所在；虛語素又叫詞綴，黏附在實語素前後，只起增加一個音節的作用，並無實在意義。在前的叫前綴，又叫詞頭；在後的叫後綴，又叫詞尾。例如：

我不可不監于有夏，亦不可不監于有殷。（尚書·召誥）

靜女其姝，靜女其孌。（詩經·邶風·靜女）

言告師氏，言告言歸。（詩經·周南·葛覃）

思樂泮水，薄采其芹。（詩經·魯頌·泮水）

桑之未落，其葉沃若。（詩經·衛風·氓）

辟猶戎、翟之與于越，不相入矣。（漢書·貨殖傳）

夫子莞爾而笑。（論語·陽貨）

孔子三月無君，則皇皇如也。（孟子·滕文公下）

恢恢乎其於遊刃必有餘地矣。（莊子·養生主）

事神保民，莫弗欣喜。（國語·周語）

古漢語中常見的前綴（詞頭）有：于、有、其、言、薄等，後綴（詞尾）有：若、然、如、焉、爾、子、乎等。詞綴“有”在上古漢語裏可以用在專有名詞前，表朝代名、國名、部族名，如“有夏”、“有周”、“有虞”、“有巢氏”、“有苗”。朝代前加“有”一直沿用至後代，如“有唐”、“有明”、“有清”。“有”還可以用於普通名詞、動詞、形容詞前。“其”一般用於形容詞或不及物動詞前。“言、于、薄”三個詞綴性質相同，只用於動詞前。後綴“然”、“若”、“爾”、“如”、“乎”一般表示“……的樣子”的語法意義，是形容詞的標誌。

（三）古漢語詞的雙音化趨勢

1. 雙音化的必然性

古漢語詞彙有三大特點：一是就詞形而言，單音詞佔絕對優勢；二是就詞義而言，一詞多義現象非常普遍；三是就讀音而言，一音多詞現象非常突出。第一大特點是第二、三大特點產生的主要原因。

單音詞一音多詞和一詞多義，給人們的交際帶來極大的不便，詞彙結構系統和語言交際功能的矛盾日益顯現出來。爲此，單音詞向雙音詞轉化就成爲必然。事實上，唐宋以來，新詞產生就以雙音詞爲主，雙音詞在詞彙中的比例，由古漢語的20%，逐漸增加到現代漢語的80%。單音詞發展爲雙音詞，大大減少了一詞多義和一音多詞的現象；詞彙的表意性更爲準確和精密；語言的交際功能也得到了加強。

2. 雙音化的主要方式

古漢語單音詞向雙音詞發展，方式有三：

一是加一虛語素，即在單音詞前邊或後邊加一個虛語素形成雙音詞。例如：

桌子　石頭　讀者　老虎　阿姨

二是加一實語素，即在原單音詞的基礎上加一個意義相同或相關的單音實語素形成雙音詞。例如：

恐，恐懼；道，道路；膚，皮膚；土，土壤；訪，拜訪

三是改換表達方式，即將古代用單音詞表達的概念，改用雙音詞表達。多義單音詞則分別用不同的雙音詞表達。例如：

弈，下棋；犢，小牛；兵，武器；目，眼睛；股，大腿

論，敘述、學說、評定、定罪；鄙，邊境、淺陋、輕視、質樸

雙音詞構成法以第二種爲主，數量最多；第三種方法構成的雙音詞也不少。

第六節　詞的本義和引申義

一、詞的本義

（一）本義

古漢語詞彙中一詞多義現象突出，但各個意義之間並非互不相關或雜亂無章，而是有規律聯繫着的。多義詞之中，一定有一個核心意義，圍繞這個核心意義還有許多互有聯繫的意義，那個核心意義就是詞的本義，和本義有聯繫的意義即是引申義。

嚴格來說，詞的本義是指有文字可考的、有文獻資料可參證的、與該詞書寫形式相應的最古的意義。例如：

來：，金文像麥穗，本義是麥。《詩經·周頌·思文》："貽我來牟。"

向：，金文像房子上開了一個洞。《說文》："向，北出牖也。"本義爲北窗。如《詩經·豳風·七月》："塞向墐户。"《史記·秦始皇本紀》："南至北向户。"

豆：，甲骨文像器皿之形。《說文》："豆，古食肉器也。"本義是古代盛肉或其他食品的器皿。如《孟子·告子上》："一簞食，一豆羹，得之則生，弗得之則死。"《國語·吳語》："在孤之側者，觴酒、豆肉、簞食，未嘗敢不分也。"

字：，《說文》："字，乳也。从子在宀下，子亦聲。"《廣雅·釋詁》："字，生也。"本義是生孩子。如王充《論衡·氣壽》："婦人疏字者子活。"

詞的本義並非一定是詞的常用義或基本義。

（二）本義探求方法

紛繁雜亂的詞義網，都有一種内在的邏輯聯繫，這種聯繫就是以詞的本義爲"綱"，以引申義爲"目"的。在詞義系統中，所有引申義都是由本義產生的，只要抓住了本義，就可以以簡馭繁，使紛繁雜亂的詞義條理清晰，脉絡分明。例如："習"本義是鳥反復地練習飛。《說文》："習，數飛也。"《禮記·月令》："鷹乃學習。"引申爲反復練習，鑽研。《論語·學而》："學而時習之，不亦說乎？"反復練習的結果是熟習。《戰國策·齊策》："誰習計會，能爲文收責於薛者乎？"進而形成習慣。王安石《答司馬諫議書》："人習於苟且非一日。"從"習"的本義到引申義一綫貫之，脉絡分明。

本義既明，其詞義系統亦明。本義不僅是深刻理解詞義的基礎，也是辨析某些同字異詞現象的基礎，如假借字等。

探求詞的本義，一般有以下兩種方法：

1. 據形求義法

古漢字具有因形示意的特點。象形字、指事字、會意字通過字形分析後，比較容易領悟它所記錄的那個詞的本義；形聲字的形旁顯示了意義的類屬，它所記錄的那個詞的本義至少在意義範疇上有了歸屬。例如：

番：，金文上像爪，下像掌。《説文》："番，獸足謂之番。"本義是獸掌。《左傳·宣公二年》："宰夫胹熊蹯不孰。""熊蹯"即熊掌，"蹯"是"番"的今字。

斤：，甲骨文像横刃朝左，下有曲柄的斧頭。《説文》："斤，斫木斧也。"本義是斧類工具。《石鐘山記》："陋者乃以斧斤考擊而求之。"

亦：，腋的初文。古文像正面人體之形，兩點表示兩腋之所在。《説文》："人之臂亦也。从大，象兩腋之形。"本義爲腋窩。假借爲虚詞"亦"。

旦：，甲骨文金文均像太陽從東方升起，露出地面或水面。《説文》："旦，明也。从日見一。"本義爲早晨。《木蘭詩》："旦辭爺娘去，暮宿黄河邊。"

舁（yú）：，篆文像二人對面抬舉狀。《説文》："舁，共舉也。"本義爲抬。《段太尉逸事狀》："以大杖擊二十，垂死，舁來庭中。"又《馮婉貞》："未幾，敵兵果舁炮至，蓋五六百人也。"

祝：，甲骨文金文均像人跪跽神示前，侈口求神，作祈禱狀。《説文》："祭主贊詞者，从示从兒口。"本義爲祈禱。《觸龍説趙太后》："已行，非弗思也，祭祀必祝之。"又《韓非子·説林》："巫咸雖善祝，不能自祓（fú）也。"又蒲松齡《促織》："巫從旁望空代祝。"

祭：，會意，从又（手）持肉敬獻於"示"。古文像手持肉於"示"前。《説文》："祭祀也。从示，以手持肉。"以手持肉獻於神靈，表示祭祀。本義爲祭祀。《周禮·天官·大府》："邦都之賦，以待祭祀。"

頌：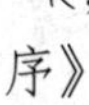，本義爲容貌，故从頁。"頁"（xiè）爲頭，指示"頌"的本義類屬。《毛詩·序》："頌者，美盛德之形容。"又《漢書·儒林傳》："魯徐生善爲頌。"文獻中每借"容"爲"頌"，所以頌的本義漸不爲人知。

訪：，从言，方聲。"言"指示該詞本義類屬。本義爲"咨詢"。《説文》："訪，泛謀曰訪。"《爾雅》："訪，謀也。"依《説文》則本義爲廣泛地咨詢。《尚書·洪範》："王訪於箕子。"又《左傳·僖公三十二年》："穆公訪諸蹇叔。"

2. 文獻義證法

據形求義雖是一種主要途徑，但要考證其是否正確，還需要古代其他大量的文獻資料的驗證。例如：

“牢”，从宀（mián）从牛，從分析字形來看，本義是牛圈，但考察有關文獻會發現，它的本義並非單指牛圈。《說文》：“牢，閑。養牛馬圈也。”又《經籍籑詁》：“牢，閑也。”“牢，圈也。”“牢，豕（shǐ）室也。”“養牲所曰牢。”《國語·晉語》：“大任溲於豕牢。”《戰國策·楚策》：“亡羊補牢，未爲遲也。”由上可見，“牢”之本義爲牲畜圈，而非僅指牛圈。

“元”，《說文》：“元，始也。从一，兀聲。”金文作形，像身子作陪襯，突出頭部，表明同頭部的意義有關。孰是孰非，必須有文獻參證。《左傳·僖公三十三年》：“狄人歸其元，面如生。”又《孟子·滕文公下》：“志士不忘在溝壑，勇士不忘喪其元。”杜預和趙岐均注：“元，首也。”可見“元”的本義該是人頭。許慎之說欠當，“元”作爲“開始”義，當爲引申義。

古文獻資料不僅可以幫助驗證詞的本義的正確性，還可以通過歸納、概括，探求詞的本義。一是從古書注釋和字典辭書中推斷詞的本義；二是從古文的普遍用法中歸納概括出詞的本義。

二、詞的引申義

（一）引申義

詞的引申義是指一個詞在本義的基礎上直接或間接繁衍派生出來的其他意義。例如：

生，《說文》：“生，象草木生出土也。”由此引申爲“生育”，《詩經·大雅·生民》：“不康禋（yīn）祀，居然生子。”又引申爲“養育”，《周禮·大宰》：“以生萬民。”又引申爲“活”，《論語·先進》：“未知生，焉知死？”又引申爲“生活”，《漢書·衛青傳》：“人奴之生，得無笞罵足矣，安得封侯事乎？”又引申爲“一生”，李商隱《馬嵬》：“他生未卜此生休。”又引申爲“未經烹調”，《史記·項羽本紀》：“與一生彘肩。”又引申爲“生疏”，《元曲選·馮玉蘭》：“人又生，路又野。”這些引申義都是從“生”的本義繁衍派生而來的。

引申有直接引申和間接引申之分。直接引申是指由本義直接派生出來的意義。如上例的“生”，直接引申義是“生育”。又如“節”，本義是竹節，《說文》：“節，竹約也。从竹，即聲。”由竹節直接引申爲木節，《易經·序卦》：“其於木也，爲節多堅。”

間接引申是指由引申義再次引申出來的意義。如上例的“生”，“生育”後面的引申義均爲間接引申義。又如“裁”，本義是裁衣，《古詩爲焦仲卿妻作》：“十三能織素，十四學裁衣。”引申爲“剪裁，刪減”，《漢書·食貨志上》：“而裁其賈以招民。”又《後漢書・鄭傳論》:“删裁繁蕪。”又引申爲“裁斷、判決”,《戰國策・秦策一》:“臣願悉言所聞,唯大王裁其罪。”又引申爲“制裁、制服”。賈誼《惜誓》:“爲螻蟻之所裁。”

(二)引申方式

詞義系統中,詞義引申的層次關係和發展方向是不盡相同的。不同的詞有各自不同的引申方式,主要有三:

1. 輻射式引申

輻射式引申是以本義爲中心,向各個不同方面發展,即所有引申義都由本義直接引申出來。這些引申義之間形成一種並列平行的關係,彼此之間的聯繫不十分密切。例如:

引:《説文》:“開弓也。从弓丨(gǔn)。”本義爲開弓,如《孟子・盡心下》:“君子引而不發。”由于開弓要拉長弓弦,引申爲延長、伸長,如《左傳・成公十三年》:“我君景公引領西望。”由于開弓要把弓弦向後拉,又引申爲軍士上的“退卻、後退”,如《戰國策・趙策》:“秦軍引而去。”開弓又是用手把箭導向後方,就這一特徵引申爲“引導、率領”,如《廉頗藺相如列傳》:“引趙使者藺相如。”又《史記・秦始皇本紀》:“引兵欲攻燕。”圖示如下:

引:開弓(本義)→{ 延長、伸長 / 退卻、後退 / 引導、率領 }

發:本義是射箭,如《中山狼傳》:“一發飲羽,狼失聲而逋(bū)。”引申爲“打開”,如《史記・刺客列傳》:“秦王發圖,圖窮而匕首見。”由本義又引申爲“產生”,如《韓非子・顯學》:“宰相必起于州部,猛將必發于卒伍。”由本義又引申爲“派遣”,如《戰國策・齊策》:“王何不發將而擊之。”由本義又引申爲“發揮”,如《論語・爲政》:“退而省其私,亦足以發。”圖示如下:

發:射箭(本義)→{ 打開 / 產生 / 派遣 / 發揮 }

2. 連鎖式引申

連鎖式引申,是以本義爲出發點,引申出一系列的意義,即由甲到乙,由乙到丙,由丙到丁,層層深入,環環相扣,形成一根意義上的綫性鏈條。例如:

年:本義是收成,如《春秋・宣公十六年》:“冬,大有年。”引申爲地球繞太陽一周的時間“歲”,如《爾雅・釋天》:“夏曰歲,商曰祀,周曰年。”又引申爲“年齡”，如《左傳·襄公九年》：“公送晉侯，晉侯以公宴於河上，問公年。”又引申爲“壽命”，如曹操《步出夏門行》：“養怡之福，可得永年。”圖示如下：

年（收成）→年（歲）→年（年齡）→年（壽命）

理：本義是治玉，如《韓非子·和氏》：“使玉人理其璞。”由具體的“治玉”，引申爲一般的“治理”，如柳宗元《封建論》：“今夫封建者，繼世而理。”治玉得順其紋理，故引申爲“紋理”，如《夢溪筆談·活板》：“文理有疏密。”又引申爲“條理、規律”，如《莊子·庖丁解牛》：“依乎天理，批大郤，道大窾。”又引申爲“道理、理論”，如《柳子厚墓誌銘》：“萬無母子俱往理。”圖示如下：

理（治玉）→理（紋理）→理（規律）→理（道理）

3. 綜合式引申

綜合式引申是指綜合上述兩種引申方法。這種引申方式最爲普遍，許多詞義在引申過程中往往是這兩種方式的綜合。例如：

朝，本義是早晨，名詞，讀 zhāo。《說文》：“朝，旦也。”如《論語·里仁》：“朝聞道，夕死可矣。”又《莊子·逍遥遊》：“朝菌不知晦朔。”古代臣子在早晨拜見君主，《白虎通·朝聘》：“朝者，見也。”所以引申爲“朝見”，動詞，讀 cháo，如《左傳·宣公二年》：“盛服將朝。”又表示“使朝見”，如《孟子·梁惠王上》：“欲辟土地，朝秦楚，涖中國，而撫四夷也。”古代朝見君主是在朝廷進行，於是引申爲“朝廷”，如《戰國策·齊策》：“於是入朝見威王。”由朝廷存在的時間，又引申爲“朝代”，如《柳子厚墓誌銘》：“死高宗朝。”又如“唐朝”、“宋朝”等。

由“早晨”義，還可以引申爲“一日、一整天”，如《孟子·告子下》：“雖與之天下，不能一朝居也。”因爲早晨是一天的開始，所以它還可引申爲“初”，如《荀子·禮論》：“然後月朝卜日，月夕卜宅，然後葬也。”圖示如下：

朝：早晨（本義）→ { 一日 / 初 / 朝見→{ 朝廷→朝代 / 使朝見 } }

兵，本義爲武器，如《左傳·隱公元年》：“繕甲兵，具卒乘。”引申爲“士兵”，如《史記·項羽本紀》：“（項梁）使人收下縣，得精兵八千人。”又引申爲“軍隊”，如《戰國策·趙策》：“必以長安君爲質，兵乃出。”由“軍隊”又引申爲“戰爭”，如《左傳·隱公四年》：“夫兵，猶火也；弗戢（jí，停止），將自焚也。”又引申爲“兵法”，如《戰國策·秦策》：“公不論兵，必大困。”又引申爲“軍權”，如柳宗元《封建論》：“群之分，其爭必大，大而後有兵有德。”圖示如下：

兵：武器（本義）→士兵→軍隊→{戰爭 / 兵法 / 軍權}

（三）引申規律

引申的結果一般是由具體到抽象，由個別到一般，由實到虛，由一種詞性轉到另一種詞性。詞義的引申雖然比較複雜，但還是帶有一定的規律性。詞的引申義和本義有着一種內在的聯繫，這種聯繫主要以它們之間的一種相承性、相關性、相似性爲紐帶。詞義引申的規律有三：

1．相承性引申

相承性引申是根據表達新事物、新概念的需要，因承和延展原詞義的性質和特點，從而繁衍派生出新的詞義。這是一種常用的引申方法。

藉：本義指以茅草爲墊，如《九歌·東皇太一》："蕙肴蒸兮蘭藉。"意爲用蕙草包着肉食放在用蘭草編成的墊子上。引申爲一般的"墊"，如《捕蛇者說》："往往而死者相藉也。""相藉"即相互墊壓着。從而引申爲"欺壓、踐踏"，如《史記·魏其武安侯列傳》："人皆藉吾弟。"用物墊，一物壓上另一物，這表明兩物之間有相互憑藉的關係，從而引申爲介詞"以"義，如《墨子·公輸》："北方有侮臣者，願藉子殺之。"詞義通過意義相承性，由個別到一般，由實詞到虛詞，逐步引申。

隆：从阜（fù），本義爲山的高處，如《孫子兵法·行軍》："戰隆無登。"引申爲一般的"高"，如《後漢書·張衡傳》："合蓋隆起，形似酒尊。"从具體的山高，引申爲抽象的"事業興盛"，如《前出師表》："漢室之隆，可計日而待也。"詞義通過意義的相承性，由具體到一般，又由具體到抽象，逐層引申。

2．相關性引申

相關性引申是指本義和引申義所指稱的事物、表達的概念具有一種關聯性，彼此牽涉。一般可以通過條件、鄰近和借代等來關聯。例如：

漢：本義指漢水，如《左傳·僖公四年》："楚國方城以爲城，漢水以爲池。"又《孟子·滕文公上》："决汝漢，排淮泗，而注之江。"由于歷史上劉邦被封爲漢王，主要領地是漢水上游的漢中，所以劉邦統一天下後，國號爲"漢"，"漢"便由漢水義引申爲漢朝義。又因漢朝統治時間長，國勢強盛，所以當時北方少數民族把華夏族稱爲"漢"。詞義通過借助社會的條件來關聯引申。

領：形聲，从頁，令聲。《說文》："領，項也。"本義是脖子。如《孟子·梁惠王上》："天下之民皆引領而望之矣。"又《左傳·昭公七年》："引領北望。"由于脖子與所穿上衣的衣領相鄰近，故引申出"衣領"之義，如《荀子·勸學》："若挈裘領。"成語有"提綱挈領"。詞義通過鄰近關係來關聯引申。

姝：本義爲婦女貌美，如《詩經·邶風·靜女》：“靜女其姝。”引申爲美女，如《樂府詩：陌上桑》：“使君遣吏往，問是誰家姝。”詞義通過借代關係來關聯引申。

3. 相似性引申

相似性引申又叫詞義的比喻引申，即原詞義所概括的事物，在形象、性質、功能等方面，與引申義所指稱的事物之間有一定的相似性，通過這種相似性的模擬，從而引申出詞的新義。例如：

斗：本義爲帶柄的酒器，如《詩經·大雅·行葦》：“酌以大斗，以祈黃耇（gǒu，黃耇意爲長壽）。”又《史記·項羽本紀》：“玉斗一雙，欲與亞父。”由于天上的北斗星與有柄的酒器形貌相似，故引申爲“北斗星”，如《淮南子·齊俗》：“夫乘舟而惑者，不知東西，見斗柬極則寤矣。”“斗極”即北斗星。又《楚辭·九歌》：“援北斗兮酌桂漿。”

英：本義爲花，如《桃花源記》：“芳草鮮美，落英繽紛。”花是植物之精華，以此比喻爲“傑出的人物”，如《禮記·禮運》：“大道之行也，與三代之英，丘未之逮（dài）也。”

干城、腹心：蔡邕《薦皇甫規》“論其武勞，則漢室之干城！課其文德，則皇家之腹心”中的“干城”和“腹心”分別比喻引申爲“禦敵將領”和“親信”。

手足：蘇轍《爲兄軾下獄上書》“臣竊哀其志，不勝手足之情，故爲冒死一言”中的“手足”比喻引申爲“兄弟”。

魚肉：《史記·項羽本紀》“如今人方爲刀俎（zǔ，砧板），我爲魚肉，何辭爲”中的“魚肉”比喻引申爲“受宰割的人”。

（四）引申義與假借義的區別

1. 假借義

在現代的一般學術著作或大學教科書裏，通假與假借是兩個不同的概念。通假是本有其字，即有本字而沒寫，寫了個同音的通假字；假借是“本無其字，依聲託事”。例如“而”本指人的毛髮，所以許慎解釋爲“頰毛也，象毛之形”，並舉出《周禮》中用“而”本義的例子“作其鱗之而”（即觸動了那龍的觸鬚）。但是，幾乎在任何一篇古文中，都少不了表示聯結的連詞“ér”，人們並沒有爲這個關聯詞另造一個字，而是借用原本表示“頰毛”的“而”來記錄這個詞，甚至第二人稱代詞“女”、第一人稱代詞“我”，都是“本無其字”而借用的。第二人稱先借用男女的“女”，後來又借用河南省內的一條河流“汝水”的“汝”來表示；“我”原本是古代的一種兵器（1975 年已在陝西周原遺址出土），因與語言中的“wǒ”同音而借用[①]，人們始終沒給它們專門造字。

“而”作連詞，表示聯結，就是其假借義。

但是，在以前，人們對“通假”和“假借”這兩個概念區分得並不那麼清楚，甚至在王力先生主編的《古代漢語》中也說：“假借字的產生，大致有兩種情況，一種是本有其字，而人們在書寫的時候，寫了一個同音字……第二種是本無其字，從一開始就借用一個同音字來表示。”

2. 引申義與假借義的區別

假借義是由音同或音近字的假借產生的意義，這些意義和本義、引申義都毫無聯繫，不能通過意義引申的方式和綫索進行推求。而引申義是指一個詞在本義的基礎上直接或間接繁衍派生出來的意義，這些意義和本義有着一種內在的邏輯聯繫。例如：

果：本義是樹上所結的果子，合體象形字。《說文》：“果，木實也。象果形在木之上。”由本義引申出五個含義：①飽足，如《莊子·逍遥遊》：“適莽蒼者，三飡而反，腹猶果然。”“果然”是“飽鼓鼓的樣子”。②美，如《國語·鄭語》：“味一無果。”韋昭注：“五味合，然後可食。果，美。”③有決斷，《玉篇》：“果，果敢也。”《廣韻》：“果，定也。”徐灝《說文解字注箋》：“果，木實謂之果，故謂事之實然者曰果然，因之果敢、果斷之義生焉。”《論語·雍也》：“由（人名）也果，于從政乎何有？”④事情的結局、結果，成語“自食其果”的“果”即此義。⑤成爲事實，實現。清代劉淇《助字辨略》卷三：“凡言與事應曰果。”凡言與事不應，就叫“未果”。《韓非子·外儲說下》：“君謀欲伐中山，臣薦翟角（人名）而謀得果。”陶淵明《桃花源記》：“南陽劉子驥，高尚士也，聞之，欣然規往。未果，尋病終。”

由“成爲事實”引申虛化爲副詞，表示三種含義：①終於，最終，如《左傳·僖公二十八年》：“晉侯在外十九年矣，而果得晉國。”②果真，如《禮記·中庸》：“人一能之，己百之；人十能之，己千之。果能此道矣，雖愚必明，雖柔必剛。”③到底，究竟，如《孟子·離婁下》：“儲子曰：‘王使人瞷夫子，果有以異於人乎？’”由“成爲事實”引申虛化爲連詞，表示假設關係，即“如果”、“假如”之義，《左傳·宣公十二年》：“有帥而不從，臨卦孰甚焉？此之謂矣！果遇，必敗。”“果”的上述種種引申義，都與本義有關。

但“果”還有與本義、引申義沒有任何關係的假借義：① 通“裹”：《靈樞經·壽殀剛柔》：“皮與肉相果則壽，不相果則夭。”②通“裸”：《周禮·春官·龜人》：“東龜曰果屬。”③通“婐”，義爲“女侍”，《孟子·盡心下》：“及其爲天子也，被袗衣，鼓琴，二女果，若固有之。”

---

① 注意：這是借用現代注音來稱說的，古音的“而”、“我”未必是這樣讀的。

第七節　古今詞義的異同

在語言系統的各個要素中，詞彙對現實生活的反映最敏感、最直接，而詞義的演變又是詞彙發展變化中很重要的一個方面。就閱讀古文來講，古今詞義的變化給我們帶來了很大的障礙。雖然是同一個詞形，但它的古今意義已不完全相同，甚至完全相反了。如“走”，今義是“步行”，而古義卻是“奔跑”；“去”，今義是“到”，而古義跟今義剛好相反，是“離開”。詞義是隨着社會的發展而處於不斷變化發展之中的，有的詞產生了新義，有的詞意義發生了變化，或擴大，或縮小，或轉移，或感情色彩變化等。當然，也有一部分詞古今沒有變化，我們要讀懂古書，重在了解古今詞義的變化。

古今詞義的演變是在歷史的進程中逐漸形成的。對於古今詞義的理解，我們應以歷史的觀點來看問題，不要把上下幾千年的詞放在同一層面上來解讀，更不要以今律古，本末倒置。

一、古今詞義的差異

（一）基本相同

有一部分詞的意義雖歷數千年，但至今基本不變。如馬、牛、羊、山、日、月、人、手、長、短、輕、重、三、六、九、田、果、麥、蟋蟀、參差、悠遠、踟躕等。這類詞一般屬於基本詞彙，具有穩固性，體現了古今漢語之間的繼承關係。由于這類詞古今意義基本相同，不會成爲閱讀古書的障礙。

（二）同中有異

有些詞古今意義之間，既有相同之處，又有相異之處，兩者之間的變化微殊，極易讓人忽略。我們在閱讀古文的過程中，應給予高度重視，因爲在古今詞義微殊的情況下，最容易產生誤解。例如“勸”，我們在讀《左傳·成公二年》時，很可能把“以勸事君者”理解爲“以此規勸事君的人們”。事實上，上古的“勸”只有“勉勵”和“鼓勵”的意思。這裏的“勸”，只能作“勉勵”講，至於“善言規勸”和“勸解”的意義，是漢魏以後才有的，如果忽略了古今詞義之間這種細微的差別，那就沒法真正讀懂古書。又如：

給：古漢語裏“給”常指“供應”，讀 jǐ。《左傳·僖公四年》：“貢之不入，寡君之罪也，敢不共給。”《戰國策・齊策》：“孟嘗君使人給其食用。”這裏的“給”均指供應。而今音主要讀 gěi 的“給”，義爲“給予、送予”，這個意義在上古還未產生，古書中很少出現，上例中“共給”、“給其食用”等中的“給”都不能理解爲“給予、送予”。如果認爲這樣，講也講得通，那是因爲現代“給”所具有的“給予”的意義本來就是從古代“供給”的意義發展而來的，所以二者自然有共同之處。

訪：現代漢語中“訪”一般是“探望”、“拜訪”的意思，如“來訪”、“訪友”。上古漢語裏，“訪”是咨詢的意思，即向人徵求意見。直至中古，才產生“拜訪”的意義。《左傳・僖公三十二年》：“穆公訪諸蹇叔。”《國語・魯語下》：“季康子欲以田賦，使冉有訪諸仲尼。”《三國志・蜀書・譙周傳》：“周雖不與政事，以儒行見禮，時訪大義，輒據經以對。”以上的“訪”的賓語是事而不是人，都不是“拜訪”，而是“咨詢”義。不過，這種意義在現代漢語中已不存在了。

信：“信”是“語言真實”，如《老子》：“信言不美，美言不信。”後引申爲“傳遞語言之人”，即“使者”，如《世說新語・雅量》：“謝公與人圍棋，俄而謝玄淮上信至，看書竟，默然無言。”這個句子裏“信”、“書”對用，“信”指“使者”，“書”指信。又如《孔雀東南飛》：“便可斷來信，徐徐更謂之。”這個“信”就由“使者”義引申指媒人了。“信”大約在唐代才產生“書信”義，以後成了常用義沿用至今。可見“信”的古今義之間既有聯繫又有差異。

古今詞義同中有異的詞，比古今詞義迥異的詞更難辨別，因爲它似是而非，即使按今義理解錯了，雖不確切卻可勉強講通。所以，閱讀古書理解詞義時，應把它視爲重點和難點。

（三）變化迥異

古今詞義的發展具有不平衡性特點，在漫長的歲月中，經過曲折而複雜的演變，有些詞古今詞義之間拉開了很大的距離。比較古今詞義，兩者之間呈現出明顯的差異。例如：

斃：“斃”在現代漢語中是“死”的意思，一般用於貶義；在上古的時候，其義爲“倒下去”。如《左傳・隱公元年》：“多行不義，必自斃。”又《左傳・定公八年》：“陽州人出，顏高奪人弱弓，籍丘子鉏擊之，與一人俱斃。”又《左傳・哀公二年》：“鄭人擊簡子，中肩，斃于車中。”顯然，先秦古籍中，“斃”多是“倒下去”的意思，與“死”無關。直到漢代，斃才有死的意義，魏晉以後，“斃”就是“死”的意思了。

該：在現代漢語中，“該”的常用意義是“應當”，而古代常用義爲“完備”、“具備”，古今意義截然不同。《方言》卷十二中有：“備、該，咸也。”《孔子家語・正論解》：“夫孔子者，大聖無不該。”《楚辭・招魂》：“招具該備，永嘯呼些。”《三國志・魏書・武帝紀》："太祖運籌演謀，鞭撻宇內，擥申、商之法術，該韓、白之奇策。""該"又可寫作"賅"，成語"言簡意賅"中的"賅"是"完備"的意思，保留了古代的意義。

羞：是個會意字，字形从手从羊，古義指"肉食品"，或泛指"食品"，如《離騷》："折瓊枝以爲羞兮"，羞即"食品"之意；《左傳・隱公三年》："可羞于王公"，即"可進獻給王公作美味"之意（"羞"後面帶了補語，用成了動詞）。現在卻指害羞、不好意思，意義完全不同了。

另外，還有一些雙音節詞，古今意義也相差很大。如"烈士"古義指慷慨有抱負的人，今義指爲正義事業而犧牲的人；"感激"古義指有所感受而情緒激動，今義則是由衷的感謝；"故事"古義指先例，今義指過去的事或文學體裁的一種；"犧牲"古義指供祭祀宰殺的牲畜，今義指爲了正義的事業捨棄自己的生命或權利等；"絕境"古義指與世隔絕的地方，今義指沒有出路的境地；"行李"古義指"使者"、"信使"，指人而不指物，今義指"包裹"；"處分"古義是"安排、安置"，今義是"處罰"。

這類詞，詞形上古今一致，而意義上古今迥然不同，要特別注意。

二、古今詞義演變的結果

詞義演變的結果主要有以下幾種：詞義的擴大、詞義的縮小、詞義的轉移、詞義的色彩變化。這是詞義演變的一般規律。

（一）詞義的擴大

詞義擴大是指詞的指稱變大了，即由部分到整體，由個別到一般，由狹窄到寬泛。詞的原義也因此變成了新義外延的一部分。例如：

睡：古代"睡"指坐着打盹兒，詞的意義比現代要窄。《說文》："睡，坐寐也。""坐寐"就是坐着打瞌睡。《史記・商君列傳》："孝公既見衛鞅，語事良久，孝公時時睡，弗聽。"歐陽修《秋聲賦》："童子莫對，垂頭而睡。"顯然，在這兩例中，"睡"就是"坐寐"的意思，如果以今義去理解，則文義不通，情理上也說不過去。大概在唐宋以後的口語裏，"睡"的詞義擴大，意義才和現代一樣，任何形式的睡眠都可以稱"睡"。如蘇軾《海棠》詩："只恐夜深花睡去。"另外須注意，這時候的"睡覺"是"睡醒"的意思而非今天的意義，如白居易《長恨歌》："雲鬢半偏新睡覺，花冠不整下堂來。"不過，這裏的"覺"讀 jué 而不是讀 jiào。

江、河：在古代，江、河都是專有名詞，特指長江、黃河，而不是一般河流。

《詩經·周南·漢廣》:“江之永矣，不可方思。”《孟子·滕文公上》:“決汝漢，排淮四，而注之江。”《詩經·衛風·河廣》:“誰謂河廣，曾不容刀。”《左傳·僖公四年》:“東至於海，西至於河。”《史記·項羽本紀》:“將軍戰河北，臣戰河南。”後來詞義擴大，泛指一般河流，進而成爲水系的總稱。原來的專有名詞“江”、“河”就只有加上形容詞來表示，叫“長江”、“黃河”。

菜：上古時，“菜”專指蔬菜，不包括肉類、蛋類等在內。《説文》:“菜，草之可食者。”這是“菜”的古義，古書上常見的“菜羹”、“菜色”中的“菜”都是指蔬菜，直到宋代，“菜”還是不包括肉類等副食品。現在我們所説的“菜”除了指蔬菜，還包括除主食以外的食品，如魚、肉、蛋之類。顯然，今義比古義所指範圍要大很多。

另外，如“臉”，原指“目下頰上的部位”，也就是婦女擦胭脂的部位，範圍要比現在小得多，白居易《昭君怨》:“滿面胡沙滿面風，眉消殘黛臉消紅。”現在，“臉”擴大爲面孔，頭上的前部，從額到下巴。再如“醒”由指酒醒，擴大爲醒悟、睡醒；“雄”由指鳥父，擴大爲所有雄性；“匠”由指木匠，擴大爲一切工匠；“皮”由指獸皮，擴大爲一切動植物的表皮；“歸”由女子出嫁，擴大爲泛指一切回家或歸宿。

詞義擴大是詞義發展的主要途徑，其特點是詞的概念外延相對於原詞義擴大了，有了“泛化”的意味。

（二）詞義的縮小

詞義縮小是指詞的指稱變小了，即由整體到部分，由一般到個別，由寬泛到狹窄。和詞義擴大剛好相反，詞的新義變成了原義外延的一部分。例如：

蟲：古義是動物的總名。徐灝《説文注箋》:“蟲者，動物之通名。”《莊子·逍遥遊》:“蜩與學鳩笑之……之二蟲又何知?”這裏“蟲”不但指“蜩”，也指飛鳥“學鳩”。《戰國策·秦策》:“虎者，戾蟲；人者，甘餌也。”這裏“蟲”指走獸“老虎”。按《大戴禮》説，歷史上曾以禽爲羽蟲，龜爲甲蟲，魚爲鱗蟲，人爲倮蟲。《水滸傳》稱“老虎”爲“大蟲”。“蟲”，今義只指“昆蟲”，詞所指稱的對象範圍顯然縮小了。

愛：上古漢語中，“愛”有兩個常用義，一是親愛、疼愛，《左傳·隱公元年》:“愛其母。”這個意義是古今一致的。二是愛惜、吝嗇，《左傳·僖公二十二年》:“若愛重傷，則如勿傷；愛其二毛，則如服焉。”《孟子·梁惠王上》:“百姓皆以王爲愛也，臣固知王之不忍也。”《老子》:“甚愛必大費。”這個意義一直沿用到唐宋以後的文言文裏。現代漢語裏，“吝嗇”一義已經不用，其意義顯然縮小了。閲讀古書時要避免用今義去曲解古義。如《孟子·齊桓晉文之事》:“吾何愛一牛?”中的“愛”爲吝嗇義，意爲“捨不得”，而非今天的“喜歡”。如果由今義去理解這句話，那就要產生誤解了。

臭：在上古漢語裏，“臭”用作動詞和名詞。用作動詞，讀 xiù，指用鼻子聞。《荀子·榮辱》：“臭之而無嗛於鼻。”現在已寫作“嗅”。用作名詞，泛指所有氣味，包括好聞的、難聞的、香氣、穢氣。這是上古最常見的用法。《周易·繫辭上》：“其臭如蘭。”《孔子家語·六本》：“久而不聞其臭。”《左傳·僖公四年》：“一薰一蕕，十年尚有臭。”（薰：香草，蕕：臭草。臭：在這裏既表示香氣也表示臭氣）大約在漢代以後，“臭”才由名詞變爲形容詞，專指氣味難聞，中古以後改讀“chòu”。

又如：禽，由飛禽走獸的總稱縮小爲專指鳥類；金，由上古五金的統稱，縮小爲專指黃金；宮，由上古的住房，秦漢以後縮小爲專指帝王居室；瓦，由古代的陶製品的總稱，縮小爲專指屋頂上的瓦片；子，由古代兼指男女，縮小爲專指兒子等。

（三）詞義的轉移

詞義轉移是指詞所表示的概念，從一個概念轉移到另外一個概念。前後兩個概念之間雖有一定的聯繫，但在外延和內涵上都不一樣了。例如：

寫：“寫”原指“描摹”、“畫畫”。《史記·秦始皇本紀》：“秦每破諸侯，寫放其宮室，作之咸陽北阪上。”《新序·雜事五》：“屋室雕文以寫龍。”這些“寫”都是指“描摹”或“畫畫”。後來“寫”的詞義轉移爲“抄寫”、“謄錄”。葛洪《抱樸子·遐覽》：“書三寫，魚成魯，虛成虎。”這個“寫”正是“抄寫”或“謄錄”的意思。

涕：上古漢語中，“涕”指眼淚，不指鼻涕。《詩經·陳風·澤陂》：“涕泗滂沱。”（泗，鼻涕）毛傳：“自目曰涕，自鼻曰泗。”《左傳·襄公二十三年》：“哭甚哀，多涕。”上古漢語一般不用“淚”字，到了漢代才用“淚”字。如漢王褒《僮約》：“目淚下落，鼻涕長一尺。”從此“涕”才有“鼻涕”的意思。但漢代以後的作品還常用“涕”表眼淚，如柳宗元《捕蛇者說》：“蔣氏大戚，汪然出涕。”

隴斷：亦作“龍斷”、“壟斷”，其詞義原來表示“斷而高的岡壟”，是名詞。《列子·湯問》：“自此冀之南，漢之陰，無隴斷焉。”《孟子·公孫丑下》：“有賤丈夫焉，必求龍斷而登之。”後來，“隴斷”的詞義轉移了，專門指稱“操縱”、“獨佔”的行爲動作，完全變成了動詞。楊慎《任盡言》：“（秦檜）私富之龍斷，豈只使子弟爲卿。”“隴斷”在現代漢語中，只能作動詞用。

詞義的轉移，雖然古今意義發生了變化，但兩者之間還存在着某種聯繫，否則只能認爲是兩個不同的詞。

（四）詞義的色彩變化

詞義的色彩變化指的是詞義的褒貶、揚抑的更替，或褒義變爲貶義，或貶義變爲褒義，或中性詞變爲貶義詞等。這種詞義的感情色彩變化，也是古今詞義演變的一種類型。例如：

爪牙：古漢語中的“爪牙”含有褒義，常指得力的武臣猛將或輔佐之人。《詩經·小雅·祈父》：“予王之爪牙。”《漢書·李廣傳》：“將軍者，國之爪牙也。”在現代漢語中，“爪牙”用於“比喻壞人的黨羽”，是個貶義詞。顯然，“爪牙”的古今義在感情色彩方面起了變化，由中性、褒義變爲貶義。

卑鄙：在現代漢語中，“卑鄙”爲“言行惡劣、不道德”，是個貶義詞；但在古漢語中，它是個中性詞，是“地位低下，見識短淺”的意思，是自我謙虛的一種說法。《三國志·諸葛亮傳》：“先帝不以臣卑鄙，猥自枉屈，三顧臣於草廬之中。”《資治通鑒·唐紀·德宋貞元十年》：“臣以卑鄙，任當台衡，情激於衷，雖欲罷而不能自默也。”

走狗：“走狗”的詞義原指“善跑的獵犬”。《史記·勾踐世家》：“蜚鳥盡，良弓藏；狡兔死，走狗烹。”荀悅《前漢紀》：“語曰：‘野禽殫，走狗烹’。”《史記·淮陰侯列傳》：“野獸已盡而獵狗烹。”這些“走狗”和“獵狗”都是能捕捉野獸的好狗。可是後來“走狗”的詞義由褒義轉移爲貶義，詞義也發生了變化，專指“受人豢養的幫兇”。明人《牟尼合記·貞竄》：“你元（原）來掉轉臉皮，與封其蔀（pǒu）那廝做走狗了。這樣小人！”“走狗”轉移爲貶義詞，至今還是如此。

又如：單音詞“謗”現代漢語裏爲“誹謗、毀謗”義，是惡意的中傷，爲貶義詞；而上古漢語中是個中性詞，僅指背後議論或批評別人的短處。如《國語·周語上》：“厲王虐，國人謗王。”“祥”古代是個中性詞，如《左傳·僖公十六年》：“是何祥也？吉凶焉在？”這裏吉凶對舉，可見“祥”既可指吉兆也可指凶兆，後來只指“吉祥的徵兆”了，成了褒義詞。

爲此，了解古今詞義的發展變化是必要的，以免以今解古，以今律古，望文生義，造成誤解。

第八節　同義詞

一、同義詞的形成

（一）同義詞

意義相同或相近的詞就是同義詞。但就古代漢語來說，同義詞多數是意義有同有異的，意義完全相同的等義詞，嚴格來說是沒有的。例如“殺”和“弑”概念意義相同，但色彩意義有別。《說文》：“殺，戮也。”“弑，臣殺君也。”又如“黎民”和“黔首”都表“百姓”，但存在地域和時間上的差異。《說文》：“秦謂民爲黔首，謂黑色也；周謂之黎民。”所以，古代漢語同義詞是指同一詞類中意義同中有異的一組詞，這一組詞中只要有一個義項相同便可構成同義詞，並非所有義項相同。“同中有異”的“同”，是確立同義詞的依據；“同中有異”的“異”是辨析同義詞的重點。

（二）同義詞的確定方法

確定一對詞或一組詞是不是同義詞，要有一定的客觀依據，不能主觀臆斷。《爾雅》可以說是一部同義詞典，書中大部分是把古典作品中運用的許多同義詞一條一條地歸納起來，與“據形繫聯”的《說文》、“同音類聚”的《廣韻》形成“形、音、義”的三足鼎立之勢。古書注釋、字書、《爾雅》一類訓詁書是確定同義詞的一種客觀依據。一般符合下列情況之一者，均可看作是古代漢語同義詞。

（1）直訓，用一個詞來直接訓釋另一個詞。例如：

逆，迎也。增，益也。髦，俊也。（爾雅・釋言）

實，富也。供，設也。駭，驚也。（說文）

多行不義必自斃，子姑待之。（左傳・隱公元年）杜注：“斃，踣也。姑，且也。”

（2）互訓，用同義詞來相互訓釋。例如：

宮謂之室；室謂之宮。（爾雅・釋宮）

羅謂之離，離謂之羅。（方言）

追，逐也；逐，追也。（說文・辵部）

（3）遞訓，同義詞遞次爲訓。例如：

速，徵也；徵，召也。（爾雅・釋言）

遭，遇也；遇，逢也。（說文・辵部）

論，議也；議，語也；語，說也。（說文·言部）

（4）同訓，即用一個詞訓釋兩個或兩個以上的同義詞。例如：

初、哉、首、基、祖、元、胎、俶（chù）、落，始也。（爾雅·釋詁上）

扶，佐也；輔，佐也。（說文）

《戰國策·中山策》高誘注："麗，美也。"《淮南子·說林訓》高誘注："佳，美也。""麗"、"佳"同訓爲"美"。

此外，有時還可以利用互文見義相訓、同義連用相訓、異文交叉相訓的方法。例如：

商賈錯于路，諸侯交于道。（鹽鐵論·通力）

倉廩實而知禮節。（管子·牧民）

會梁孝王卒。（史記·司馬相如列傳）

會梁孝王薨。（漢書·司馬相如傳）

"錯"和"交"、"路"和"道"爲互文相訓；"倉"和"廩"爲同義連用相訓；"卒"和"薨"爲異文交叉相訓。

（三）同義詞的形成

漢語詞彙在長期的發展過程中，積纍和形成了大量的同義詞。尋求它們的歷史來源，有助於我們更好地解讀古文。同義詞產生的途徑大致有：

1. 造詞時意義相近而形成的同義詞

有些事物，有不同的名稱；有些事物，不同時期有不同的表達方式。這樣，纍積下來，便形成了同義詞。例如：

投、擲、拋：均表將物扔出之意，如《詩經·衛風·木瓜》："投我以木瓜，報之以瓊琚。""投"目的性強，而"拋"是指將物件往遠處扔，如《促織》："食頃，簾動，一紙拋下。""擲"是一般的扔，如《後漢書·呂布傳》："卓拔手戟擲之。"《字彙》："擲，投也，拋也。"就投擲義而言，"投"用得最早，且三者無絕對界限。

宮、室：《爾雅·釋宮》："宮謂之室，室謂之宮。"郭注："皆所以通古今之異語，同實而兩名。"邢疏："《詩》云'作于楚宮'，又曰'入此室處'是也。又《喪服》傳'繼父爲其妻前夫之子築宮廟'，是士庶人皆有宮稱也。至秦漢以來乃定爲至尊所居之稱。"又如《孟子·梁惠王下》："爲巨室，則必使工師求大木。"趙注："巨室，大宮也"，以"宮"釋"室"，可見先秦時"宮"、"室"是同義詞，並且後來有同義複合詞"宮室"。如《周易·繫辭下》："上古穴居而野處，後世聖人易之以宮室。"秦漢以後，"宮"、"室"意義有了很大差別。

偃、僵："偃"和"僵"本義都指"仰倒"，是同義詞。《說文》："僵，偃也。"又"偃，僵也"。段玉裁注："僵謂仰倒。"《詩經·小雅·北山》："或息偃在牀，或不已於行。”《呂氏春秋·貴卒》：“管仲扞弓射公子小白，中鉤，鮑叔御公子小白僵。”注：“御，猶使也。僵，猶偃也。”“鮑叔御公子小白僵”即鮑叔使公子小白仰倒以避矢。這些材料，說明“偃”和“僵”是本義相同的同義詞。

2. 各地方言的發展而形成的同義詞

某些方言詞被“通語”吸收，從而形成同義詞。揚雄的《方言》廣泛地記載了這方面的情況。例如：

迎、逢、逆：《方言》：“逢、逆，迎也。自關而西或曰迎，或曰逢，自關而東曰逆。”《禮記·中庸》：“送往迎來。”古樂府《相逢行》：“相逢狹路間。”《春秋·莊公二十四年》：“公如齊逆女。”其中的“迎”、“逢”、“逆”均含有“迎接”義，成爲同義詞。“迎”爲通語。

筆、聿、不律、弗：《說文解字》：“聿，所以書也。楚謂之聿；吳謂之不律；燕謂之弗。”又：“筆，秦謂之筆。”後來“筆”廣泛使用，沿用至今，和幾個方言詞在古代漢語中構成同義詞。

舟、船：《方言》：“自關而西謂之船，自關而東謂之舟。”後來這兩個方言詞都進入共同語，成了同義詞。

3. 特定的禮法制度而形成的同義詞

語言是沒有階級性的。可是在階級社會裏，特別是封建社會，一些同義詞卻具有鮮明的時代性和階級性。例如：

不同的“我”：第一人稱代詞，在古代社會中，地位不同的人自稱也是不同的。天子自稱“朕”，諸侯自稱“不穀”、“寡人”，一般人自稱“余”或“予”、“我”。

不同的“死”：“死”本來是指所有人的“去世”，可在封建社會裏，由于尊卑、貴賤等級分明，關於“死”這一概念，就有了不同的詞來表示，這樣便形成了一組同義詞。《禮記·曲禮》：“天子死曰崩，諸侯曰薨，大夫曰卒，士曰不祿，庶人曰死。”這在《春秋》、《左傳》以及其他古籍中，都是嚴格遵守的。這樣，便產生了“崩”、“薨”、“卒”、“不祿”、“死”等五個同義詞。

不同的“殺”：把人殺死，古書中有“殺”、“戮”、“弒”、“誅”等。“殺”和“戮”相近，都指一般的殺死。“弒”則只能用於下殺上的特定場合，如臣殺君、子殺父等，而且對殺上的人來說，是一種不義行爲。《禮記·檀弓下》：“臣弒君，凡在官者殺無赦；子弒父，凡在官者殺無赦。”“誅”含有對被殺者的貶斥，一般用於處死有罪之人。《韓非子·難三》：“有罪者必誅，誅者不怨上，罪之所生也。”

4. 詞義的歷史演變而形成的同義詞

有些同義詞原本不同義，後來隨着詞義的引申、演变，成了同義詞。這是古代漢語詞彙歷史演變的結果，也是同義詞形成的主要途徑。例如：

徐、慢：古代漢語中“徐”和“慢”都表示緩慢，但本義不同。《說文》：“徐，安行也。”《孟子·告子下》：“徐行後長者謂之弟，疾行先長者謂之不弟。”“徐”與“疾”相對，“徐”有緩慢的意思，以《説文》的“安行”爲本義，則“緩慢”就是引申義了。《説文》：“慢，惰也。”《周易·繫辭》“上慢下暴”中的“慢”用如本義。《釋名》：“過時而不葬曰慢。”由“惰”向“緩慢”引申，《廣雅·釋詁》：“慢，緩也。”漢魏之際，“慢”已有“緩慢”義了。至此，“徐”和“慢”在“緩慢”義上成了一組同義詞。如下：

徐：安行（本義）→緩慢（引申義）

慢：怠慢（本義）→緩慢（引申義）

卑、賤：“卑”的詞義原爲“地勢低下”，與“高”相對。如《禮記·中庸》：“譬如登高必自卑。”“卑”用如本義。後來，“卑”引申爲“低賤”，《國語·晉語》：“秦、晉，匹也，何以卑我?”“賤”的詞義原是“價格低”，與“貴”相對。《説文》：“賤，賈少也。”《漢書·食貨志》：“貴則賣之，賤則買之。”白居易《賣炭翁》：“心憂炭賤願天寒。”“賤”用如本義。“價低”爲賤，所以“賤”也引申爲“低賤”。韓愈《後十九日復上宰相書》：“今布衣雖賤，猶足以方此。”“賤”用引申義。這樣“卑”和“賤”便發展成了同義詞。如下：

卑：低下（本義）→低賤（引申義）

賤：價低（本義）→低賤（引申義）

圄、獄：“圄”（yǔ）的本義是監獄。《晏子春秋·諫下》：“（齊）景公藉重而獄多，拘者滿圄，怨者滿朝。”“藉重”即賦稅繁重。“獄”的本義是訴訟、案件，如《曹劌論戰》：“大小之獄，雖不能察，必以情。”《論語·顔淵》：“片言可以折獄者，其由也與?”“獄”用如本義。“獄”後來引申爲“監獄”，如《史記·李斯列傳》：“李斯乃從獄中上書。”這樣，“圄”和“獄”就成了同義詞。如下：

圄：監獄（本義）

獄：訴訟、案件（本義）→監獄（引申義）

二、同義詞的差異性

同義詞辨析的重點是“異”。我們從以下幾個方面來進行比較和辨析：

（一）詞義的所指對象或範圍不同

皮、膚：“皮”和“膚”是一對同義詞，但所指稱的對象是不同的。在先秦，“皮”指獸皮，“膚”指人皮，有嚴格分工。至於駡人用“食其肉，寢其皮”。這是把對方看成了禽獸。例如：

皮之不存，毛將安傅？（左傳·僖公十四年）

膚如凝脂。（詩經·衛風·碩人）

商、賈："商"和"賈"（gǔ）都是指做生意的人，是同義詞。但是從做生意的方式上看，它們所指對象又不完全相同。《周禮·天官》："六曰商賈。"鄭玄注："行曰商，坐曰賈。"又"通物曰商，居賣曰賈"。例如：

商人重利輕別離，前月浮樑買茶去。（白居易：琵琶行）

籠天下鹽鐵諸利，以排富商大賈。（鹽鐵論·輕重）

領、項、頸："領"、"項"、"頸"是一組同義詞，都指脖子，但所指部位不同。"領"在上古指整個脖子，"頸"指脖子前部，"項"指脖子後部。例如：

我君景公引領西望。（左傳·成公十三年）

頸在前，項在後。（廣韻）

王召養由基，與之兩矢，使射呂錡（qí），中項。（左傳·成公十六年）

人、民："人"和"民"都指人，是同義詞。但"人"包括不同民族的所有的人，即與禽獸相對的人類社會所有成員。《說文》："人，天地之性最貴者。""民"的外延比"人"窄，是人中比較愚昧的部分。《說文》："民，衆萌也。"《說文繫傳·通論》："民者，氓也，萌而無識也。"例如：

天生萬物，唯人最貴。（列子·天瑞）

然而人之所以爲人者，非特以二足而無毛也，以其有辨也。（荀子·非相）

民者，在上所以牧之。（晁錯：論貴粟疏）

民可使由之，不可使知之。（論語·泰伯）

香、馨："香"和"馨"都指芳香，但使用範圍不同。"香"使用面廣，泛指一切香味；而"馨"只指散佈很遠的香氣。《詩經·大雅·鳧鷖》："爾酒既清，爾殽既馨。"毛傳："馨，香之遠聞也。"例如：

有飶（bì）其香，邦家之光。（詩經·周頌·載芟）

被石蘭兮帶杜衡，折芳馨兮遺所思。（楚辭·九歌·山鬼）

（二）詞義的輕重程度不同

驚、恐："驚"和"恐"都有害怕之意，但"恐"常表驚慌失措，大難臨頭，而"驚"指在外界刺激下的內心動蕩，比"恐"的程度輕些。例如：

室如懸磬，野無青草，何恃而不恐？（左傳·僖公二十六年）

至拜大將，乃韓信也，一軍皆驚。（史記·淮陰侯列傳）

飢、餓："飢"和"餓"都指捱餓，是同義詞。但一般是不飽爲飢，無食爲餓。《詩經·陳風·衡門》鄭玄箋："飢者，不足於食也。"《正字通》："餓甚於飢。"詞義輕重程度有明顯差別。例如：

家有常業，雖飢不餓。（韓非子·飾邪）

寧一月飢，無一旬餓。（淮南子·說山訓）

塗有餓莩而不知發。（孟子·梁惠王上）

疾、病："疾"和"病"，都有生病的意思，是同義詞。但詞義表達程度有深淺之別。《說文》："疾，病也。"又"病，疾加也"。可見"疾"指一般的病，"病"指重病。例如：

君有疾在腠理，不治將恐深。（韓非子·喻老）

君之病在腸胃，不治將益深。（韓非子·喻老）

病未及死，吾子勉之！（左傳·成公二年）

亮疾病，卒於軍。（三國志·蜀志）

（三）詞義的側重點不同

完、備："完"和"備"都有"全"的意思，但它們的側重點不同。"完"重在整體性，意思是完整、完好；"備"重在完全性，意思是應有盡有。例如：

出入無完裙。（杜甫：石壕吏）

大人，豈見覆巢之下復有完卵乎？（世說新語·言語）

無求備於一人。（論語·微子）

養備而動時，則天不能病。（荀子·天論）

哭、泣："哭"和"泣"都是指"悲痛流淚"，是同義詞。但"哭"是有聲有淚的哭，"泣"是無聲有淚的哭，成語有"泣不成聲"。"泣"也指眼淚。"泣"比"哭"更顯悲痛。例如：

死則既以葬矣，生者必無久哭。（墨子·節葬）

媼之送燕后也，持其踵爲之泣。（戰國策·趙策）

孝惠帝崩。發喪，太后哭，泣不下。（史記·呂太后本紀）

觀、察、視、見：這是一組同義詞。"觀"偏重於目的性比較明確的觀看；"察"側重於審辨是非和觀察問題的能力；"視"是一般的看，指近看，表示看的過程（和"見"相對），適應範圍較廣；"見"表示看得見，往往表示看的結果。例如：

公將如棠觀魚……（左傳·隱公五年）

無節於內者，觀物弗之察。（禮記·禮器）

此所謂視而不可見，聽而不可聞。（荀子·君道）

（四）詞義的感情色彩不同

周、比："周"和"比"都指"與人親厚"，是同義詞。但"周"重在"忠信"，"比"重在"勾結"。"周"、"比"連用，表密切聯結，重在"比"。例如：

君子周而不比，小人比而不周。（論語·爲政）

（孔安國注："忠信爲周，阿黨爲比。"）

雖不周於今之人兮。（屈原：離騷）

朋黨比周以弊主。（韓非子·孤憤）

婦、媼："婦"和"媼"（ǎo）都表"老年婦女"，是同義詞。但"婦"指一般老年婦女，"媼"是對老年婦女的敬稱。例如：

老臣以媼爲長安君計短也。（戰國策·趙策）

吏呼一何怒，婦啼一何苦。（杜甫：石壕吏）

賜、予："賜"和"予"都表"給予"，是同義詞。《説文》："賜，予也。"《爾雅·釋詁上》："予，賜也。""賜"和"予"的差别在於感情色彩不同。"賜"用於上給下，君給臣；"予"則表示"給予"的通稱。例如：

孔子御坐於魯哀公，哀公賜之桃與黍。（韓非子·外儲説左下）

長者賜，少者賤者不敢辭。（禮記·曲禮上）

予子冠履而斷子手足，子爲之乎？（墨子·貴義）

智伯索地於魏宣子，魏宣子弗予。（韓非子·説林上）

又如：征、伐、侵、襲、攻，在表示進攻義時是同義詞。但其褒貶感情色彩不同。"征"是天子攻諸侯、有道攻無道，是褒義詞；"伐"也是上伐下，有道伐無道，並且是公開地大張旗鼓地進攻，是中性詞；"侵"和"襲"都是不宣而戰的秘密的軍事行動，都是貶義詞。"襲"比"侵"更富有隱蔽性和突然性，是偷襲。"攻"偏重於攻堅戰，是進攻的泛稱。

（五）詞義的語法意義不同

年、歲："年"和"歲"是同義詞，但在語法上有不同。在表年齡時，"年"要放在數詞前面，而"歲"則要放在數詞後面。例如：

吾年十九，始來京師。（韓愈：祭十二郎文）

汝之子始十歲，吾之子始五歲。（韓愈：祭十二郎文）

危、殆："危"和"殆"都指"危險"，是同義詞。但"危"是形容詞，並有使動用法；而"殆"只是形容詞，可作謂語，但没有使動用法。例如：

知足不辱，知止不殆。（老子·四十四章）

吾非至於子之門，則殆矣。（莊子·秋水）

飽、厭："飽"和"厭"（饜）都指"吃飽"，是同義詞。但"飽"是不及物動詞，還可作狀語和補語；"厭"是及物動詞，後可帶賓語。例如：

飽食終日。（論語·陽貨）

其良人出，則必厭酒肉而後反。（孟子·離婁下）

往、之、適："往"、"之"、"適"在表"去"的意義上是同義詞。但從動詞後面所帶的成分來看，其用法不同。"往"一般不帶賓語，"之"和"適"要帶賓語。例如：

彼陷溺其民，王往而征之，夫誰與王敵？（孟子·梁惠王上）

有爲神農之言者許行，自楚之滕。（孟子·滕文公上）

適子之館兮。（詩經·鄭風·緇衣）

恥、辱："恥"和"辱"在表示恥辱的意義方面，二者是同義詞。但"恥"一般用如意動用法，意爲"以……爲恥"；"辱"一般用如使動用法，意爲"使……受辱"。例如：

敏而好學，不恥下問。（論語·公冶長）

故君子恥不修，不恥見汙（wū 侮辱）；恥不信，不恥不見信；恥不能，不恥不見用。（荀子·非十二子）

行莫醜於辱先。（司馬遷：報任安書）

我見相如，必辱之。（史記·廉頗藺相如列傳）

三、同義詞的辨析方法及其應注意的問題

（一）同義詞的辨析方法

辨析同義詞應該結合"同義詞的差異性"來進行，這是一條主要途徑。另外，還要結合每一個詞的詞義系統（語源）和適用的語言環境來進行比較、分析。例如：

昏、暮：《說文》："昏，日冥也。""莫，日且冥也。""莫"即"暮"的本字。《孟子·盡心上》："民非水火不生活，昏暮叩人之門户，求水火，無弗與者，至足矣。""昏"、"暮"二詞同義連用。但考察其命名由來則不同，"昏"與"惛"等詞同源，意義特點是昏暗、錯亂，故"昏"可以組成"昏亂、昏迷"等複音詞。"暮"與"晚、冥、霾"等詞同源，意義特點是有所覆蓋而不明。與"晚"同源，故"暮"便可引申爲表示相對意義的時間晚，如"暮春、暮年"等。

悲、哀：《說文》："悲，痛也。"《詩經·小雅·鐘鼓》："憂心且悲。"毛傳："悲，猶傷也。"可見，"悲"的本義是悲傷、悲痛、傷心的意思。《說文》："哀，閔也。""閔"即"憫"。《說文》："憐，哀也。"《呂氏春秋·決勝》："故賢主必憐人之困也，必哀人之窮也。""憐人"、"哀人"意義相同。因而，"哀"就是憐憫、同情的意思。由此可知，"悲"指自己傷心，"哀"指可憐別人。

追、逐："追"和"逐"經常連用或對舉，但在具體語言環境中，二者往往不可互換。《論語·微子》："往者不可諫，來者猶可追。"《左傳·桓公十三年》："楚子使賴人追之，不及。"李斯《諫逐客書》："非秦者去，爲客者逐。"《史記·管晏列

傳》："吾嘗三仕三見逐於君。""追"側重於把追趕的對象追及或追回，並有"挽回"的意義；"逐"側重於把追趕的對象趕跑，有放逐、驅逐之意。

貧、窮：《論語·學而》："貧而無諂，富而無驕，何如?""富"與"貧"相對，而不用"窮"。《孟子·盡心上》："窮則獨善其身，達則兼善天下。""達"是通達，順利；"窮"與"達"相對，"窮"是不順利，走投無路的意思。《莊子·德充符》："生死存亡，窮達貧富……是事之變，命之行也。"將"窮"與"達"、"貧"與"富"兩對反義詞對舉連用。從"貧"與"窮"適用的語言環境來進行比較、分析，能說明它們在詞義上的不同。

（二）同義詞辨析要注意的問題

辨析同義詞，一要注意詞義的發展變化；二要參考古人的辨析材料；三要先同後異，以異爲主。例如：

美、好："美"和"好"，《說文》："美，甘也，从羊从大。"段注："羊大則肥美。""美"的本義當是"味美"。《荀子·王霸》："口好味而臭味莫美焉。"《論衡·龍虛》"稱龍肝豹膽者，人得食而知其味美也"中的"美"用如本義。《說文》："好，媄也（依段注）。从女子"，"媄，色好也"，然則"好"的本義指"容貌漂亮"，所以字从"女"、"子"會意。《戰國策·趙策》"鬼侯有子而好"、《史記·滑稽列傳》"呼河伯婦來，視其好醜"、《陌上桑》"秦氏有好女"中的"好"用如本義。"美"與"好"的本義本不相干，但各自引申後，產生了共同點，段玉裁注《說文》"好"字說："好本謂女子，引申爲凡美之稱；凡物之好惡，引申爲人情之好惡"，又注"美"字說："甘者五味之一，而五味之美皆曰甘，引申之凡好皆謂之美。"由本義各異發展爲"美"的引申義與"好"的本義相同。《戰國策·齊策》"狗馬實外廄，美人充下陳"、《呂氏春秋·慎行》"取妻于秦而美"、《左傳·桓公元年》"美而豔"中的"美"都是用如引申義"容貌漂亮"，"好"和"美"構成一對同義詞。但後來"好"的意義發生了變化，"容貌漂亮"這一意義漸漸喪失，而"美"即保持着這一意義。這樣，在"容貌漂亮"這一意義上，"美"與"好"經過由異到同的過程後，又分開了。

文、字："文"和"字"，它們的本義不同，《說文》："文，錯畫也。"殷商甲骨文中有"文"，表示人身體上有交錯花紋形。"字"的本義是生孩子，《說文》："字，乳也。"段注："人及鳥生子曰乳。"先秦時代，"文"已引申有"文字"義。《說文解字注箋》："文，象分理交錯之形，因此爲文字之稱。"《左傳·宣公十五年》"故文，反'正'爲'乏'"中的"文"已用如"文字"義。而"字"在先秦尚未引申出"文字"義，段玉裁《說文解字·敘》注中指出"六經未有言字者"。"字"引申出"文字"義約在秦始皇兼併天下時期，《史記·秦始皇本紀》："車同軌，書同文字”（值得注意的是《禮記·中庸》作“車同軌，書同文”），《琅邪右石刻》：“器械一量，同書文字”，“文”與“字”顯然是因爲同義了，所以才連用。前面的過程是由異而同，後來的引申情況是，“文”的“文字”義漸漸退隱，“字”的“文字”義仍然保留，“文”與“字”又分道揚鑣，由同而異了。在“文字”這意義上，“文”與“字”經歷了一個“異—同—異”的過程。

《爾雅》、《說文解字》等著作有不少是辨析同義詞的。如《爾雅》：“金謂之鏤，木謂之刻，骨謂之切，象謂之磋，玉謂之琢，石謂之磨。”又“大波爲瀾，小波爲淪，直波爲徑”。這裏區分了“鏤、刻、切、磋、琢、磨”和“瀾、淪、徑”等兩組同義詞。如《說文》：“園所以樹果也”，“所以種菜曰圃”。漢代創始的歷代古籍訓釋，其中關於同義詞的辨析是很有成績的，出現了毛亨、鄭玄、孔穎達等著名注釋家，留下了豐富的文化遺產。如《詩經·魏風·園有桃》：“心之憂矣，我歌且謠。”毛亨傳：“曲和樂曰歌，徒歌曰謠。”有清一代，詞義學的研究達到了鼎盛期。段玉裁的《說文解字注》、朱駿聲的《說文通訓定聲》以及王念孫的《廣雅疏證》等都包含了豐富的詞義辨析內容，我們應加以參考。

第九節　同源詞

一、同源詞

同源詞是指兩個或兩個以上、讀音相同或相近、意義相關的具有同一語言來源的詞。在閱讀古書或研究古漢語詞彙時，我們總會發現有一些詞無論在意義上，還是在聲音上都有密切聯繫，如“食”和“蝕”。《詩經·小雅·十月之交》：“日有食之，亦孔之醜。”又《荀子·天論》：“夫日月之有蝕，風雨之不時，怪星之黨見。”“蝕”是由“食”分化出來的，均爲船母職部，它們有一個共同來源，所以把這種有“血緣”關係的詞叫同源詞。又如：

枯、涸、渴：“枯”是草木缺水，溪母魚部，如《禮記·月令》：“孟夏……行冬令，則草木蚤枯。”“涸”是江河缺水，匣母鐸部，如《禮記·月令》：“仲秋月……水始涸。”“渴”是人畜缺水，溪母月部，如《詩經·小雅·采薇》：“載飢載渴。”這三個詞都有缺水的意思，“溪”、“匣”均爲牙音，是準雙聲；“魚”、“鐸”對轉，與“月”通轉。三詞聲音相近，故爲同源詞。

同源詞，往往以某一概念爲中心，以語音的相同或相近爲條件，表示相近或相關的幾個概念。

二、同源詞分析

同源詞的分析，一般從詞義和語音兩方面着手。

（一）從詞義方面分析

同源詞往往是以一概念爲中心，把各個詞義聯繫起來。所以，分析同源詞，首先要看它們之間是否有一中心概念。

1. 訓詁學分析法

大凡語音相同或相近，可以互訓、同訓、通訓、聲訓的詞，都是同源詞。例如：

（1）互訓：

倍、背：《左傳・昭公十六年》疏："倍即背也。"《釋名・釋形體》："背，倍也，在後稱也。"楚辭《招魂》注："背，倍也。""倍"、"背"互訓，兩字音義近，都有面朝後，即反背的意思。現在所說的背書的"背"，古時寫作"倍"。段玉裁解釋說："不面其文而讀之也。"《史記》中背叛的"背"，一般都寫作"倍"。如《史記・項羽本紀》："願伯具言臣之不敢倍德也。"《說文句讀》認爲"漢以前書皆用反倍"。

釋、舍：《詩經・小雅・車攻》鄭箋："舍，釋也。"《左傳・哀公八年》杜注："釋，舍也。""釋"、"舍"兩字互訓，都有放開的意思。《莊子・養生主》"庖丁釋刀對曰"，"釋刀"即放下刀。《列子・天瑞》："其人舍然大喜。"即那人才覺放心，非常高興。"舍然"，放心的樣子。

又，《說文》：頂，顛也；顛，頂也。

（2）同訓：

懌、怡：《詩經・大雅・板》傳："懌，悅也。《國語・晉語九》注："怡，悅也。""懌"、"怡"同訓爲"悅"。《史記・廉頗藺相如列傳》"於是秦王不懌，爲一擊缻"中的"懌"和《岳陽樓記》"心曠神怡"中的"怡"，是同源字。

啗、啖：《說文》："啗，食也。"《廣雅・釋詁二》："啖，食也。""啗"、"啖"同訓爲"食"。朱駿聲認爲："啗與啖微別，自食爲啖，食人爲啗。"但古書中自己吃也可用"啗"，如《史記・項羽本紀》："樊噲覆其盾於地，加彘肩上，拔劍切而啗之。"給人吃也可用"啖"，如《中山狼傳》："又何吝一軀啖我而全微命乎？""啖我"，即讓我吃。又如《漢書・王吉傳》："吉婦以棗啖吉。"顏師古注："謂使人食之也。""啖吉"，即給王吉吃。

又，《爾雅・釋詁》：弘，大也；宏，大也。《廣雅・釋詁二》：惻，痛也；憯，痛也。

（3）通訓：

通訓是在某詞的釋義中，有音義相關的詞。

趣、促：《詩經·大雅·棫樸》："左右趣之。"鄭箋："左右之諸臣皆促疾於事。"《史記·陳涉世家》："趣趙兵亟入關。"司馬貞索隱："上音促，促謂催促也。""趣"、"促"音近義通。《史記·滑稽列傳》："弟子趣之。"意即弟子去催促他。

畜、蓄：《說文》："畜，田畜也。"段玉裁注："田畜，謂力田之蓄積也。……畜與蓄，義略同。畜从田，其源也；蓄从艸，其委也。"意思是，"畜"字从田，是蓄積的源泉；"蓄"字从艸，是委積從農田收穫的作物。"畜"、"蓄"，音近義通。《論積貯疏》："其故畜積足恃。""畜積"，即蓄積。

又，《說文》："漁，捕魚也。"漁、魚音同。"馨，香之遠聞也。"馨、香音近。

（4）聲訓：

聲訓是以音同或音近的字作爲訓詁，是古人尋求詞源的方法之一。

不、否：《說文》："否，不也。""否"、"不"讀音相同，是同聲相訓。《說文句讀》認爲，《玉篇》所收的"不"字，只有"甫負、府牛二切，亦不收入聲，可見不、否二字本同音也"。《說文通訓定聲》也認爲"不"字"古讀如柎，漢讀如否，唐以後讀如北"。《史記·廉頗藺相如列傳》："秦王以十五城請易寡人之璧，可予不?""不"字，漢代就讀如"否"，而且和"否"的意義也相同，不能認爲這裏的"不"是假借爲"否"。

齊、劑：《說文》："劑，齊也。""劑"、"齊"同聲相訓。段玉裁注："从刀者，齊之如用刀也。""劑"，是調劑使整齊的意思。現在所說的藥劑，即各味藥調配齊和的意思。藥劑的"劑"，古時常寫作"齊"。段玉裁說："今人藥劑字，乃《周禮》之齊字也。"《漢書·藝文志》："百藥齊和。"顏師古注："與劑同。"《韓非子·喻老》："在腸胃，火齊之所及也。""火齊"，即清火的藥劑。

又，《釋名》："負，背也，置項背也。"《論語·顏淵》："政者，正也。"《爾雅》："誥，告也。"

2. 亦聲字分析法

王力先生在《同源字論》中說："在漢字中，有所謂會意兼形聲字。這就是形聲字的聲符與其所諧的字有意義上的關聯，即《說文》所謂'亦聲'。'亦聲'都是同源字。"又，"所謂同源字，實際上就是同源詞"。例如《說文》：

警，戒也。从言从敬，敬亦聲。

珥，瑱（tiàn）也。从玉从耳，耳亦聲。

婢，女之卑者也。从女从卑，卑亦聲。

忘，不識也。从心从亡，會意，亡亦聲。

仲，中也。从人从中，中亦聲。

在《説文》中，有些沒説會意兼形聲的字，其實也是“亦聲”，也應視爲同源詞。例如：

賣，出物貨也。从出从買。

（朱駿聲曰：“按買亦聲。”）

什，相什保也。从人十。

（段玉裁曰：“此擧會意兼形聲。”）

諍，止也。从言，爭聲。

（朱駿聲曰：“从言爭，會意，爭亦聲。”）

3. 古今字分析法

一詞多義是古漢語詞彙的特點之一。爲了適應社會發展和人們交際的需要，有些多義詞的詞義從母體中分化出來，獨立成詞，並有了新的書寫形式。這樣，便產生了古今字。古今字都有同一來源，讀音相同或相近，意義上又有聯繫，所以，古今字一般都是同源詞。例如：

屬、囑："屬"的本義是相連、連綴。《説文》："屬，連也，从尾蜀聲。"段玉裁注："取尾之連於體也。"《後漢書·張衡傳》："衡，少善屬文。""屬文"就是把文字連起來，也就是作文。《水經注·江水注》："常有高猿長嘯，屬引淒異。""屬引"，即一聲連着一聲，拉得長長的。屬，還常用於託付。託付就是把一件事交託給另一個人去辦，實際上也是相連的意思。《吕氏春秋·貴公》："寡人將誰屬國?"囑咐，是用語言把一件事託付給別人，還是有相連的意思。《穀梁傳·定公十年》："退而屬其二三大夫。""屬二三大夫"，即囑咐大夫們。"屬"字因兼職過多，用於囑咐的"屬"，後來又加偏旁"口"，新造一個"囑"字。"屬"、"囑"既是古今字，又是同源字。

奉、捧、俸："奉"的本義是捧持。《説文》："奉，承也。从手从収（gǒng），會意。"又《廣雅·釋詁三》："奉，持也。"如《禮記·檀弓下》："黔敖左奉食，右執飲。"《漢書·蒯通傳》："常山王奉頭鼠竄。"《左傳·成公二年》："奉觴加璧以進。"

"捧"，"奉"的今字，實同一詞。《説文》："拲（捧），奉也。"又《廣韻》："捧，兩手承也。"如《穆天子傳六》："捧饋而哭。"注："捧，兩手持也。"《後漢書·朱浮傳》："捧土以塞孟津，多見其不知量也。"

"俸"，"奉"的今字，俸祿也。《廣韻》："俸，俸秩。"如《韓非子·姦劫弒臣》："以取尊官厚俸。"本字作"奉"。《史記·蕭相國世家》："吏皆送奉錢三。"《漢書·高后紀》："列侯幸得賜餐錢奉邑。"韋昭注："粟米曰奉。"《王莽傳上》："其令公奉舍人賞賜皆倍故。"師古曰："奉，所食之奉也。"《宣帝紀》："今小吏皆勤事而奉祿薄。”“奉”與“俸”是古今字，也是同源詞。

其他古今字同源詞如：

反返　原源　弟第　責債　受授　縣懸　取娶　景影

竟境　坐座　見現　唱倡　弟悌　昏婚　契鍥　章彰

希稀　共供　火夥　文紋

（二）從語音方面分析

同源詞是音義相同或相近的詞，所以同源詞除了在意義方面作分析外，還應從語音方面來分析。同源詞多數在先秦兩漢就已形成，因此，分析同源詞的語音應以上古音爲依據，並從聲、韻兩方面來進行。根據王力先生《同源字論》中所列《韻表》和《紐表》，簡述如下：

韻部相同的，例如：啗、啖，同屬談部；予、與，同屬魚部；衡、横，同屬陽部；躓、疐，同屬質部；天、顛，同屬真部；訓、順，同屬文部；故、詁，同屬魚部；屬、囑，同屬屋部；輮、煣，同屬幽部；齊、劑，同屬脂部。韻部相近，情況比較複雜一些。按傳統的說法，有對轉、旁轉、通轉等，具體見《音韵》部分。

聲紐相同的，例如：予、與，同屬喻母；啗、啖，同屬喻母；趣、促，同屬清母；衡、横，同屬匣母；懌、怡，同屬喻母；空、腔，同屬溪母；舍、釋，同屬審母；屏、蔽，同屬並母；頗、偏，同屬滂母；不、否，同屬幫母；曷、何，同屬匣母；妃、輩，同屬幫母。聲紐相近的，有準雙聲、旁紐等。具體見《音韵》部分。

三、同源詞學習要注意的問題

（一）同源詞應以詞爲單位，不能以字爲單位

古漢語詞彙系統以單音節詞爲主。往往一個字記錄的就是一個詞。從書寫形式上看，字詞不分。字是記錄詞或音節的符號，同源的是“詞”而不是“字”。

在名稱上，古人習慣於把“詞”叫作“字”，王力先生也遵循了這一習慣，把同源詞稱作同源字，他在《同源字論》中就說道：“所謂同源字，實際上就是同源詞。”但是我們必須注意：通假字不是同源詞；異體字不是同源詞；同義詞不一定都是同源詞。

通假字和同源詞其本質特性是不同的。第一，通假字的本字和借字之間，只是語音相同或相近，而在意義上毫無聯繫，如“逝”通“誓”，惠通慧。同源詞是由同一根詞孳乳分化爲若干個詞，它們不僅語音相同或相近，而且意義上有聯繫。第二，通假字只是在具體語境中的臨時借用，離開了某一具體語境，通假字和本字意義是不相干的，如“蚤”通“早”，“寤”通“牾”。同源詞有一個意義核心，只要音義俱近無論何時何地都可以發生聯繫。第三，同源詞中有反義現象，如“受”，既表“接受”，又表“授予”。如《三國志·吳書·吳主傳》：“權辭讓不受。”（受，表接受）又《韓非子·外儲說左上》：“因能而受官。”（受，表授予）這個意義後來寫作“授”。“受”、“授”是古今字形成的反義同源詞。又如“學”，既表自己學習，又表教人學習。如《尚書·兑命》：“學（xiáo）學（xué）半。”第一個“學”是教人學習，後寫作“斅”。“學”、“斅”是古今字形成的反義同源詞。通假字中沒有反義現象。

異體字是指音義完全相同而形體不同的字。這些字在任何情況下都可以互換而詞義不發生歧誤，如“蚓”和“螾”。異體字其實是同一個字的不同寫法，實爲一字。王力先生在《同源字論》中說：“同字未必同源，不同字反而同源。”異體字不同源，只同字。

同源詞一定是同義詞或意義相關的詞，但同義詞不一定都是同源詞。例如“關”和“閉”，“管”和“鑰”同義，但它們不是同源詞，因爲它們的讀音既不相同，也不相近，並且彼此沒有意義上的聯繫。

（二）同源詞的確定要堅持三個原則

根據同源詞的界說，其原則有三：讀音相同或相近；意義相同或相關；有同一來源。三者互爲條件，缺一不可。

讀音相同，而意義不同，只能看作是同音詞；意義相同，而讀音不同，只能看作是同義詞。音義皆同，而非出於一源，只能看作是偶然的同音同義詞，不能看作是同源詞。例如：

境、界：讀音上，“境”和“界”都是見母，“境”陽部，“界”月部，陽月通轉。意義上，“境”和“界”相同。《吕氏春秋·贊能》：“至齊境。”注：“境，界也。”《説文》：“界，境也。”在古代訓詁資料中兩詞可以互訓。

“境”本作“竟”，《説文》：“樂曲盡爲竟。”引申爲終。《史記·高祖本紀》：“歲竟，此兩家常折券棄責。”又引申爲時間、方位的終結，如《商君書·徠民》：“竟內不失須臾之時。”這個意義後來寫作“境”。

“界”本作“介”。甲骨文寫得像人披着的甲片之形。引申爲兩邊夾着。《左傳·襄公九年》：“天禍鄭國，使介居二大國之間。”指夾在晉楚中間。從兩邊來說是夾着，從中間來說是間隔。又引申爲界綫。《詩經·周頌·思文》：“無此疆爾介。”這個意義後來寫作“界”。

由此可見，“境”和“界”都有國境之義，但它們是從不同語源引申而來的。

漂、浮：從語音上看，“漂”和“浮”是滂並旁紐，宵幽旁轉。從意義上看，

“漂”、“浮”同義。《説文》：“漂，浮也。”段注：“謂浮于水也。”但是，“漂”和“浮”還各有其同聲旁字。把這些同聲旁字聯繫起來，可以看出它們有不同的語源。

“漂”的聲旁是“票”，《説文》：“票，火飛也。”段注：“此與熛音義皆同……引申爲凡輕鋭之稱……凡从票爲聲者，多取會意。”即从“票”得聲的字，均有“輕疾”之義。

“浮”的聲旁是“孚”，《禮記·聘義》：“孚尹旁達。”疏：“孚，浮也。浮者，在外之名。”《詩經·小雅·大田》箋：“孚甲始生。”疏：“孚者，米之粟皮。”从“孚”得聲之字均有“外皮”和“附着”義。

雖然“漂”可訓“浮”，但“漂”是就輕而行於水上而言，正如輕而飛於空中曰“飄”一樣，“浮”是就附於水面而言。兩者“同流而不同源”。在表示漂於水上的時候，“漂”可換成“浮”，但當漂於空中時，如《詩經·鄭風·蘀兮》：“蘀兮蘀兮，風其漂汝。”這時“漂”就不能換成“浮”了。因爲“漂”、“浮”語源不同。

四、同源詞舉例

王力《同源字典》：

ke 解：ke 懈（同音）

“解”是解開，解開就鬆了，所以引申爲鬆懈。鬆懈的“解”後來寫作“懈”。“懈”本讀古隘切，近代音轉爲匣母字。

《説文》：“解，判也，从刀判牛角。”《廣雅·釋詁三》：“解，説（脱）也。”《禮記·曲禮上》：“解屨不敢當階。”疏：“解，脱也。”《荀子·非十二子》：“閉約而無解。”注：“解，説（脱也）。”《方言·十二》：“解，挩也。”《易·序卦》：“解者，緩也。”《雜卦》：“解，緩也。”《廣雅·釋詁三》：“解，散也。”

《廣雅·釋詁二》：“懈，緩也。”《釋名·釋疾病》：“懈，解也，骨節解緩也。”按，“懈”是“解”的區別字。本寫作“解”。《詩經·大雅·烝民》：“夙夜匪解。”《孝經·卿大夫》作“夙夜匪懈”。

me 買：me 賣（叠韵）

“買”是買入，“賣”是賣出（使買）。“買”與“賣”是自動與使動的關係，跟“糴、糶”的關係、“貣、貸”的關係、“賒、貰”的關係是一致的。

《説文》：“買，市也。”《莊子·逍遥遊》：“請買其方百金。”

《説文》：“賣，出物貨也。从出，从買。”朱駿聲曰：“按買亦聲。”《急就篇》顔注：“出曰賣，入曰買。”徐灝曰：“出物貨曰‘賣’，購取曰‘買’，只一聲之輕重。與物美曰‘好’，好之曰‘好’，物醜曰‘惡’，惡之曰‘惡’同例。竊謂‘買’

‘賣’本是一字，後以其聲異，故从‘出’以别之。書傳‘買’、‘賣’二字往往互用。如周官賈師：‘凡國之賣價。’鄭注：‘故書賣爲買。’萍氏：‘幾酒。’鄭注：‘苛察沽買過多。’釋文：‘買，一本作賣’是也。《通鑒·晉紀十》：‘楊難敵遣養子販易於梁州，私賣良人子一人。’亦以‘賣’爲‘買’。可見本非二義，如‘糴、糶’亦本一字也。”

nga 吾：ngai 我（魚歌通轉）

nga 吾：ngang 卬（魚陽對轉）

《說文》：“吾，我自稱也。”《爾雅·釋詁》：“吾，我也。”《儀禮·士冠禮》：“願吾子之教之也。”注：“吾，我也。”《禮記·雜禮下》：“吾子不見大饗乎?”疏：“吾，我也。”《老子·三十七章》：“吾將鎮之以無名之樸。”注：“吾，身也。”按，上古時代，“吾”和“我”在語法上有分别。“吾”不用於動詞後面作爲賓語。《莊子·齊物論》：“今者吾喪我。”這是典型的例子。

《說文》：“我，施身自謂也。”《周易·觀卦》：“觀我生。”虞注：“我，身也。”《孟子·盡心上》：“萬物皆備於我矣。”注：“我，身也。”

《爾雅·釋詁》：“卬，我也。”《小爾雅·廣言》：“卬，我也。”《尚書·大誥》：“不卬自恤。”《釋文》：“卬，我也。”《詩經·邶風·匏有苦葉》：“人涉卬否，卬須我友。”傳：“卬，我也。”《詩經·小雅·白華》：“卬烘乾煁 。”傳：“卬，我也。”《詩經·大雅·生民》：“卬盛于豆。”傳：“卬，我也。”

hyeng 經：kang 綱（耕陽旁轉）

《說文》：“經，織也。”《太平御覽·八百二十六》引《說文》：“經，織从（縱）絲也。”《玉篇》：“經，經緯以成繒帛也。”《禮記·月令·孟春》：“毋失經紀。”《左傳·昭公十五年》：“王之大經也。”疏：“經者，綱紀之言也。”

《說文》：“綱，維紘繩也。”《詩經·大雅·棫樸》：“綱紀四方。”箋：“張之爲綱，理之爲紀。”疏：“綱者，網之大繩。”《詩經·大雅·卷阿》：“四方之綱。”箋：“綱者，能張衆目。”《左傳·僖公二十四年》：“紀綱之僕。”注：“爲之紀綱。”疏：“綱是維之大繩。”《尚書·序》：“舉其宏綱。”疏：“綱者，網之索。”

郭錫良《古代漢語》（下）：

臤 堅 鑒 緊 掔

這一組同源詞有一個共同的意義：堅固、堅硬。

臤（qiān）。《說文》：“臤，堅也。”朱駿聲《說文通訓定聲》中說：“按持之固也，與掔略同。”

堅，《說文》：“剛也。”《墨子·備梯》：“雜而深埋之，堅築，毋使可拔。”

鑒（jiàn）。《說文》：“剛也。”《集韻》：“剛鐵也。”《藝文類聚·人部》引晉楊泉《物理論》：“在金曰鑒，在草木曰緊，在人曰賢。”段玉裁《說文解字注：土部》：

“堅者，土之臤；緊者，絲之臤；鋻者，金之臤。”

緊，《說文》：“纏絲急也。”纏絲急則堅固。《管子·問》：“戈戟之緊，其厲何若？”

掔（qiān），《說文》：“固也。”《莊子·徐无鬼》：“君將黜耆欲，掔好惡，則耳目病矣。”

從語音上看，這一組字都屬真部。“堅、鋻、緊”是見母，“臤、掔”是溪母。它們同屬喉牙音，發音部位相同。

古代文化常識二——古人的名字

古人幼有名，長有字，死有謚。名包括小名和大名。曹操小名阿瞞，劉禪小名阿斗，司馬相如小名犬子，陶淵明小名溪狗。可見，小名的一個特點是取名粗鄙。小名不登大雅之堂，長大後要更換一個正式的大名。大名比較莊重、嚴肅，具有豐富的含義，如介之推、王羲之、顧愷之、陳延年、霍去病、蒲松齡等。

古人到成年時還要取字。《禮記·曲禮》上說：“男子二十冠而字”，“女子十五笄而字”，就是說不管男女，只有行了冠禮或笄禮（古代的成年禮）後才取字。

古人所取的字一般都和名有密切聯繫：

一、名與字意義相同或相近。如屈原名平，原是字；諸葛亮字孔明；張遼字文遠；陸游字務觀；秦觀字少游；司空曙字文明。

二、名與字意義相反。例如，韓愈字退之，公孫黑字子皙，晏殊字同叔。

三、名與字意義相關。例如，趙雲字子龍，蘇軾字子瞻（登軾而瞻）。

古人取字的目的是爲了讓人尊重他，供他人稱呼。名用於自稱，表示謙虛。只有尊長對晚輩、上級對下級才可直呼其名。晚輩對長輩、下級對上級、平輩稱對方尊長，都要稱字，表示敬重；平輩之間也可以彼此稱字，表示禮貌。

古人在名、字之外往往还自命一個別號，比如李白號青蓮居士，陸游號放翁。如果說“名以正體”、“字以表德”的話，那麼號就是寄託心聲，是古人用來抒發自由意志的一種方式。號起源很早，春秋時已經有了稱號的現象，但直到唐宋以後，號才開始流行，明清時達到鼎盛，上至帝王，下至庶民，都愛取號。

古代有地位的人還有地望名、宦地名和官爵名。地望名是用出生地稱人的一種名號，比如李鴻章出生於安徽合肥，所以稱李合肥；王安石出生於江西臨川，世人稱之爲王臨川。宦地名是以任職地來稱呼的一種名號，比如西漢賈誼才能出衆，卻被貶爲長沙王太傅，世人稱之爲賈長沙；東晉的陶潛擔任過彭澤（今江西彭澤）令，所以世人稱他爲陶彭澤。官爵名是指以某人的官銜、爵位稱呼的一種名號，比如杜甫曾經擔任檢校工部員外郎，世稱杜工部；王羲之官至右軍將軍，世稱王右軍。

謚號是封建時代在帝王公卿諸侯死後，根據其生前的事迹而給予的評定褒貶的稱號。謚號起源於周代。周朝帝王死了之後，一定要避諱他的名號，所以謚號產生之初，主要是用來避諱的。因爲是死後加的名，所以謚號的又一作用是蓋棺定論，總結一個人生前的行爲，用一兩個字來評定褒貶。如：

表示褒揚的有：

經緯天地曰文，布義行剛曰景，威強叡德曰武，柔質慈民曰惠，聖聞周達曰昭，聖善聞周曰宣，行義悅民曰元，安民立政曰成，布剛治紀曰平，照臨四方曰明，辟土服遠曰桓，聰明睿知曰獻，溫柔好樂曰康，布德執義曰穆。

表示批評的有：

亂而不損曰靈，好內遠禮曰煬；殺戮無辜曰厲。

表示同情的有：

恭仁短折曰哀，在國遭憂曰愍，慈仁短折曰懷。

以上就是給予謚號的標準，稱爲謚法。

另外，古代封建帝王還另有廟號、年號、尊號等稱呼。可見，古代姓名制度遠比現在複雜。

練習題

一、釋詞題（解釋下列句中加點詞的詞性和意義）

1. 齊先鬻勺以取秦，後賣秦以取勺而功宋。（戰國縱橫家書·蘇秦自梁獻書於燕王章二）

2. 齊王以燕爲必侍其斃而功齊，未可解也。（戰國縱橫家書·蘇秦自梁獻書於燕王章二）

3. 夫斶前爲慕勢，王前爲趨士。（戰國策·齊策四）

4. 君子焉可侮哉！寡人自取病耳。（戰國策·齊策四）

5. 斶願得歸，晚食以當肉，安步以當車，無罪以當貴，清淨貞正以自虞。（戰國策·齊策四）

6. 使人屬孟嘗君，願寄食門下。（戰國策·齊策四）

7. 長鋏歸來乎，食無魚！（戰國策·齊策四）

8. 狗馬實外廄，美人充下陳。（戰國策·齊策四）

9. 今君有區區之薛，不拊愛子其民，因而賈利之。（戰國策·齊策四）

10. 老臣竊以爲媼之愛燕后賢於長安君。（戰國策·趙策四）

11. 微獨趙，諸侯有在者乎？（戰國策·趙策四）

12. 且秦滅韓亡魏，而君以五十里之地存者，以君爲長者，故不錯意也。（戰國策·魏策四）

13. 此三子皆布衣之士也，懷怒未發，休祲降於天。（戰國策·魏策四）

14. 及桓子，驕泰奢侈，貪慾無藝，略則行志。（國語·晉語八）

15. 而離桓之罪，以亡於楚。（國語·晉語八）

16. 楚之所寶者，曰觀射父，能作訓辭，以行事於諸侯，使無以寡君爲口實。（國語·楚語下）

17. 夫子莞爾而笑。（論語·陽貨）

18. 有美一人，傷如之何！寤寐無爲，涕泗滂沱。（詩經·陳風·澤陂）

19. 先帝不以臣卑鄙，猥自枉屈，三顧臣於草廬之中。（三國志·諸葛亮傳）

20. 蜚鳥盡，良弓藏；狡兔死，走狗烹。（史記·勾踐世家）

二、古文標點今譯題

梁王魏嬰觴諸侯於范臺酒酣請魯君舉觴魯君興避席擇言曰昔者帝女令儀狄作酒而美進之禹禹飲而甘之遂疏儀狄絕旨酒曰後世必有以酒亡其國者齊桓公夜半不嗛易牙乃煎熬燔炙和調五味而進之桓公食之而飽至旦不覺曰後世必有以味亡其國者晉文公得南之威三日不聽朝遂推南之威而遠之曰後世必有以色亡其國者楚王登強臺而望崩山左江而右湖以臨彷徨其樂忘死遂盟強臺而弗登曰後世必有以高臺陂池亡其國者今主君之尊儀狄之酒也主君之味易牙之調也左白臺而右閭須南威之美也前夾林而後蘭臺強臺之樂也有一於此足以亡其國今主君兼此四者可無戒與梁王稱善相屬（戰國策·魏策二）

三、古文閱讀題

齊王使使者問趙威后，書未發，威后問使者曰："歲亦無恙耶？民亦無恙耶？王亦無恙耶？"使者不說，曰："臣奉使使威后，今不問王而先問歲與民，豈先賤而後尊貴者乎？"威后曰："不然。苟無歲，何以有民？苟無民，何以有君？故有問，舍本而問末者耶？"乃進而問之曰："齊有處士曰鍾離子，無恙耶？是其爲人也，有糧者亦食，無糧者亦食；有衣者亦衣，無衣者亦衣。是助王養其民也，何以至今不業也？葉陽子無恙乎？是其爲人，哀鰥寡，卹孤獨，振困窮，補不足。是助王息其民者也，何以至今不業也？北宮之女嬰兒子無恙耶？撤其環瑱，至老不嫁，以養父母。是皆率民而出於孝情者也，胡爲至今而不朝也？<u>此二士弗業，一女不朝，何以王齊國、子萬民乎？於陵子仲尚存乎？是其爲人也，上不臣於王，下不治其家，中不</u>

索交諸侯。此率民而出於無用者，何爲至今不殺乎？（戰國策·齊策四）

1. 解釋短文中加點的字。

2. 分析短文中加框的複合詞的結構類型。

3. 把加下劃綫的部分譯成現代漢語。

四、名詞解釋

1. 單音詞和複音詞
2. 單純詞和複合詞
3. 疊音詞和聯綿詞
4. 本義和引申義
5. 同義詞和同源詞

五、簡答題

1. 辨析聯綿詞應注意什麽？
2. 怎樣分析詞的本義？
3. 詞義引申的結果表現在哪些方面？
4. 同義詞的差别主要表現在哪些方面？
5. 同義詞的辨析方法主要有哪些？
6. 怎樣分析詞的引申義？
7. 什麽叫基本詞彙？
8. 古漢語中詞義的引申對古今字的形成有何影響？
9. 舉例説明古代單音詞向現代複音詞發展的三種主要情況。
10. 同源詞學習要注意哪些問題？

六、應用題

應用本單元所學知識，解答以下四段短文後的問題。

1. 故灼灼狀桃花之鮮，依依盡楊柳之貌，杲杲爲出日之容，瀌瀌擬雨雪之狀，喈喈逐黄鳥之聲，喓喓學草蟲之韻。皎日嘒星，一言窮理，参差沃若，兩字窮形。並以少總多，情貌無遺矣。雖復思經千載，將何易奪？（文心雕龍·物色）

（1）請扼要説明這段話的含義。

（2）將文中加點的詞分類。

2. 王育少孤貧，爲人傭，牧羊豕近學堂。育常有暇拾薪，以雇書生抄書，後截蒲以學書，日夜不止。亡失羊豕，其主笞之。育將鬻己以償。於是郭子敬聞而嘉之，

代育還羊豕，給其衣食，令育與其子同學。育遂博通經史，仕僞漢，官至太傅。（太平御覽·學部）

（1）找出文中古今詞義相沿相同的詞。

（2）找出文中古用今廢的詞。

（3）找出文中古今都用但意義不同的詞並解釋其義。

3. 其後安國坐法抵罪，蒙獄吏田甲辱安國。安國曰："死灰獨不復然乎？"田甲曰："然即溺之。"居無何，梁內史缺，漢使使者拜安國爲梁內史，起徒中爲二千石。田甲亡走。安國曰："甲不就官，我滅而宗。"甲因肉袒謝。安國笑曰："可溺矣！公等足與治乎？"卒善遇之。（史記·韓長孺列傳）

（1）文中"坐、抵、官、謝"的意義是什麼？

（2）"然、溺"後來寫爲什麼字？

（3）翻譯畫綫的句子。

4. 鄭人游于鄉校，以論執政。然明謂子產曰："毀鄉校，何如？"子產曰："何爲？夫人朝夕退而游焉，以論政之善否。其所善者，吾則行之；其所惡者，吾則改之。是吾師也，若之何毀之？我聞忠善以損怨，不聞作威以防怨。豈不遽止？然猶防川：大決所犯，傷人必多，吾不克救也。不如小決使道，不如吾聞而藥之也。"然明曰："蔑也今而後知吾子之信可事也，小人實不才。若果行此，其鄭國實賴之，豈唯二三臣？"仲尼聞是語也，曰："以是觀之，人謂子產不仁，吾不信也。"（左傳·襄公三十一年）

（1）指出文中的複音詞。

（2）找出三組同義詞和三組反義詞。

第三單元

文　選

論　語

《論語》是記錄孔子及其弟子言行的語錄體著作，由孔子的弟子及再傳弟子編纂輯錄而成，成書於戰國初期。全書分爲二十篇，集中反映了儒家的政治主張、哲學思想、倫理道德、教育觀念以及處事原則等各個方面的內容，是研究我國古代思想史、文化史和教育史的重要文獻。

孔子名丘，字仲尼，春秋時期魯國人。生於魯襄公二十二年（前551），卒於魯哀公十六年（前479），享年七十二歲。孔子是中國古代大思想家和大教育家，儒家學派創始人。

《論語》於漢文帝時即被立於學官，置博士講授。到了唐代，《論語》始列入經部。宋時朱熹把《論語》、《孟子》、《禮記》中的《大學》、《中庸》合編在一起，並作注，稱作《四書章句集注》，成爲讀書人通經致仕的基本典籍。

漢代《論語》有三種傳本，《魯論》、《齊論》和《古論》，篇目與文字各有所出入。《魯論》爲魯人所傳，《齊論》爲齊人所傳，是由經師口授，弟子用當時的文字（今文）記錄下來的。《古論》是戰國古文字（古文）寫本，出於孔子舊宅壁中。西漢末年安昌侯張禹依據《魯論》並吸收《齊論》編爲一書，史稱《張侯論》。東漢末年鄭玄以《張侯論》爲底本，參照《古論》作《論語注》，今已殘佚。三國時魏何晏又據鄭玄注作《論語集解》，是現在所能見到的最早最完整的《論語》注本。唐以後影響較大的《論語》注本主要有宋朱熹《論語集注》、宋邢昺《論語注疏》以及清人劉寶楠的《論語正義》。今人楊伯峻的《論語譯注》通俗易懂，便於初學。

學而時習之[1]

子曰：“學而時習之[2]，不亦說乎[3]？有朋自遠方來[4]，不亦樂乎？人不知而不慍[5]，不亦君子乎[6]？”

[1] 選自《論語·學而》，標題是後加的（後同）。此章是《論語》開篇語，是孔子對弟子在學業、交遊和君子氣度方面的基本要求。

[2] 子：古代對男子的尊稱，《論語》中“子曰”的“子”均指孔子。時：時常，經常。一說“按時”，亦通。習，練習，演習。

[3] 說，後來寫作“悅”，愉悅、愉快。

[4] 朋，舊注“同門曰朋”，即同一師門的同學。

[5] 知，理解，懂得。慍，生氣，怪罪。

[6] 君子，古代通常指品德高、學問好的人。

吾日三省吾身[1]

曾子曰：“吾日三省吾身[2]。爲人謀而不忠乎[3]？與朋友交而不信乎[4]？傳不習乎[5]？”

[1] 選自《論語·學而》。此章反映了曾子省身慎行的精神。

[2] 曾子，孔子學生，名參，字子輿。日，每天。三省（xǐng），多次反省。朱熹《論語集注》：“曾子以此三者日省其身”，可參。

[3] 忠，竭盡心力。

[4] 信，講信用。

[5] 傳，傳授，此處指老師傳授的知識。習，精通，熟習。

富與貴是人之所欲也[1]

子曰：“富與貴是人之所欲也，不以其道得之，不處也[2]；貧與賤是人之所惡也，不以其道得之[3]，不去也[4]。君子去仁，惡乎成名[5]？君子無終食之間違仁[6]，造次必於是[7]，顛沛必於是[8]。

[1] 選自《論語·里仁》。此章孔子闡述了君子在任何情況下都不可違離仁道。

[2] 道，仁道。處，處於，居於。不處也，不處於這種生活中。

[3] 這句意思是，君子踐行仁道反而陷於貧困卑賤的境地（依何晏說）。

[4] 去，離開，這裏指逃避。

[5] 惡（wū），疑問代詞，何。乎，介詞，憑藉。惡乎，憑藉什麽。

［6］終食之間，吃一頓飯的工夫。違，離開。

［7］造次，倉促，急迫。於是，與仁在一起。是，代詞，指代仁。

［8］顛沛，跌倒（依邢昺說），比喻遭遇危難坎坷。

顏淵季路侍[1]

顏淵、季路侍[2]。子曰："盍各言爾志[3]？"子路曰："願車馬、衣輕裘與朋友共[4]，敝之而無憾[5]。"顏淵曰："願無伐善[6]，無施勞[7]。"子路曰："願聞子之志。"子曰："老者安之[8]，朋友信之[9]，少者懷之[10]。"

［1］選自《論語·公冶長》。此章記述孔子、顏淵、季路的理想，表現了孔子的仁愛誠信，顏淵的謙遜內斂，子路的重義輕利。

［2］顏淵、季路，孔子學生。顏淵，名回，字子淵。季路，仲由，字子路或季路。侍，在旁邊陪伴。

［3］盍（hé），何不。

［4］輕，疑爲衍文。裘，皮衣。

［5］敝，破舊，使動用法。憾，懊惱。

［6］伐，誇耀。

［7］無施勞，不誇大功績。施，張大，誇大。勞，功勞。何晏《論語集解》引孔安國："不以勞事置施於人。"可參。

［8］安之，使他們生活安穩。一說，使他們滿意我。安，放心、滿意。

［9］信之，使他們待人誠信。一說，使他們信賴我。信，信任。

［10］懷之，使他們得到關懷。一說，使他們歸依我。懷，歸（孔安國說）。

弟子孰爲好學[1]

哀公問[2]："弟子孰爲好學？"孔子對曰："有顏回者好學，不遷怒[3]，不貳過[4]。不幸短命死矣！今也則亡[5]，未聞好學者也。"

［1］選自《論語·雍也》。此章記述孔子對顏回不遷怒、不貳過這種品行的高度讚賞。

［2］哀公，魯哀公。

［3］遷，轉移。

［4］貳過，重犯同樣的錯誤。

［5］也，語氣詞，起舒緩語氣的作用。亡，通"無"，沒有。

德之不脩[1]

子曰："德之不脩[2]，學之不講[3]，聞義不能徙[4]，不善不能改，是吾憂也。"

[1] 選自《論語·述而》。此章記述孔子在修德、治學、行事及改過方面的憂慮。

[2] 脩，通“修”，培養。

[3] 講，研究，講習。

[4] 意思是說聽到應該做的事情不能轉而去做。義，合宜的事。徙，移，改變。

仰之彌高[1]

顔淵喟然歎曰[2]：“仰之彌高[3]，鑽之彌堅[4]。瞻之在前[5]，忽焉在後[6]。夫子循循然善誘人[7]，博我以文[8]，約我以禮[9]，欲罷不能。既竭吾才，如有所立卓爾[10]，雖欲從之[11]，末由也已[12]。”

[1] 選自《論語·子罕》。此章讚美孔子道德學問境界之高妙不可企及。

[2] 喟然，長歎的樣子。

[3] 仰，仰望。彌，更加，越發。

[4] 鑽，鑽研。堅，艱難，困難。

[5] 瞻，看。

[6] 忽焉，飄忽不定的樣子，恍惚。焉，……的樣子。

[7] 循循然，有次序的樣子。誘，引導，教導。

[8] 博，使……廣博，使……豐富。

[9] 約，約束，限制。

[10] 卓爾，高聳的樣子。爾，……的樣子。

[11] 從，追隨，緊隨其後。

[12] 末，無，沒有。由，路徑，這裏指辦法。

衣敝緼袍[1]

子曰：“衣敝緼袍[2]，與衣狐貉者立[3]，而不恥者[4]，其由也與[5]？‘不忮不求，何用不臧[6]？’”子路終身誦之[7]。子曰：“是道也，何足以臧[8]？”

[1] 選自《論語·子罕》。此章記錄孔子讚賞子路不嫉不貪的品行，並指出其不足。

[2] 衣，穿。敝，破舊。緼（yùn），亂麻。

[3] 狐貉，指狐皮、貉皮製的皮袍。

[4] 恥，認爲羞恥，自卑。

[5] 其，語氣詞，表示揣測語氣。由，仲由，字子路。與，句末語氣詞，這個意義後來寫作“歟”。

[6] 見於《詩經·衛風·雄雉》。忮（zhì），害，嫉恨。求，貪求。何用，用何，爲何，怎麼。臧（zāng），善，好。

[7] 終身，這裏是經常的意思。

[8] 這句話的意思是，這個樣子，怎麼好得起來呢？是，此，這。道，品行（依何晏說）。

子路、曾皙、冉有、公西華侍坐[1]

子路、曾皙、冉有、公西華侍坐[2]。子曰："以吾一日長乎爾，毋吾以也[3]。居則曰[4]：'不吾知也[5]。'如或知爾[6]，則何以哉[7]？"

[1] 選自《論語·先進》。此章生動描述了孔子與四位弟子研討政治抱負的情景。子路、冉有、公西華所談治國理想皆有可取，但真正的亮點卻在曾皙。曾皙並未具體闡述自己怎樣治國，而是形象地描繪了一幅恬淡、寧靜的社會生活圖景，從而完美地詮釋了儒家禮樂治國的精神奥旨。孔子非常讚賞曾皙之言，從中也可看出孔子本人的政治理想。

[2] 四人都是孔子的學生。曾皙，名點。冉有，名求。公西華，複姓公西，名赤。

[3] 因爲我比你們年長一點，你們不要因爲我（就說話拘謹）。一日，一點，一些，這裏不是實指一天。長，年歲大。乎，於，比。毋，不要。

[4] 居，平居，平日在家的時候。

[5] 知，懂，了解。

[6] 如，假如。或，無定代詞，有人。

[7] 何以，怎麼辦，如何做。

子路率爾而對曰[1]："千乘之國[2]，攝乎大國之間[3]，加之以師旅[4]，因之以饑饉[5]；由也爲之[6]，比及三年[7]，可使有勇，且知方也[8]。"夫子哂之[9]。

[1] 率，率先，搶先。爾，……樣子。

[2] 千乘之國，指中等大小的諸侯國。乘（shèng），四匹馬一輛車爲一乘。

[3] 攝，迫，挾制，威懾。一說通"籋"，後世作"鑷"，則攝有"夾"、"鉗"義（俞樾《群經平議》）。乎，介詞，於。

[4] 加，施加，這裏指侵犯。師旅，軍隊。

[5] 因，繼而，接着。饑饉，饑荒。穀不熟曰饑，菜不熟曰饉。

[6] 也，語氣詞。爲，治理。

[7] 比（bì），接近。及，到

[8] 方，義，禮法（依鄭玄說）。

[9] 哂（shěn），笑，譏笑。

"求！爾何如[1]？"對曰："方六七十，如五六十[2]，求也爲之，比及三年，可使足民[3]。如其禮樂[4]，以俟君子[5]。"

[1] 何如，如何，怎麼樣。

[2] 方，方圓，指國土面積。如，或。下文"如會同"的"如"也是此意。

[3] 足民，人民富足。

[4] 如，至於。

[5] 俟，等待。

"赤！爾何如？"對曰："非曰能之，願學焉。宗廟之事[1]，如會同[2]，端章甫[3]，願爲小相焉[4]。”

[1] 宗廟之事，指在諸侯宗廟中舉行的典禮儀式（不限於祭祀活動）。

[2] 會同，諸侯國國君的會見與會盟活動。

[3] 端，玄端，一種禮服，用整幅衣料製作，黑色。此處名詞用作動詞，身着禮服。章甫，一種禮帽，也用作動詞，頭戴禮帽。

[4] 相，爲君主主持典禮活動的人。

“點！爾何如？”鼓瑟希[1]，鏗爾[2]，舍瑟而作[3]，對曰：“異乎三子者之撰[4]。”子曰：“何傷乎[5]？亦各言其志也。”曰：“莫春者[6]，春服既成[7]，冠者五六人[8]，童子六七人，浴乎沂[9]，風乎舞雩[10]，詠而歸[11]。”夫子喟然嘆曰：“吾與點也[12]！”

[1] 鼓，彈奏。希，通“稀”，稀疏，舒緩。朱熹《集注》云：“間歇也。”可參。

[2] 鏗，象聲詞，把瑟放下時發出的聲音。爾，……的樣子。

[3] 舍，後來寫作“捨”，放下。作，起身。

[4] 乎，介詞，於。撰，善，好（依鄭玄說）。一說，具，才具。

[5] 傷，妨害，妨礙。

[6] 莫（mù），後來寫作“暮”。者，結構助詞。

[7] 春服，春裝。

[8] 冠者，成年人。古代男子二十歲行冠禮，標誌着成年。不滿二十歲稱童子。

[9] 沂，沂水，在山東曲阜縣南。

[10] 風，動詞，讓風吹乾。舞雩，古人爲祈雨築的高壇。

[11] 詠，同“咏”。

[12] 與（yù），讚同。

三子者出，曾皙後[1]。曾皙曰：“夫三子者之言何如[2]？”子曰：“亦各言其志也已矣[3]。”曰：“夫子何哂由也？”曰：“爲國以禮，其言不讓[4]，是故哂之。唯求則非邦也與[5]？安見方六七十如五六十而非邦也者[6]？唯赤則非邦也與？宗廟會同，非諸侯而何？赤也爲之小[7]，孰能爲之大？”

[1] 後，用作動詞，留在後面。

[2] 夫（fú），指示代詞，那。

[3] 已矣，罷了。

[4] 讓，謙讓。

[5] 唯，句首語氣詞，豈，難道。邦，國，這裏指國家大事。與，疑問語氣詞，這個意義後來寫作“歟”。

[6] 安見，怎麽見得。者，語氣助詞。

[7] 爲之小，做他們的小相。爲，做，擔任。之，代詞，指諸侯。小，小相。下句“爲之大”與此同。

子貢問政[1]

子貢問政[2]。子曰："足食，足兵，民信之矣[3]。"子貢曰："必不得已而去[4]，於斯三者何先[5]？"曰："去兵。"子貢曰："必不得已而去，於斯二者何先？"曰："去食。自古皆有死，民無信不立[6]。"

[1] 選自《論語·顔淵》。此章孔子指出爲政者首在取信於民。

[2] 子貢，孔子學生，複姓端木，名賜。政，管理政務。

[3] 民信之，百姓信任政府。

[4] 去，去掉。

[5] 斯，這。何先，先何，先去掉那一條。

[6] 如果百姓不信任政府，那麼國家就無法存在。

衛君待子而爲政[1]

子路曰："衛君待子而爲政[2]，子將奚先[3]？"子曰："必也正名乎[4]？"子路曰："有是哉！子之迂也[5]。奚其正[6]？"子曰："野哉由也[7]！君子於其所不知，蓋闕如也[8]。名不正則言不順，言不順則事不成[9]，事不成則禮樂不興[10]，禮樂不興則刑罰不中[11]。刑罰不中則民無所錯手足[12]。故君子名之必可言也，言之必可行也。君子於其言，無所苟而已矣[13]。"

[1] 選自《論語·子路》。此章孔子論述"正名"與執政的關係，指出治理國政首先要糾正各種名分的混亂現象，做到名正言順。

[2] 衛君，衛出公，名輒。待，止，挽留。

[3] 奚先，先做什麼。奚，疑問代詞，何。

[4] 也，語氣詞。正名，糾正（混亂的）名分。

[5] 倒裝句，意思是您迂腐得有這麼嚴重呀。迂，遠，遠離現實，不切實際。

[6] 奚，何，如何，怎麼。

[7] 野，鄙陋無知。

[8] 蓋，語氣詞，用委婉的語氣表示肯定，應該。闕如，存疑，擱置不論。

[9] 事，指政事。

[10] 禮樂，教化。興，興盛。

[11] 中，得當，適當。

[12] 所，地方，位置。錯，同"措"，措置，放置。

[13] 苟，苟且，馬虎。

管仲非仁者與[1]

子貢曰："管仲非仁者與[2]？桓公殺公子糾[3]，不能死[4]，又相之[5]。"子曰："管仲相桓公，霸諸侯[6]，一匡天下[7]，民到于今受其賜[8]。微管仲[9]，吾其被髮左衽矣[10]。豈若匹夫匹婦之爲諒也[11]，自經於溝瀆而莫之知也[12]？"

［1］選自《論語·憲問》。此章子貢就管仲的品德請教孔子，孔子對管仲尊王攘夷的歷史功績予以了肯定，其中包含對管仲的道德評價。

［2］管仲，名夷吾，字仲。

［3］桓公，齊桓公，姓姜，名小白。公子糾，齊桓公之兄。他曾與小白爭奪君位，失敗被殺。

［4］死，爲……而死，殉難。

［5］相，輔佐。

［6］霸，動詞，成爲……霸主，稱霸。

［7］一，完全，全部。匡，匡正。

［8］賜，恩賜，利益。

［9］微，（如果）沒有。

［10］其，恐怕，可能。被（pī），通"披"，披散。左，用作動詞，向左邊掩。衽，衣襟。被髮左衽是當時的夷狄之俗。這句的含義是我們可能會淪爲夷狄，披散着頭髮，衣襟左掩。

［11］匹夫匹婦，庶民男女。爲諒，固守信用，這裏的意思是死守小節。

［12］經，上吊。瀆，小水渠。莫，沒有人。知，知道。

在陳絕糧[1]

在陳絕糧，從者病[2]，莫能興[3]。子路慍見曰："君子亦有窮乎[4]？"子曰："君子固窮，小人窮斯濫矣[5]。"

［1］選自《論語·衛靈公》。此章記載孔子被困陳國，提出"君子固窮"的主張。

［2］病，餓得厲害，餓病了。

［3］興，起。

［4］窮，遭遇困厄，處境艱難。

［5］固窮，固守道義於困境中。小人，沒有修養，地位低下的人。斯，則，就。濫，放任自流，胡作非爲。

季氏將伐顓臾[1]

季氏將伐顓臾。冉有、季路見於孔子曰[2]："季氏將有事於顓臾[3]。"孔子曰：

“求！無乃爾是過與[4]？夫顓臾[5]，昔者先王以爲東蒙主[6]，且在邦域之中矣[7]，是社稷之臣也[8]。何以伐爲[9]？”

［1］選自《論語·季氏》。此章記録了孔子就季氏將伐顓臾一事發表的言論。孔子立場鮮明地反對季氏征伐顓臾，嚴厲批評冉有、季路不盡家臣輔佐之職與推卸責任的態度，體現了孔子反對武力征伐、禮樂治國、爲政以德的政治主張。

［2］季氏，季孫氏，指季康子，名肥，魯國大夫，把持朝政。顓臾（zhuān yú），是魯國的屬國，故城在今山東費縣西北。見（xiàn），謁見，拜見。

［3］有事，這裏指採取軍事行動。

［4］無乃爾是過與，恐怕該責備你吧？“無乃……與”，固定搭配，相當於現代漢語的“恐怕……吧”。是，代詞，複指前置賓語“爾”。過，責備。與，後來寫作“歟”。

［5］夫（fú），指示代詞，那。

［6］先王，周之先王。東蒙主，主管祭祀蒙山的人。東蒙，即蒙山，在今山東蒙陰縣南。主，主管祭祀的人。

［7］邦域，指魯國的疆域。

［8］是，代詞，指顓臾。社，指土地神。稷，指穀神。社稷原指祭祀穀神和土神的祭壇，逐漸成爲國家的象徵。這裏指魯國。

［9］何以伐爲：以伐爲何。“何”是疑問代詞賓語前置。

冉有曰：“夫子欲之[1]，吾二臣者皆不欲也。”孔子曰：“求！周任有言曰[2]：‘陳力就列，不能者止。[3]’危而不持[4]，顛而不扶[5]，則將焉用彼相矣[6]？且爾言過矣。虎兕出於柙[7]，龜玉毁於櫝中[8]，是誰之過與？”

［1］夫子，對季康子尊稱。春秋時，貴族卿大夫尊稱爲夫子。

［2］周任，上古時期的史官。

［3］陳力，施展才能。就列，擔任職位。止，終止，這裏指辭職。

［4］危，不穩，這裏指走不穩。持，護持。

［5］顛，跌倒。

［6］相（xiàng），攙扶盲人走路的人。

［7］兕，獨角犀。柙（xiá）：關猛獸的籠子。這句比喻季氏出兵顓臾。

［8］這句比喻顓臾將被季氏所滅。龜，龜板，用以占卜。龜、玉都是實物。櫝，匣子。

冉有曰：“今夫顓臾，固而近於費[1]。今不取，後世必爲子孫憂。”孔子曰：“求！君子疾夫舍曰欲之而必爲之辭[2]。丘也聞有國有家者[3]，不患寡而患不均，不患貧而患不安[4]。蓋均無貧，和無寡，安無傾[5]。夫如是[6]，故遠人不服，則修文德以來之[7]。既來之，則安之[8]。今由與求也，相夫子，遠人不服而不能來也；邦分崩離析而不能守也[9]，而謀動干戈於邦內[10]。吾恐季孫之憂，不在顓臾，而在蕭牆之內也[11]。”

［1］固，指城郭堅固。費（bì），季氏的私邑，即今山東費縣。

［2］這句的意思是，君子厭惡那種避而不談（自己）想要那樣做，還非要爲自己的行爲找藉口

的人。疾，痛恨，厭惡。舍曰，避而不談。舍，後來寫作“捨”，捨棄，撇開。辭，動詞，找藉口。

［3］國，諸侯的封地。家，卿大夫的采邑。

［4］寡，人口少。“寡”字與下文“貧”字互换位置，文義才通暢。

［5］蓋，語氣詞，用委婉的語氣表示肯定的原因，大概。和，和睦。傾，傾覆。

［6］夫，句首語氣詞，表示即將發表議論。

［7］修，完善。文，禮樂制度。德，道德教化。來，使……來（歸附）。

［8］安，使……生活安定。

［9］守，守護，維護。

［10］干，盾牌。戈，一種有刃有尖的長柄兵器。干戈，專指戰爭。

［11］這裏孔子一針見血地揭示出季氏伐顓臾的深層次原因是他與魯哀公的矛盾的激化。蕭牆，國君宫門内迎門的小牆，又叫屏，這裏借指宫廷。

三年之喪[1]

宰我問[2]：“三年之喪[3]，期已久矣。君子三年不爲禮，禮必壞；三年不爲樂，樂必崩。舊穀既沒，新穀既升[4]，鑽燧改火[5]，期可已矣[6]。”子曰：“食夫稻[7]，衣夫錦，於女安乎？”曰：“安。”“女安，則爲之。夫君子之居喪，食旨不甘[8]，聞樂不樂，居處不安，故不爲也。今女安，則爲之。”宰我出。子曰：“予之不仁也。子生三年，然後免於父母之懷。夫三年之喪，天下之通喪也。予也有三年之愛於其父母乎！”

［1］選自《論語·陽貨》。此章記載孔子與弟子宰我圍繞喪禮的服喪時間問題所展開的爭論，從一個側面體現了孔子的重喪感恩的孝道觀。

［2］宰我，孔子學生，名予，字子我。

［3］喪，喪禮。古禮，子女爲去世的父母守孝三年，守喪期間，吃粗茶淡飯，穿喪服，住棚廬，停止禮儀、娛樂活動等。

［4］升，成熟。

［5］鑽燧改火，古人鑽木取火，四季所用木頭不同，每年輪一遍，叫改火。

［6］期（jī），一年。

［7］食夫稻，古代北方少種稻米，故以稻米爲貴。

［8］旨，味美。

子路從而後[1]

子路從而後[2]，遇丈人[3]，以杖荷蓧[4]。子路問曰：“子見夫子乎？”丈人曰：“四體不勤[5]，五穀不分。孰爲夫子？”植其杖而芸[6]。子路拱而立[7]。止子路宿[8]，殺鷄爲黍而食之[9]，見其二子焉[10]。明日，子路行，以告。子曰："隱者也。"使子路反見之[11]。至則行矣。子路曰："不仕無義[12]。長幼之節[13]，不可廢也；君臣之義，如之何其廢之？欲潔其身而亂大倫[14]。君子之仕也，行其義也[15]。道之不行[16]，已知之矣。"

[1] 選自《論語·微子》。此章寫子路隨孔子周遊列國途遇隱者的事情，既表現了儒家知其不可爲而爲的積極入世精神，也表現了隱者潔身自好的品格。

[2] 從，跟隨。後，落在後面。

[3] 丈人，古時對老年男子的尊稱。

[4] 荷（hè），挑着。蓧（diào），古代鋤草的農具。

[5] 四體，四肢，手脚。勤，勞作。

[6] 植，竪立。一説倚，拄着。芸，通"耘"，除草。

[7] 拱，拱手，古代禮節。

[8] 止，留。

[9] 食（sì），給……吃，讓……吃。

[10] 見（xiàn），使……見。指老人讓他的兩個兒子拜見子路。

[11] 反，返回，這個意義後來寫作"返"。

[12] 仕，做官。義，合宜，應該。

[13] 節，禮節。

[14] 潔，使……高潔。大倫，重要的倫理關係。

[15] 義，合宜的事。

[16] 道，儒家的治國思想。行，施行。

士見危致命[1]

子張曰[2]："士見危致命[3]，見得思義[4]，祭思敬，喪思哀，其可已矣。"

[1] 選自《論語·子張》。此章記録子張論知識分子在危險、利益面前以及祭祀和居喪時所應採取的態度。

[2] 子張，孔子學生，複姓顓孫，名師。

[3] 士，讀書人。致，獻，獻出。

[4] 得，利益，好處。義，應該，該得。

君子信而後勞其民[1]

子夏曰[2]："君子信而後勞其民[3]，未信則以爲厲己也[4]；信而後諫，未信則以爲謗己也[5]。"

[1] 選自《論語·子張》。此章寫子夏論君子使喚民、民勸諫君都要以取得對方信任爲前提。

[2] 子夏，孔子學生，姓卜，名商，字子夏。

[3] 信，取得信任。勞，使……勞，使喚。

[4] 厲，虐待。

[5] 謗，毀謗。

孟　子

《孟子》是記錄孟子思想言行的著作，由孟子與弟子一起著述完成。《漢書·藝文志》著錄十一篇，現有七篇傳世，每篇分上下。其價值逐漸爲儒家學者所認識，到北宋時被尊爲儒學經書，南宋時朱熹將其編入“四書”，成爲科舉取士必考內容。

孟子（約前372—前289），名軻，字子輿，戰國鄒（今山東鄒縣東南）人。他生活於諸侯爭雄的動盪年代，受業於子思（孔子之孫）的學生，繼承發揚了儒家思想，是孔子之後儒家學派的代表人物，著名思想家，享有“亞聖”的尊號。

《孟子》文章說理暢達，氣勢磅礴，長於論辯，善於比喻，具有極高的文學性。

《孟子》通行的注本主要有《孟子注疏》（東漢趙岐注，宋孫奭疏，收入《十三經注疏》）、宋朱熹《孟子集注》、清焦循《孟子正義》等。今人楊伯峻的《孟子譯注》簡明易懂。

齊宣王見孟子於雪宮[1]

齊宣王見孟子於雪宮[2]。王曰：“賢者亦有此樂乎？”

孟子對曰：“有。人不得則非其上矣[3]！不得而非其上者，非也；爲民上而不與民同樂者，亦非也。樂民之樂者，民亦樂其樂；憂民之憂者，民亦憂其憂。樂以天下[4]，憂以天下，然而不王者[5]，未之有也！

[1] 本文選自《孟子·梁惠王下》，題目是後加的。本文寫孟子勸導齊宣王要與民同其憂樂，效法古代賢君心繫民生，不可沉湎遊玩、田獵、酒食而不知自拔。

[2] 齊宣王，姓田，名闢疆。雪宮，齊離宮名。故址在今山東省臨淄縣東北。

[3] 非，怨謗，抱怨。

[4] 以，由于，因爲。

[5] 王（wàng），稱王天下。

“昔者，齊景公問於晏子曰[1]：‘吾欲觀於轉附朝儛[2]，遵海而南[3]，放於琅邪[4]。吾何脩而可以比於先王觀也[5]？’晏子對曰：‘善哉，問也！天子適諸侯曰巡狩[6]。巡狩者，巡所守也[7]；諸侯朝於天子曰述職。述職者，述所職也[8]。無非事者[9]：春省耕而補不足[10]，秋省斂而助不給[11]。夏諺曰[12]：“吾王不遊，吾何以休？吾王不豫[13]，吾何以助？一遊一豫，爲諸侯度[14]。”今也不然。師行而糧食[15]，飢者弗食，勞者弗息。睊睊胥讒[16]，民乃作慝[17]。方命虐民[18]，飲食若流[19]。流連荒亡，爲諸侯憂。從流下而忘反謂之流[20]，從流上而忘反謂之連[21]，從獸無厭謂之荒[22]，樂酒無厭謂之亡[23]。先王無流連之樂，荒亡之行。惟君所行也。’

［1］齊景公，姓姜，名杵臼。晏子，名嬰，字平仲，爲景公相。

［2］轉附，疑即今芝罘山，在今山東煙臺芝罘島上。朝儛，疑即成山，在今山東榮成縣東北。

［3］遵，循着，沿着。

［4］放，至也。琅邪（láng yá），山名，在今山東諸城縣東南。

［5］何脩，怎麼去做。觀，巡遊，遊覽。

［6］適，往，去。

［7］巡所守，巡視邦國、州、郡所守土地。

［8］述所職，彙報自己職責内所做之事。

［9］無非事者，没有無事出行的情況。

［10］省，視察。

［11］斂，收穫。給，足。

［12］夏諺，夏朝的俗語。

［13］豫，義同“遊”，出遊。

［14］一，每一次。度，法度，楷模。

［15］師，衆人。這句話是説大隊人馬出行，路途上要耗費大量的糧食。《春秋》傳曰：“君行師從。”

［16］睊睊，側目怒視的樣子。胥，都，相互。讒，詆毁，毁謗。

［17］慝（tè），邪惡。

［18］方，違背。一説“放棄”，亦通。命，指先王之命。

［19］大吃大喝如流水一樣無休無止。

［20］這句話是説乘船順水而下，恣意遊玩，樂而忘返，這叫作“流”。流，放縱。

［21］這句話是説讓縴夫拉着船沿水道逆行遊玩，樂而忘返，這叫作“連”。連，挽，牽拉。

［22］這句話是説整天追着野獸打獵，永不滿足，不惜荒廢一切，這叫作“荒”。荒，荒廢。

［23］這句話是説整天飲酒取樂，永不滿足，不顧國家危亡，這叫作“亡”。亡，喪，滅亡。

“景公説，大戒於國[1]，出舍於郊[2]，於是始興發[3]，補不足。召太師曰：‘爲我作君臣相説之樂。’蓋《徵招》、《角招》是也[4]。其詩曰：‘畜君何尤[5]！’畜君者，好君也。”

［1］戒，準備，預備。國，國都。

［2］舍，住宿。

［3］興發，打開糧倉，發放糧食。

［4］《徵招》、《角招》，樂章名。徵（zhǐ），五音之一。角（jué），五音之一。招，通“韶”（sháo），樂章的通稱。

［5］畜（xù），喜歡，愛戴。尤，過錯。

有爲神農之言者許行[1]

有爲神農之言者許行[2]，自楚之滕[3]，踵門而告文公曰[4]：“遠方之人聞君行仁政，願受一廛而爲氓[5]。”文公與之處[6]，其徒數十人，皆衣褐[7]，捆屨織席以爲食[8]。

［1］本文選自《孟子·滕文公上》，題目是後加的。本文記錄了孟子和陳相的一場辯論，可以看作是儒家與農家兩個學派的思想交鋒。農家學派認爲國君與社會成員人人都要從事農業生產，自食其力，實現真正的社會公平。孟子從日常生活談起，雄辯地批駁了農家學派的觀點，指出社會分工、各盡所能、互通有無是社會的普遍準則。他援引堯、舜、禹等人的事迹説明歷來的聖明君主都憂國憂民，是無暇從事農業勞動的。此外，從孟子的談話中，可以看出孟子是一位華夏文化優越論者。對這一歷史局限性，我們應審慎看待。

［2］爲，研究。神農，神農氏，傳説中的遠古人物，相傳是他開始教人類耕種，故稱神農。言，指學説。許行，農家學派的一位學者。農家學派是先秦諸子百家之一，假託神農之言，主張“君臣並耕”，人人從事農耕，天下自然大治。

［3］滕（téng），國名，在今山東省滕縣西南。

［4］踵（zhǒng），腳跟，用作動詞，至。踵門，來到門上，上門。

［5］廛（chán），普通百姓的住所。氓（méng），外來移民。

［6］與，給。處，住所。

［7］衣（yì），穿。褐（hè），（窮人穿的）粗麻編織的衣服。

［8］捆，捆扎。捆屨，編草鞋。以爲食，以此爲生。

陳良之徒陳相與其弟辛，負耒耜而自宋之滕[1]，曰：“聞君行聖人之政，是亦聖人也，願爲聖人氓。”陳相見許行而大悦，盡棄其學而學焉[2]。

［1］耒耜，古代一種像犁的農具。耒（lěi），犁柄。耜（sì），鏵，犁頭。

［2］學焉，向他學習。

陳相見孟子，道許行之言曰[1]：“滕君，則誠賢君也；雖然[2]，未聞道也[3]。賢者與民並耕而食，饔飧而治[4]。今也滕有倉廩府庫[5]，則是厲民而以自養也[6]，惡得賢[7]？”

［1］道，陳述。

［2］雖然，雖然如此。

［3］道，指農家學派治國之道。

［4］饔飧（yōng sūn），親自做飯。饔，早餐。飧，晚餐。治，理政。

［5］倉廩（lǐn），糧倉。府庫，藏財帛的庫房。

［6］厲民，損害人民利益。厲，病，損害。一説“恃賴”（鄭玄説）。

［7］悪得賢，哪裏稱得上賢君呢？悪（wū），哪裏，怎麼。

孟子曰：“許子必種粟而後食乎？”曰：“然。”“許子必織布而後衣乎？”曰：“否。許子衣褐。”“許子冠乎[1]？”曰：“冠。”曰：“奚冠？”曰：“冠素[2]。”曰：“自織之與？”曰：“否。以粟易之[3]。”曰：“許子奚爲不自織[4]？”曰：“害於耕[5]。”曰：“許子以釜甑爨[6]，以鐵耕乎[7]？”曰：“然。”“自爲之與？”曰：“否。以粟易之。”“以粟易械器者，不爲厲陶冶[8]；陶冶亦以其械器易粟者，豈爲厲農夫哉？且許子何不爲陶冶，舍皆取諸其宮中而用之[9]？何爲紛紛然與百工交易[10]？何許子之不憚煩[11]？”曰：“百工之事，固不可耕且爲也。”

［1］冠（guàn），戴帽子。

［2］素，生絲織成的絹帛。這裏指用生絹做的帽子。

［3］易，交易，交换。

［4］奚爲，爲什麼。

［5］害，妨害。

［6］釜（fǔ），鍋。甑（zèng），陶製的蒸東西的炊具。爨（cuàn），燒火做飯。

［7］鐵，這裏指鐵製的農具。

［8］陶冶，這裏指製陶冶鐵的匠人。

［9］舍，止，限於。宮，室。這句是説（一切東西）都只從家裏拿來用。

［10］紛紛然，忙忙碌碌的樣子。百工，各種工匠。

［11］憚，怕。

“然則治天下獨可耕且爲與？有大人之事[1]，有小人之事[2]。且一人之身而百工之所爲備[3]。如必自爲而後用之，是率天下而路也[4]。故曰：或勞心[5]，或勞力。勞心者治人[6]，勞力者治於人[7]；治於人者食人[8]，治人者食於人。天下之通義也[9]。

［1］大人，指統治者。

［2］小人，指被統治者。

［3］這句是説一個人的生活要具備各行各業的人所生産的東西。所爲，所做的東西。備，具備。

［4］路，疲勞，羸弱。

［5］或，代詞，有人。

［6］勞心者，腦力勞動者，指上文“大人”。治人，統治人。

［7］勞力者，出苦力者，指上文“小人”。治於人，被人統治。

［8］食（sì），給……吃，供養。

［9］通義，普遍規律。

“當堯之時，天下猶未平，洪水横流[1]，氾濫於天下。草木暢茂，禽獸繁殖，五穀不登[2]，禽獸偪人[3]，獸蹄鳥跡之道交於中國[4]。堯獨憂之，舉舜而敷治焉[5]。舜使益掌火[6]，益烈山澤而焚之[7]，禽獸逃匿。禹疏九河[8]，瀹濟漯[9]，而注諸海[10]；決汝漢[11]，排淮泗[12]，而注之江[13]，然後中國可得而食也[14]。當是時也，禹八年於外，三過其門而不入，雖欲耕，得乎[15]？

[1] 横流，不順水道而到處流淌。

[2] 登，莊稼成熟。

[3] 偪，逼迫，威脅。這個意義後來寫作“逼”。

[4] 中國，指中原一帶。

[5] 敷，治，治理。

[6] 益，又稱伯益，舜的大臣。

[7] 烈，用作動詞，燃起大火。

[8] 疏，開通。九河，相傳是禹在黄河下游爲疏通黄河而開鑿的九條支流。

[9] 瀹（yuè），疏導。濟（jǐ），水名，故道在今山東。漯（tà），水名，故道在今山東。

[10] 注，使……流入。

[11] 決，鑿開缺口，導引水流。汝，汝水，在今河南省。漢，漢水。

[12] 排，排除，指排除水道淤塞。淮，淮河。泗，泗水，源出山東泗水縣。

[13] 江，長江。“注之江”與上文“注諸海”互文見義，意思是讓這些河流分别流入大海與長江。

[14] 指洪水退了，才可以耕種並收穫糧食。

[15] 得乎，可能嗎？

“后稷教民稼穡[1]，樹藝五穀[2]，五穀熟而民人育[3]。人之有道也[4]，飽食、煖衣[5]、逸居而無教，則近於禽獸。聖人有憂之[6]，使契爲司徒[7]，教以人倫[8]：父子有親，君臣有義，夫婦有别，長幼有敍[9]，朋友有信。放勳曰[10]：‘勞之來之[11]，匡之直之[12]，輔之翼之[13]，使自得之[14]，又從而振德之[15]。’聖人之憂民如此，而暇耕乎[16]？

[1] 后稷，名棄，周朝始祖，周人稱棄爲后稷。上古時期君主稱作“后”，農官稱作“稷”，棄在堯舜時做過農官而有此稱。稼穡，指農事。稼，種植。穡，收穫。

[2] 樹藝，兩個詞同義連用，種植。

[3] 育，繁育。

[4] 人之有道也，等於説“人之爲道也”，這句引起下文，意思是説關於人的道理。

[5] 煖，同“暖”。

[6] 聖人，指“堯”。有，通“又”。

[7] 契（xiè），舜的臣子，商朝的祖先。司徒，掌管教化的官吏。

[8] 人倫，符合社會規範的人與人之間的關係。

[9] 敍，秩序。

[10] 放勳，堯的號。曰，一説“曰”是“日”字之訛，可參。

[11] 勞（lào），慰勞。來（lài），使……來（歸順）。

[12] 匡，使……正，糾正。直，使……直，糾正。

［13］輔，輔助，幫助。翼，庇護，保護。

［14］自得，自我獲得美好的人性。孟子認爲人性本善，教育可以使人保持本性，否則，就會喪失。

［15］振，賑濟，這個意義後來寫作“賑”。德，用作動詞，施以恩德。

［16］暇，有閑暇，有空。

“堯以不得舜爲己憂，舜以不得禹、皋陶爲己憂[1]。夫以百畝之不易爲己憂者[2]，農夫也。分人以財謂之惠，教人以善謂之忠，爲天下得人者謂之仁[3]。是故以天下與人易[4]，爲天下得人難。孔子曰[5]：‘大哉，堯之爲君！惟天爲大，惟堯則之[6]，蕩蕩乎[7]，民無能名焉[8]！君哉，舜也[9]！巍巍乎[10]，有天下而不與焉[11]！’堯舜之治天下，豈無所用其心哉[12]？亦不用於耕耳！

［1］皋陶（gāo yáo），舜的司法官，禹和皋陶同爲舜的臣下。

［2］夫（fú），那些。易，治，耕種好。

［3］人，人才。

［4］與，給，交給。

［5］這段話出自《論語·泰伯》，但文字略有不同。

［6］則，效法。

［7］蕩蕩乎，廣闊的樣子，形容堯的功績像大海一樣廣闊。

［8］名，指用語言來表達、稱頌。

［9］君哉，舜也，舜呀，你是真正的君王啊。

［10］巍巍乎，高大的樣子，形容舜的功績像高山一樣巍峨。

［11］有天下而不與焉，意思是，擁有整個天下卻似乎與己無關，等於説不以擁有天下爲榮耀。與（yù），參與。不與，不相干。

［12］無所，沒有地方。

“吾聞用夏變夷者[1]，未聞變於夷者也。陳良，楚產也[2]。悦周公、仲尼之道，北學於中國。北方之學者，未能或之先也[3]。彼所謂豪傑之士也。子之兄弟事之數十年，師死而遂倍之[4]。昔者孔子沒[5]，三年之外[6]，門人治任將歸[7]，入揖於子貢，相嚮而哭，皆失聲[8]，然後歸。子貢反，築室於場[9]，獨居三年，然後歸。他日，子夏、子張、子游以有若似聖人[10]，欲以所事孔子事之，強曾子。曾子曰：‘不可。江漢以濯之[11]，秋陽以暴之[12]，皜皜乎不可尚已[13]。’今也南蠻鴃舌之人[14]，非先王之道[15]，子倍子之師而學之，亦異於曾子矣。吾聞出於幽谷遷於喬木者[16]，未聞下喬木而入於幽谷者。《魯頌》曰[17]：‘戎狄是膺[18]，荊舒是懲[19]。’周公方且膺之，子是之學[20]，亦爲不善變矣[21]。”

［1］夏，華夏。變，改變。夷，四夷，華夏民族對周邊少數民族的貶稱。

［2］楚產，出生於楚地。

［3］或，有人。先，超過。之，指陳良。

［4］倍，通“背”，背叛。

[5] 沒，後來寫作“歿”，死。

[6] 三年之外，上古時老師去世後弟子要爲老師服心喪（不穿孝服）三年。

[7] 治任，收拾行李。任，擔子，指行李。

[8] 失聲，放聲。

[9] 場，墓前供祭祀用的場地。

[10] 子夏，卜商。子張，顓孫師。子游，言偃。有若，字子有。四人均是孔子學生。聖人，指孔子。

[11] 這句比喻孔子的道德學問可以教化衆生如同江漢之水可以洗淨一切。濯，洗。

[12] 這句比喻孔子人格之光明如同夏天的太陽當空照耀。秋陽，夏天的太陽。周曆秋季相當於今農曆夏季。暴，曬，這個意義後來寫作“曝”。

[13] 皜皜乎，光明潔白的樣子。尚，通“上”。不可尚，不可逾越。

[14] 南蠻，古代對楚人的稱呼，鴃（jué），鳥名，又名伯勞，叫聲難聽。鴃舌比喻許行説話難聽。

[15] 非，非議，污衊。道，學説，主張。

[16] 喬木，高大的樹木。這句的原話出自《詩經·小雅·伐木》，這裏比喻改邪歸正。

[17] 魯頌，《詩經》中的一部分。這句詩出自《詩經·魯頌·閟宫》。

[18] 戎狄，泛指周邊各少數民族。戎，古代西方的部族。狄，古代北方的部族。是，代詞，複指前置賓語。膺，擊。

[19] 荊，楚國。舒，鄰近楚的南方小國。懲，使人受創而驚懼。

[20] 是，代詞，指戎、狄、荊、舒。之，代詞，複指前置賓語。

[21] 變，變通。

“從許子之道，則市賈不貳[1]，國中無僞。雖使五尺之童適市[2]，莫之或欺[3]。布帛長短同，則賈相若；麻縷絲絮輕重同[4]，則賈相若；五穀多寡同，則賈相若；屨大小同[5]，則賈相若。”

[1] 賈（jià），價格，這個意義後來寫作“價”。

[2] 適，到……去。市，集市。

[3] 莫之或欺，沒有人欺騙他。莫，沒有人。或，句中語氣詞。

[4] 縷，綫。

[5] 屨（jù），鞋子。

曰：“夫物之不齊，物之情也[1]；或相倍蓰[2]，或相什百，或相千萬。子比而同之[3]，是亂天下也。巨屨小屨同賈[4]，人豈爲之哉？從許子之道，相率而爲僞者也[5]，惡能治國家？”

[1] 情，實際情況。

[2] 或，有的東西。倍，兩倍。蓰（xǐ），五倍。以下什、百、千、萬都指倍數。

[3] 比，並列。

[4] 巨，粗糙。小，精緻。

[5] 相率：爭相。

舜之不告而娶[1]

萬章問曰[2]："詩云[3]：'娶妻如之何？必告父母。'信斯言也[4]，宜莫如舜[5]。舜之不告而娶，何也？"

孟子曰："告則不得娶。男女居室[6]，人之大倫也[7]。如告，則廢人之大倫，以懟父母[8]，是以不告也。"

萬章曰："舜之不告而娶，則吾既得聞命矣；帝之妻舜而不告[9]，何也？"

曰："帝亦知告焉則不得妻也。"

［1］本文選自《孟子·萬章上》，題目是後加的。本文寫弟子萬章請教孟子關於舜的娶妻問題和舜與父母兄弟的關係問題。孟子認爲舜的父母不明事理，舜不告知父母就娶妻不違反社會倫理規範。舜屢遭父親與兄弟謀害卻能以德報怨，並非虛僞之舉，而是他真誠愛心的體現。

［2］萬章，姓萬，名章，孟子學生。

［3］詩引自《詩經·齊風·南山》。

［4］信，相信。

［5］莫，沒有誰，沒有什麼人。

［6］居室，成家，結婚。

［7］大倫，重要的倫理關係。

［8］懟（duì），怨恨。

［9］帝，指堯。妻（qì），以女嫁人。

萬章曰："父母使舜完廩[1]，捐階[2]，瞽瞍焚廩[3]。使浚井[4]，出，從而揜之[5]。象曰[6]：'謨蓋都君咸我績[7]。牛羊父母[8]，倉廩父母，干戈朕[9]，琴朕，弤朕[10]，二嫂使治朕棲[11]。'象往入舜宮，舜在牀琴。象曰：'鬱陶思君爾[12]。'忸怩[13]。舜曰：'惟茲臣庶[14]，汝其于予治[15]。'不識舜不知象之將殺己與？"

曰："奚而不知也[16]？象憂亦憂，象喜亦喜。"

［1］完，使……完好，修繕。廩，糧倉。

［2］捐，捐棄，撤掉。階，這裏指梯子。

［3］瞽瞍，舜的父親。

［4］浚井，淘井。

［5］揜，掩蓋。

［6］象，舜的同父異母弟。

［7］謨（mó），謀劃，出主意。蓋，通"害"，殺害，謀害。都君，指舜，舜所居之地，三年就會發展爲一個都邑，故稱"都君"。咸，全，都。績，功績。

［8］牛羊，用作動詞，把牛羊給……。以下"倉廩"、"干戈"、"琴"、"弤"用法與此相同。

［9］干，盾牌。朕，人稱代詞，我。

［10］弤（dǐ），一種弓。

［11］治，整理，收拾。棲，牀。

［12］鬱陶（yù yáo），哀思的樣子。

［13］忸怩（niǔ ní），不自然的樣子，尷尬。

［14］惟，思，想念。

［15］于，協助（王引之《經傳釋詞》：于，爲也；爲，助也）。

曰："然則舜僞喜者與？"

曰："否。昔者有饋生魚於鄭子産[1]，子産使校人畜之池[2]。校人烹之，反命[3]曰：'始舍之，圉圉焉[4]，少則洋洋焉[5]，攸然而逝[6]。'子産曰：'得其所哉！得其所哉！'校人出，曰：'孰謂子産智？予既烹而食之，曰：得其所哉！得其所哉！'故君子可欺以其方[7]，難罔以非其道[8]。彼以愛兄之道來，故誠信而喜之[9]，奚僞焉？"

［1］子産，姓姬，名僑，又稱公孫僑，鄭國大夫。

［2］校人，管理水池的小吏。

［3］反命，回復。

［4］舍，放，放掉。這個意義後來寫作"捨"，後又簡化爲"舍"。圉圉焉，朱熹《集注》："困而未舒之貌。"

［5］少，漸漸地。洋洋，舒展的樣子。

［6］攸，通"悠"。攸然，自得的樣子。

［7］方，道理。

［8］罔，欺騙。

［9］誠，誠實。信，相信。

禮　記

《禮記》是戰國秦漢期間儒家學派文章資料的彙編，全書近十萬字，多數出自孔子七十二弟子及其再傳弟子之手。《禮記》是儒家經典著作之一，內容廣博，有解釋《儀禮》的文字，有記載、考證、論述先秦禮制的內容，還有記錄孔子及其弟子討論闡述儒家思想的篇章，集中體現了先秦儒家的政治、哲學和倫理思想，是研究先秦社會文化和儒家思想的重要文獻。

西漢時期，五經中的《禮》指的是《儀禮》，立於學官，置博士講授。禮學家在傳習《儀禮》的過程中，編寫了一些解釋、闡發和補充經文的參考資料，稱爲"禮記"。"禮記"出自衆人之手，比較駁雜。西漢學者戴德將這些資料輯錄成書，世稱《大戴禮記》，共八十五篇。戴勝（戴德從兄子）又刪定《大戴禮記》爲四十九篇，世稱《小戴禮記》，這就是流傳至今的《禮記》。東漢鄭玄爲《小戴禮記》作注，其影響不斷擴大，唐時被列入經部。

《禮記》權威性注本是東漢鄭玄的《禮記注》和唐孔穎達的《禮記正義》，它們被收入《十三經注疏》。

大同[1]

昔者仲尼與於蜡賓[2]，事畢，出遊於觀之上[3]，喟然而歎。仲尼之歎，蓋歎魯也。言偃在側曰[4]："君子何歎？"孔子曰："大道之行也[5]，與三代之英[6]，丘未之逮也[7]，而有志焉[8]。"

[1] 本文選自《禮記·禮運》，題目是後加的。選文記述了孔子對天下爲公的"大同"社會和遵循禮義的"小康"社會的生動描繪，反映出孔子對當下社會政治的無可奈何和對古代聖賢治理天下的由衷讚歎與嚮往。"大同"時代實際上只是儒家的政治神話，歷史上並沒有真正出現過，但其積極内涵對後人產生過深遠的影響。

[2] 與（yù），參加。蜡（zhà），古代君王年終合祭百神的大典。蜡賓，蜡祭的陪祭者。

[3] 觀（guàn），古代宗廟或宮殿門外兩側的高樓，又名闕。

[4] 言偃，孔子學生，字子游。

[5] 大道，偉大的社會制度，這裏指原始共產社會的準則。行，施行，推行。

[6] 三代，指夏、商、周。英，英才，這裏指禹、湯、文王、武王和周公。

[7] 逮，趕上。

[8] 有志焉，指有志於此，即心中嚮往那些時代。

"大道之行也，天下爲公[1]。選賢與能，講信脩睦[2]，故人不獨親其親[3]，不獨子其子[4]，使老有所終[5]，壯有所用[6]，幼有所長[7]，矜寡孤獨廢疾者皆有所養[8]，男有分[9]，女有歸[10]。貨惡其棄於地也[11]，不必藏於己；力惡其不出於身也，不必爲己。是故謀閉而不興[12]，盜竊亂賊而不作[13]，故外户而不閉[14]。是謂大同[15]。"

[1] 爲公，屬於公衆的。

[2] 與，通"舉"，選舉。脩，培養，建立。

[3] 親其親，愛戴自己的父母。第一個"親"是意動用法，意思是"愛戴"。第二個"親"意思是"父母"，名詞。

[4] 子其子，愛護自己的孩子。第一個"子"是意動用法，意思是"愛護"。

[5] 所終，養老所需的照顧。

[6] 所用，可以效力的事情。

[7] 所長，成長的條件。

[8] 矜（guān），通"鰥"，老而無妻的人。寡，老而無夫的人。孤，幼年喪父的人。獨，老年無子的人。所養，賴以生活的物質。

[9] 分（fèn），指職分，謀生的職業。

[10] 歸，古稱女子出嫁爲歸。

[11] 惡（wù），厭惡，不願看到。

[12] 謀，指權謀欺詐。閉，封閉，抑制。興，發生。

[13] 亂賊，犯上作亂者。

[14] 外户，從外面掩上門。閉，用門閂插門。

[15] 大同，太平和睦的完美社會。

“今大道既隱[1]，天下爲家[2]。各親其親，各子其子。貨、力爲己。大人世及以爲禮[3]，城郭溝池以爲固[4]，禮義以爲紀[5]，以正君臣[6]，以篤父子[7]，以睦兄弟，以和夫婦，以設制度，以立田里[8]，以賢勇知[9]，以功爲己[10]，故謀用是作[11]，而兵由此起。禹、湯、文、武、成王、周公，由此其選也[12]。此六君子者，未有不謹於禮者也。以著其義[13]，以考其信[14]，著有過[15]，刑仁講讓[16]，示民有常[17]。如有不由此者[18]，在埶者去[19]，衆以爲殃[20]。是謂小康[21]。”

[1] 隱，消失。

[2] 爲家，變成了私家的。

[3] 大人，貴族。世及，子繼父位叫“世”，弟繼兄位叫“及”。禮，制度。

[4] 溝池，指護城河。固，堅固的防守工事。

[5] 紀，法紀，行動準則。

[6] 以，介詞，用，後省掉了賓語“禮”。正君臣，使君臣關係端正。

[7] 篤，使……深厚。

[8] 立田里，建立田地和住宅制度。里，指廬舍，住宅。

[9] 以賢勇知，依據禮義的標準判斷有勇有謀的人是不是賢才。賢，意動用法，認爲……是賢人，崇尚。知，後來寫作“智”。

[10] 以功爲己，依據禮義的標準判斷爲自身利益奮鬥的人是不是有功。功，意動用法，認爲……有功。

[11] 用是，因此。用，介詞，因爲。

[12] 選，英選，傑出人物，用作動詞，成爲傑出人物。

[13] 以著其義，用禮義表明自己做的事是正確的。著，使……顯著，表明。義，合宜的事。

[14] 以考其信，用禮儀證明自己是誠信的。考，考核，證明。

[15] 著有過，揭露有過錯的人。著，使……顯現，這裏是揭露的意思。

[16] 刑，後來寫作“型”，法則，準則。刑仁，把仁作爲行事準則。

[17] 常，常規，指長期不變的法令制度。

[18] 不由此，指不依禮辦事。

[19] 埶，後來寫作“勢”，權位。去，離職，下臺。

[20] 以爲殃，把不依禮行事視爲災禍。

[21] 小康，比較安定和諧的社會。

哀公問政[1]

哀公問政[2]。子曰："文、武之政[3]，布在方策[4]。其人存，則其政舉[5]；其人亡，則其政息[6]。人道敏政[7]，地道敏樹[8]。夫政也者，蒲盧也[9]。故爲政在人，取人以身[10]，脩身以道，脩道以仁[11]。仁者人也，親親爲大[12]；義者宜也[13]，尊賢爲大。親親之殺[14]，尊賢之等[15]，禮所生也。在下位不獲乎上[16]，民不可得而治矣。故君子不可以不脩身；思脩身，不可以不事親[17]；思事親，不可以不知人；思知人，不可以不知天[18]。天下之達道五[19]，所以行之者三[20]。曰：君臣也，父子也，夫婦也，昆弟也[21]，朋友之交也，五者天下之達道也。知、仁、勇三者，天下之達德也，所以行之者一也[22]。或生而知之[23]，或學而知之，或困而知之，及其知之，一也[24]；或安而行之[25]，或利而行之[26]，或勉強而行之[27]，及其成功，一也。"

［1］本文選自《禮記・中庸》，題目是編者加的。選文寫孔子論述爲政與修身的密切關係，循序漸進地推演出修身治國的五達道（五項倫理關係）、三達德（三種基本品德）和治理天下國家的九經（九條原則），孔子認爲"誠實"是一切行爲的基礎，應從五個方面加以培養與鞏固。

［2］哀公，春秋時魯國國君。姓姬，名蔣，"哀"是謚號。

［3］文、武，指周文王和周武王。

［4］布，陳述，記載。方，古代書寫用的木板。策，竹簡。

［5］其，那樣。其人，指像文王、武王那樣的聖明君主。舉，實施。

［6］息，消失，廢弛。

［7］這句話的意思是，治理人的途徑是勤於政事。人道，治理人的方法途徑。敏，努力。政，行政。

［8］這句話的意思是，治理地的途徑是勤於種植。地道，治理土地的方法。樹，種植。

［9］夫（fú），那。蒲盧，蘆葦。一說蒲盧即蜾蠃："蒲盧，蜾蠃謂土蜂也。《詩》曰：'螟蛉有子，蜾蠃負之。'螟蛉，桑蟲也。蒲盧取桑蟲之子，去而變化之，以成爲己子。政之於百姓，若蒲盧之於桑蟲然。"（鄭玄說）

［10］人，人才，賢人。身，自身，指君主自身的修養。

［11］道，道德。

［12］親親，親近親人。

［13］宜，適宜，得體。

［14］殺，減少，降等。

［15］等，等級。

［16］獲，獲取信任。

［17］事親，侍奉父母。

［18］天，天道，即自然之理。

［19］達，共同的，通行的。達道，共同遵循的道路，指共同遵守的倫理關係。

［20］行，履行，實踐。

［21］昆弟，兄和弟，也包括堂兄堂弟。

［22］一，指誠信（依朱熹說）。一說“一”是衍文（王引之《經義述聞》），可參。

［23］知，懂，明白。之，這些道理，指上述五達道、三達德。

［24］這句意思是說，等到明白了這些道理，其效果是一樣的。

［25］安，安適。

［26］利，追求利益。

［27］勉強，勉力，努力。

子曰[1]：“好學近乎知[2]，力行近乎仁，知恥近乎勇。知斯三者，則知所以脩身；知所以脩身，則知所以治人；知所以治人，則知所以治天下國家矣。凡爲天下國家有九經[3]，曰：脩身也，尊賢也，親親也，敬大臣也，體群臣也[4]，子庶民也[5]，來百工也[6]，柔遠人也[7]，懷諸侯也[8]。脩身則道立[9]，尊賢則不惑，親親則諸父昆弟不怨[10]，敬大臣則不眩[11]，體群臣則士之報禮重[12]，子庶民則百姓勸[13]，來百工則財用足，柔遠人則四方歸之[14]，懷諸侯則天下畏之。齊明盛服[15]，非禮不動[16]，所以脩身也；去讒遠色[17]，賤貨而貴德，所以勸賢也；尊其位，重其祿，同其好惡[18]，所以勸親親也；官盛任使[19]，所以勸大臣也；忠信重祿，所以勸士也；時使薄斂[20]，所以勸百姓也；日省月試[21]，既稟稱事[22]，所以勸百工也；送往迎來，嘉善而矜不能[23]，所以柔遠人也；繼絕世[24]，舉廢國[25]，治亂持危，朝聘以時[26]，厚往而薄來[27]，所以懷諸侯也。凡爲天下國家有九經，所以行之者一也。

［1］子曰，這兩個字，朱熹以爲是衍文。

［2］知，後來寫作“智”。

［3］經，常規，準則。

［4］體，體察，體恤。

［5］子庶民，愛護百姓。子，用作動詞，像對待子女那樣愛護。

［6］來，使動用法，使……來，招徠。百工，指從事各種手工業的工匠。

［7］柔，懷柔，撫慰。遠人，指附屬國。一說指外族人，均可通。

［8］懷，安撫。

［9］道，道德。

［10］諸父，父輩，長輩。昆弟，兄弟。

［11］眩，本義爲眼花，引申爲迷惑、迷亂。

［12］報禮重，回報國君的禮重，指爲國君任患死難等。

［13］勸，勉力，努力。

［14］歸，歸順，歸附。

［15］齊，後來寫作“齋”，齋戒。明，潔淨。齊明，虔誠齋戒，淨化心靈。盛服，服裝穿戴

整齊，這裏指儀容端莊。

［16］非，違，違背。

［17］去，離，摒除。讒，讒言，這裏指說壞話的人。遠色，遠離女色。

［18］好惡，愛憎。

［19］官盛，官屬衆多。任使，聽任使用。

［20］時使，按時節使用民力，意思是不要耽誤農時。薄，減輕。斂，徵收。

［21］省，視察。試，考核。

［22］既，通“餼”。既稟，即餼稟，贈送人的米糧，即薪資糧米。稱，相稱，符合。事，工作成效。稱事，與其工效相稱。

［23］嘉，嘉獎。矜，憐憫，救助。

［24］繼，承繼，延續。絕世，指已經中斷俸祿的貴族世家。

［25］舉，復興。廢國，指已被廢滅的邦國。

［26］朝聘，諸侯定期朝見天子。

［27］厚往，賞賜豐厚。薄來，納貢菲薄。

“凡事豫則立[1]，不豫則廢。言前定則不跲[2]，事前定則不困，行前定則不疚，道前定則不窮[3]。在下位不獲乎上，民不可得而治矣；獲乎上有道[4]：不信乎朋友，不獲乎上矣；信乎朋友有道：不順乎親，不信乎朋友矣；順乎親有道：反諸身不誠，不順乎親矣；誠身有道：不明乎善，不誠乎身矣。誠者，天之道也[5]；誠之者[6]，人之道也。誠者不勉而中[7]，不思而得，從容中道[8]，聖人也。誠之者，擇善而固執之者也[9]。博學之，審問之，慎思之，明辨之，篤行之[10]。有弗學，學之弗能，弗措也[11]；有弗問，問之弗知，弗措也；有弗思，思之弗得，弗措也；有弗辨，辨之弗明，弗措也；有弗行，行之弗篤，弗措也。人一能之，己百之[12]，人十能之，己千之。果能此道矣，雖愚必明，雖柔必強。”

［1］豫，豫備，準備。立，成功。

［2］跲（jiá），絆倒，這裏指說話不通暢。

［3］窮，絕，盡，走到絕路上。

［4］道，方法。

［5］這句的意思是誠實是自然的法則。道，法則，規律。

［6］誠之，使自己誠實，追求誠信。

［7］勉，努力。中（zhòng），符合，合乎。

［8］從容，悠閑自得。中道，符合自然法則。

［9］固執，堅持不懈。

［10］篤行，忠實地履行。

［11］措，置，放棄，引申爲停止。

［12］一能之，付出一分努力能夠做好。

常識：語法（一）

第十節　名　詞

根據詞的語法功能以及語法意義、詞彙意義的不同，可將漢語的詞類劃分爲名詞、動詞、形容詞、數詞、量詞、代詞、副詞、介詞、連詞、助詞、語氣詞、歎詞等類別。

名詞，是表示人或事物、時間、地點、抽象概念等名稱的詞。

名詞大致可以劃分爲以下一些種類：

（1）專有名詞。表示特定的人、物、地點的名稱，如：堯、舜、禹、老子、莊子、秦、漢、唐、宋、鎬京、長安、洛陽、敦煌等。

（2）普通名詞。表示同類人、物通用的名稱，如：人、犬、牛、馬、鳥、獸、稻、粟、花、草等。

（3）抽象名詞。表示抽象概念的名稱，如：仁、義、禮、智、信、忠、孝、悌、愛等。

（4）時間名詞。表示時間的名稱，如：日、月、年、歲、朝、夕等。

（5）方位名詞。表示地點的名稱，如：前、後、左、右、東、南、西、北、中等。

名詞的主要語法功能是在句子結構中充當主語、賓語、定語，以及狀語、判斷句謂語。在組合能力上，名詞能受形容詞、數詞或數量詞修飾。

現代漢語中名詞用在動詞前，往往充當主語，構成主謂關係；除了時間名詞和地點名詞外，作狀語的現象是比較少見的。但在古代漢語中，許多名詞卻經常可以直接放在動詞前面，起修飾或限制動詞的作用，充當狀語，構成偏正關係。有些學者認爲，在古代漢語中名詞作狀語是名詞經常性的功能，不把它看作活用現象。有些學者認爲，相對於現代漢語中名詞較少作狀語，應將其看作活用現象，稱之爲“名詞用如副詞”。我們傾向於前者，不把它看作活用現象。

名詞作狀語，主要有普通名詞作狀語和時間名詞作狀語、方位名詞作狀語三種情況。

1. 普通名詞作狀語

普通名詞作狀語，主要有以下五種情況。

（1）表示比喻。可以譯爲“像……一樣”。例如：

嫂虵行匍伏，四拜自跪而謝。（戰國策·秦策一）

射之，豕人立而啼。（左傳·莊公八年）

狐鳴呼曰：“大楚興，陳涉王。”（史記·陳涉世家）

其後秦稍蠶食魏，十八歲而虜魏王，屠大梁。（史記·魏公子列傳）

子產治鄭二十六年而死，丁壯號哭，老人兒啼。（史記·循吏列傳）

數見久待而不任，奸則鹿散。（韓非子·內儲說上）

置莝豆其前，令兩黥徒夾而馬食之。（史記·范雎蔡澤列傳）

少時，一狼徑去，其一犬坐於前。（聊齋志異·狼）

天下雲集而響應，贏糧而景從。（賈誼：過秦論）

（2）表示對待人的態度。可以譯爲“像對待……一樣”。例如：

君爲我呼入，吾得兄事之。（史記·鴻門宴）

齊將田忌善而客待之。（史記·孫子吳起列傳）

彼秦者，……虜使其民。（戰國策·趙策三）

臣（豫讓自稱）事范、中行氏，范、中行氏皆衆人遇我，我故衆人報之。至於智伯，國士遇我，我故國士報之。（史記·刺客列傳）

今而後知君之犬馬畜伋（孔伋）。（孟子·萬章下）

文史星曆，近乎卜祝之間，固主上所戲弄，倡優畜之，流俗之所輕也。（司馬遷：報任安書）

（3）表示憑藉。可以譯爲“按照……”。例如：

失期，法皆斬。（國語·越語）

夫差對曰：“寡人禮先壹飯矣。”（國語·越語）

雖不法行，威利在下，則主卑而大臣重矣。（韓非子·詭使）

將軍（陳涉）身被堅執銳，伐無道，誅暴秦，復立楚國之社稷，功宜爲王。（史記·陳涉世家）

（4）表示工具。可以譯爲“用……”。例如：

狼，速去！不然，將杖殺汝。（馬中錫：中山狼傳）

秦惠王車裂商君以徇。（史記·商君列傳）

乃丹書帛曰：“陳勝王。”（史記·陳涉世家）

太祖累書呼，又敕郡縣發遣。（三國志·魏書·方技傳）

群臣後應者，臣請劍斬之。（漢書·霍光傳）

余自齊安舟行適臨汝。（蘇軾：石鐘山記）

有好事者船載以入。（柳宗元：黔之驢）

遂率子孫荷擔者三夫，叩石墾壤，箕畚運於渤海之尾。（列子·湯問）

如臣之比，車載斗量，不可勝數。(三國志·吳書·吳主傳)

(5) 表示處所。可以譯爲“在……”。例如：

黎丘之鬼效其子之狀，扶而道苦之。(呂氏春秋·黎丘丈人)

夫以秦王之威，而相如廷叱之。(史記·廉頗藺相如列傳)

童子隅坐而執燭。(禮記·檀弓上)

舜勤於民事而野死。(國語·魯語上)

秦焚書禁學，濟南伏生獨壁藏之。(漢書·藝文志)

趙襄王郊迎甘羅。(史記·樗里子甘茂列傳)

(文帝)召唐讓曰："公奈何衆辱我，獨無间處乎?"(史記·張釋之馮唐列傳)

魏其、灌夫日夜招聚天下豪傑壯士，與論議，腹誹而心謗。(史記·魏其武安侯列傳)

夫山居而谷汲者，膢臘而相遺以水；澤居苦水者，買庸而決竇。(韓非子·五蠹)

2. 時間名詞作狀語

作狀語的時間名詞主要有“日”、“月”、“歲”、“時”，從它們作狀語時所表示的意義來看，可分爲以下三類情況。

(1) 放在動詞前面，表示動作經常發生，頻率很密。可以譯爲“日日、每日”、“月月、每月”、“年年、每歲（年）”、“時時、每時”。例如：

吾日三省吾身。(論語·學而)

漢皆已入彭城，收其貨寶美人，日置酒高會。(史記·項羽本紀)

荊軻嗜酒，日與狗屠及高漸離飲於燕市。(史記·刺客列傳)

夫子積學，當日知其所亡，以就懿德。(後漢書·列女傳)

今有人日攘其鄰之雞者，或告之曰："是非君子之道。"曰："請損之，月攘一雞。"(孟子·滕文公下)

良庖歲更刀，割也；族庖月更刀，折也。(莊子·養生主)

(2) “日”、“月”放在表示性質變化的動詞或形容詞的前面，表示情況的逐漸變化發展。可以譯爲“一天天地”、“一月月地”。例如：

是故服事者簡其業，而遊學者日衆，是世之所以亂也。(韓非子·五蠹)

君子敬其在己者，而不慕其在天者，是以日進也；小人錯其在己者，而慕其在天者，是以日退也。(荀子·天論)

田單兵日益多，乘勝，燕日敗亡。(史記·田單列傳)

賤妾守空房，相見常日稀。(玉臺新詠·古詩爲焦仲卿妻作)

其友皆好仁義，淳謹畏令，則家日益，身日安，名日榮，處官得其理矣。(墨子·所染)

日削月割，以趨於亡。（蘇洵：六國論）

（3）“日”字用在句首主語之前，用來追溯過去。可以譯爲“往日、從前”。例如：

日君（晉獻公）以驪姬爲夫人，民之疾心固皆至矣。（國語・晉語一）

日君（晉平公）以夫公孫段爲能任其事，而賜之州田。（左傳・昭公七年）

日吾來此也，非以狄爲榮，可以成事也。（國語・晉語四）

3. 方位名詞作狀語

方位名詞作狀語，從它們所表示的意義來看，可分爲以下兩類情況。

（1）表示行爲的處所。可以譯爲“在……”。例如：

田駟東慢齊侯，南欺荊王。（韓非子・說林上）

中有都柱，傍行八道，施關發機。外有八龍，首銜銅丸，下有蟾蜍，張口承之。（後漢書・張衡傳）

（2）表示行爲的方向。可以譯爲“向……”。例如：

螾無爪牙之利，筋骨之強，上食埃土，下飲黃泉，用心一也。（荀子・勸學）

泰山之陽，汶水西流；其陰，濟水東流。（姚鼐：登泰山記）

某詞屬於某一詞類，在漢語裏通常是比較固定的，各類詞在句中充當什麼成分也有一定的分工，例如名詞一般用作主語、賓語、定語，動詞一般用作謂語，形容詞一般用作定語、謂語、狀語，副詞一般用作狀語等。這說明漢語裏的詞是有“常性”的，詞有定類，並非“詞無定類”。這種情況，古今基本上是相同的。但是，有些詞在特定的語言環境中，可以按照一定的表達習慣而靈活運用，在句子（或短語）中臨時改變它的詞性和基本功能，具備了另一類詞的語法特點，這種現象，稱爲“詞類活用”。詞類活用現象在古代漢語尤其是上古漢語裏比較常見，在現代漢語裏也有一些，如“形勢喜人”、“繁榮經濟”、“端正態度”、“不男不女”、“鐵了心”等。但是，相對於古代漢語而言，現代漢語裏的詞類活用現象少得多，並且許多是古代漢語的遺存殘留，尤其是在成語裏保存得多，如“富國強兵”、“汗牛充棟”、“不毛之地”、“不翼而飛”等。

名詞也有詞類活用的現象。在一些特殊的語境裏，名詞可以充當句子的謂語，具備了動詞的語法功能，意義也隨之發生了一些變化，這種情況，我們稱之爲名詞活用爲動詞。

名詞活用爲動詞，又可以區分爲普通名詞活用爲動詞和方位名詞活用爲動詞兩種情況。這裏所謂的普通名詞，是與方位名詞相對而言的；除了方位名詞，其餘的名詞都稱之爲普通名詞。

普通名詞活用爲動詞，又可以細分爲普通名詞的使動用法、普通名詞的意動用法、普通名詞的爲動用法、普通名詞活用爲一般動詞（使動、意動、爲動用法的動詞，我們稱之爲特殊動詞，其餘的動詞，我們稱之爲一般動詞）四種情況。再加上方位名詞活用爲動詞，那麼名詞活用爲動詞共有五種情況。

（一）普通名詞的使動用法

使動用法，又名致動用法，是指謂語動詞具有使賓語怎樣的意思。使動用法可以用“主·使·賓·動”這種翻譯形式來概括，可以翻譯作“使……怎樣”、“讓……怎樣”（省略號代表賓語）。普通名詞的使動用法比較常見。例如：

先生之恩，生死而肉骨也。（馬中錫：中山狼傳）

桓公解管仲之束縛而相之。（韓非子·難一）

縱江東父兄憐而王我，我何面目見之？（史記·項羽本紀）

齊威王欲將孫臏，臏辭謝曰：“刑餘之人，不可。”（史記·孫子吳起列傳）

故以義則仲尼不服於哀公，乘勢則哀公臣仲尼。（韓非子·五蠹）

秦王度之，終不可強奪，遂許齋五日，舍相如廣成傳舍。（史記·廉頗藺相如列傳）

（二）普通名詞的意動用法

意動用法，是指謂語具有認爲賓語怎樣或把賓語看作什麼的意思。意動用法可以用“主·以·賓·爲動”這種翻譯形式來概括，可以翻譯作“以……爲怎樣”、“認爲……怎樣”、“把……當作”。普通名詞的意動用法也比較常見。例如：

吾師道也，夫庸知其年之先後生於吾乎？（韓愈：師說）

（雲）托地而游宇，友風而子雨。（荀子·賦篇·雲賦）

孟嘗君客我。（戰國策·齊策四）

公子乃自驕而功之，竊爲公子不取也。（史記·魏公子列傳）

不如小決使道，不如吾聞而藥之也。（左傳·襄公三十一年）

儒有不寶金玉，而忠信以爲寶。（禮記·儒行）

故人不獨親其親，不獨子其子。（禮記·禮運）

（三）普通名詞的爲動用法

爲動用法，是指謂語動詞具有爲賓語而怎樣的意思。爲動用法可以用“主·爲·賓·動”這種翻譯形式來概括，可以翻譯作“爲……怎樣”。普通名詞的爲動用法比較少見。例如：

父曰：“履我！”良業爲取履，因長跪履之。（史記·留侯世家）

是不昭穀明（穀明喻有善德又聰明的人）而皿蟲（蟲喻女色）也。（國語·晉語八）

（四）普通名詞活用爲一般動詞

普通名詞活用爲一般動詞，在古代漢語裏最爲常見。

1．帶賓語

（1）作賓語的什麼。例如：

君民者，豈以陵民?（左傳·襄公二十五年）

天帝使我長百獸。（戰國策·楚策一）

（2）對賓語怎麼樣。例如：

宣孟德一士，猶活其身。而況德萬人乎?（吕氏春秋·報更）

魏氏人張儀，材士也。將西遊於秦。願君之禮貌之也。（吕氏春秋·報更）

（3）用什麼對賓語怎麼樣。例如：

野人舉塊以與之。公子怒，將鞭之。（國語·晉語四）

左右欲刃相如，相如張目叱之，左右皆靡。（史記·廉頗藺相如列傳）

范增數目項王。（史記·項羽本紀）

從左右，皆肘之。（左傳·成公二年）

（4）在賓語做什麼。例如：

鄖人軍其郊，必不誡。（左傳·桓公十一年）

晉軍函陵，秦軍氾南。（左傳·僖公三十年）

周陽由者，其父趙兼以淮南王舅父侯周陽，故因姓周陽氏。（史記·酷吏列傳）

（5）把賓語怎麼樣。例如：

鄂侯爭之急，辨之疾，故脯鄂侯。（戰國策·趙策三）

（脯，把……製成肉脯。）

鬼侯有子而好，故入之於紂，紂以爲惡，醢鬼侯。（戰國策·趙策三）

（醢，把……剁成肉醬。）

（6）轉變爲相應的動化義。例如：

張子得出，德子無已時。（戰國策·楚策二）

（德，感激。子，您，這裏指鄭福。）

2．不帶賓語

晉靈公不君。（左傳·宣公二年）

澤不陂，川不梁。（國語·周語中）

（陂，修築堤壩。梁，架設橋梁。）

假舟楫者，非能水也，而絕江河。（荀子·勸學）

己丑晦，公宫火。（左傳·僖公二十四年）

（火，起火。）

以古非今者族。(史記·秦始皇本紀)
(族,滅族。)
孟嘗君怪其疾也,衣冠而見之。(戰國策·齊策四)
夫子(子產)禮於死者,況生者乎?(左傳·襄公三十年)
其身屍於朝,其宗滅於絳。(國語·晉語八)
(屍,陳屍。)

(五)方位名詞活用爲動詞

方位名詞活用爲動詞,包括方位名詞活用爲特殊動詞和方位名詞活用爲一般動詞兩種情況,這在古代漢語裏也較爲常見。

(1)帶賓語。例如:

我疆我理,南東其畝。(詩經·小雅·信南山)

(南東,使……朝南、朝東。疆,田地的大界,這裏作動詞,指劃分田地的大界。理,田中的溝渠,這裏作動詞,指細分田中的溝渠。夏商西周時期,農業生產技術的一個重大進步便是壟作的出現。壟作的出現,與解決排澇和灌溉問題有關。北方地區的自然條件雖然是以乾旱爲主,但夏季作物生長高峰時期出現的集中降雨也會導致洪澇。當時人們已非常注意地勢高低和水流走向,於是要求"自西徂東"、"南東其畝",以利於排澇。)

故王不如東蘇子(蘇代),秦必疑齊而不信蘇子矣。(史記·蘇秦列傳)
(東,使……到東方去。)
騏驥之衰也,駑馬先之;孟賁之倦也,女子勝之。(戰國策·齊策五)
(先,跑在……前面。)
滕侯曰:"我,周之卜正也;薛,庶姓也。我不可以後之。"(左傳·隱公十一年)
(後,排在……後面。卜正,卜官之長。)

(2)不帶賓語。例如:

寡人將立管仲爲仲父。善者入門而左,不善者入門而右。(韓非子·外儲說左下)
王曰:"吾亦欲東耳,安能鬱鬱久居此乎?"(史記·淮陰侯列傳)
漢敗楚,楚以故不能過滎陽而西。(史記·項羽本紀)
十一月,諸侯之師還鄭而南,至於陽陵。(左傳·襄公十年)
(蒙恬)於是渡河,據陽山,逶蛇而北。(史記·蒙恬列傳)
日中則移,月滿則虧。(史記·范睢蔡澤列傳)
衛鞅復見孝公,公與語,不自知厀之前於席也。(史記·商君列傳)

第十一節　動　詞

動詞，是表示人或事物的動作、行爲、變化、存在、消失及心理活動等的詞。

按照是否能直接帶受事賓語，可以將動詞劃分爲及物動詞（外動詞）和不及物動詞（内動詞）兩類。及物動詞後面能直接帶受事賓語，如：命、令、打、殺、飲、喝、唱、跳、思、想等；不及物動詞後面不能直接帶受事賓語，如：往、來、走、坐、生、死等。

按照其基本意義的不同，可以將動詞劃分爲行爲動詞、心理動詞、能願動詞、存在動詞、關係動詞等類别。行爲動詞表示人物行爲，如：走、跑、跳、打、出、入、來、往、聽、聞、視、見等；心理動詞表示心理活動，如：喜、怒、哀、樂、愛、敬、畏、懼、思、想、憂、愁等；能願動詞表示主觀意願或客觀可能，如：能、克、堪、願、欲、可、當、宜、肯等，它們雖然能獨立作謂語、述語，但主要是作其他動詞或動詞性詞組的修飾成分，如"願學"、"可食"、"當斬"等，所以又稱爲助動詞；存在動詞表示是否存在，如：存、在、有、無等；關係動詞表示前後兩項（一般是主語和賓語）間的聯繫，如：是、爲、謂、若等。

動詞的主要語法特點是可以受副詞、名詞、形容詞的修飾，它們作句子的狀語。例如：

孫臏嘗與龐涓俱學兵法。（史記・孫子吳起列傳）

秦、晋圍鄭，鄭既知亡矣。（左傳・僖公三十年）

老婦不聞也。（戰國策・趙策四）

經始靈台，經之營之。庶民攻之，不日成之。經始勿亟，庶民子來。（詩經・大雅・靈台）

吳王出勞軍，即使人鏦殺吳王，盛其頭，弛傳以聞。（史記・吳王濞列傳）

昭王南征而不復。（左傳・僖公四年）

吾日三省吾身。（論語・學而）

則夫二人者，魯國社稷之臣也，若朝亡之，魯必夕亡。（左傳・成公十六年）

毛羽未成，不可以高蜚。（史記・蘇秦列傳）

因厚賂單于，答其善意。（漢書・蘇武傳）

上舉各例中作狀語的成分，前三例爲副詞，第四、五例爲普通名詞，第六例爲方位名詞，第七、八例爲時間名詞，最後二例爲形容詞。但是動詞一般不能受程度副詞的修飾。

此外，介賓短語可修飾或補充説明動作行爲的方式、處所等，作句子的狀語或補語。例如：

四年春，齊侯以諸侯之師侵蔡。（左傳·僖公四年）

丑父寢於轏中，蛇出於其下，以肱擊之。（左傳·成公二年）

成王歸自奄。（尚書·多方）

還有些助動詞可以單獨作謂語，甚至可以直接帶賓語，這與現代漢語中助動詞的用法是有差異的。例如：

子曰："朝聞道，夕死可矣。"（論語·里仁）

非曰能之，願學焉。（論語·先進）

冉有曰："夫子欲之，吾二臣者皆不欲也。"（論語·季氏）

動詞最主要的語法功能是作謂語（包括謂語中心），有時也能作主語（包括主語中心）、賓語（包括賓語中心）、定語、狀語、補語。以前學術界認爲動詞如果作主語、賓語，那麼這個動詞就名詞化了，但是近來絕大多數學者認爲，動詞是可以作主語、賓語的，例如：

悔亡，失得勿恤。往，吉，無不利。（周易·晉卦）

履錯然，敬之，无咎。（周易·離卦）

（履，意即走路。錯然，意爲莽撞。履錯然，意思是走路莽撞。）

豈不懷歸，畏此反復。（詩經·小雅·小明）

豈敢憚行？畏不能趨。（詩經·小雅·綿蠻）

原來有一種看法，認爲作定語的動詞已性狀化，已轉變爲形容詞了，但在今天，絕大多數學者已不這樣看了。作定語的動詞仍爲動詞。例如：

九五，飛龍在天，利見大人。（周易·乾卦）

王射于射廬。（史趞曹鼎銘）

對揚朕宗君其休，用作朕剌祖召公嘗簋。（召伯虎簋銘）

冥冥而行者，見寢石以爲伏虎也。（荀子·解蔽）

遷客騷人，多會於此。（范仲淹：岳陽樓記）

動詞作狀語的，例如：

奔走事厥考厥長。（尚書·酒誥）

武帝曰："是老吏也，見兵事起，欲坐觀成敗，見勝者欲合從之，有兩心。（任）安有當死之罪甚衆，吾常活之，今懷詐，有不忠之心。"（史記·田叔列傳）

靡不有初，鮮克有終。（詩經·大雅·蕩）

克敢對揚天子休。（克鐘銘）

堪事朕辟皇王，眉壽永寶。（眉壽鐘銘）

動詞作補語的，例如：

齊侯伐衛，戰敗衛師。（左傳·莊公二十八年）

齊因孤之國亂而襲破燕。（史記·燕昭公世家）

動詞的活用，有兩大類情況：一是動詞内部的活用，例如動詞的使動用法、爲動用法；二是詞類間的活用，例如動詞活用爲名詞。下面分别進行介紹。

（一）動詞的使動用法

動詞的使動用法，是指主語使賓語發出謂語動詞所表示的動作行爲或變化。這種用法以不及物動詞爲多，及物動詞較少。

1．不及物動詞的使動用法

使動用法的動詞一般是不及物動詞。這是因爲不及物動詞本來是不帶賓語的，當它異於常規地帶上賓語的時候，它就可能屬於動詞的特殊用法，如使動用法、爲動用法。作使動用法的動詞所表示的動作不是由主語發出的，而是主語使賓語發出的。

（1）不省略賓語。例如：

莊公寤生，驚姜氏。（左傳·隱公元年）

聞太子不幸而死，臣能生之。（史記·扁鵲列傳）

魏其子嘗殺人，蚡活之。（史記·魏其武安侯列傳）

故遠人不服，則修文德以來之。（論語·季氏）

是子報仇之時也，而子何故乃肯逃我？（韓非子·外儲説左下）

公子率五國之兵，破秦軍於河外，走蒙驁。（史記·魏公子列傳）

（李邑）前毁君，欲敗西域。（後漢書·班超傳）

（敗，使……失敗。敗西域，指使西域事業失敗。）

天之生此民也，使先知覺後知，使先覺覺後覺也。予，天民之先覺者也。予將以斯道覺斯民也，非予覺之而誰也？（孟子·萬章上）

廣故數言欲亡，忿恚尉。（史記·陳涉世家）

葉公子高問政於仲尼，仲尼曰："政在悦近而來遠。"（韓非子·難三）

（2）省略賓語。例如：

養備而動時，則天不能病。（荀子·天論）

魏其謝病，屏居藍田南山之下數月，諸賓客辯士説之，莫能來。（史記·魏其武安侯列傳）

2．及物動詞的使動用法

及物動詞也有使動用法，但所見不多。例如：

止子路宿，殺雞爲黍而食之，見其二子焉。（論語·子路從而後）

沛公旦日從百餘騎來見項王。（史記·項羽本紀）

後子孫飲馬於河。（史記·封禪書）

嘗人，人死；食狗，狗死。（呂氏春秋·上德）

晉侯飲趙盾酒，伏甲，將攻之。（左傳・宣公二年）

（二）動詞的爲動用法

動詞的爲動用法，是指主語爲賓語發出謂語動詞所表示的動作行爲。這種用法較爲常見。例如：

既泣之三日，乃誓療之。（龔自珍：病梅館記）

大叔完聚，繕甲兵，具卒乘，將襲鄭。夫人將啓之。（左傳・隱公元年）

伯氏苟出圖吾君，申生受賜以至於死，雖死何悔！（國語・晉語二）

今亡亦死，舉大計亦死，等死，死國可乎？（史記・陳涉世家）

伯夷死名於首陽之下，盜跖死利於東陵之上。（莊子・駢拇）

燕丹善養士，志在報強嬴。招集百夫良，歲暮得荊卿。君子死知己，提劍出燕京。（陶潛：詠荊軻）

晉解張御郤克。（左傳・成公二年）

叔孫太傅稱說引古今，以死爭太子。（史記・留侯世家）

（三）動詞活用爲名詞

動詞活用爲名詞，是指謂語動詞不表示動作行爲，而表示與這個動作行爲相關的人或事物。動詞活用爲名詞時，往往作主語或賓語，其前一般出現作定語的代詞“其”，或出現“定語十之”，但也可不出現。

（1）作主語。例如：

其釣維何？維魴及鱮。（詩經・小雅・采綠）

（釣，所釣之魚。）

其贈維何？乘馬路車。（詩經・大雅・韓奕）

（贈，所贈之物。）

其繼有在者乎？（史記・趙世家）

（繼，繼承的人。）

男女同姓，其生不蕃。（左傳・僖公二十三年）

（生，生育的後代。）

政通人和，百廢具興。（范仲淹：岳陽樓記）

（廢，荒廢的事業。）

（2）作賓語。例如：

不失其馳，舍矢如破。（詩經・小雅・車攻）

（馳，驅馳之法。）

屢顧爾僕，不輸爾載。（詩經・小雅・正月）

（載，所載之物。）

殫其地之出，竭其廬之入。（柳宗元：捕蛇者說）

（出，出產的物品；入，收穫的錢物。）

卒相與歡，爲刎頸之交。（史記·廉頗藺相如列傳）

（交，交往的情誼，交情。）

夫易，彰往而察來。（易·繫辭下）

（往，過往的事情；來，未來的事情。）

夫大國難測也，懼有伏焉。（左傳·莊公十年）

（伏，埋伏的士兵。）

第十二節　形容詞

形容詞，是表示人或事物的性質或狀態的詞。

表示性質的形容詞，例如：善、惡、卑、劣、強、弱等；表示狀態的形容詞，例如：冥冥、紛紛、逍遥、倏忽、默然、惕然、喟焉等。

形容詞的主要語法功能是在句子結構中充當定語、謂語、狀語，不過有時也能作補語，甚至是主語或賓語，例如：

周道如砥，其直如矢（詩經·小雅·大東）

厥父母勤勞稼穡，厥子乃不知稼穡之艱難。（尚書·無逸）

在組合能力上，形容詞能受程度副詞的修飾，但不能受副詞“勿”等的修飾；能夠重叠，重叠時一般是按 AA 式進行，如：穆→穆穆，青→青青，如果是雙音形容詞，也可按 AABB 式重叠；不能帶賓語，如果帶賓語，一般是活用爲動詞了。

形容詞的活用有兩大情況，一種是形容詞活用爲動詞，一種是形容詞活用爲名詞。

形容詞一般表示人或事物的性質、狀態，但是在一些特殊的語境裏，形容詞可以在原有的表性質、狀態的意義基礎上，臨時産生出相應的動詞意義，這種情況，我們稱爲形容詞活用爲動詞；又可以細分爲形容詞的使動用法、形容詞的意動用法、形容詞活用爲一般動詞三種情況。

形容詞一般表示人或事物的性質、狀態，不表示人或事物本身，但是在一些特殊的語境裏，形容詞可以表示與原有性質、狀態相關的人或事物本身，這種情況，我們稱爲形容詞活用爲名詞。

（一）形容詞的使動用法

形容詞的使動用法，是指形容詞活用爲動詞，表示主語使賓語具有這個形容詞所表示的性質或狀態。例如：

君子正其衣冠。（論語·堯曰）

宣子說，乃輕幣。（左傳·子產說范宣子輕幣）

忠言逆耳利於行，毒藥苦口利於病。（史記·留侯世家）

今吾來也，猶有尊足者存，吾是以務全之也。（莊子·德充符）

強本而節用，則天不能貧。（荀子·天論）

必將富之貴之，敬之譽之。（墨子·尚賢）

必先苦其心志，勞其筋骨，餓其體膚，空乏其身。（孟子·告子下）

大人世及以爲禮，城郭溝池以爲固，禮義以爲紀，以正君臣，以篤父子，以睦兄弟，以和夫婦。（禮記·禮運）

其達士，絜其居，美其服，飽其食，而摩厲之於義。（國語·越語上）

（對那些名士，使他們的住所乾乾淨淨，使他們穿得漂漂亮亮，使他們吃得飽飽足足，而且從道義上激勵他們。）

世之災，妒賢能。飛廉知政任惡來，卑其志意，大其園囿高其臺。（荀子·成相）

（紂王時飛廉執政，任用他的兒子惡來，使君王的思想變得低下，讓君王的花園獵場變得更大，使君王的臺閣變得更高。）

（二）形容詞的意動用法

形容詞的意動用法，是指形容詞活用爲動詞，表示主語主觀上認爲賓語具有這個形容詞所表示的性質或狀態。例如：

項梁然其言。（史記·項羽本紀）

崔武子見棠姜而美之。（左傳·襄公二十五年）

士卒亦多樂從李廣而苦程不識。（史記·李將軍列傳）

管仲，世所稱賢臣，然孔子小之。（史記·管仲列傳）

孔子登東山而小魯，登泰山而小天下。（孟子·盡心上）

時充國年七十餘，上老之。（漢書·趙充國傳）

滕公奇其言，壯其貌，釋而不斬。（史記·淮陰侯列傳）

人主自智而愚人，自巧而拙人。（呂氏春秋·知度）

甘其食，美其服，安其居，樂其俗。（老子·小國寡民）

（三）形容詞活用爲一般動詞

形容詞活用爲一般動詞，可從帶賓語和不帶賓語兩個方面來考察。

1．帶賓語

形容詞活用爲一般動詞，帶賓語後的意義主要有以下幾類：

（1）因賓語而怎麽樣。例如：

吾夜者夢夫人趨而來，曰："吾苦飢。"（穀梁傳・僖公十年）

老弱疲轉漕。（史記・項羽本紀）

（2）同（跟）賓語怎麽樣。例如：

親仁善鄰，國之寶也。（左傳・隱公六年）

近賢而遠不肖。（韓非子・外儲說右上）

（3）對賓語怎麽樣。例如：

昔予爲禾，耕而鹵莽之，則其實亦鹵莽而報予。（莊子・則陽）

雖父之不慈子，兄之不慈弟，君之不慈臣：此亦天下之所謂亂也。（墨子・兼愛上）

（4）增加相應的動詞義。例如：

發鳩之山，其上多柘木。（山海經・北山經）

（多，這裏是"有很多"的意思。）

令尹子蘭聞之，大怒，卒使上官大夫短屈原於頃襄王。（史記・屈原賈生列傳）

（短，這裏是"揭……的短處，誹謗"的意思。）

益烈山澤而焚之。（孟子・許行）

（烈，原爲火大貌，這裏是"放大火燒"的意思。）

2．不帶賓語

形容詞活用爲動詞而不帶賓語的情況比較少見，且往往出現在助動詞"能"、"欲"、"可"、"足"及副詞"乃"等的後面。其作動詞後的意義一般比較單純，只是在性質、狀態等意義上增加相應的行動、變化義。例如：

桓公立，（石碏）乃老。（左傳・隱公三年）

（老，告老隱退。）

生於亂世，貴而能貧，民無求焉，可以後亡。（左傳・襄公二十二年）

（貧，變清貧，忍受清貧。）

太子欲善，善人將至；若不欲善，善則不用。（國語・楚語上）

（善，變善。）

但也有的比較複雜，仍屬於前面所介紹的形容詞的使動用法或意動用法。例如：

鼻大可小，小不可大也。（韓非子・說林下）

（小，使……變小。大，使……變大。）

自上觀之，至於子胥、比干，皆不足貴也。（莊子·盜跖）

（貴，認爲……寶貴。）

余悲之，且曰："若毒之乎？……"蔣氏大戚，汪然出涕曰："……又安敢毒耶？"（柳宗元：捕蛇者說）

（毒，認為……毒、痛苦。）

這種不帶賓語的情況，應看作是省略賓語"之"的現象。

（四）形容詞活用爲名詞

形容詞活用爲名詞，是指形容詞不表示性質、狀態，而表示與這個形容詞所表示的性質、狀態相關的人或事物。形容詞活用爲名詞時，與動詞活用爲名詞相似，也一般作主語或賓語，其前一般出現作定語的代詞"其"，或"定語＋之"，或作定語的數詞，但也可不出現。

（1）作主語。例如：

四美具，二難並。（王勃：滕王閣序）

（美，美好的事情。難，難得的事情。）

老弱轉乎溝壑。（孟子·梁惠王下）

（老弱，年老的人和體弱的人。）

夫禍患常積於忽微，而智勇多困於所溺。（歐陽修：伶官傳序）

（智，聰明的人。勇，勇敢的人。）

小學而大遺，吾未見其明也。（韓愈：師說）

（小，小的知識。大，大的知識。）

群賢畢至，少長咸集。（王羲之：蘭亭集序）

（賢，德才兼備之人。少，年少的人。長，年長的人。）

是故聖益聖，愚益愚。（韓愈：師說）

（聖，聖明的人。愚，愚蠢的人。）

（2）作賓語。例如：

老吾老，以及人之老。（孟子·梁惠王上）

（老，老人。）

舉賢而授能兮，循繩墨而不頗。（屈原：離騷）

（賢，賢良的人。能，能幹的人。）

秦貪，負其強，以空言求璧。（史記·廉頗藺相如列傳）

（強，強大的勢力。）

南有涇渭之沃。（史記·刺客列傳）

（沃，沃土。）
《黄鳥》，哀三良也。（詩經·秦風·黄鳥序）
（良，善良的人。）
登高而招，臂非加長也，而見者遠。（荀子·勸學）
（高，高處。）
行李之往來，共其乏困。（左傳·僖公三十年）
（乏，缺少的東西。困，困乏的東西。）

第十三節　數量詞

數詞，是表示事物數量的詞。量詞，是表示人、事物或動作行爲數量單位的詞，又稱單位詞。由于漢語中的數詞和量詞經常結合成數量短語使用，所以把它們放在一起來進行介紹。

數詞有以下六類：

（1）基數。表示基本數目。例如：一、二、三、四、五、六、七、八、九、十、百、千、萬、億等。整數與零數之間，常用“有”或“又”相連，如“十有二”、“百又三十”表示“十二”、“一百三十”。

（2）序數。表示順序的數目。通常有五種表示方式：一是用基數表示，如“一鼓作氣，再而衰，三而竭”；二是在基數前加“第”字表示，如“第一”、“第二”；三是用“上”、“太上”、“其次”、“次者”、“次之”、“下”、“其下”等類詞表示，如“故上兵伐謀，其次伐交，其次伐兵，其下攻城”；四是用“伯”、“仲”、“叔”、“季”表示；五是用天干地支表示。

（3）倍數。表示原數多少倍的數目。通常有三種表示方式：一是借用基數詞表示倍數，如“三其淩”、“百己者”；二是在數詞後加“倍”表示，如“三倍”、“十倍”、“百倍”，如果是兩倍，則僅用“倍”字，如“其罰惟倍”；三是用專門詞表示倍數，如“蓰”表示五倍。

（4）分數。表示按比例佔總數多少的數目。通常有六種表示方式：一是只用母數、子數，如“十一”、“十七八”表示“十分之一”、“十分之七八”；二是在母數、子數間加“分”，如“三分二”、“九分八”表示“三分之二”、“九分之八”；三是在母數、子數間加“之”，如“十之一”、“三十之二”表示“十分之一”、“三十分之二”；四是在母數、子數間加“分之”，如“三分之一”、“八分之三”；五是在母數、子數間加“劃分的對象、之”，如“先王之制，大都不過參國之一，中五之一，小九之一”；六是在母數、子數間加“分、劃分的對象、之”，如“方今大王之兵衆不能十分吳楚之一”。

(5) 約數。表示大約是多少的數目。通常有五種表示方式：一是取其整數，如“詩三百”，是指《詩經》三百零五篇；二是連用兩個相鄰的基數，如“冠者五六人，童子六七人”、“往觀之者三二千人”；三是數詞前加“可”、“將”、“且”、“幾”、“數”等，如“年可十二”、“年且九十”、“漢之爲漢，幾四十年矣”、“天子殺殉，衆者數百，寡者數十”；四是數詞或數量詞後加“許”、“所”、“餘”、“有餘”、“左右”等，如“二十許年”、“三千所兵”、“千餘”、“八尺有餘”、“百歲左右”；五是名詞前加“數”、“諸”、“群”等，如“數日”、“諸位”、“群弟子”。

(6) 虛數。表示多或少而非實指的數目。常用“三”、“九”、“百”、“千”、“萬”來表示，如“吾日三省吾身”、“九死一生”、“子庶民則百姓勸；來百工則財用足”、“飛流直下三千尺”、“雲從龍，風從虎，聖人作而萬物睹”。

數詞的主要語法功能是在句子結構中充當定語，但有時也可以作狀語、補語、謂語、賓語。例如：

武王遂征四方。(逸周書・世俘)

王三宿，三祭，三吒。(尚書・顧命)

今大赦女，鞭女五百。(匜銘)

墨罰之屬千，劓罰之屬千，剕罰之屬五百，宮罰之屬三百，大辟之罰其屬二百，五刑之屬三千。(尚書・呂刑)

我惟時其教告之，我惟時其戰要囚之，至於再，至於三。(尚書・多方)

在上舉五例中，數詞分別作定語、狀語、補語、謂語、賓語。

在組合能力上，數詞的語法特點是能同量詞組合，構成數量短語；能修飾名詞表示物量，修飾動詞表示動量；不能受形容詞和副詞的修飾。

數詞的活用，主要指數詞活用作動詞，又可細分爲基數詞活用爲動詞和倍數詞活用爲動詞兩種。

(一) 基數詞活用爲動詞

基數詞活用爲動詞，一般帶賓語，也有不帶賓語的。基數詞用作動詞後表示的意義，大致有三種情況。

(1) 在數目的基礎上，增加相應的動詞義。可以簡概爲“數＋動化義”。例如：

內無苛慝，諸侯不二。(國語・晉語八)

(二，產生二心。)

朝暉夕陰，氣象萬千。(范仲淹：岳陽樓記)

(萬千，千變萬化。)

(2) 在數目的基礎上，增加相應的單位量和動詞義。可以簡概爲“數＋量＋動化義”。例如：

今君雖殺臣之身以三之可也。(韓非子·十過)

(三，剁成三段。)

素絲紕之，良馬四之。(詩經·墉風·干旄)

(四，用四匹駕。)

人一能之己百之，人十能之己千之。(禮記·中庸)

(百，一百次地做。千，一千次地做。)

(3) 轉變爲相應的動詞後，不包含明顯的數量意義。例如：

霸主將德是以，而二三之，其何以長有諸侯乎？(左傳·成公八年)

(二三，反復無常。)

王者之制，道不過三代，法不貳後王。(荀子·王制)

(貳，背離。“貳”的本義是“副”，引申爲表數目的詞後，在上古經常活用作動詞，但與“二”的用法有很大不同，通常不能換用成“二”。)

(二) 倍數詞活用爲動詞

上古漢語中，常借用基數詞表示倍數，也用專門詞表示倍數，這兩類表示倍數的詞，有時也可以活用爲動詞。例如：

凌人掌冰正（政），歲十有二月，令斬冰，三其凌。(周禮·天官·冢宰)

(三，放三倍。三其凌，放三倍的冰在冰室中。)

詘指而事者，北面而受學，則百己者至。先趨而後息，先問而後嘿，則什己者至。(戰國策·燕策一)

(百，勝過百倍。什，勝過十倍。百己者、什己者，指超過自己百倍、十倍的人。)

夫物之不齊，物之情也。或相倍蓰，或相什百，或相千萬。(孟子·滕文公上)

(倍蓰，差距一倍五倍。什百，差距十倍百倍。千萬，差距千倍萬倍。)

量詞可分爲物量詞和動量詞兩種。物量詞表示人或事物數量的單位，主要有表示度量衡單位的量詞，如：寸、尺、丈、里、斗、升、斛、斤、兩、擔、鈞、鎰等，以及表示天然單位的量詞，如：個、隻、匹、支、把、顆、粒、株、枚、乘等，它們一般與名詞搭配使用。動量詞表示動作行爲數量的單位，如：次、回、通、遍、陣、趟等，它們一般與動詞搭配使用。

量詞的語法特點是一般要與數詞結合，構成數量短語使用。如“鯤之大，不知其幾千里也”、“命子封率車二百乘以伐京”中的“幾千里”、“二百乘”。

一般説來，量詞是由普通名詞演變而來的，其語法意義就是它們本來意義的全部或部分引申。例如“顆”本來是“小頭”，後來用作量詞就指圓而小的東西，如“一顆珍珠”、“兩顆龍眼”等；“條”本來是小枝條，後來用作量詞就指細長的東西，如“一條綫”、“一條龍”；“塊”本來是土塊，後來用作量詞就指方形而有體積的東西，如“一塊糖”；“尾”本來是動物的尾巴，後來用作量詞指長有尾巴或像尾巴的東西，如“一尾魚”、“一尾船”；“文”本來是花紋、文字，後來用作量詞就指有花紋或文字的東西，如“一文錢”，因爲古代銅幣一面或兩面有文字或圖案。有的量詞還借用盛器、容器名詞或表示手段的動詞來充當，如“一簞食”、“一瓢飲”、“一豆羹”、“一壺酒”中的“簞”、“瓢”、“豆”、“壺”，“一束脩”、“粟五秉”中的“束”、“秉”等。

漢語物量詞起源很早，在殷墟卜辭中已見。常見的有“丙”（如“馬十丙”）、“朋”（如“貝十朋”），“卣”（如“鬯三卣”）等。但是這些單位只是限於度量衡單位和集體單位詞，沒有天然單位如“個”、“隻”、“塊”之類。天然的單位詞是東方語言特有的，特別是漢藏語系語言特有的。原始的天然單位表示方法是在數詞後面再重複前面的一個名詞，用後面重複使用的那個名詞來表示個體單位，但這種用法後來消失了，如甲骨文中的“羌百羌”，金文中的“孚（俘）牛三百五十五牛，羊廿八羊”、“隻（獲）馘百卅七馘”、“玉十玉、田十田”等。

物量詞雖然在先秦已經萌生，但真正發達是在西漢以後。最常見的是“枚”，此外還有“頭”、“隻”、“顆”、“塊”等。“枚”產生於西漢，是由“樹幹”的意義虛化而來的。如《史記·貨殖列傳》：“木器髤（塗漆）者千枚。”《齊民要術》：“得鯉魚長一尺者一萬五千枚。”《水經注》：“土中得玉璧七枚。”唐初王梵志《貧窮田舍漢》：“如此窮硬漢，村村一兩枚。”

不少物量詞在使用過程中，還產生了使用範圍上的變化發展，有的使用範圍擴大了，有的使用範圍縮小了，有的使用範圍轉移了。

使用範圍擴大的如“隻”、“條”等。

隻，用作量詞本指鳥類數量，《說文》：“隻，鳥一枚也。从又持隹。持一隹曰隻，二隹曰雙。”後來擴大到獸類和無生物之類，如《元曲·殺狗勸夫》：“看見一隻犬打香桌根前過來。”《穆天子傳》載周穆王巡遊昆侖，曾“攻其玉石，取玉版三乘，載玉萬隻”而歸，白居易《秋池獨泛》：“一隻短舫艇，一張斑鹿皮。”

條，最初是普通名詞，《說文》：“條，小枝也。”後來發展爲量詞，先用於樹木方面，如唐沈佺期《奉和春日幸望春宮應制》：“楊柳千條花欲綻，葡萄百丈蔓初縈。”後來用途擴大了，細長、狹小的東西一般都可以稱“條”。

使用範圍縮小的，如“枚”等。“枚”在六朝以迄隋唐，樹木、果品、竹簡、傢具、珠玉、寶劍、磚石、魚蟲、人等，皆可用“枚”來稱量。宋元以後，它的使用範圍大大縮小，大都被別的量詞替代，如木器用“件”，珠子用“顆”，刀劍用“把”，樹木用“株”等。特別是到現代漢語，它的範圍縮小到極點，只用於方言或書面語中的“一枚針”、“一枚獎章”之類，在普通話口語裏幾乎不用了。

使用範圍轉移的，如“盞”等。“盞”本指淺而小的酒杯。如王羲之《雜貼》“煎酥酒一盞服之。”宋毛滂《蝶戀花・送茶》：“七盞能醒千日卧。”《水滸傳》：“那婦人拿起一盞茶來，把帕子去茶盅口邊一抹，雙手遞與和尚。”但是現在不用作酒的單位詞，而是用作燈的單位詞。

動量詞在先秦還沒有產生，當時表示動量語法意義的方法主要是以數詞直接和動詞發生聯繫，主要有兩種方式：一是數詞置於動詞之前，如《論語・學而》：“吾日三省吾身。”《孟子・告子》：“五就（接近，靠近，這裏指服侍某人）湯，五就桀者，伊尹也。”二是數詞置於動詞之後，如《史記・李斯列傳》：“趙高治斯，榜掠（拷打，此指李斯被拷打）千餘，不勝痛，自誣服。”《漢書・孔光傳》：“春秋二百四十二年間，月蝕三十餘，地震五十六。”先秦以數詞置於動詞之前爲主，數詞置於動詞之後的是少數。到了漢代，第二種方式普遍發展起來，與此同時，漢代動量詞開始產生。不過魏晉以後動量詞才比較廣泛地應用，如“遍”、“番”等。

遍，表示過程已經完畢，是由動詞“周遍”的意義引申而來的。《說苑・敬慎》：“太子擊前，誦恭王之言，誦三遍，而請習之。”《三國志・魏書・王肅傳》：“讀書百遍，其義自現。”《齊民要術・雜說》：“每耕一遍，蓋兩遍，最後蓋三遍。”

番，本義爲獸足。六朝時有名量詞、動量詞的用法。作名量詞，用於紙張或片狀的東西，如韓愈《與孟尚書》：“過吉州，得吾兄二十四日手書數番。”《舊唐書・薛廷老傳》：“用銅鏡三千片，黃白金薄十萬番。”作動量詞，相當於“回”、“次”，如《世說新語・文學》：“（王）弼自爲客主數番，皆一座所不及。”唐徐凝《玩花五首》之五：“一番弄色，一番退，小婦輕妝大婦愁。”李清照《行香子》：“天與秋光，轉轉情傷，探金英知近重陽。薄衣初試，綠蟻新嘗，漸一番風，一番雨，一番涼。”

上古漢語事物數量的表示方式，主要有以下四種：

（1）數詞＋名詞。數詞直接跟名詞結合，數詞放在名詞的前面，不用量詞。例如：

五事：一曰貌，二曰言，三曰視，四曰聽，五曰思。（尚書・洪範）

詩三百，一言以蔽之，曰“思無邪”。（論語・爲政）

（2）名詞＋數詞。把數詞放在名詞的後邊，不用量詞，上古少見。例如：

越翼日戊午，乃社（祭祀）於新邑，牛一，羊一，豕一。（尚書・詔告）

齊爲衛故，伐晉冠氏，喪車五百。（左傳・哀公十五年）

（3）名詞＋數詞＋量詞。把數詞放在名詞的後邊，兼帶量詞，也少見。例如：

不稼不穡，胡取禾三百廛兮？（詩經・魏風・伐檀）

趙王大悅，封（蘇秦）爲武安君，受（授）相印。革車百乘，錦繡千純，白璧百雙，黃金萬鎰，以隨其後，約從散橫，以抑強秦。故蘇秦相於趙而關不通。（戰國

策·秦策一)

(4) 數詞+量詞+名詞。數量短語充當名詞的定語，與現代漢語一致。這種方式主要使用於西漢以後。例如：

金重於羽者，豈謂一鉤金與一輿羽之謂哉？(孟子·告子下)

一尺布，尚可縫；一斗粟，尚可舂；兄弟二人不能相容。(史記·淮南衡山列傳)

大王誠能出捐數萬斤金，行反間，間其君臣以疑其心……(史記·陳丞相世家)

越使諸發執一枝梅遺梁王。(說苑·奉使)

第十四節 代 詞

代詞，是具有指示稱代作用的詞。

古代漢語的代詞系統裏，除和現代漢語一樣有人稱代詞、指示代詞、疑問代詞外，還有無定代詞等類別。

(一) 人稱代詞

1. 人稱代詞的類別

(1) 第一人稱代詞。

在上古漢語裏，主要有“朕”、“台（yí）”、“卬”、“余（予）”、“吾”、“我”等。例如：

帝高陽之苗裔兮，朕皇考曰伯庸。(屈原：離騷)

台恐德非類。(尚書·說命上)

(類，相似。我恐怕自己的德行不如前哲。)

今女下民，或敢侮予。(詩經·豳風·鴟鴞)

余處幽篁兮終不見天。(屈原：山鬼)

路曼曼其修遠兮，吾將上下而求索。(屈原：離騷)

人涉卬否，卬須我友。(詩經·邶風·匏有苦葉)

(別人渡河我不走，我等我的知心友。)

子貢曰：“我不欲人之加諸我也，吾亦欲無加諸人。”(論語·公冶長)

“朕”、“吾”、“我”在甲骨文中就已出現了，“台”、“卬”是西周以後才出現的，其中“台”只見於《尚書》，“卬”只見於《尚書》和《詩經》。

“朕”、“余（予）”、“我”可作主語、賓語、定語；“台”可作主語、定語，不作賓語；“卬”可作主語、賓語，不作定語；“吾”可作主語、定語，不能用作肯定句中的賓語，如《莊子·齊物論》中的“今者吾喪我”，不能換成“今者我喪吾”，或“今者吾喪吾”，但是可作否定句中的賓語並且置於謂語動詞之前。例如：

居則曰：“不吾知也。”（論語·先進）

我勝若，若不吾勝。（莊子·齊物論）

第一人稱代詞發展到魏晉時期，又出現了“身”和“儂”。例如：

飛據水斷橋，嗔目横矛曰：“身是張翼德也，可共來決死！”（三國志·蜀書·張飛傳）

丞相自起，解帳帶麈尾，語殷曰：“身今日當與君共談析理。”（世說新語·文學）

“儂”是六朝時期吳地方言詞，又作“阿儂”，唐代以後又作“儂家”。例如：

道子領曰：“儂知儂知。”（晉書·簡文三子傳）

歡愁儂亦慘，郎笑我便喜。（鮑照：吳歌）

吳人之鬼，居住建康，小作冠帽，短製衣裳，自呼阿儂，語則阿傍。（洛陽伽藍記·景寧寺）

侯印幾人封萬户，儂家衹辦買孤峰。（司空圖：白菊雜書之三）

（2）第二人稱代詞。

在上古漢語裏，主要有“戎”、“女（汝）”、“爾”、“而”、“乃”、“若”等。例如：

戎雖小子，而式弘大。（詩經·大雅·民勞）

子畏於匡，顏淵後。子曰：“吾以女爲死矣。”曰：“子在，回何敢死？”（論語·先進）

吾翁即汝翁，必欲烹乃翁，幸分我一杯羹。（漢書·高帝紀）

顏淵、季路侍。子曰：“盍各言爾志？（論語·公冶長）

且而與其從辟人之士也，豈若從辟世之士哉？（論語·微子）

今欲發之，乃肯從我乎？（漢書·翟義傳）

吾翁即若翁，必欲烹而翁，則幸分我一杯羹。（史記·項羽本紀）

“女（汝）”和“乃”在甲骨文中就出現了，“爾”、“而”、“若”、“戎”是西周以後才出現的，其中“戎”只見於《詩經》，“若”在先秦文獻中也比較少見，不過在《莊子》和《史記》裏用得較多。

“女（汝）”、“爾”、“若”可作主語、賓語、定語；“戎”只作主語、定語；“而”和“乃”都不能用作賓語，通常是作定語，偶爾也可作主語。

第二人稱代詞發展到南北朝後期，又出現了“你”，“你”源於“爾”，爲“爾”之音變字。例如：

你父打我時，竟不來救。（北齊書·文宣四王傳）

共你論相殺事，何須作書語邪？（隋書·李密傳）

到宋朝時，又出現了“您”，最早見於宋元話本和金元諸宮調裏，從語音上來看，“您”是“你們”的合音；意義上可以用於第二人稱複數，相當於“你們”，也可以用於單數，相當於“你”。現代北方話裏“您”表示第二人稱的敬稱，但宋元時期的“您”一般沒有敬稱意，例如：

黄巢反賊，您若會事之時，束手歸降。（五代史平話·唐史上）

少後三二日，多不過十朝，須要您鶯鶯償命。（董解元：西廂記諸宫調）

（3）第三人稱代詞。

上古漢語的第三人稱代詞主要用“之”、“其”、“厥”，有時用“彼”、“夫”等，它們主要用來指事物，也可以用來指人，不像第一人稱代詞、第二人稱代詞那樣是專用來指人的。例如：

愛共叔段，欲立之。（左傳·隱公元年）

父勉其子，兄勉其弟，婦勉其子。（國語·越語上）

昔者大王好色，愛厥妃。（孟子·梁惠王下）

彼竭我盈，故克之。（左傳·莊公十年）

使夫往而學焉，夫亦愈知治矣。（左傳·襄公三十一年）

上古漢語裏，用作人稱代詞時，“之”只能作賓語；東漢之前，“其”只能作定語，不能作主語或賓語，有些句子中的“其”很像主語或賓語，其實不是的。例如：

且夫水之積也不厚，則其負大舟也無力。（莊子·逍遥遊）

其爲政也，善因禍而爲福，轉敗而爲功。（史記·管晏列傳）

王若隱其無罪而就死地，則牛羊何擇焉？（孟子·梁惠王上）

吾見師之出而不見其入也。（左傳·僖公三十二年）

前兩例中的“其”很像作主語，後兩例中的“其”很像作賓語，其實它們仍然是作定語，因爲它們仍然必須和後面的成分合成一個偏正式的短語（“其負大舟”、“其爲政”、“其無罪”、“其入”）來作主語或賓語，且其主語或賓語的核心是“其”後面的成分（“負大舟”、“爲政”、“無罪”、“入”），而不是“其”，更不是“其”字本身能單獨用作主語或賓語，“其”在這些作主語或賓語的偏正式短語中，只不過居於次要地位，相當於“指代對象＋之”，作定語修飾限定其後面的核心成分。東漢以後，有些人把“其”字當作主語或賓語來使用，例如：

（子響）乞白服相見，其（茹法亮）永不肯。（南齊書·魚復侯子響傳）

王曰：“噫！其自有公論。”（世說新語·品藻）

其若見問，當作依違答之。（宋書·劉劭傳）

（依，贊成；違，反對。指模棱兩可的回答。）

武王夢帝予其九齡。（論衡·感類）

（予其九齡，給他九年。指武王做了一個上帝給他增壽九年的夢。）

尤其是近現代，把“其”當作主語或賓語使用的現象越來越多，但這是不符合上古語法的。

“之”和“其”作人稱代詞時，一般是作第三人稱代詞，所指代的對象，往往是第三方，但有時也可靈活運用，用於第一人稱或第二人稱，指代自己或對方。例如：

先王過舉，擢之乎賓客之中，而立之乎群臣之上。（戰國策·燕策二）

（之，是樂毅自稱，指代自己，相當於“我”。）

若從君之惠而免之。（左傳·成公三年）

（之，是知罃自稱，指代自己，相當於“我”。）

士季曰：“諫而不入，則莫之繼也。會請先，不入，則子繼之。”（左傳·宣公二年）

（前一個“之”，指趙盾，是士季稱呼趙盾，相當於“您”；後一個“之”，是士季自稱，指代自己，相當於“我”。）

足下哀其愚蒙，賜書教督以所不及，殷勤甚厚。（楊惲：報孫會書）

（其，是楊惲自稱，指代自己，相當於“我的”。）

天子發政於天下之百姓，言曰：“聞善而不善，皆以告其上。”（墨子·尚同上）

（其，指百姓，是天子稱呼百姓，相當於“你們的”。“聞善而不善”中的“而”是連詞，相當於“與”或“或”。）

到中古魏晉南北朝時，南方方言中使用“伊”、“渠”作第三人稱代詞。呂叔湘先生說：“在魏晉之際，正當他字開始向三身代詞方面發展的時候，伊字已經是個盛行的代詞。”例如：

自殺伊家人，何預卿事？（世說新語·汰侈）

女婿昨來，必是渠所竊。（三國志·吳書·趙達傳）

此外，“他”字在魏晉南北朝時期開始向第三人稱代詞轉變，唐代時才開始較多地出現在接近口語的作品中，正式確立其第三人稱代詞的地位，可作主語、賓語、定語、兼語等。例如：

吏曰：“夫人鼻高耳（爾），口低，豈能齧之乎？”甲曰：“他踏牀子就齧之。”（邯鄲淳：笑林）

武后知曰：“阿師當向北門出入，南衙宰相往來，毋犯他。”（劉餗：隋唐嘉話）

南面坐者語曰：“適來飲他酒脯，寧無情乎？”（干寶：搜神記）

曲岸深潭一山叟，駐眼看鉤不移手。世人欲得知姓名，良久問他不開口。（高適：漁父歌）

但“伊”、“渠”、“他”用作第三人稱代詞，也是由之前的指示代詞用法發展而來的。在上古漢語中，它們雖然也可指人，但主要是作指示代詞，其中“渠”應該是由“其”分化而來，係“其”字音變方言，元明以後，“渠”在北方口語中消失，粵語、客家話第三人稱代詞“佢”，大約是“渠”的保留；“他”字是由“它”字分化而來。

(4) 反身代詞。

反身代詞是表己身的代詞。主要有“自”、“己”兩個。例如:

夫人必自侮，然後人侮之。(孟子·離婁上)

自云先世避秦時亂，率妻子邑人來此絕境，不復出焉。(陶淵明:桃花源記)

己所不欲，勿施於人。(論語·顏淵)

2. 上古人稱代詞的特點

上古人稱代詞，沒有性的區別，即男性女性通用;也沒有數的區別，即單複數同形，除表單數外，還可表複數。例如:

夫子欲之，吾二臣者皆不欲也。(論語·季氏)

終鮮兄弟，維予二人。(詩經·鄭風·揚之水)

子路、曾皙、冉有、公西華侍坐，子曰:“以吾一日長乎爾，毋吾以也。居則曰:‘不吾知也。’如或知爾，則何以哉?”(論語·先進)

今女下民，或敢侮予。(詩經·幽風·鴟鴞)

聚室而謀曰:“吾與汝畢力平險，指通豫南，達於漢陰，可乎?”雜然相許。(列子·湯問)

大約從春秋戰國時開始，出現了類似於表複數的“儕”、“等”、“曹”、“屬”、“輩”等，黏附在第一、二人稱代詞及部分尊稱、謙稱之後，表示“這批人”、“這些人”、“這班人”、“這輩人”等意思。例如:

吾儕小人，食而聽事。(左傳·襄公三十年)

(陳勝)召令徒屬曰:“公等遇雨，皆已失期，失期當斬……”(史記·陳涉世家)

爾曹若健，遠相避也。(後漢書·趙憙傳)

奪項王天下者必沛公也，吾屬今爲之虜矣。(史記·項羽本紀)

爾輩群奴，正可牧牛羊，何爲送死?(晉書·苻堅傳)

但這些字還不是複數形尾，而是帶有“一班人”的意思，含有比較具體的實意，因而與後來專門表示複數的“們”是不同的。真正的複數形尾“們”字，宋代開始出現，不過最初寫作“懣(滿)”，後來寫作“瞞”、“門”、“們”，元曲裏又寫作“每”，明初以後“們”字才多起來。

對酒當歌渾冷淡，一任他懣嗔惡。(趙長卿:念奴嬌·小飲江亭有作)

不因你瞞番人在此，如何我瞞四千里路來。(周密:齊東野語)

學人言語，未曾十分巧。看他門，得人憐，秦吉了。(辛棄疾:千年調)

在他們說，便如鬼神變怪。(朱熹:朱子語類)

他每都恃着口強。(元曲·玉鏡臺)

上古人稱代詞，尤其是在先秦時期，一般沒有尊卑上下區別。例如“朕”字：

帝曰：“咨！四嶽。朕在位七十載，汝能庸命，巽朕位？”（尚書·堯典）

王曰：“格爾衆庶，悉聽朕言。非台小子，敢行稱亂！”（尚書·湯誓）

帝高陽之苗裔兮，朕皇考曰伯庸。……回朕車以復路兮，及行迷之未遠。……曾歔欷余鬱邑兮，哀朕時之不當。……懷朕情而不發兮，余焉能忍與此終古。”（屈原：離騷）

象曰：“……牛羊父母；倉廩父母；干戈朕；琴朕；弤朕；二嫂使治朕棲。”（孟子·萬章上）

上舉前二例中的“朕”爲帝、王自稱，後二例中的“朕”爲屈原、象（舜之弟，當時舜尚未被堯選爲繼位者）自稱。《爾雅·釋詁》：“朕，身也。”《史記·秦始皇本紀》：“丞相綰、御史大夫劫、廷尉斯等皆曰：‘今陛下興義兵，誅殘賊，平定天下，海內爲郡縣，法令由一統，自上古以來未嘗有，五帝所不及。臣等謹與博士議曰：“古有天皇，有地皇，有泰皇，泰皇最貴。”臣等昧死上尊號，王爲“泰皇”。命爲“制”，令爲“詔”，天子自稱曰“朕”。’王曰：‘去“泰”，着“皇”，採上古“帝”位號，號曰“皇帝”。他如議。’”蔡邕《獨斷》：“秦始皇二十六年，制定‘朕’爲天子自稱，後世因而不改。”由此可見，自秦始皇始，“朕”才成爲帝王專稱。

3. 敬稱（尊稱）和謙稱（卑稱）

人稱代詞裏，有些本身含有一定的尊敬或謙卑意味，例如用“爾”、“汝”來稱呼對方，某些場合下是輕慢不敬的表現，《孟子·盡心下》：“人能充無受爾汝之實，無所往而不爲義也（一個人能把不願受人輕蔑的心理擴展開去，那麼無論到哪裏，都會符合義）。”《魏書·陳奇傳》：“嘗衆辱奇，或爾汝之，或指爲小人。”這兩例“爾汝”，都是輕慢的稱呼，甚至可引申爲“蔑視”。

中國是文明禮儀之邦，古代特別注重禮儀，講究尊卑，跟人交往言談時，一定要根據場合、對象，使用恰當的稱呼語。雖然有些人稱代詞含有一定的尊卑謙敬意味，但是這種意味還不夠顯著，數量也不是很多，不能完全滿足各種情況的需要，所以在古代，還有許多表示尊敬或謙卑的稱呼方式。

表示謙卑的，一般用來稱呼自己，代替第一人稱。主要有三種方式：

一是稱自己的名。例如：

丘也聞有國有家者，不患寡而患不均，不患貧而患不安。（論語·季氏）

子謂子貢曰：“女與回也孰愈？”對曰：“賜也何敢望回？回也聞一以知十，賜也聞一以知二。”子曰：“弗如也，吾與女弗如也！”（論語·公冶長）

項王曰：“此沛公左司馬曹無傷言之；不然，籍何以至此？”（史記·項羽本紀）

二是自稱低賤的身份。常用的有“僕”、“臣”、“妾”、“奴”、“民”、“小人”等。例如：

僕雖罷駑，亦嘗側聞長者之遺風矣。（司馬遷：報任安書）

沛公旦日從百餘騎來見項王，至鴻門，謝曰："臣與將軍戮力而攻秦，將軍戰河北，臣戰河南，然不自意能先入關破秦，得復見將軍於此。今者有小人之言，令將軍與臣有郤。"（史記·項羽本紀）

妾（樂羊子之妻）聞志士不飲盜泉之水，廉者不受嗟來之食。（後漢書·列女傳）

奴正青春，你又方年少。怕你不聰明？怕你不稔色？怕你沒才調？（董解元：西廂記諸宮調）

陸太尉詣王丞相，王公食以酪。陸還，遂病。明日與王牋云："昨食酪小過，通夜委頓。民雖吳人，幾爲傖鬼。"（世說新語·排調）

小人有母，皆嘗小人之食矣，未嘗君之羹，請以遺之。（左傳·隱公元年）

三是自稱卑賤不善之辭。常用的有"愚"、"孤"、"寡人"、"不穀"等。例如：

愚以爲宮中之事，悉以咨之，然後施行，必能裨補闕漏，有所廣益。（諸葛亮：出師表）

秦伯素服郊次，鄉（向）師而哭，曰："孤違蹇叔以辱二三子，孤之罪也。"（左傳·僖公三十三年）

公（鄭伯）曰："吾不能早用子，今急而求子，是寡人之過也。"（左傳·僖公三十年）

及楚，楚子饗之，曰："公子若反晉國，則何以報不穀？"（左傳·僖公二十三年）

表示尊敬的，一般用來稱呼對方或第三者，代替第二人稱或第三人稱。主要有四種方式：

一是稱對方的字。例如：

今少卿抱不測之罪。（司馬遷：報任安書）

（任安，字少卿。）

夫運籌策帷帳之中，決勝於千里之外，吾不如子房。（史記·高祖本紀）

（張良，字子房。）

故今具道所以，冀君實或見恕也。（王安石：答司馬諫議書）

（司馬光，字君實。）

二是稱對方的爵位、職銜、身份等。常用的有"君"、"卿"、"公"、"大夫"、"將軍"等。

"君"、"卿"、"公"等本由職位名稱或爵位名稱演變爲稱呼語。最初只可稱諸侯王爲"君"，戰國時期諸侯王族公子或權臣士大夫也可封"君"，如戰國時以養"士"著稱的"戰國四公子"，其中齊國的孟嘗君田文、趙國的平原君趙勝、魏國的信陵君魏無忌都是諸侯王之子，楚國的春申君黃歇是“戰國四公子”中唯一沒有王室血統的人，他早年在楚頃襄王手下做事，被封爲左徒，後頃襄王病危時因設法使在秦國做人質的太子完（即後來的考烈王）逃歸楚繼位有功，於考烈王元年封爲宰相和春申君。非諸侯王或並未被封爲“君”的人而被面稱爲“君”，表示尊敬，相當於“您”，始見於《左傳》，後一直沿用，可用於下稱上，也可用於上稱下，或平輩相稱。例如：

鄒忌修八尺有餘，而形貌昳麗。朝服衣冠，窺鏡，謂其妻曰：“我孰與城北徐公美？”其妻曰：“君美甚，徐公何能及君也？”城北徐公，齊國之美麗者也。忌不自信，而復問其妾曰：“吾孰與徐公美？”妾曰：“徐公何能及君也？”旦日，客從外來，與坐談，問之客曰：“吾與徐公孰美？”客曰：“徐公不若君之美也。”（戰國策・齊策一）

宦者平即往告相曰：“君之舍人奴有病，病重，死期有日。”相君曰：“卿何以知之？”（史記・扁鵲倉公列傳）

良問曰：“大王來何操？”曰：“我持白璧一雙，欲獻項王，玉斗一雙，欲與亞父。會其怒，不敢獻。公爲我獻之。”張良曰：“謹諾。”（史記・項羽本紀）

王（吴王夫差）還自伐齊，乃訊申胥（伍員，字子胥，封於申地，故又稱申胥）曰：“昔吾先王（吴王闔廬）體德明聖，達於上帝，譬如農夫作耦，以刈殺四方之蓬蒿，以立名於荊，此則大夫之力也。今大夫老，而又不自安恬逸，而處以念惡，出則罪吾衆，撓亂百度，以妖孽吴國。今天降衷（善也）於吴，齊師受服。孤豈敢自多，先王之鐘鼓，寔式靈之。敢告於大夫。”（國語・吴語）

沛公旦日從百餘騎來見項王，至鴻門，謝曰：“臣與將軍戮力而攻秦，將軍戰河北，臣戰河南，然不自意能先入關破秦，得復見將軍於此。今者有小人之言，令將軍與臣有郤。”（史記・項羽本紀）

三是稱對方的近侍、所在等。常用的有“侍御者”、“執事”、“陛下”、“殿下”、“足下”、“閣下”、“麾下”、“節下”等。這是爲了表示對方的身份高貴，自己不敢直接稱呼對方而採用的一種尊稱方式。例如：

今足下使人數之以罪，臣恐侍御者不察先王之所以畜倖臣之理，又不白臣之所以事先王之心，故敢以書對。（史記・樂毅列傳）

王（楚共王）送知罃，曰：“子其怨我乎？”對曰：“二國治戎，臣不才，不勝其任，以爲俘馘。執事不以釁鼓，使歸即戮，君之惠也。臣實不才，又誰敢怨？”（左傳・成公三年）

丞相綰、御史大夫劫、廷尉斯等皆曰：“昔者五帝地方千里，其外侯服夷服諸侯或朝或否，天子不能制。今陛下興義兵，誅殘賊，平定天下，海內爲郡縣，法令由一統，自上古以來未嘗有，五帝所不及……”（史記・秦始皇本紀）

初，太子未定，而臨菑侯植有寵，丁儀等並贊翼其美。太祖問顒，顒對曰："以庶代宗，先世之戒也。願殿下（指魏王曹操）深重察之！"（三國志·魏書·邢顒傳）

閻樂前即二世，數曰："足下驕恣，誅殺無道，天下共畔足下，足下其自爲計。"（史記·秦始皇本紀）

徵兵滿萬，不如召募數千，閣下以爲何如？（韓愈：再與鄂州柳宗丞書）（柳宗丞，指御史中丞柳公綽。）

（張）紘諫（孫策）曰："夫主將乃籌謨之所自出，三軍之所繫命也，不宜輕脫，自敵小寇。願麾下重天授之姿，副四海之望，無令國內上下危懼。"（三國志·吳書·張嚴程闞薛傳）

願節下弘之以道德，運之以神明，隱心以及物，垂理以禁暴。（晉書·殷仲堪傳）

四是稱對方以美善之辭。常用的有"令"、"子"、"吾子"、"夫子"、"先生"等。

"令"本爲動詞，命令的意思，後來用爲形容詞，美好的意思，可用來稱對方的親屬，只能作定語，相當於"您的"。如稱對方的父親爲令尊，稱對方的母親爲令堂，以及令愛（女）、令弟、令妹、令侄等等。

"子"本義是孩童，後來發展爲對別人，尤其是對男子的美稱，用於稱呼他人，一般是面稱，表示尊敬，相當於"您"。例如：

子畏於匡，顏淵後。子曰："吾以女爲死矣。"曰："子在，回何敢死？"（論語·先進）

但也有的不一定是很尊敬的說法，而是一般語氣甚至是質問、很不客氣的說法，相當於"你"。例如：

公孫丑曰："夫子當路於齊，管仲、晏子之功可復許乎？"孟子曰："子誠齊人也，知管仲、晏子而已矣。"（孟子·公孫丑上）

"吾子"只用於面稱，表示尊敬或親密，可用於下對上，也可用於上對下，或平級間，相當於"您"。《儀禮·士冠禮》："願吾子之教子也。"鄭玄注："吾子，相親之辭。""吾子"在《左傳》中用得最多。例如：

郤克傷於矢，流血及屨，未絕鼓音，曰："余病矣！"張侯曰："自始合，而矢貫余手及肘，余折以御，左輪朱殷，豈敢言病？吾子忍之！"（左傳·成公二年）

"夫子"一般用於稱呼尊長者，表示尊敬。可用於面稱，相當於"您"或"您老人家"。例如：

王說，曰："《詩》云：'他人有心，予忖度之。'夫子之謂也。夫我乃行之，反而求之，不得吾心。夫子言之，於我心有戚戚焉。"（孟子·梁惠王上）

也可以用於背稱，相當於"他"或"他老人家"。例如：

子禽問於子貢曰："夫子至於是邦也，必聞其政。求之與？抑與之與？"子貢曰："夫子溫、良、恭、儉、讓以得之。夫子之求之也，其諸異乎人之求之與！"（論語·學而）

"先生"本指先於自己出生的人，轉指年長者。《論語·爲政》："子夏問孝，子曰：'色難。有事，弟子服其勞；有酒食，先生饌，曾是以爲孝乎？'"意思是子夏問什麼是孝，孔子說："（當晚輩的要盡到孝，）最不容易的就是對長輩和顏悅色。僅僅是有了事情，晚輩需要替長輩去做，有了酒飯，讓長輩吃，難道能認爲這樣就可以算是孝了嗎？"這裏的"先生"指長輩或父母，"弟子"指晚輩、兒女。到戰國時期，"先生"逐漸可用於對人的尊稱，與"夫子"類似，相當於"您"或"您老人家"。例如：

秦（昭）王跽而請曰："先生（范雎）何以幸教寡人？"（史記·范雎蔡澤列傳）

後來，"先生"還可用於對女性的尊稱，至今港台地區仍有沿用。例如：

耿先生者，江表將校耿謙之女也。少而明慧，頗有姿色。……先生常被碧霞帔，……先生笑曰："陛下嘗不信下妾之術，今日面覿，可復不信耶？"……南海嘗貢奇物，有薔薇水、龍腦漿。薔薇水清洮郁烈，龍腦漿補益男子，上常寶惜之，每以龍腦漿調酒服之，香氣連日不絕於口。亦以賜近臣。先生見之，曰："此未爲佳也。"上曰："先生豈能爲之？"曰："試爲之，亦可就。"（江淮異人錄·耿先生）

以上所列各種表尊稱或謙稱的詞語（不包括"爾"、"汝"這一類本身爲代詞的），雖然都具有稱代作用，並且它們當中的許多詞可以翻譯成"我"、"您"或"他"，但從詞性來看，皆非代詞，更非人稱代詞。我們不能因爲翻譯上的類似，而將它們直接看成第一或第二、第三人稱代詞。王力先生說："謙稱和尊稱都是名詞（或形容詞用如名詞），不是代詞，所以它們不受代詞規律的制約（在否定句中不放在動詞前面）；但是，從詞義上說，它們又表示了'我'或'你'。"

（二）指示代詞

現代漢語的指示代詞系統比較簡單，只有近指的"這"和遠指的"那"。

古代漢語的指示代詞系統要複雜一些。

1. 是、此、斯、茲

這一組代詞通常表近指，一般可譯作"這"、"這個"、"這種"、"這些"等。例如：

是鳥也，海運將徙於南溟。（莊子·逍遥遊）

是乃仁術也，見牛未見羊也。（孟子·滕文公上）

彼一時，此一時也。（孟子·公孫丑上）

向吾不爲斯役，則久以病矣。（柳宗元：捕蛇者說）

天其承我命於茲新邑。（尚書·盤庚）

2. 彼、夫

這一組代詞通常表遠指，一般可譯作“那”、“那個”、“那種”、“那些”等。例如：

是亦彼也，彼亦是也。（莊子·齊物論）

天子命我，城彼朔方。（詩經·小雅·出車）

君子疾夫舍曰欲之而必爲之辭。（論語·季氏）

子曰：“食夫稻，衣夫錦，於女安乎？”（論語·陽貨）

“彼”的指代性較強，可以作主語、賓語、定語，而“夫”的指代性較弱，以作定語爲多，有些位於句首的“夫”後來還虛化爲句首語氣詞（發語詞）了。

3. 其、之

“其”一般用作第三人稱代詞。有時用作遠指代詞，可譯爲“那”、“那樣”。例如：

不在其位，不謀其政。（論語·泰伯）

僕誠以著此書，藏之名山，傳之其人。（司馬遷：報任安書）

河內凶，則移其民於河東，移其粟於河內。（孟子·梁惠王上）

夏后、殷、周之盛，地未有過千里者也，而齊有其地矣。（孟子·公孫丑上）

“之”一般用作第三人稱代詞。有時用作指示代詞，起指示作用，可譯爲“那”。例如：

之子於歸，皇駁其馬。（詩經·豳風·東山）

之二虫又何知？（莊子·逍遥遊）

4. 他（它、佗）、異

這一組代詞通常表旁指，一般可譯作“別的”、“另外的”、“其他的”。例如：

於是沛公乃夜引兵從他道還。（史記·高祖本紀）

王顧左右而言他。（孟子·梁惠王下）

趙旃以其良馬二，濟其兄與叔父，以他馬反，遇敵不能去，棄車而走林。（左傳·宣公十二年）

它山之石，可以攻玉。（詩經·小雅·鶴鳴）

佗邑唯命。（左傳·隱公元年）

吾以子爲異之問，曾由與求之問！（論語·先進）

此無異故，其謀臣皆不盡其功也。（韓非子·初見秦）

5. 每、各

這一組代詞通常表逐指，一般可譯作“每次（件）”、“各個”。例如：

今也每食不飽。（詩經·秦風·權輿）

子入太廟，每事問。（論語·八佾）

萬物各異理。（韓非子·解老）

民有寢廟，獸有茂草，各有攸處，德用不擾。（左傳·襄公四年）

6. 若、爾、然

這一組代詞的意思是“如此”、“像這（那）樣”，由于它們的詞義相當於一個動賓結構，所以有人稱之爲謂詞性指示代詞。例如：

南宫適出，子曰：“君子哉若人！尚德哉若人！”（論語·憲問）

出若入若，天下莫不平均，莫不治辨。（荀子·王霸）

凶歲，子弟多暴。非天之降才爾殊也，其所以陷溺其心者然也。（孟子·告子上）

孔子在衛，有送葬者，而夫子觀之，曰：“善哉爲喪乎！足以爲法矣！”子貢曰：“夫子何善爾也？”（禮記·檀弓上）

河内凶，則移其民於河東，移其粟於河内。河東凶亦然。（孟子·梁惠王上）

7. 焉、諸

這兩個詞比較特殊，它們是兼詞。

“焉”的本義是一種鳥的名稱，《說文解字》：“焉，焉鳥，黄色，出於江淮。象形。”假借爲兼詞，常放在句末，相當於“於是”、“於此”。例如：

積土成山，風雨興焉；積水成淵，蛟龍生焉。（荀子·勸學）

三人行，必有我師焉。（論語·述而）

今宋人弑其君，罪莫大焉。（國語·晉語五）

人誰無過？過而能改，善莫大焉。（左傳·宣公二年）

由于“焉”常放在句末，逐漸有了兼表語氣的作用，到後來有的完全虚化成了語氣詞，而失去了指代作用，可譯作“呢”、“嗎”，或者不翻譯。例如：

我二十五年矣，又如是而嫁，則就木焉。（左傳·僖公二十三年）

王若隱其無罪而就死地，則牛羊何擇焉？（孟子·梁惠王上）

“諸”作代詞，置於句中，相當於“之於”（“於”爲介詞），置於句末，相當於“之乎”（“乎”爲語氣詞）。例如：

宋人或得玉，獻諸子罕。（左傳·襄公十五年）

投諸渤海之尾，隱土之北。（列子·湯問）

冉有問：“聞斯行諸？”子曰：“聞斯行之。”（論語·先進）

文王之囿方七十里，有諸？（孟子·梁惠王下）

但當“諸”後有“乎”時，“諸”只能相當於代詞“之”，例如：

秦伯謂子桑：“與諸乎？”（左傳·僖公十三年）

吾敢違諸乎？（左傳·昭公三年）

潘崇曰：“能事諸乎？”曰：“不能。”（左傳·文公元年）

“諸”還有一種表統指的用法，即指代某一範圍的全體，相當於“各位”、“衆”。只作定語。例如：

諸大夫皆以爲然。（左傳・襄公十年）

然則曷稱？稱諸父兄師友。（公羊傳・隱公二年）

今諸生學於太學，縣官日有廩稍之供，父母歲有裘葛之遺，無凍餒之患矣；坐大廈之下而誦《詩》《書》，無奔走之勞矣；有司業、博士爲之師，未有問而不告，求而不得者也；凡所宜有之書皆集於此，不必若余之手錄，假諸人而後見也。（宋濂：送東陽馬生序）

（三）疑問代詞

按照所指對象的不同，一般將疑問代詞分爲以下三類：

1. 問人的疑問代詞

主要表示問人的疑問代詞有“誰”、“孰”等。

“誰”可以出現在主語、賓語、定語及謂語的位置上。例如：

誰習計會，能爲文收責於薛乎？（史記・孟嘗君列傳）

昭王曰：“寡人將誰朝而可？”（戰國策・燕策一）

噫！微斯人，吾誰與歸？（范仲淹：岳陽樓記）

且虎兕出於匣，龜玉毀於櫝中，是誰之過矣？（論語・季氏）

孟嘗君怪之曰：“此，誰也？”（史記・孟嘗君列傳）

“孰”，主要用於選擇性的疑問句中，一般有先行詞，意思是“哪一個”。例如：

吾與徐公孰美？（戰國策・齊策一）

吾子與子路孰賢？（孟子・公孫丑上）

一般只作主語，很少出現在賓語的位置上。有時也可不用於選擇句中，與“誰”的作用相似。例如：

孰是君也，而可無死乎？（國語・越語上）

丈人云：“四體不勤，五穀不分，孰爲夫子？”（論語・微子）

“孰”有時也可指物或處所。例如：

禮與食孰重？（孟子・告子下）

孰城？城衛也。（公羊傳・僖公二年）

“孰”經常和介詞“與”連用，構成一個專門用來表示比較或選擇的固定結構，可譯爲“與……相比，哪個更……”。例如：

我孰與城北徐公美？（戰國策・齊策一）

我孰與皇帝賢？（史記・酈生列傳）

公之視廉將軍孰與秦王？（史記・廉頗藺相如列傳）

有時“孰與”不表疑問，用在反問句中，表示肯定，可譯爲“怎麼比得上”。例如：

大天而思之，孰與物畜而制之？從天而頌之，孰與制天命而用之？望時而待之，孰與應時而使之？因物而多之，孰與騁能而化之？思物而物之，孰與理物而勿失之也？願物之所以生，孰與有物之所以成？（荀子・天論）

在這種反問句中，“孰與”前後可供選擇的兩項有優劣之分，一般是肯定後者而否定前者。

“孰”還可組成“與其……，孰若……”的形式，用於反問句或陳述句中，構成一個專門用來表示比較或選擇的固定結構，可譯爲“與其……，怎麼比得上”、“與其……，不如”。例如：

與其有譽於前，孰若無毁於後？（韓愈：送李願歸盤谷序）

與其舍恥而存，孰若蹈道而死。（資治通鑒・晉紀）

2. 問事物的疑問代詞

主要表示問事物的疑問代詞有“何”、“曷”、“胡”、“奚”等詞。

當它們用在賓語、定語位置上時，一般問事務或原因，意思相當於“什麼”。例如：

大王來何操？（史記・項羽本紀）

敢問何謂也？（左傳・隱公元年）

星隊（墜）木鳴，國人皆恐。曰：是何也？曰：無何也。（荀子・天論）

曷爲久居此圍城之中而不去也？（戰國策・趙策三）

即不幸有方二三千里之旱，國胡以相恤？（賈誼：論積貯疏）

“許子冠乎？”曰：“冠。”曰：“奚冠？”曰：“冠素。”（孟子・滕文公上）

縱江東父兄憐而王我，我何面目見之？（史記・項羽本紀）

以此攻城，何城不克？（左傳・僖公四年）

舜爲御，堯爲左，禹爲右，入於澤而問牧童，入於水而問漁師，奚故也？其知之審矣。（呂氏春秋・疑似）

當它們用在狀語位置上時，一般問原因或方法，意思相當於“爲什麼”、“怎麼”。例如：

許子何不爲陶冶？舍皆取諸其宫中而用之？（孟子・滕文公上）

問君何能爾，心遠地自偏。（陶潛：飲酒）

不狩不獵，胡瞻爾庭有縣貆兮？（詩經・魏風・伐檀）

上胡不法先王之法？（呂氏春秋・察今）

令朝至暮變，暮至朝變，十日而海内畢矣，奚待期年？（韓非子・難一）

3. 問處所的疑問代詞

主要表示問處所的疑問代詞有“安”、“焉”、“惡”等，意思相當於“哪裏”或“怎麼”，多用作賓語或狀語。例如：

沛公安在？（史記·項羽本紀）

臣在大夏時，見筇竹杖、蜀布，問曰：“安得此？”（漢書·張騫李廣利傳）

王室多故，予安逃死乎？（史記·趙世家）

天下父母歸之，其子焉往？（孟子·離婁上）

姜氏欲之，焉辟害？（左傳·隱公元年）

路惡在？（孟子·盡心上）

道惡乎往而不存？（莊子·齊物論）

學惡乎始？（荀子·勸學）

（四）無定代詞

無定代詞，是指該類代詞所指代的對象不能具體確定。根據所指代的對象的不同，可以分爲肯定性無定代詞和否定性無定代詞兩類。

1. 肯定性無定代詞

肯定性無定代詞，即指代存在某些人或事物、時間等，但又不能確切地指出具體爲其中哪一個人或哪一件事物、哪一段時間。主要有“或”，一般作主語，可譯作“有人”、“有的人”、“有的”。例如：

或謂孔子曰：“子奚不爲政？”（論語·爲政）

一夫不耕，或受之飢；一女不織，或受之寒。（賈誼：論積貯疏）

如或知爾，則何以哉？（論語·先進）

有時，前面有先行詞，“或”字指代其中的某些人或某一個人。例如：

宋人或得玉，獻諸子罕。（左傳·襄公十五年）

唐（國名）人或相與謀。（左傳·定公三年）

曹人或夢衆君子立於社宫而謀亡曹。（左傳·哀公七年）

“或”表時間時，可譯作“有時”或“偶爾”。例如：

馬之千里者，一食或盡粟一石。（韓愈：馬說）

至於夏水襄陵，沿泝阻絕，或王命急宣，有時朝發白帝，暮到江陵。（水經注·江水）

有時，兩個或兩個以上的“或”字連用，第一個“或”指一類，第二個“或”指另一類，但都不確定指爲某人或某物、某事。這種用法的“或”字不是表示選擇的連詞，不能譯爲“或者”，而是表示列舉不同的情況，應該譯爲“有的”，這是應當注意的。例如：

或勞心，或勞力。勞心者治人，勞力者治於人。（孟子·許行）

或百步而後止，或五十步而後止。（孟子·梁惠王上）

得敵，或鼓，或罷，或泣，或歌。（周易·爻辭·中孚·六三）

人固有一死，或重於泰山，或輕於鴻毛。（司馬遷：報任安書）

今灘上有石，或圓如簞，或方似笥。（水經注·江水）

夫物之不齊，物之情也。或相倍蓰，或相什伯，或相千萬。（孟子·許行）

2. 否定性無定代詞

否定性無定代詞，即指代不存在某些人或事物、處所等，但又不能確切地指出具體爲其中哪一個人或哪一件事物、哪一個地方。主要有“莫”、“靡”、“無”，只能作主語，一般譯作“沒有誰”，“沒有什麼事情”，“沒有什麼地方”，“沒有什麼東西”等。

“莫”字用例如：

荊宣王問群臣曰：“吾聞北方之畏昭奚恤也，果誠何如？”群臣莫對。（戰國策·楚策一）

國人莫敢言，道路以目。（國語·周語上）

宮婦左右，莫不私王；朝廷之臣，莫不畏王；四境之內，莫不有求於王。（戰國策·齊策一）

人誰無過？過而能改，善莫大焉。（左傳·宣公二年）

吾盾之堅，物莫能陷也。（韓非子·難一）

天下之水，莫大於海。（莊子·秋水）

今秦怨毒商鞅之法，甚於私讎，故孝公卒之日，舉國而攻之，東西南北莫可奔走，仰天而歎曰：“嗟乎，爲政之弊，至於斯極也！”（鹽鐵論·非鞅）

也可以沒有先行詞。例如：

子曰：“莫我知也夫！”（論語·憲問）

諫而不入，則莫之繼也。（左傳·宣公二年）

在先秦作品中，“莫”字大都作無定代詞，但也出現了作否定副詞的用法，至西漢以後，“莫”作否定副詞用法大量出現。“莫”作否定副詞，常用於祈使句表示禁止，相當於“勿”，可譯爲“不要”。例如：

莫爲盜！莫爲殺人！（莊子·則陽）

秦王車裂商君以徇，曰：“莫如商鞅反者！”（史記·商君列傳）

願早定大計，莫用衆人之議也。（資治通鑒·赤壁之戰）

請君莫奏前朝曲，聽唱新翻楊柳枝。（劉禹錫：楊柳枝詞）

“靡”字用例，如：

左史記言，右史記事，事爲《春秋》，言爲《尚書》，帝王靡不同之。（漢書·藝

文志）

靡不有初，鮮克有終。（詩經·大雅·蕩）

德厚侔（等齊）天地，利澤施四海，靡不獲福焉。（史記·孝文本紀）

“無”字用例，如：

呂公曰：“臣少好相人，相人多矣，無如季（劉邦，字季）相。願季自愛。臣有息女，願爲季箕帚妾。”（史記·高祖本紀）

始臣之解牛之時，所見無非牛者。（莊子·養生主）

吾矛之利，物無不陷也。（韓非子·難一）

要注意“無”字作無定代詞與作存在動詞的區別。作無定代詞時，它只能作主語（包括主語中心），一般翻譯成“沒有誰”、“沒有什麼事情”、“沒有什麼地方”等；作存在動詞時，它只能作謂語（包括謂語中心），一般翻譯成“沒有”。例如：

昔之人無聞知。（尚書·無逸）

誰謂爾無羊？三百維群。（詩經·小雅·無羊）

無道，左右臣妾乃違。（逸周書·芮良夫）

古代文化常識三——古代的語諱

所謂語諱，就是語言文字中的避諱。漢語語諱包括三種情況：忌諱、憎諱和敬諱。出於迷信或畏懼心理而諱用、諱言兇惡、不吉利字眼或其諧音的，是忌諱。如古代吳人忌諱“離散”，就把“梨”稱爲“圓果”，把“傘”稱爲“豎笠”。出於對某人或某物的厭惡憎恨心理而諱言、諱用其名的，是憎諱。如唐肅宗憎惡安祿山，就改易了當時帶“安”字的郡縣名：安化郡改爲順化，寶安縣改爲東莞。由于封建禮制禮俗的規定、約束，或出於敬重，在書面語中或口頭上不敢直呼君主、尊長的名字或其諧音的，是敬諱。如東漢光武帝名秀，時人便諱“秀”爲“茂”，將“秀才”改爲“茂才”。宋代州官名田登，舉州諱“燈”爲“火”，上元時節，州府放榜：“本州依例放火三日。”

中國古代語諱文化源遠流長。《左傳·桓公六年》：“周人以諱事神，名終將諱之。”又據《禮記·檀公下》：“卒哭而諱，生事畢而鬼事始已。”可見，名諱之制早在西周已有，但那時只是在人死之後，出於對鬼神的尊敬，才避死人名諱，至於活人之名則無須爲其避諱。若父母尚在，則避死去的祖父母諱，若父母不在世，就只避父母的名諱，連祖父母之名也無須避諱。可見，先秦語諱還較爲寬鬆。但秦漢以後，隨着封建集權統治的加強和封建禮制的漸趨森嚴，語諱也逐漸嚴格，連活着的君主或尊長之名也須避諱。如果只避和君主或尊長之名相同之字，叫避正諱；但如果連其同音或近音之字也回避，叫避嫌名。先秦時還“禮不避嫌名”（《禮記·曲禮上》）。但三國以後，避嫌名之風漸起，如隋文帝的父親名楊忠，隋人不僅要避“忠”字，同音的“中”字也要回避，遇“中”字須改爲“內”字。後來避嫌名之風愈演愈烈，到宋代簡直達到登峰造極的地步：宋高宗名趙構，於是和“構”字同音的“購、鉤”等55字均在禁忌之列。

對於二字之名，先秦時也只需避免二字連用，無須每字避諱。如孔子母親名徵在，孔子只要“言徵不言在，言在不言徵”，均不爲犯諱，即所謂“二名不偏諱”（《禮記·曲禮下》）。但到唐代，二字之名也須避“偏諱”。唐太宗名李世民，唐代不僅“世民”不能連用，而且“世”、“民”單用時也要回避。如唐高宗將民部尚書改爲禮部尚書；唐官修《隋書》、《南史》、《北史》等史書時將上述諸史中的“世”改爲“代”，“民”改爲“人”，都是避偏諱的例子。

漢代以後，私諱盛行。私諱又叫家諱，是封建文士大夫及其父祖的名諱。如唐代詩人李賀因其父名晉肅，爲避進士之“進”的嫌名，終身不能考進士；宋代蘇軾的祖父名序，蘇軾爲文作序時只得改用“敍”字；北宋有一人叫劉溫叟，其父名嶽，所以他不遊中嶽嵩山、西嶽華山，又因“嶽”與“樂”同音，爲避“樂”之嫌名，他又終身不聽音樂。

先秦時人們寫詩作文章不必避諱，即《禮記·曲禮上》所言：“詩書不諱，臨文不諱。”但秦漢以後，寫成的文字必須避諱。如唐代科舉考試時應試者要避君主之諱、孔孟聖人之諱、主考官之諱、家諱等，需要避諱的字達幾百個之多，甚至在自唐至清的歷朝法律中，對於哪些字必須避諱，犯了諱如何處罰，都有明確的條文加以規定。在明清時期，有些皇帝還大興文字之獄，如明代呂睿作文時用了“遥瞻帝扉”，“帝扉”被理解爲“帝非”，即皇帝有錯，結果被朱元璋殺害。文字獄可以看作是語諱發展的極端形式。

古人語諱的方法很多，這裏只略談主要的幾種：

一是代字，就是如遇必須避諱的字，改用他字來代替。如隋代爲避煬帝楊廣諱，將《廣雅》一書改爲《博雅》；漢安帝父親名慶，當時的慶氏就改用同義的“賀”字爲姓；秦始皇時，因本爲犯法義的“辠”字與秦始皇的“皇”字字形相像而改用同音的“罪”字代替。

二是改稱，就是用其他名稱來表示必須避諱的名物。如清末代皇帝名溥儀，爲避“儀”之偏諱，改儀徵縣爲揚子縣；呂后名雉，於是西漢時就將“雉”改稱爲“野雞”。

三是空字，就是如遇須避諱的字，或者直接省去，或者留空白，或作空圍“□”。如唐人編《隋書》，爲避李世民諱，將“王世充”寫作“王□充”，後來又翻刻爲“王充”。

四是缺筆，就是如遇到須避諱的字，書寫時省寫筆畫。如唐代將李世民的“世”字缺筆寫作“卅”字。《紅樓夢》中，由于林黛玉母親名賈敏，所以黛玉每逢寫“敏”字時必“減一二筆”。

古代語諱作爲一種在中國歷史上存現了兩千多年之久的文化現象，是所有文史學習者和研究者在接觸古書材料時所不容忽視的一個問題。一方面，古代語諱給語言文字的使用造成了混亂，甚至混淆了歷史事實，給人們閱讀古籍造成了困難；但另一方面，如果我們掌握了它的規律，就可以利用語諱知識來考定古代典籍的成書年代或甄別其真僞。這樣，了解古代語諱知識對於整理古籍和文史研究就有了積極意義。

練習題

一、釋詞題（解釋下列句中加點詞的意義和用法）

1. 子庶民則百姓勸，來百工則財用足。（禮記・哀公問政）
2. 尊其位，重其祿，同其好惡，所以勸親親也。（禮記・哀公問政）
3. 故外戶而不閉。（禮記・大同）
4. 以賢勇知，以功爲己。（禮記・大同）
5. 父母使舜完廩，捐階，瞽瞍焚廩。（孟子・舜之不告而娶）
6. 謨蓋都君咸我績。牛羊父母，倉廩父母，干戈朕，琴朕，弤朕。（孟子・舜之不告而娶）
7. 博我以文，約我以禮。（論語・仰之彌高）
8. 老者安之，朋友信之，少者懷之。（論語・公冶長）
9. 宗廟之事，如會同，端章甫，願爲小相焉。（論語・子路、曾晳、冉有、公西華侍坐）
10. 既來之，則安之。（論語・季氏將伐顓臾）
11. 踵門而告文公曰：……（孟子・許行）
12. 許子冠乎？（孟子・許行）
13. 微管仲，吾其被髮左衽矣。（論語・管仲非仁者與）
14. 欲潔其身而亂大倫。（論語・子路從而後）
15. 君子信而後勞其民。（論語・君子信而後勞其民）

二、古文標點今譯題

1. 淳於髡曰男女授受不親禮與孟子曰禮也曰嫂溺則援之以手乎曰嫂溺不援是豺狼也男女授受不親禮也嫂溺援之以手者權也曰今天下溺矣夫子之不援何也曰天下溺援

之以道嫂溺援之以手子欲手援天下乎

2. 齊饑陳臻曰國人皆以夫子將復爲發棠殆不可復孟子曰是爲馮婦也晉人有馮婦者善搏虎卒爲善士則之野有衆逐虎虎負嵎莫之敢攖望見馮婦趨而迎之馮婦攘臂下車衆皆悅之其爲士者笑之

三、古文閱讀題

越王苦會稽之恥，欲深得民心，以致必死于吴。身不安枕蓆，口不甘厚味，目不視靡曼，耳不聽鐘鼓。三年苦心勞力，焦脣乾肺，內親群臣，下養百姓，以來其心。有甘肥，不足分，弗敢食；有酒，流之江，與民同之。身親耕而食，妻親織而衣。味禁珍，衣禁襲（重），色禁二。時出行路，從車載食，以視孤寡老弱之漬病困窮顏色愁悴不贍者，必身自食之。於是屬諸大夫而告之，曰："願一與吴徼天之衷（求上天的裁正）。今吴越之國，相與俱殘，士大夫履肝肺，同日而死，孤與吴王接頸交臂而僨，此孤之大願也。若此而不可得也，內量吾國不足以傷吴，外事之諸侯不能害之，則孤將棄國家，釋群臣，服劍臂刃，變容貌，易姓名，執箕帚而臣事之，以與吴王爭一旦之死。孤雖知要領不屬，首足異處，四枝布裂，爲天下戮，孤之志必將出焉。"於是異日果與吴戰於五湖，吴師大敗。遂大圍王宮，城門不守。禽夫差，戮吴相，殘吴二年而霸，此先順民心也。

（一）解釋下列句子中加點的詞的意義和用法。

1. 越王苦會稽之恥。

2. 以致必死于吴。

3. 身不安枕蓆，口不甘厚味。

4. 目不視靡曼，耳不聽鐘鼓。

5. 三年苦心勞力，焦脣乾肺。

6. 內親群臣，下養百姓，以來其心。

7. 有甘肥，不足分，弗敢食。

8. 身親耕而食，妻親織而衣。

9. 味禁珍，衣禁襲（重），色禁二。

10. 必身自食之。

（二）指出下列句子中特殊的用字現象。

1. 孤雖知要領不屬，首足異處。

2. 四枝布裂，爲天下戮。

3. 禽夫差，戮吴相。

（三）把下面兩句話翻譯爲現代漢語。

1. 越王苦會稽之恥，欲深得民心，以致必死于吴。身不安枕蓆，口不甘厚味，目不視靡曼，耳不聽鐘鼓。

2. 若此而不可得也，內量吾國不足以傷吳，外事之諸侯不能害之，則孤將棄國家，釋群臣，服劍臂刃，變容貌，易姓名，執箕帚而臣事之，以與吳王爭一旦之死。

四、分析下列句子中加點的詞所屬詞類活用類型

1. 齊威王欲將孫臏。(史記·孫子吳起列傳)
2. 儒有不寶金玉，而忠信以爲寶。(禮記·儒行)
3. 良業爲取履，因長跪履之。(史記·留侯世家)
4. 野人舉塊以與之。公子怒，將鞭之。(國語·晉語四)
5. 騏驥之衰也，駑馬先之；孟賁之倦也，女子勝之。(戰國策·齊策五)
6. 聞太子不幸而死，臣能生之。(史記·扁鵲倉公列傳)
7. 會論虞常，欲因此時降武。(漢書·蘇武傳)
8. 不弔吾喪，不憂吾哀，是死吾君而弱其孤也。(呂氏春秋·悔過)
9. 伯夷死名於首陽之下，盜跖死利於東陵之上。(莊子·駢拇)
10. 其釣維何？維魴及鱮。(詩經·小雅·采綠)
11. 君子正其衣冠。(論語·堯曰)
12. 孔子登東山而小魯，登泰山而小天下。(孟子·盡心上)
13. 親仁善鄰，國之寶也。(左傳·隱公六年)
14. 四美具，二難並。(王勃：滕王閣序)
15. 內無苛慝，諸侯不二。(國語·晉語八)
16. 歲十有二月，令斬冰，三其凌。(周禮·天官·冢宰)

五、分析下列句子中加點的詞所屬代詞類型

1. 人涉卬否，卬須我友。(詩經·邶風·匏有苦葉)
2. 且而與其從辟人之士也，豈若從辟世之士哉？(論語·微子)
3. 愛共叔段，欲立之。(左傳·隱公元年)
4. 是鳥也，海運將徙於南溟。(莊子·逍遙遊)
5. 天子命我，城彼朔方。(詩經·小雅·出車)
6. 僕誠以著此書，藏之名山，傳之其人。(司馬遷：報任安書)
7. 王顧左右而言他。(孟子·梁惠王下)
8. 子入太廟，每事問。(論語·八佾)
9. 噫！微斯人，吾誰與歸？(范仲淹：岳陽樓記)
10. 大王來何操？(史記·項羽本紀)
11. 沛公安在？(史記·項羽本紀)

12. 或謂孔子曰："子奚不爲政?"（論語·爲政）
13. 國人莫敢言，道路以目。（國語·周語上）

六、古代主要有哪些表示尊稱和謙稱的方式

第四單元

文選

老子

關於老子，《史記》中記有兩種觀點：一種認爲老子即老萊子，出生於楚國，曾著書十五篇講述道家學說，是與孔子同時代的人，即春秋時人；另一種觀點認爲老子是周太史儋（dān），是孔子去世一百餘年後的人，即戰國時人。在《史記·老子韓非子列傳》中，司馬遷懷疑老子即老萊子。傳說老子出函谷關時曾“著書上下篇，言道德之意”，此書即《老子》，但從思想上分析《老子》一書更傾向於成書在戰國時期，這與老子爲春秋時人的觀點是相悖的。由此可知，《老子》一書最有可能是後世道家學者依託老子之名所作，成書於戰國時期。

老子的哲學思想屬於客觀唯心主義，否定了客觀世界的物質性。他認爲虛無的“道”才是永恒的，是世界的規律，並提出“無爲”的思想主張；在其思想中含有大量樸素的辯證法觀點，如“有無相生”、“反者道之動”；同時還含一定條件下事物對立面可以相互轉化的觀點，如“福兮禍之所倚，禍兮福之所伏”。此外，老子還認爲世間萬物以“無”爲基礎，是“有無相生”的統一。

《老子》又名《道德經》、《道德真經》。現在通行的版本是《道經》在前、《德經》在後，但另外一種觀點認爲其應該叫作《德道經》，1973 年馬王堆漢墓出土的甲乙兩種帛書《老子》都是《德經》在前、《道經》在後。由此可見，戰國時的《老子》是《德經》在前、《道經》在後，大約從魏晉開始逐漸演化成《道經》在前、《德經》在後。目前通行的《老子》一書，多分爲上下兩篇，共八十一章，五千餘字，其中前三十七章組成上篇爲《道經》，第三十八章至第八十一章組成下篇爲《德經》。全書基本是用韻文寫成。

《老子》的主要參考書有：魏時王弼的《老子注》，“漢河上公撰”的《老子章句》（此書爲後人假託之作），今人馬敍倫的《老子校詁》及高亨的《老子正詁》等。此外，還有韓非子的《解老》、《喻老》，可供參考。

與《老子》相關的出土文物有：馬王堆漢墓帛書本《老子》、銀雀山竹簡本《老子》、敦煌藏經洞中發現的寫本《老子》、郭店竹簡本《老子》等。

天下皆知美之爲美[1]

天下皆知美之爲美，斯惡已[2]；皆知善之爲善，斯不善已。故有無相生[3]，難易相成[4]，長短相形[5]，高下相傾[6]，音聲相和[7]，前後相隨[8]。是以聖人處無爲之事[9]，行不言之教[10]。萬物作焉而不辭[11]，生而不有[12]，爲而不恃[13]，功成而弗居[14]。夫唯不居，是以不去[15]。

［1］出自《老子》第二章，題目爲編者所加。本章主要觀點是，任何事物都是相對的，只有順應自然之道，才是最根本的選擇。

［2］斯，則，就。惡，醜，與美相反。老子的意圖不在於具體說明有了美的東西就有了醜的東西，而在於說明美的觀念和醜的觀念是同時產生並同時存在的。以下所舉的六對相反相成的概念，都是爲了說明觀念的對立共存。

［3］生，存在。相生，即相互依存。

［4］成，成就。

［5］形，顯現。一本作“較”。

［6］傾，傾斜，依靠。帛書本作“盈”，通“呈”。

［7］音，樂器的音響。聲，人的聲音。和，和諧。

［8］隨，跟隨。

［9］這句是說聖人做事，順其自然。

［10］施行不用言辭說教的教化，從積極的角度看，就是以身作則。

［11］作，興起。不辭，傅奕本、敦煌本“辭”作“始”，帛書乙本亦作“始”，簡本作“忖”。“司”爲“司”之省。“辭”、“始”、“忖”通“司”，主宰，干涉。不司，不干涉。簡帛本無“焉”。

［12］有，據爲己有。

［13］聖人有所作爲而不自恃己能。恃，依靠。

［14］大功告成而不居功自傲。

［15］正由于不佔有，因此也不會失去。夫，語氣詞。去，離，與“居”相反。

三十輻共一轂[1]

三十輻共一轂[2]；當其無，有車之用[3]。埏埴以爲器[4]；當其無[5]，有器之用。

鑿户牖以爲室[6]；當其無[7]，有室之用。故有之以爲利，無之以爲用[8]。

［1］出自《老子》第十一章，題目爲編者所加。本章的主要觀點是，有和無是對立統一的，有生於無，無是本，有是用。

［2］輻，車輪中連接軸心和輪圈的木條。共，彙集。轂（gǔ），車輪的中心部位，中有圓孔，用以插軸，周围与车輻的一端相接。

［3］在軸頭的空虛處穿上車軸，有了車子的作用。當，處在某個地方。無，車轂中空之處。

［4］埏（shān），用水和土。埴（zhí），黏土。埏埴，和泥製作陶器。

［5］無，指陶器中空的部分。

［6］户，房門。牖（yǒu），窗。

［7］無，指房間的中空部分。

［8］“有”給人便利，“無”發揮了它的作用。正是因爲“無”的存在，才實現了“有”的便利，“有”和“無”都是抽象了的哲學概念。

曲則全[1]

曲則全，枉則直[2]，窪則盈[3]，敝則新，少則得，多則惑。是以聖人抱一爲天下式[4]。不自見，故明[5]；不自是，故彰[6]；不自伐，故有功[7]；不自矜，故長[8]。夫唯不爭，故天下莫能與之爭。古之所謂曲則全者，豈虛言哉！誠全而歸之[9]。

［1］出自《老子》第二十二章，題目爲編者所加。本章闡述了相反相成的思想，提出“抱一爲天下式”的觀點。

［2］枉，屈。

［3］低窪則能滿盈。

［4］一，即老子所說的“道”。抱一，抱守大道，一本作“執一”。

［5］不自我顯現，因此能顯明。

［6］不自以爲是，因此能彰顯。

［7］不自我誇耀，因此能見功。伐，誇耀。

［8］不自恃，因此能長進。矜，自恃。

［9］誠，誠然，實在。

有物混成[1]

有物混成，先天地生[2]。寂兮寥兮[3]，獨立而不改，周行而不殆[4]，可以爲天地母[5]。吾不知其名，強字之曰道[6]，強爲之名曰大[7]。大曰逝[8]，逝曰遠，遠曰反[9]。故道大，天大，地大，人亦大。域中有四大[10]，而人居其一焉。人法地，地法天，天法道，道法自然[11]。

[1] 出自《老子》第二十五章，題目爲編者所加。本章主要闡明“道”的特點。主要包括：“道”是渾樸狀態的，它是圓滿和諧的整體；“道”無聲無形，先天地而存在；“道”是一個絕對體，不會改變的；道運行無礙，循環往復。

[2] 混成，渾然一體，不可分別。生，存在。

[3] 無聲無形。

[4] 周行，無所不至（王弼注）。一說循環運行。殆，通“怠”。

[5] 天地母，萬物的本源。

[6] 字，名詞用作動詞，命名。

[7] 大，指“道”沒有邊際，無所不包。

[8] 逝，指“道”的運行周流不息。

[9] 反，後來寫作“返”，返回本源；一說反，相反。

[10] 域中，即宇宙之中。

[11] 道法自然，並不是說道和自然是兩個平行事物，如人和地、地和天、天和道，所以說“道大，天大，地大，人亦大”，域中有四大，並沒有說“自然大”。這句中的“自然”不是名詞，而是形容詞，是說道效法的規律是自然的。

善行無轍迹[1]

善行，無轍迹[2]；善言，無瑕謫[3]；善數，不用籌策[4]；善閉，無關楗而不可開[5]；善結，無繩約而不可解[6]。是以聖人常善救人，故無棄人；常善救物，故無棄物。是謂襲明[7]。故善人者，不善人之師；不善人者，善人之資[8]。不貴其師，不愛其資，雖智大迷，是謂要妙[9]。

[1] 出自《老子》第二十七章，題目爲編者所加。本章的要旨在於說明要順應自然。

[2] 轍，車輪碾過的痕迹。迹，足迹。轍迹，猶痕迹。

[3] 瑕謫（zhé），過失，瑕疵。

[4] 籌策，竹碼子，古時計算用具。

[5] 關楗，關門的木閂。横的叫關，竪的叫楗。

[6] 繩約，即繩索。

[7] 襲，承襲，有保持或含藏的意思。

[8] 資，取資，借鑒。

[9] 要妙，精要玄妙。

其安易持[1]

其安易持[2]，其未兆易謀[3]，其脆易泮[4]，其微易散。爲之於未有，治之於未亂。合抱之木，生於毫末[5]；九層之臺，起於累土；千里之行，始於足下。爲者敗之，執者失之。是以聖人無爲故無敗；無執故無失[6]。民之從事，常於幾成而敗之[7]。慎終如始，則無敗事，是以聖人欲不欲，不貴難得之貨[8]；學不學，復衆人之所過，以輔萬物之自然，而不敢爲。

[1] 出自《老子》第六十四章，題目爲編者所加。本章的要旨在於說明要防患於未然。

[2] 安，定。持，掌握，控制。

[3] 兆，徵兆，迹象。

[4] 泮，分離。一本作“判”，“泮”、“判”古通用。

[5] 毫末，毫毛的末端，比喻極其細微。

[6]“爲者敗之，執者失之。是以聖人無爲故無敗；無執故無失”，這幾句和上下文意不相聯，疑是別章文字，錯置於此。

[7] 幾，幾乎，接近於。

[8] 貴，以……爲珍貴，形容詞的意動用法。

其政悶悶[1]

其政悶悶[2]，其民淳淳[3]；其政察察[4]，其民缺缺[5]。禍兮福之所倚，福兮禍之所伏。孰知其極？其無正也[6]？正復爲奇，善復爲妖[7]。人之迷，其日固久矣[8]。是以聖人方而不割[9]，廉而不劌[10]，直而不肆[11]，光而不燿[12]。

[1] 出自《老子》第五十八章，題目爲編者所加。本章從世之理和事物變化規律兩個方面，論述爲道者應有的處世之道和爲道之方。

[2] 悶悶，本義爲愚昧、混沌，這裏含有寬厚、樸實之意。

[3] 淳淳，敦厚貌。一本作“屯屯”。

[4] 察察，苛察，煩細。

[5] 缺缺，通“獪獪（kuài kuài）”，疏薄詐僞貌。

[6] 難道沒有一定規律？其，表反問的語氣詞。正，正常，規律。

[7] 復，又，再次。奇，邪，正的反面。妖，不善，惡，善的反面。

[8] 人們的迷惑，時日已久。

[9] 方，方正，正直。割，傷害。

[10] 廉，銳利。劌（guì），傷害。

[11] 直率而不放肆。

[12] 燿，同“耀”。

天之道[1]

天之道，其猶張弓與[2]？高者抑之，下者舉之[3]；有餘者損之，不足者補之。

天之道損有餘而補不足，人之道則不然[4]：損不足以奉有餘。孰能有餘以奉天下[5]？唯有道者。是以聖人爲而不恃，功成而不處[6]。其不欲見賢邪[7]！

［1］出自《老子》第七十七章，題目爲編者所加。本章指出，人之道與天之道是不同的，爲政者要治理好國家，唯一的辦法就是遵循自然之道，無爲而治。

［2］天之道，猶自然規律。其，表測度語氣，大概。張弓，拉弓。

［3］抑，壓低弓弦。舉，升高弓弦。

［4］人之道，指社會的一般法則。

［5］奉，供給。

［6］處，居。參見“天下皆知美之爲美”注［13］、［14］。

［7］見（xiàn），顯現出。一本無“邪”字。

小國寡民[1]

小國寡民[2]。使有什伯之器而不用[3]；使民重死而不遠徙[4]。雖有舟輿，無所乘之[5]；雖有甲兵，無所陳之[6]；使民復結繩而用之[7]，甘其食，美其服，安其居，樂其俗[8]。鄰國相望，雞犬之聲相聞，民至老死，不相往來。

［1］出自《老子》第八十章，題目爲編者所加。本章老子談自己的社會理想，這種社會理想帶有烏托邦的色彩，特點是，嚮往遠古時代，嚮往寧靜的生活。

［2］小，使……小；寡，使……少，形容詞的使動用法。小國寡民是一種“桃花源”式的烏托邦，老子主張毀掉一切文明，回到原始社會那種樸素、單純的生活。

［3］有效率十倍百倍的工具也不使用。什，十倍。伯，通“佰”，百倍。

［4］重，以……爲重，意動用法。

［5］雖然有車有船也沒有使用的必要。

［6］甲，鎧甲。兵，兵器。陳，陳列。

［7］復，重新。結繩，相傳在文字產生以前古人用繩子結扣來記事，大事打大結，小事打小結。現在某些沒有文字的民族還存在用結繩來記事的現象。民，一本作“人”。

［8］甘，美味，以……爲美味，形容詞的意動用法。“美”、“安”、“樂”用法相同。

莊　子

莊子，具體生卒年不詳，名周，字子體、子沐，出生於戰國時宋國的蒙地（屬今河南）。他的祖先爲楚莊王後裔，其與孟子同時或稍晚。莊子是戰國時期重要的哲學家，他在繼承老子思想的同時又對其有所發展，是道家學派的主要創始人之一，和始祖老子並稱爲“老莊”。莊子的生活相對比較貧困，雖曾經做過宋國地方上的漆園小吏，但他卻能保持人格的獨立，摒棄權貴，追求精神上的逍遥和自由。唐時，莊子被追封爲“南華真人”；宋時，莊子被追封爲“微妙元通真君”。

哲學思想上，莊子由“人對事物的變化無可奈何只能服從”提出“無爲”的觀點。主張去除人性中的“僞”，以順從“天道”，與天地相通。又由“事物的相對性”提出“否定事物差别”的觀點。主張通過否定現實脱離社會來逃避現實，以此獲得逍遥。政治思想上，莊子猛烈抨擊“竊鉤者誅、竊國者爲諸侯”的不公平社會，主張回到原始社會時期。他不追求權貴，拒絕與統治階級同流合污，在反封建、反禮教方面起到了標誌性的作用。

《莊子》一書共有三十三篇，分爲内篇（七篇）、外篇（十五篇）、雜篇（十一篇）三部分，普遍認爲内篇爲莊子所作。莊子的思想集中表現在内篇的《齊物論》、《大宗師》、《逍遥遊》等篇章中。外篇和雜篇是由後世學者補進，其中外篇應該爲莊子弟子所作，仍能反映莊子的思想；而雜篇則是時間更爲久遠的學者所作，與莊子的思想相去甚遠。

有關《莊子》的主要參考書有：晉代郭象的十卷本《莊子注》、唐代成玄英的《南華真經注疏》、清代王先謙的《莊子集解》、郭慶藩的《莊子集釋》；今人劉武的《莊子集解内篇補正》、陳鼓應的《莊子今注今譯》、顔世安的《莊子評傳》等。

與《莊子》相關的出土文物有：黑水城出土的《莊子義》殘本等。

不龜手之藥（逍遥遊）[1]

惠子謂莊子曰[2]：“魏王貽我大瓠之種[3]，我樹之成[4]，而實五石[5]。以盛水漿，其堅不能自舉也[6]。剖之以爲瓢，則瓠落无所容[7]。非不呺然大也[8]，吾爲其无用而掊之[9]。”莊子曰：“夫子固拙於用大矣[10]。宋人有善爲不龜手之藥者[11]，世世以洴澼絖爲事[12]。客聞之，請買其方百金[13]。聚族而謀曰：‘我世世爲洴澼絖，不過數金；今一朝而鬻技百金[14]，請與之。’客得之，以說吴王[15]。越有難，吴王使之將[16]。冬，與越人水戰，大敗越人，裂地而封之[17]。能不龜手一也，或以封，或不免於洴澼絖[18]，則所用之異也。今子有五石之瓠，何不慮以爲大樽[19]，而浮乎江湖，而憂其瓠落无所容，則夫子猶有蓬之心也夫[20]！”

［1］本文節選自《逍遥遊》，題目爲編者所加。這篇文章闡發了“無用之用”的主張。

［2］惠子，姓惠，名施，宋國（今河南商丘市）人，莊子的朋友。曾爲梁惠王相，是戰國名家的代表人物。

［3］魏王，即魏惠王，姬姓，魏氏，名罃。戰國時魏國國君，因遷都大梁（今河南開封市），又稱梁惠王。貽，贈送。瓠（hù），葫蘆。

［4］樹，種植。成，成熟。

［5］五石，十斗爲一石。實五石，是說果實很大，有五石的容積。

［6］水漿，泛指液體、汁液。堅，形容詞用爲名詞，指堅固程度。不能自舉，大意是葫蘆自身的堅固程度禁不起裝滿五石水漿后舉起來。

［7］瓠落，連緜字，即廓落，大。无所容，沒有適合它容納的東西。

［8］呺（xiāo）然，空虛巨大的樣子。

［9］掊（pǒu），破開，擊破。

［10］固，副詞，實在，真是。

［11］龜（jūn），通“皸”，皮膚因寒冷等原因出現裂痕。

［12］洴（píng），浮。澼（pī），在水裏漂洗。絖（kuàng），同“纊”，絲絮。事，事業，職業。

［13］方，藥方。百金，金百斤。

［14］鬻（yù），賣。

［15］吳，又稱勾吳，周朝時期的一個諸侯國，姬姓。大致位於現在的江浙兩省長江以南部分，后擴張至江浙兩省的全境以及江西東北部分地區。公元前473年，被越國所滅。

［16］越，又稱“于越”，姒姓，是春秋戰國時期位於東南方的諸侯國。其核心在紹興會稽山，春秋末年開始強大，其王勾踐在經歷“卧薪嚐膽”之後，於公元前473年滅掉吳國。戰國時，勢力衰弱，於公元前306年爲楚所滅。將，動詞，統帥，率領。

［17］分了一塊地封給他。

［18］或，肯定性無定代詞，有的人。

［19］樽，盛酒器，這裏指形狀像盛酒器的舟楫。

［20］猶，還。蓬，蓬草，彎曲不直。

胠　篋[1]

將爲胠篋、探囊、發匱之盜而爲守備[2]，則必攝緘、縢[3]，固扃、鐍[4]，此世俗之所謂知也[5]。然而巨盜至，則負匱、揭篋、擔囊而趨[6]，唯恐緘、縢、扃、鐍之不固也。然則鄉之所謂知者[7]，不乃爲大盜積者也[8]？

［1］本文出自《莊子》外篇，這篇文章的主旨在於宣揚“絕聖棄智”的思想和退回原始社會的主張。胠（qū），從旁邊打開。篋（qiè），箱子一類的東西。

［2］探，掏。囊，口袋。發，打開。匱，大型的儲藏物品的器具，後來寫作“櫃”。

［3］攝，勒緊。緘（jiān）、縢（téng），繩索。

［4］固，使……牢固，形容詞的使動用法。扃（jiōng），從外面關門的閂、鉤等。鐍（jué），箱子上安鎖的環狀物，借指鎖。

［5］知，智。

［6］揭，肩負。擔，扛。

［7］鄉（xiàng），通“嚮”，先前。

[8] 不乃……也，不正是……嗎？積，積聚。

故嘗試論之，世俗之所謂知者，有不爲大盜積者乎？所謂聖者，有不爲大盜守者乎？何以知其然邪[1]？昔者齊國鄰邑相望[2]，雞狗之音相聞，罔罟之所布[3]，耒耨之所刺[4]，方二千餘里。闔四竟之內[5]，所以立宗廟社稷[6]，治邑、屋、州、閭、鄉曲者[7]，曷嘗不法聖人哉[8]！然而田成子一旦殺齊君而盜其國[9]，所盜者豈獨其國邪[10]？並與其聖知之法而盜之。故田成子有乎盜賊之名，而身處堯、舜之安，小國不敢非[11]，大國不敢誅，十二世有齊國[12]。則是不乃竊齊國，並與其聖知之法，以守其盜賊之身乎？

[1] 何以，憑什麼。

[2] 鄰邑，指相鄰的村莊。

[3] 罔，後來寫作“網”。罟（gǔ），網的总名。罔罟，泛指網。

[4] 耒，犁。耨（nòu），鋤。耒耨，泛指農具。

[5] 闔（hé），總，全。竟，後來寫作“境”。四境，指全國。

[6] 宗廟，王室國家的代稱。社稷，土神和穀神，後來代指國家。

[7] 邑、屋，六尺爲步，步百爲畝，畝百爲夫，夫三爲屋，屋三爲井，井四爲邑（參見《莊子集釋》成玄英疏）。州、閭、鄉，鄭玄云：“二十五家爲閭，二千五百家爲州，萬二千五百家爲鄉也。”（參見《莊子集釋》成玄英疏）

[8] 曷嘗，何曾。法，效法。

[9] 田成子，春秋時齊國大臣，嬀姓，田（陳）氏，名恒，後人因避漢文帝劉恒諱稱他爲田常，亦稱爲田成子。他在齊簡公時與監止爲左右相，公元前481年殺監止弒齊簡公，立齊簡公弟驁爲平公，自任相國，擴大封地，誅殺鮑、晏等強族。自此，田氏專國政。

[10] 豈，難道。獨，僅，只是。

[11] 非，非難，反對。

[12] 田敬仲原名陳完，春秋時陳國公族，厲公之子，陳國發生宮廷內亂後，太子完投奔齊國，齊桓公封其爲“工正”，並賜給他很多田地。陳完爲了答謝齊桓公之恩，改姓爲“田”（古時陳、田同音），成爲田氏家族的始祖。傳至第九代田成子時專政齊國，成子爲齊宣公時人，此時田成子爲齊國相，是田氏家族第十二代，故曰十二世有齊國。

嘗試論之，世俗之所謂至知者，有不爲大盜積者乎？所謂至聖者，有不爲大盜守者乎？何以知其然邪？昔者龍逢斬[1]，比干剖[2]，萇弘胣[3]，子胥靡[4]，故四子之賢而身不免乎戮。故跖之徒問於跖曰[5]：“盜亦有道乎？”跖曰：“何適而无有道邪[6]？夫妄意室中之藏[7]，聖也；入先，勇也；出後，義也[8]；知可否，知也；分均，仁也。五者不備而能成大盜者，天下未之有也。”由是觀之，善人不得聖人之道不立，跖不得聖人之道不行；天下之善人少而不善人多，則聖人之利天下也少而害天下也多。故曰：“脣竭則齒寒[9]，魯酒薄而邯鄲圍[10]，聖人生而大盜起。”掊擊聖人[11]，縱舍盜賊[12]，而天下始治矣。

［1］龍逄，姓關，夏代末年賢臣，爲夏桀所殺。

［2］比干，子姓，名干，殷帝丁次子，帝乙弟弟，帝辛（即紂王）叔父，爲丞相。受其兄帝乙的囑託，忠心輔佐幼主紂王。紂王殘暴荒淫，比干在摘星樓強諫三日不去，紂王剖其心而視之。

［3］萇（cháng）弘，字叔，又稱萇叔。萇弘忠於職守，極力輔佐周王室，爲周王朝做了極大的貢獻。公元前492年，晉國發生叛亂事件，爲達到削弱晉國實力、輔佐王室的目的，萇弘暗中爲范氏出謀劃策。內亂平息後，晉卿趙鞅以此爲藉口征討王室，爲息事寧人，周敬王殺掉了萇弘。胣（chǐ），剖腹。

［4］子胥，名員，字子胥，楚國人，春秋末期吳國大夫。吳王闔閭任用子胥等重臣之謀，成爲稱霸一方之諸侯。公元前483年，吳王夫差派子胥出使齊國，夫差聽信太宰嚭讒言，派人送給伍子胥一把寶劍，令其自殺。靡，通“縻”。

［5］跖（zhí），盜跖，“跖”一作“蹠”，原名展雄，又名柳下跖。柳展雄，相傳是賢臣柳下惠的弟弟。公元前475年，他領導了九千人的奴隸大起義，史稱“柳下跖起義”。先秦古籍中稱盜跖爲“大盜”，大概源於盜跖的起義損害了上層統治者利益，違背了正統觀念，這與他所作出的歷史貢獻並不相符合。

［6］盜跖的意思大概是說無處不存在道。

［7］妄意，胡亂猜測。

［8］入先，即“先入”。出後，即“後出”。

［9］竭，俞樾曰：此“竭”字當讀爲“竭其尾”之“竭”，蓋“竭”之本義爲負舉，“竭其尾”即“舉其尾”也。此云“脣竭者”，謂反舉其脣以向上（參見郭慶藩《莊子集釋》）。

［10］這是“魯酒薄而邯鄲圍”的典故出處。楚宣王朝諸侯，魯恭公後至而酒薄（味淡），宣王怒，欲辱之。恭公不受命，乃曰：“我周公之胤［胤（yìn），後嗣。武王伐紂後，將周公封於曲阜，是爲魯］，長於諸侯，行天子禮樂，勛在周室。我送酒已失禮，方責其薄，無乃（豈不是）太甚？”遂不辭而還。宣王怒，乃發兵與齊攻魯。梁惠王常欲擊趙，而畏楚救。楚以魯爲事，故梁得圍趙國國都邯鄲（參見陸德明《經典釋文》）。

［11］掊（pǒu）擊，抨擊，擊打。

［12］縱舍，釋放，寬放。

夫川竭而谷虛[1]，丘夷而淵實[2]；聖人已死，則大盜不起，天下平而无故矣[3]。聖人不死，大盜不止。雖重聖人而治天下[4]，則是重利盜跖也[5]。爲之斗斛以量之[6]，則並與斗斛而竊之；爲之權衡以稱之[7]，則並與權衡而竊之；爲之符璽以信之[8]，則並與符璽而竊之；爲之仁義以矯之[9]，則並與仁義而竊之。

何以知其然邪？彼竊鉤者誅[10]，竊國者爲諸侯，諸侯之門，而仁義存焉。則是非竊仁義聖知邪？故逐於大盜[11]、揭諸侯[12]、竊仁義並斗斛、權衡、符璽之利者，雖有軒冕之賞弗能勸[13]，斧鉞之威弗能禁[14]。此重利盜跖而使不可禁者，是乃聖人之過也。

［1］竭，枯竭，乾涸。

［2］夷，平。淵，深潭。實，滿。

［3］故，事故。

［4］雖，副詞，作用同“唯”，可譯爲“只是”或“如果只是”。使聖人重要起來。重，使……重要，形容詞的使動用法。

［5］是，指“重聖人”。重利，使……有厚利。

［6］爲之斗斛，雙賓語句。下三句句型相同。斛（hú），古量器名，也是容量單位，十斗爲一斛。

［7］權衡，稱量物體輕重的器具。權，秤錘；衡，秤桿。

［8］符，古代用來作憑據的東西，用竹、玉等做成。刻上文字，分爲兩半，雙方各執一半，合起來，可驗真僞。璽（xǐ），印章。信，形容詞用爲動詞，立信。

［9］矯，糾正。

［10］鉤，衣帶上的鉤。這裹指一般的不貴重的東西。

［11］逐，追隨。

［12］揭，舉。揭諸侯，等於說居於諸侯之上。

［13］軒，古代一種前頂較高而有帷幕的車子，供大夫以上的官員乘坐。冕，大夫以上的官員所戴的禮帽。軒冕，借指官位爵祿。

［14］鉞，大斧子。斧鉞，泛指刑戮。

故曰：“魚不可脱於淵，國之利器不可以示人[1]。”彼聖人者，天下之利器也，非所以明天下也[2]。故絕聖棄知，大盜乃止；擿玉毁珠[3]，小盜不起；焚符破璽，而民朴鄙[4]；掊斗折衡，而民不爭；殫殘天下之聖法[5]，而民始可與論議。擢亂六律[6]，鑠絕竽瑟[7]，塞瞽曠之耳[8]，而天下始人含其聰矣[9]；滅文章[10]，散五采[11]，膠離朱之目[12]，而天下始人含其明矣；毁絕鉤繩而棄規矩[13]，攦工倕之指[14]，而天下始人有其巧矣。故曰：“大巧若拙[15]。”削曾、史之行[16]，鉗楊、墨之口[17]，攘棄仁義，而天下之德始玄同矣。

彼人含其明，則天下不鑠矣；人含其聰，則天下不累矣；人含其知，則天下不惑矣；人含其德，則天下不僻矣[18]。彼曾、史、楊、墨、師曠、工倕、離朱，皆外立其德[19]，而以爚亂天下者也[20]，法之所无用也[21]。

［1］這兩句出自《老子》。示人，給人看。

［2］明，顯示。

［3］擿，通“擲”，抛，扔。

［4］朴，通“樸”，樸實。鄙，鄙陋無知。

［5］殫（dān）殘，使……盡殘。

［6］擢，拔。亂，使……混亂，形容詞的使動用法。六律，我國古代的一種律制，古樂的十二調是按照樂音的高低分爲六律和六呂。從低音算起，十二個音階中，奇數位的調叫律，偶數位的調叫呂。六律包括黄鐘、太簇、蕤賓、姑洗、夷則、無射。

［7］鑠（shuò），銷毁。竽瑟，都是樂器名，這裹泛指樂器。

［8］瞽，盲人。古代以瞽者爲樂官，故爲樂官的代稱。曠，又稱“師曠”，字子野，春秋晉平

公時的著名樂師，極通音律。

［9］始，方。含，保藏。聰，耳力。

［10］文章，這裏泛指“文采”。

［11］散，使……分離，使動用法。五采，五色，指青、黄、赤、白、黑。

［12］膠，黏住。離朱，一名離婁，古代傳説中的人物，相傳他能“視于百步之外，見秋毫之末”，“察針末于百步之外”。

［13］鉤繩，木工用以正曲直的工具。規矩，定圓形和方形的工具。

［14］攦（lì），折斷。工倕（chuí），相傳爲堯時候的巧匠。

［15］出自《老子》：“大巧若拙，大智若愚。”

［16］曾，姓曾，名參，字子輿，孔子弟子。他的以孝爲本的孝道觀極有影響。史，史鰌（qiū），字子魚，又稱史魚，衛國賢臣。衛靈公寵小人彌子瑕而疏賢臣遽伯玉，史魚勸諫不聽。史魚死，以尸諫。

［17］鉗，鉗制，夾住。楊，楊朱。墨，墨翟。

［18］僻，邪惡。

［19］外立其德，意思是顯現、標榜其德於外。

［20］爚（yuè）亂，眩惑擾亂。

［21］這就是圣智之法之所以沒有用的原因。

子獨不知至德之世乎？昔者容成氏、大庭氏、伯皇氏、中央氏、栗陸氏、驪畜氏、軒轅氏、赫胥氏、尊盧氏、祝融氏、伏羲氏、神農氏[1]，當是時也，民結繩而用之，甘其食，美其服，樂其俗，安其居，鄰國相望，雞狗之音相聞，民至老死而不相往來[2]。若此之時，則至治已[3]。今遂至使民延頸舉踵[4]，曰：“某所有賢者[5]”，贏糧而趣之[6]，則內棄其親而外去其主之事，足跡接乎諸侯之境，車軌結乎千里之外[7]，則是上好知之過也[8]。

［1］以上十二氏，皆爲傳説中的上古部落首領或帝王。上古未有史籍，不知其具體的事實，亦不知其確切的前後順序。

［2］以上九句皆出自《老子》“小國寡民”，文字略有不同。

［3］至治，大治。

［4］遂，竟。延頸舉踵，伸長脖子，踮起腳跟，形容期盼的神情。

［5］所，處，地。

［6］贏，裹。趣，通“趨”。

［7］人們的足迹交接於諸侯的國境，車轍交錯於千里之外。軌，車轍。

［8］這是君主愛好智巧的過錯。是，代詞，代“今遂至……千里之外”句。上，居於上位的人，指君主。

上誠好知而無道[1]，則天下大亂矣。何以知其然邪？夫弓弩畢弋機變之知多[2]，則鳥亂於上矣；鉤餌罔罟罾笱之知多[3]，則魚亂於水矣；削格、羅落、罝罘之知多[4]，則獸亂於澤矣；知詐漸毒、頡滑堅白、解垢同異之變多[5]，則俗惑於辯矣。

故天下每每大亂[6]，罪在於好知。故天下皆知求其所不知而莫知求其所已知者，皆知非其所不善而莫知非其所已善者，是以大亂。故上悖日月之明，下爍山川之精[7]，中墮四時之施[8]，惴耎之蟲[9]，肖翹之物[10]，莫不失其性。甚矣，夫好知之亂天下也！自三代以下者是已[11]。舍夫種種之民而悅夫役役之佞[12]，釋夫恬淡無爲而悅夫啍啍之意[13]，啍啍已亂天下矣。

［1］無道，不能無爲恬淡，清虛合道（依成玄英說）。

［2］弩，用械發箭的弓。畢，打獵用的有長柄的網。弋（yì），繫有繩子的箭。機變，機謀，機關。

［3］鉤餌，釣鉤和魚餌。罔，後來寫作“網”。罟（gǔ），網。罾（zēng），一種用竹竿或木棍做支架的方形魚網。笱（gǒu），捕魚的竹籠。

［4］削格，裝有機關的捕獸木籠。羅落，截捕禽獸的用具。罝罘（jū fú），泛指捕獸網。

［5］漸毒，欺詐。頡（xié）滑，滑稽，奸黠。堅白，戰國時名家學說的一個命題，公孫龍認爲“堅”、“白”是脫離“石”而獨立存在的實體，他誇大了事物之間的差別性而抹殺了其統一性。頡滑堅白，謂譎詭同異之談（依成玄英說）。解垢，詭詐之辭。

［6］每每，混亂、迷亂的樣子。每，通“昧”。

［7］悖，掩蔽。爍，通“鑠”，銷毁。

［8］墮，這個意義後來寫作“隳（huī）”，毁壞。施，運行。

［9］惴耎（zhuì ruǎn），蟲蠕動貌。

［10］肖翹，細小能飛的生物。

［11］三代，指夏商周三代。

［12］種種，醇厚樸實貌。役役，狡黠貌。

［13］啍啍（tūn tūn），形容懇切教導。啍，同“諄（zhūn）”。

莊子釣於濮水（秋水）[1]

莊子釣於濮水[2]，楚王使大夫二人往先焉[3]，曰：“願以境內累矣[4]！”莊子持竿不顧[5]，曰：“吾聞楚有神龜，死已三千歲矣，王巾笥而藏之廟堂之上[6]。此龜者，寧其死爲留骨而貴乎[7]，寧其生而曳尾於塗中乎[8]？”二大夫曰：“寧生而曳尾塗中。”莊子曰：“往矣！吾將曳尾於塗中。”

［1］本文出自《秋水》，它表現了莊子淡泊名利，不爲官位所累的生活理念。

［2］濮水，水名，今河南濮陽縣南。

［3］楚王，楚威王。

［4］希望您能爲國家勞累。這句是委婉的說法。願，希望。

［5］顧，回頭看。

［6］巾，名詞用如動詞，用巾包裹。笥（sì），本義爲竹箱，這裏名詞用如動詞，表示用竹箱裝。廟堂，宗廟。古時用龜甲占卜。

［7］寧，寧願。贵，形容詞的使動用法，使……貴。

［8］曳（yè），拖着。塗，泥巴。

運斤成風（徐无鬼）[1]

莊子送葬，過惠子之墓，顧謂從者曰："郢人堊慢其鼻端[2]，若蠅翼[3]，使匠石斲之[4]。匠石運斤成風[5]，聽而斲之[6]，盡堊而鼻不傷。郢人立不失容[7]。宋元君聞之[8]，召匠石曰：'嘗試爲寡人爲之[9]。'匠石曰：'臣則嘗能斲之[10]。雖然，臣之質死久矣[11]！'自夫子之死也[12]，吾无以爲質矣，吾无與言之矣[13]！"

［1］本文節選自《徐无鬼》。文章表達了一種很孤獨、很神傷的知音難覓的感情。

［2］郢，楚國都城，今湖北江陵縣。堊（è），本義爲刷牆的白土，這裏用爲動詞，指用白土刷牆。慢，通"漫"，塗抹牆壁，這裏指誤塗。這句是說，郢人用白土刷牆，白土誤塗到自己的鼻尖上。

［3］（鼻尖上的白土）像蒼蠅的翅膀一樣薄。

［4］匠，木匠。石，匠人的名字。斲（zhuó），削，砍。

［5］運，掄動。斤，斧子一類的工具。運斤成風，斧子掄動起來帶出了一股風。

［6］聽，聽任，任憑。

［7］失容，失去常態。

［8］宋元君，宋元公。

［9］嘗，試。

［10］嘗，曾經。

［11］質，箭靶，引申爲對象，即指郢人。

［12］夫子，指惠子。

［13］意思是說，自從惠子過世後，我沒有知音了，我不再和人談論我的學說了。與，介詞，後面省略了賓語。之，代詞，指莊子的學說。

曹商使秦（列禦寇）[1]

宋人有曹商者[2]，爲宋王使秦。其往也，得車數乘；王說之[3]，益車百乘[4]。反於宋，見莊子曰："夫處窮閭阨巷[5]，困窘織屨[6]，槁項黃馘者[7]，商之所短也；一悟萬乘之主[8]，而從車百乘者[9]，商之所長也。"莊子曰："秦王有病召醫，破癰潰痤者[10]，得車一乘；舐痔者[11]，得車五乘。——所治愈下，得車愈多[12]。子豈治其痔邪？何得車之多也？子行矣！"

［1］本文節選自《列禦寇》，文章對曹商這種不擇手段、追求榮華富貴的小人作了辛辣尖刻的諷刺。

［2］宋，西周及春秋戰國時期的一個諸侯國，子姓，都城睢陽（今河南商丘）。武王伐紂後，封紂王的兒子武庚於殷，以奉宗祀。武王死後，武庚叛亂，被周公殺死。另封微子啓（商王帝乙的長子，商紂王的庶兄）於商丘，國號宋，即宋國。

［3］王，指秦王。說，高興，這個意義後來寫作“悅”。

［4］益，增加。

［5］處，居住。窮閭，偏僻的里巷。阨，通“隘”（ài），狹窄。

［6］屨（jù），本義爲麻、葛等織成的單底鞋。

［7］槁，乾枯。項，脖子。馘（xù），臉。槁項黃馘，形容人面黃肌瘦的樣子。

［8］一，一旦。悟，使……醒悟，動詞的使動用法。萬乘之主，大國之君，這裏指秦王。

［9］從，使……隨從，動詞的使動用法。

［10］破，潰，皆爲形容詞的使動用法。癰（yōng），中医指恶性膿瘡。痤（cuó），小癤。

［11］舐（shì），舔。

［12］舐痔比破癰潰痤更骯髒，所以得到的車輛愈多。莊子的言外之意是說曹商得到百乘車，其所做的勾當一定很卑鄙。

達生（節錄）[1]

仲尼適楚，出於林中，見痀僂者承蜩[2]，猶掇之也[3]。仲尼曰：“子巧乎！有道邪[4]？”曰：“我有道也。五六月累丸二而不墜[5]，則失者錙銖[6]；累三而不墜，則失者十一[7]；累五而不墜，猶掇之也。吾處身也，若橛株拘[8]；吾執臂也，若槁木之枝；雖天地之大，萬物之多，而唯蜩翼之知[9]。吾不反不側[10]，不以萬物易蜩之翼，何爲而不得！”孔子顧謂弟子曰：“用志不分，乃凝於神，其痀僂丈人之謂乎[11]！”

［1］本文節選自《達生》，選了四個寓言故事，雖然内容各不相同，但說明的道理相同，即養神的重要性，並強調人的精神作用。

［2］痀僂（gōu lóu），駝背，曲背。承，引取。蜩（tiáo），蟬。承蜩，指用竹竿黏蟬。

［3］掇，拾取。猶掇之，像是在拾取蟬一樣。比喻捕蟬技巧嫻熟。

［4］道，技巧，訣竅。

［5］五六月，指用五六個月的時間訓練。累，堆，叠。丸，泥丸。累丸二，指在黏蟬的竹竿頂上叠兩顆丸子。

［6］錙銖（zī zhū），古時錙爲一兩的四分之一，銖爲一兩的二十四分之一。這裏比喻微小的數量。

［7］十一，十分之一。

［8］橛株枸（gǒu），枯樹根。

［9］唯蜩翼之知，即“知蜩翼”。之，複指代詞，複指提前的賓語“蜩翼”。

［10］不反不側，形容神思寧靜的樣子。反側，翻來覆去，轉動身體。

［11］其，表示推測，相當於“大概，恐怕”。丈人，古時對老人的尊稱。之，複指代詞，複指提前的賓語“痀僂丈人”。

紀渻子爲王養鬥雞[1]。十日而問：“雞可鬥已乎[2]？”曰：“未也。方虛憍而恃氣[3]。”十日又問，曰：“未也。猶應嚮景[4]。”十日又問，曰：“未也。猶疾視而盛氣[5]。”十日又問，曰：“幾矣[6]。雞雖有鳴者，已无變矣[7]，望之似木雞矣，其德全矣[8]，異雞无敢應者，反走矣。”

［1］紀渻（shěng）子，姓紀，名渻子。王，周宣王。

［2］雞可以鬥了嗎？

［3］方，始、才。虛憍（jiāo），浮華不實，驕傲自大。憍，通“驕”。恃氣，憑意氣。

［4］猶，還，尚且。嚮，通“響”。景，後來寫作“影”。應嚮景，指聽到別的雞的聲音，看到別的雞的影子，還會有好鬥的反應。

［5］疾視，怒目而視。疾，通“嫉”。盛氣，指氣勢洶洶。

［6］幾，接近，差不多。

［7］指即使聽到別的雞的叫聲，也已經無動於衷了。

［8］德全，德性完備。指精神凝聚。

孔子觀於呂梁[1]，縣水三十仞[2]，流沫四十里，黿鼉魚鱉之所不能游也[3]。見一丈夫游之[4]，以爲有苦而欲死也，使弟子並流而拯之[5]。數百步而出，被髮行歌而游於塘下[6]。孔子從而問焉，曰：“吾以子爲鬼，察子則人也[7]。請問，蹈水有道乎[8]？”曰：“亡，吾無道。吾始乎故[9]，長乎性[10]，成乎命[11]。與齊俱入[12]，與汩偕出[13]，從水之道而不爲私焉[14]！此吾所以蹈之也。”孔子曰：“何謂始乎故，長乎性，成乎命？”曰：“吾生於陵而安於陵[15]，故也；長於水而安於水，性也；不知吾所以然而然，命也。”

［1］呂梁，今江蘇省銅山縣東南呂梁洪。一說今山西離石縣。

［2］縣，後來寫作“懸”。仞，古代長度單位，八尺。

［3］黿（yuán），鱉的一種，亦稱“綠團魚”，俗稱“癩頭黿”。鼉（tuó），揚子鰐，亦稱“鼉龍”，俗稱“豬婆龍”。鱉，甲魚。

［4］丈夫，古時對男子的稱呼。

［5］苦，因爲溺水而陷入困苦（依成玄英說）。欲，將要。並，後來寫作“傍”。

［6］游，同“遊”，遊蕩。塘，堤岸。

［7］察，細看。

［8］蹈，踐，履。蹈水，即踩水。

［9］故，本然。

［10］性，習性。

［11］命，自然而然。

［12］齊，通“臍”，肚臍。謂水的旋渦像人的肚臍。

［13］汩（gǔ），向上涌出的水。

[14] 從，順從。不爲私，指順從水勢，不按自己的主觀想法行事。

[15] 陵，高地。

梓慶削木爲鐻[1]，鐻成，見者驚猶鬼神[2]。魯侯見而問焉，曰："子何術以爲焉[3]？"對曰："臣工人，何術之有[4]？雖然，有一焉。臣將爲鐻，未嘗敢以耗氣也[5]，必齊以靜心[6]。齊三日，而不敢懷慶賞爵禄[7]；齊五日，不敢懷非譽巧拙[8]；齊七日，輒然忘吾有四枝形體也[9]。當是時也，无公朝[10]，其巧專而外骨消[11]；然後入山林，觀天性[12]；形軀至矣[13]，然後成見鐻[14]，然後加手焉[15]；不然則已[16]。則以天合天[17]，器之所以疑神者[18]，其是與[19]！"

[1] 梓，木工。慶，人名，魯國大匠。鐻（jù），古代的一種樂器，似夾鐘，爲猛獸形。

[2] 驚猶鬼神，鐻雕刻得極爲巧妙，不似人工，看見的人甚是驚疑，認爲是鬼神所爲。

[3] 何術以爲焉，賓語前置句，即"以何術爲焉"。

[4] 何術之有，即"有何術"。之，複指代詞，複指提前的賓語"何術"。

[5] 耗氣，損耗精氣。氣，精氣。

[6] 齊，後來寫作"齋"，齋戒。

[7] 慶賞爵禄，指功名利禄。慶賞，賞賜。

[8] 非譽巧拙，指是非美惡。

[9] 輒然，不動貌。枝，通"肢"。

[10] 公朝，古代官吏治事之所，借指朝廷。无公朝，不知有朝廷，這裏指忘勢。

[11] 巧專，專意於工巧。外骨，外界的擾亂。骨，通"滑"，亂。

[12] 天性，指樹木的自然形態。

[13] 形軀，指樹木的形貌軀幹。至，適合，達到要求。

[14] 成，形成，構成。見，後來寫作"現"，現成。

[15] 加手，謂用手加工。

[16] 則，就。已，止。

[17] 則，即。以天合天，意思是説用自己的自然天性去遇合木的自然天性。

[18] 器之所以疑神者，器物之所以似鬼神所做的原因。疑，通"擬"。

[19]"其"後應缺一"由"字。其，語氣詞，大概。是，指示代詞，這樣。與，語氣詞，吧。

至樂（節録）[1]

莊子妻死，惠子弔之，莊子則方箕踞鼓盆而歌[2]。惠子曰："與人居[3]，長子[4]，老，身死，不哭亦足矣[5]，又鼓盆而歌，不亦甚乎[6]？"莊子曰："不然。是其始死也，我獨何能无概然[7]！察其始而本无生[8]，非徒无生也，而本无形，非徒无形也，而本无氣。雜乎芒芴之間[9]，變而有氣，氣變而有形，形變而有生，今又變而之死，是相與爲春秋冬夏四時行也[10]。人且偃然寢於巨室[11]，而我噭噭然隨而哭之[12]，自以爲不通乎命[13]，故止也。”

[1] 本文節選自《至樂》，這兩段故事不同，都是在討論世人應該以什麼樣的態度對待生死問題。

[2] 方，正在。箕踞，像簸箕一樣坐着。箕，名詞作狀語。

[3] 人，指莊子的妻子。

[4] 長（zhǎng），使動用法，使……成長。

[5] 足，夠。

[6] 甚，過分。

[7] 槪然，感歎哀傷，槪，通“慨”。

[8] 察，考察，考究。

[9] 芒芴（wù），恍惚。

[10] 是，代詞，指莊子妻子的生死變化。爲，如。

[11] 偃然，安息貌。偃，通“宴”，安。巨室，指天地之間。

[12] 噭噭（jiào jiào），哭聲。

[13] 不通乎命，指不懂得天命。

莊子之楚，見空髑髏[1]，髐然有形[2]，撽以馬捶[3]，因而問之曰：“夫子貪生失理而爲此乎[4]？將子有亡國之事[5]，斧鉞之誅而爲此乎？將子有不善之行，愧遺父母妻子之醜而爲此乎[6]？將子有凍餒之患而爲此乎[7]？將子之春秋故及此乎[8]？”於是語卒，援髑髏[9]，枕而卧。夜半，髑髏見夢曰[10]：“子之談者似辯士。視子所言，皆生人之累也，死則无此矣。子欲聞死之說乎[11]？”莊子曰：“然。”髑髏曰：“死，无君於上，无臣於下，亦无四時之事，從然以天地爲春秋[12]，雖南面王樂[13]，不能過也。”莊子不信，曰：“吾使司命復生子形[14]，爲子骨肉肌膚，反子父母妻子、閭里知識[15]，子欲之乎？”髑髏深矉蹙頞曰[16]：“吾安能棄南面王樂而復爲人間之勞乎！”

[1] 髑髏（dú lóu），死人頭骨。

[2] 髐（xiāo）然，骨骼枯空而破損的樣子。

[3] 撽（qiào），從旁邊敲擊。捶（chuí），馬杖。

[4] 爲此，等於說“落得成爲髑髏的下場”。

[5] 將，表選擇，還是。

[6] 遺（wèi），給予，留給。

[7] 餒（něi），飢餓。

[8] 春秋，指年紀。故，通“固”，原來，本來。

[9] 援，拿過來。

[10] 見，後來寫作“現”，顯現。

[11] 說，後來寫作“悅”。

[12] 從然，自由自在，放縱無拘束。從，通“縱”。以，因，循。

[13] 南面王樂，指面向南稱王稱侯，享受王侯之樂。

[14] 司命，掌握生死的神。生，使……生，使動用法。

[15] 反，後來寫作“返”，歸還。知識，認識的人，指朋友。

[16] 矉（pín），通“顰”，皺眉。蹙頞（cù è），皺縮鼻翼，愁苦貌。

列　子

列子，具體生卒年及事迹不詳，名列禦寇，鄭國人，戰國前期重要的道家思想家。早於莊子，曾師從關尹子等，以黃帝、老子爲宗。他爲人不求名利，一生隱居，專心致學，生活十分貧困，經常食不裹腹。公元 739 年，唐玄宗尊列子爲“冲虛真人”。《戰國策》、《尸子》、《呂氏春秋》、《述異志》等文獻，都對列子有所記載。

列子崇尚虛無，主張擺脱貴賤和名利，清靜自修，順應天道，無爲而治。

《列子》，又名《冲虛經》、《冲虛真經》，共八卷，包括《天瑞》、《周穆王》、《湯問》、《說符》、《楊朱》、《黃帝》、《力命》、《仲尼》，每卷包括數量不等的神話和寓言，除此之外書中還有大量的與養生、氣功等相關的內容。有一種觀點認爲，《列子》前後經過三次編補：第一次是戰國時期，由列子及其門人等編纂成書，本有二十卷；第二次是西漢時期，劉向、劉歆父子將其整理爲《漢書·藝文志》中記載的八卷本；第三次是東晉時期，由張湛在《列子》殘卷的基礎上進行增補，最終形成今天流傳的八卷本。但姚際恒在《古今僞書考》中認爲，《列子》在西漢以後就已經完全亡佚，現在流傳的《列子》不是原著，是僞書，作者就是東晉人張湛。上述情況造成《列子》的版本多達幾十種，序（包括劉向的《序》和張湛的《序》）及內容基本一致，只有細微差別。

《列子》的主要參考書有：東晉張湛的《列子注》、今人楊伯峻的《列子集釋》等。

爲盜之道（天瑞）[1]

齊之國氏大富，宋之向氏大貧；自宋之齊，請其術[2]。

國氏告之曰：“吾善爲盜。始吾爲盜也，一年而給[3]，二年而足，三年大穰[4]。自此以往，施及州閭[5]。”

向氏大喜，喻其爲盜之言，而不喻其爲盜之道，遂踰垣鑿室[6]，手目所及，亡不探也[7]。未及時，以贓獲罪，沒其先居之財。向氏以國氏之謬己也[8]，往而怨之。

[1] 本文節選自《天瑞》，這則寓言告誡人們，只從詞句的表面意義去理解問題，必然導致錯

誤；不要不勞而獲，要通過辛勤的勞動，才能產生無窮無盡的財富。

［2］術，指大富的方法。

［3］給（jǐ），富裕，充足。

［4］穰（ráng），本義指禾莖中白色柔軟的部分，引申爲莊稼成熟。

［5］州閭，泛指鄉里。

［6］垣（yuán），矮牆，牆。

［7］探，探取，此處指偷竊。

［8］謬，欺詐，迷誤。

國氏曰："若爲盜若何？"向氏言其狀。

國氏曰："嘻！若失爲盜之道至此乎？今將告若矣。吾聞天有時，地有利。吾盜天地之時利，雲雨之滂潤[1]，山澤之產育[2]，以生吾禾[3]，殖吾稼，築吾垣，建吾舍。陸盜禽獸，水盜魚鱉，亡非盜也[4]。夫禾稼、土木、禽獸、魚鱉，皆天之所生，豈吾之所有？然吾盜天而亡殃。夫金玉珍寶穀帛財貨，人之所聚，豈天之所與？若盜之而獲罪，孰怨哉？"

［1］滂潤，澆灌。

［2］產育，出產的東西。

［3］生，使……生長。下句"殖"義同。

［4］亡，通"無"。

向氏大惑，以爲國氏之重罔己也[1]，過東郭先生問焉[2]。

東郭先生曰："若一身庸非盜乎[3]？盜陰陽之和以成若生，載若形[4]；況外物而非盜哉？誠然，天地萬物不相離也；仞而有之[5]，皆惑也。國氏之盜，公道也，故亡殃；若之盜，私心也，故得罪。有公私者，亦盜也；亡公私者，亦盜也。公公私私，天地之德[6]。知天地之德者，孰爲盜耶？孰爲不盜耶？"

［1］重，再次。罔，欺騙，蒙蔽。

［2］過，前往拜訪，探望，一本作"遇"。東郭先生，春秋時齊國人，傳說爲隱士，複姓東郭，名重。

［3］庸非，豈非。

［4］載，成，完成。

［5］仞，通"認"。

［6］公公私私，天地之德，這句話的意思是說不管是公，還是私都是天地的德行。德，是道家思想中的特定概念——物質的本原"道"的具體體現。

不射之射（黃帝）[1]

列禦寇爲伯昏無人射[2]，引之盈貫[3]，措杯水其肘上，發之，鏑矢復沓[4]，方矢復寓[5]。當是時也，猶象人也[6]。

伯昏無人曰："是射之射，非不射之射也[7]。當與汝登高山[8]，履危石，臨百仞之淵，若能射乎？"於是無人遂登高山，履危石，臨百仞之淵，背逡巡[9]，足二分垂在外，揖禦寇而進之。禦寇伏地，汗流至踵[10]。伯昏無人曰："夫至人者，上闚青天，下潛黃泉，揮斥八極[11]。神氣不變。今汝怵然有恂目之志[12]，爾於中也殆矣夫[13]！"

［1］本文節選自《黃帝》，它說明的道理是，射箭的極致就是不射，不射卻能達到射的效果，這才是真正的射箭。也就是說，要達到某種最高境界，不需刻意追求，而是將其融入自然之中，無爲而無不爲，功到自然成。

［2］伯昏，列子的朋友，與《天瑞》中提到的伯昏是同一個人。另外，莊子的《德充符》、《田子方》中也提到了此人。

［3］引，拉開弓。盈貫，謂引滿弓弦，使弓背与弓弦之間的距離与箭同長。

［4］鏑（dí），箭的箭頭。鏑矢，即指箭。沓（tà），合，會合。

［5］矢，箭射出去，用作動詞。寓，寄居，寄住，此處意爲將箭搭在弦上。

［6］象人，木偶人形。指列禦寇形神凝聚，如木偶一般靜立。

［7］此句出自"禦寇但善於射者，非合於道也。若忘形全神無累於天下者，乃不射之射"（依《列子廬重弦注》）。

［8］當，通"儻"，假如，倘若。

［9］逡巡，退卻，遲疑不敢前進的樣子。

［10］踵，腳後跟。

［11］揮斥，奔放，放縱。八極，八方極遠之地。

［12］怵然，戒懼、驚懼貌。恂（xún）目，眨眼。

［13］意思是說至道之人神氣怡然，喜怒哀懼不現於色，而列禦寇恐懼驚慌如此，這是因爲他只是學習了射箭的皮毛，而沒有真正懂得射箭的奧妙，也即是不懂得"道"。

迷罔之疾（周穆王）[1]

秦人逢氏有子[2]，少而惠[3]，及壯而有迷罔之疾[4]。聞歌以爲哭，視白以爲黑，饗香以爲朽[5]，嘗甘以爲苦[6]，行非以爲是。意之所之，天地四方水火寒暑，无不倒錯者焉。楊氏告其父曰："魯之君子多術藝[7]，將能已乎？汝奚不訪焉？"

其父之魯，過陳[8]，遇老聃，因告其子之證[9]。老聃曰："汝庸知汝子之迷乎[10]？今天下之人，皆惑於是非，昏於利害。同疾者多，固莫有覺者。且一身之迷，不足傾一家；一家之迷，不足傾一鄉；一鄉之迷，不足傾一國；一國之迷，不足傾天下；天下盡迷，孰傾之哉？向使天下之人[11]，其心盡如汝子，汝則反迷矣。哀樂聲色臭味是非[12]，孰能正之？且吾之此言未必非迷，而況魯之君子，迷之郵者[13]，焉能解人之迷哉？榮汝之糧[14]，不若遄歸也[15]。”

[1] 本文節選自《周穆王》，它以秦人逢氏之子得病的故事說明宇宙的一切從天地、四方、水火、寒暑到哀樂、聲色、臭味、是非都是虛幻的，原本就沒有客觀性、固定性或真實性可言。

[2] 逢（páng），古姓氏。

[3] 惠，一本作“慧”。慧與惠相通。

[4] 迷罔之疾，精神錯亂的病。

[5] 饗，通“享”。朽，古人香與朽相對。

[6] 嘗，一本作“常”。嘗常古通用。

[7] 魯，姬姓，周朝的同姓諸侯國之一。周公旦封其子伯禽於曲阜，是爲魯公。頃公二十四年（前256），魯國爲楚國所滅。

[8] 陳，西周至春秋時的一個諸侯國，國君以嬀（guī）爲姓，以陳爲氏，是虞舜的後裔。陳國建都宛丘（今河南淮陽城關一帶），轄地最大時達到十四邑，大致爲現在的河南東部和安徽一部分。公元前478年爲楚所滅。

[9] 諐，後來寫作“癥”，病癥。

[10] 庸，表反問，相當於“豈”，“怎麼”。

[11] 向使，假如，如果。

[12] 臭，氣味。

[13] 郵，通“尤”。魯之君子盛稱仁義，明言是非，故曰迷之郵者也（參見張湛《列子注》）。

[14] 榮，拋棄。

[15] 遄（chuán），快，急速。

尹氏與役夫（周穆王）[1]

周之尹氏大治產[2]，其下趣役者侵晨昏而弗息[3]。有老役夫，筋力竭矣，而使之彌勤。晝則呻呼而即事，夜則昏憊而熟寐。精神荒散，昔昔夢爲國君[4]。居人民之上，總一國之事。遊燕宮觀[5]，恣意所欲，其樂无比。覺則復役。人有慰喻其懃者[6]，役夫曰：“人生百年，晝夜各分[7]。吾晝爲僕虜[8]，苦則苦矣；夜爲人君，其樂无比。何所怨哉？”

尹氏心營世事，慮鍾家業，心形俱疲，夜亦昏憊而寐。昔昔夢爲人僕，趨走作役，無不爲也；數罵杖撻，無不至也。眠中啽囈呻呼[9]，徹旦息焉。尹氏病之，以訪其友。友曰：“若位足榮身，資財有餘，勝人遠矣。夜夢爲僕，苦逸之復，數之常也。若欲覺夢兼之，豈可得邪？”尹氏聞其友言，寬其役夫之程，減己思慮之事，疾並少間[10]。

[1] 本文節選自《周穆王》，通過尹氏和老役夫的夢境來闡述世界上的一切事物都是相對的

觀點。

［2］周，古地名，即現在的陝西岐山一帶。治產，經營產業。

［3］趣（qū），奔赴。一本作“趨”。趣役，服役。侵，迫近。

［4］昔，通“夕”。

［5］燕，通“宴”，宴飲。

［6］慰喻，撫慰，寬慰曉喻。懃，勞累，勞苦，一本作“勤”。

［7］分，半。

［8］僕虜，奴僕，古以俘虜爲家奴，故亦謂奴僕爲僕虜。

［9］唅囈（án yì）：說夢話。

［10］少間（shǎo jiàn），指病稍好。

列子辭粟（說符）[1]

子列子窮，容貌有饑色。客有言之鄭子陽者[2]，曰：“列禦寇蓋有道之士也，居君之國而窮。君無乃爲不好士乎[3]？”鄭子陽即令官遺之粟[4]。子列子出，見使者，再拜而辭。使者去。子列子入，其妻望之而拊心曰[5]：“妾聞爲有道者之妻子，皆得佚樂[6]，今有饑色，君過而遺先生食[7]。先生不受，豈不命也哉？”

子列子笑謂之曰：“君非自知我也。以人之言而遺我粟，至其罪我也，又且以人之言，此吾所以不受也。”其卒[8]，民果作難，而殺子陽[9]。

［1］本文節選自《說符》，列子因爲自守節操，不願苟取，見利思害，因此不受子陽之粟。

［2］鄭，姬姓，周宣王二十二年（前 806 年）封周厲王的幼子於鄭，即現在的陝西華縣的東方。在春秋戰國時成爲重要的諸侯國之一，於公元前 375 年被韓國所滅。子陽，人名，爲鄭國宰相。

［3］無乃，表示委婉的反問，相當於“不是”，“豈不是”。

［4］遺（wèi），贈送。

［5］望，怨恨，責怪。拊心，拍胸，表示懊惱或悲憤。

［6］佚樂，悠閑安樂。佚，通“逸”。

［7］過，探訪，一本作“遇”。

［8］卒，終究，終於。

［9］《史記·鄭世家》云：“繻公二十五年，鄭君殺其相子陽。”

施氏與孟氏（說符）[1]

魯施氏有二子，其一好學，其一好兵。好學者以術干齊侯[2]；齊侯納之以爲諸公子之傅[3]。好兵者之楚，以法干楚王[4]；王悅之，以爲軍正[5]。祿富其家，爵榮其親。

施氏之鄰人孟氏，同有二子，所業亦同，而窘於貧。羨施氏之有[6]，因從請進趨之方。二子以實告孟氏。孟氏之一子之秦，以術干秦王。秦王曰："當今諸侯力爭，所務兵食而已。若用仁義治吾國，是滅亡之道。"遂宮而放之[7]。其一子之衛，以法干衛侯。衛侯曰："吾弱國也，而攝乎大國之間[8]。大國吾事之，小國吾撫之，是求安之道。若賴兵權[9]，滅亡可待矣。若全而歸之，適於他國，爲吾之患不輕矣。"遂刖之而還諸魯[10]。既反，孟氏之父子叩胸而讓施氏[11]。施氏曰："凡得時者昌，失時者亡。子道與吾同，而功與吾異，失時者也，非行之謬也。且天下理無常是，事無常非。先日所用，今或棄之；今之所棄，後或用之。此用與不用，無定是非也。投隙抵時[12]，應事無方，屬乎智。智苟足，使若博如孔丘，術如呂尚[13]，焉往而不窮哉?"

孟氏父子舍然無慍容[14]，曰："吾知之矣，子勿重言!"

［1］本文節選自《說符》，說明的主要道理是，做事不可生搬硬套，要具體問題具體分析，順勢者昌，逆勢者亡。

［2］干，求，求取。齊，西周到春秋戰國時的一個諸侯國，有姜齊和田齊之分。周武王封呂尚於齊，因姜尚爲姜姓呂氏，故又稱呂氏齊國，史稱姜姓齊國，簡稱姜齊；公元前 391 年，田和廢齊康公後自立爲國君，爲媯姓田氏，是爲田氏齊國，史稱田齊。齊國在戰國成爲七雄之一，公元前 221 年爲秦國所滅。

［3］傅，這裏指老師。

［4］法，兵法。楚，春秋戰國時期南方最大的諸侯國，國君爲熊氏。楚人是華夏族南遷的一支，興起於荊楚，即現在的湖北。公元前 223 年爲秦國所滅。

［5］軍正，軍中的執法官。

［6］有，猶富也。

［7］宮，宮刑，亦稱腐刑，即閹割男子生殖器，古代五刑之一。

［8］攝，夾。衛，周王朝的同姓諸侯國之一。周公旦平定三監之亂後，封其弟康叔爲衛國諸侯，讓康叔遷徙至商故都，建立衛國，定都朝歌，即現在的河南鶴壁市淇縣。

［9］兵權，用兵的權謀、策略。

［10］刖（yuè），砍腳，古代的一種酷刑。

［11］叩胸，叩擊胸部，表示惱恨。讓，責備。

［12］投隙抵時，迎合機會，行動及時。投，伺，乘。隙，機會。抵，到達。時，適時。

［13］呂尚，姓姜，名尚，字子牙，別名"姜太公、太公望、師尚父"等。因其先祖曾封於呂，故以呂爲氏。商周之際傑出的政治家、軍事家，西周的開國功臣，輔佐了西周文、武、成王三代，後封於齊。

［14］舍然，釋然，謂疑慮隔閡頓消。舍，通"釋"。慍（yùn）容，憤怒、怨恨的神色。

常識：語法（二）

第十五節　副　詞

副詞通常表示動作行爲和性質狀態的程度、範圍、時間、情態、肯定、否定等，主要作用是修飾動詞、形容詞，在句中的功能主要是充當狀語，偶爾作補語。副詞作補語的情況例如："可謂富貴極矣!"（史記·李斯列傳）"君美甚，徐公何能及君也?"（戰國策·齊策一）副詞與其他各類虛詞相比較，一般詞彙意義比較實在，所以有的語法著作把它歸入實詞，也有人認爲是半實半虛的一類詞。古漢語副詞數量較多，應用廣泛。各種語法著作對副詞內部的再分類意見頗不一致。我們依據意義把全部副詞分爲六類，即程度副詞、範圍副詞、時間副詞、語氣副詞、否定副詞、謙敬副詞。

一、程度副詞

程度副詞表示動作行爲或狀態、性質的程度。表示程度最高、較高的副詞主要有"最"、"絕"、"極"、"太"、"殊"、"尤"、"甚"、"至"、"良"、"雅"、"孔"、"大"、"丕"、"酷"、"篤"、"奇"、"特"等。"良"、"頗"、"雅"、"奇"、"酷"、"篤"、"絕"、"特"等主要見於漢代以後的文獻。

值得注意的副詞有"丕"、"殊"、"良"、"雅"、"孔"、"酷"、"篤"、"特"。例如：

惟乃丕顯考文王克明德慎罰，不敢侮鰥寡。（尚書·康誥）

老臣今者殊不欲食。（戰國策·趙策）

今君與廉頗同列，廉君宣惡言，而君畏匿之，恐懼殊甚。（史記·廉頗藺相如列傳）

丞相特前戲許灌夫，殊無意往。（史記·魏其武安侯列傳）

始皇默然良久。（史記·秦始皇本紀）

西門豹簪筆磬折，向河立待良久。（史記·滑稽列傳）

觀其時文，雅好慷慨。（文心雕龍·時序）

家本秦也，能爲秦聲；婦趙女也，雅善鼓瑟。（楊惲：報孫會宗書）

我朱孔陽，爲公子裳。（詩經·豳風·七月）

我有嘉賓，德音孔昭。（詩經·小雅·鹿鳴）

謀夫孔多，是用不集。（詩經·小雅·小旻）

陶公少有大志，家酷貧。（世說新語·賢媛）

後太祖親理，得病篤重，使佗專視。（三國志·魏書·華佗傳）

汝南西平縣有龍淵水，可用淬刀劍，特堅利。（水經注·汝水）

表示程度加深的常用副詞有“愈”、“益”、“彌”、“加”等。例如：

丞相遂發病死。錯以此愈貴。（史記·袁盎晁錯列傳）

如水益深，如火益熱。（孟子·梁惠王下）

退而修《詩》《書》《禮》《樂》，弟子彌衆。（史記·孔子世家）

鄰國之民不加少，寡人之民不加多，何也？（孟子·梁惠王上）

表示程度較低的副詞有“略”、“差”、“少”、“稍”、“微”、“頗”。“略”、“差”的例子如：

於是項梁乃教籍兵法，籍大喜。略知其意，又不肯竟學。（史記·項羽本紀）

今軍士屯田，糧儲差積。（後漢書·光武紀）

其人差短小，言語不與漢同。（三國志·魏書·烏丸鮮卑傳）

“頗”作爲副詞，既可以表示程度高、深，又可以表示程度低、淺。表示程度高、深，例如：

賈生年少，頗通諸子百家書。（史記·屈原賈生列傳）

絳侯得釋，盎頗有力。（史記·袁盎晁錯列傳）

魯周霸、孔安國，洛陽賈嘉，頗能言《尚書》事。（史記·儒林列傳）

表示程度低、淺，例如：

僕雖怯懦，欲苟活，亦頗識去就之分矣。（司馬遷：報任安書）

語未卒，衛律還，頗聞余語。（漢書·李陵傳）

涉淺水者見蝦，其頗深者察魚鱉，其尤甚者觀蛟龍。（論衡·別通篇）

“少”作爲副詞，表示程度低、淺。例如：

吾撫女以從楚，輔之以晉，可以少安。（左傳·僖公五年）

今予病少痊，予又且復遊於六合之外。（莊子·徐无鬼）

願大王少留意，臣請奏其效。（戰國策·秦策）

“稍”在古代漢語中，有時間副詞和程度副詞的用法。表時間，這是古代漢語中“稍”的主要用法，有“漸漸”、“逐漸”的意思，例如：

項羽乃疑范增與漢有私，稍奪其權。（史記·項羽本紀）

自繆公以來，稍蠶食諸侯，竟成始皇。（史記·秦始皇本紀）

西伯滋大，紂由是稍失權重。（史記·殷本紀）

夫人不能早自裁繩墨之外，以稍陵遲，至於鞭箠之間，乃欲引節，斯不亦遠乎！（司馬遷：報任安書）

表程度低、淺，例如：

陛下素驕之，弗稍禁，以至此。今又暴摧折之。（史記·袁盎晁錯列傳）

稍近益狎，蕩倚衝冒。（柳宗元：黔之驢）

藥稍熔，則以一平板按其面，則字平如砥。（夢溪筆談·技藝）

二、範圍副詞

範圍副詞有的表範圍的全部，如“皆”、“盡”、“悉”、“舉”、“徧”、“咸”、“畢”、“總”、“凡”、“並”、“俱”、“備”、“一”、“都”、“勝”、“了”、“通”、“偕”等；有的表限定的一部分範圍，如“唯（惟）”、“獨”、“但”、“第（弟）”、“特”、“直”、“徒”、“止”、“啻”、“才”、“僅”等。

表範圍的全部副詞相當於現代漢語的“都”、“全”。例如：

盜衆盡死。（左傳·襄公十年）

使吏召諸民當償者悉來合券。（戰國策·齊策）

聲，則凡非雅聲者舉廢；色，則凡非舊文者舉息。（荀子·王制）

公疾，徧賜大夫。（左傳·昭公三十二年）

越國之寶器畢從。（國語·越語上）

關中民咸知之。（史記·淮陰侯列傳）

而此《紀》總不言之，直云帝相崩，子少康立，疏略之甚。（史記·夏本紀）

凡六出奇計。（史記·陳丞相世家）

既醉而出，並受其福。（詩經·小雅·賓之初筵）

號令一出太后。（史記·呂后本紀）

不違農時，穀不可勝食也。（孟子·梁惠王上）

漢之賂遺王財物，不可勝言。（史記·大宛列傳）

艱難險阻，備嘗之矣。（左傳·僖公二十八年）

戎湛然不動，了無恐色。（世說新語·雅量）

宜言飲酒，與子偕老。（詩經·鄭風·女曰雞鳴）

聞佳人兮召予，將騰駕兮偕逝。（楚辭·九歌·湘夫人）

表限定範圍的副詞或用在動詞前，或用在名詞或名詞性謂語前，所限定的內容或是動作行爲，或是人物、事物。這一類範圍副詞有“唯（惟）”、“獨”、“但”、“第

（弟）”、“特”、“直”、“徒”、“止”、“衹”、“啻”、“才（裁）”、“僅”等，相當於現代漢語的“只”、“只有”。例如：

用之則行，舍之則藏，唯我與爾有是夫！（論語·述而）

至秦，焚書，書散亡益我，於今獨有士禮。（史記·儒林列傳）

爲將當爲怯弱時，不可但恃勇也。（三國志·魏書·夏侯淵傳）

君第重射，臣能令君勝。（史記·孫子吳起列傳）

曹參雖有野戰略地之功，此特一時之事。（史記·儒林列傳）

寡人非能好先王之樂也，直好世俗之樂耳！（孟子·梁惠王下）

王徒好其言，不能有其實。（史記·孫子吳起列傳）

止可以一宿，而不可以久處。（莊子·天運）

若斯之類，匪啻於茲。（左思：三都賦序）

雖大男子，裁如嬰兒。（戰國策·燕策）

狡兔有三窟，僅得免其死耳。（戰國策·齊策四）

注意：“獨”表範圍，首先表“獨自”、“單獨”，後來引申表“唯獨”、“只”、“僅”，例如：

寡君不能獨任其社稷之事，未有伉儷，在縗絰之中，是以未敢請。（左傳·昭公三年）

故人不獨親其親，不獨子其子。（禮記·禮運）

“獨”還有情態副詞的用法，用於反問句，有“難道”的意思。例如：

然則治天下，獨可耕且爲與？（孟子·滕文公上）

丘雖不吾譽，獨吾不自知邪？（莊子·盜跖）

“特”除了表程度副詞、範圍副詞，還有表情態副詞的用法。表情態，有“白白地”、“徒然”的意思。例如：

會羽季父左尹項伯素善張良，夜馳見張良，具告其實，欲與俱去，毋特俱死。（漢書·高帝紀）

“特”還有“特意”的意思。例如：

河東，吾股肱郡，故特召君耳。（史記·季布欒布列傳）

“徒”除了表範圍，還有表情態的用法，有“白白地”、“徒然”的意思。例如：

欲與秦，秦城恐不可得，徒見欺。（史記·廉頗藺相如列傳）

少壯不努力，老大徒傷悲。（樂府詩集·長歌行）

這些表限定的範圍副詞中，“第（弟）”、“但”、“獨”、“特”、“直”、“徒”不但意義和用法基本相同，而且上古語音也相同或相近。注意“但”、“僅”在古今漢語中的變化。“但”在現代漢語中主要是轉折連詞，在古代漢語中主要是範圍副詞，表示“只”、“只是”的意思。例如：

匈奴匿其壯士肥牛馬，但見老弱及羸畜。（史記·劉敬叔孫通列傳）

不聞爺娘喚女聲，但聞黃河流水鳴濺濺。（樂府詩集·木蘭詩）

死去原知萬事空，但悲不見九州同。（陸游：示兒）

現代漢語中的“不但”、“但願如此”保留了古代的用法。“僅”在古今漢語中表示言其少，有“只”、“才”的意思。例如：

齊王逃遁走莒，僅以身免。（戰國策·燕策）

一旦臨小利害，僅如毛髮比，反眼若不相識。（韓愈：柳子厚墓誌銘）

唐代開始，“僅”開始表示言其多，有“幾乎”、“將近”的意思。這一用法的“僅”，讀 jìn 。宋代已經很少出現這一用法。例如：

自兵興六十餘日，戰所殺害僅十萬人。（晉書·趙王倫列傳）

初守睢陽時，士卒僅萬人，城中居人户，亦且數萬。（韓愈：張中丞傳後序）

潯陽僅四千，始行七十里。（白居易：初出藍田路作）

三、時間副詞

時間副詞表示動作發生的時間，以及與時間有關的各種狀態。表示動作已經或曾經發生的時間副詞有“向”、“曩”、“既”、“已”、“既已”、“業”、“業已”、“已業”、“嘗”、“曾”等，是“過去”、“從前”、“已經”、“曾經”的意思。“業”、“業已”、“已業”是秦漢以後出現的用法。例如：

向爲身死而不受。（孟子·告子上）

曩者辱賜書，教以慎於接物、推賢進士爲務。（司馬遷：報任安書）

既見君子，云何不樂？（詩經·唐風·揚之水）

胡亥已聞扶蘇死，即欲釋蒙恬。（史記·蒙恬列傳）

齊軍既已過而西矣。（史記 ·孫子吳起列傳）

良業爲取履，因長跪而履之。（史記·留侯世家）

使者業已受節，可至皮山而還。（漢書·西域傳）

是時漢兵已踰句注，二十餘萬兵已業行。（史記·劉敬叔孫通列傳）

且君嘗爲晉君賜矣，許君焦、瑕，朝濟而夕設版焉。（左傳·僖公三十年）

梁王以此怨盎，曾使人刺盎。（史記·袁盎晁錯列傳）

表示動作將要發生的時間副詞有“將”、“且”、“方”、“方且”、“行”等，表示“將”、“將要”的意思。例如：

夫人將啓之。（左傳·隱公元年）

胡急擊之，矢下如雨。漢兵死者過半，漢矢且盡。（史記·李將軍列傳）

信方斬，曰："吾悔不用蒯通之計，乃爲兒女所詐，豈非天哉！"（史記・淮陰侯列傳）

賴子得顯，方且報德，何故去也？（史記・張儀列傳）

十八年當一小發，服此散，亦行復差。（三國志・魏書・方技傳）

表示動作正在進行正好發生的時間副詞有"方"、"正"、"適"、"會"等，有"正在"、"正好"、"剛剛"的意思。例如：

上方踞牀洗，召布入見。（史記・黥布列傳）

禹夢車騎聲正讙，來捕禹，舉家憂愁。（漢書・霍光傳）

此時魯仲連適遊趙，會秦圍趙。（戰國策・趙策）

明日，會天疾風，左右止，文侯不聽。（韓非子・外儲說左上）

表示時間短暫的副詞有"俄"、"俄而"、"俄然"、"俄頃"、"頃"、"頃之"、"少頃"、"立"、"旋"、"尋"、"斯須"、"未幾"、"既而"、"已而"等等。相當於"不久"、"一會兒"。例如：

令之昆弟博，俄又益之，人二百金。（韓非子・外儲說右上）

俄然覺，則蘧蘧然周也。（莊子・齊物論）

倏忽數百，千里俄頃。（郭璞：江賦）

我有善則立譽我，我有過則立毀我。（管子・小稱）

會虞卿以魏、齊之事棄侯捐相而歸，不用，趙旋亡。（新序・善謀）

刺足陽明脈，左右各三所，病旋已。（史記・扁鵲倉公列傳）

先主尋悔，請還。（三國志・蜀書・龐統傳）

南陽劉子驥，高尚士也，聞之，欣然規往。未果，尋病終。（陶淵明：桃花源記）

表示動作終究發生的時間副詞有"終"、"竟"、"卒"、"遂"、"迄"等。例如：

秦亦不以城予趙，趙亦終不予秦璧。（史記・廉頗藺相如列傳）

陳涉雖已死，其所置遣侯王將相竟亡秦。（史記・陳涉世家）

今西伯昌，人臣也，修義而人向之，卒爲天下患。（韓非子・外儲說左下）

佗曰："刺不得胃管，誤中肝也。食當日減，五日不救。"遂如佗言。（三國志・魏書・方技傳）

融負其高氣，志在靖難，而才疏意廣，迄無成功。（後漢書・孔融傳）

表示緩急的時間副詞，是指表示動作時間的緩慢或急促。表緩慢的副詞有"徐"、"漸"、"稍"，表急促的副詞有"暴"、"猝（卒）"、"亟"、"遽"、"忽"、"驟"等。例如：

自繆公以來，稍蠶食諸侯，竟成始皇。（史記・秦始皇本紀）

然常循守事業，積累贏利，漸有所起。（漢書・貨殖傳）

景公使圉人養所愛馬，暴死。（晏子春秋・内篇）

秦王方還柱走，卒惶急不知所爲。（戰國策·燕策）

亟其乘屋，其始播百穀。（詩經·豳風·七月）

僕人以告，公遽見之。（左傳·僖公二十四年）

日月忽其不淹兮，春與秋其代序。（楚辭·離騷）

杞伯於是驟朝于晉而請爲昏。（左傳·成公十八年）

表示頻仍的時間副詞，是指表示動作行爲重複出現或多次發生，常用的有“長”、“數”、“亟”、“驟”、“素”、“雅”、“屢”、“每”、“時”、“恒”、“輒”、“仍”，意思是“多次”、“屢次”、“經常”、“常常”。例如：

吾長見笑於大方之家。（莊子·秋水）

愛共叔段，欲立之，亟請于武公，公弗許。（左傳·隱公元年）

及即位，使爲政。陳成子憚之，驟顧諸朝。（左傳·哀公十四年）

舜素謹敕，太后雅愛信之。（漢書·元后傳）

安帝雅聞衡善術學，公車特徵，拜郎中，再遷爲太史令。（後漢書·張衡傳）

魯之於晉也，職貢不乏，玩好時至。（左傳·襄公二十九年）

愛人者，人恒愛之；敬人者，人恒敬之。（孟子·離婁下）

少年慕其行，亦輒爲報仇，不使知也。（史記·游俠列傳）

大將軍將六將軍仍再出擊胡。（史記·平准書）

四、語氣副詞

語氣副詞是古代漢語中表示一定的語氣的副詞。語氣副詞比較豐富，内部分類不一，一般按其所表語氣，可分爲四種，即肯定確認語氣、估量測度語氣、反詰語氣、祈使語氣。

表示肯定確認語氣的副詞有“固”、“必”、“誠”、“實”、“信”、“果”、“良”、“乃”、“即”、“允”、“洵”等，有“確實”、“的確”、“一定”、“本來”、“就是”的意思。例如：

百工之事，固不可耕且爲也。（孟子·滕文公上）

重怒難任，背天不祥，必歸晉君。（左傳·僖公十五年）

臣誠恐見欺于王而負趙，故令人持璧歸，間至趙矣。（史記·廉頗藺相如列傳）

已而武安聞魏其、灌夫實怒不予田，亦怒。（史記·魏其武安侯列傳）

臣北方之鄙人也，聞大王將攻宋，信有之乎？（呂氏春秋·愛類）

王使人瞯夫子，果有以異於人乎？（孟子·離婁下）

良無異器，當共澡者，其祝曰：“人相愛，狗相齧。”（風俗通·佚文）

是乃仁術也。（孟子·梁惠王上）

梁父即楚將項燕。（史記·項羽本紀）

卜云其吉，終然允臧。（詩經·鄘風·定之方中）

自牧歸荑，洵美且異。（詩經·邶風·靜女）

表示估量測度語氣的副詞有“殆”、“蓋”、“其”、“得無”、“無乃”、“大抵”、“大率 ”等，是“大概”、“恐怕”、“也許”的意思。例如：

國不忌君，君不顧親，能無卑乎？殆其失國。（左傳·昭公十一年）

有能一日用其力於仁矣乎？我未見足者。蓋有之矣，我未之見也。（論語·里仁）

城上有烏，齊師其遁。（左傳·襄公十八年）

跖得無逆汝意若前乎？（莊子·盜跖）

魯未若商周，而改其常，無乃不可乎？（國語·魯語上）

《詩》三百篇，大抵賢聖發憤之所爲也。（史記·太史公自序）

大率十里一亭，亭有長。（漢書·百官公卿表上）

表示反詰語氣的副詞有“豈”、“其”、“寧”、“庸”、“詎（巨、渠）”等，是“難道”的意思。例如：

晉，吾宗也。豈害我哉？（左傳·僖公五年）

天而既厭周德矣，吾其能與許爭乎？（左傳·隱公十一年）

先生獨未見夫僕乎？十人而從一人者，寧力不勝、智不若耶？畏之也。（戰國策·趙策）

庸詎知吾所謂天之非人乎？（莊子·大宗師）

沛公不先破關中兵，公巨能入乎？（漢書·高帝紀）

使我居中國，何渠不若漢？（史記·酈生陸賈列傳）

表示祈使語氣的副詞有“其、唯（惟）”等，是“希望”的意思。例如：

趙孟欲一獻，子其從之！（左傳·昭公元年）

若晉君朝以入，則婢子夕以死；夕以入，則朝以死。唯君裁之！（左傳·僖公十五年）

五、否定副詞

古漢語常用的否定副詞有“不”、“弗”、“毋（無）”、“勿”、“未”、“非（匪）”、“否”、“微”、“莫”、“靡”等，這些否定副詞語音相近，都是脣音字，用法相通。

（一）不、弗

“不”和“弗”表示一般性的否定。“不”的古今用法基本相同，可用在動詞、形容詞、數量詞前，表示否定。例如：

緣木求魚，雖不得魚，無後災。（孟子·梁惠王上）

人不難以死免其君，我戮之不祥。赦之，以勸事君者。（左傳·成公二年）

不數歲，田百頃，樓閣萬椽。（聊齋志異·促織）

“不”用在句末，與“否”相同。例如：

秦王以十五城請易寡人之璧，可予不？（史記·廉頗藺相如列傳）

“弗”的使用範圍較窄，一般只否定及物動詞，但其否定的及物動詞一般不再帶賓語。例如：

功成而弗居。（老子·二章）

不知亂之所自起，則弗能治。（墨子·兼愛上）

愛公叔段，欲立之，亟請於武公，公弗許。（左傳·隱公元年）

雖有嘉肴，弗食，不知其旨也。（禮記·學記）

有的語言學家認爲“弗”相當於“不＋之”。先秦時，“弗”後動詞也有帶賓語的，如“雖與俱學，弗若之矣”（孟子·告子上）。兩漢開始，使用範圍慢慢擴大，“弗”後動詞帶賓語的多起來，還可以用在形容詞前。例如：

後家居長安，長安諸公莫弗稱之。（史記·魏其武安侯列傳）

吳起乃自知弗如田父。（史記·孫子吳起列傳）

今呂氏王，大臣弗平。（史記·呂后本紀）

（二）毋（無）、勿

“毋（無）”、“勿”主要用在祈使句中表示對某種行爲的禁止或勸阻。“毋”有時又寫作“無”。可譯爲“不要”、“別”。就語法作用而言，“毋（無）”和“不”相當，“勿”和“弗”相當。例如：

大毋侵小。（左傳·襄公十九年）

主忠信，毋友不如己者，過則毋憚改。（論語·子罕）

毋妄言，族矣。（史記·項羽本紀）

我無爾詐，爾無我虞。（左傳·宣公十五年）

苟富貴，無相忘。（史記·陳涉世家）

非禮勿視，非禮勿聽，非禮勿言，非禮勿動。（論語·顏淵）

己所不欲，勿施於人。（論語·先進）

受“勿”否定的及物動詞有時也帶賓語。例如：

百畝之田，勿奪其時。（孟子·梁惠王上）

已矣，勿言之矣！散木也。（莊子·人間世）

“毋（無）”和“勿”也可用於一般的否定，不表示禁止，其含義相當於“不”。例如：

用臣之計，毋戰而略地，不攻而下城，傳檄而千里定，可乎？（漢書·蒯通傳）

貧而無諂，富而無驕，何如？（論語·學而）

欲人勿知，莫若勿爲。（枚乘：上書諫吴王）

欲勿予，即患秦兵來。（史記·廉頗藺相如列傳）

在僞古文《尚書》裏，“罔”也可以表示祈使否定。例如：

儆戒無虞，罔失法度，罔遊於逸，罔淫於樂。（僞古文尚書·大禹謨）

（三）未

“未”表示事情尚未實現，對事實和過程加以否定，相當於現代漢語的“還沒有”。例如：

小人有母，皆嘗小人之食矣，未嘗君之羹，請以遺之。（左傳·隱公元年）

郤克傷於矢，流血及屨，未絶鼓音。（左傳·成公二年）

雖少，願及未填溝壑而託之。（戰國策·趙策）

“未”與“嘗”、“曾”可以組合成“未嘗”、“未曾”，表示對過去發生的事情的否定，意思是“從來沒有”、“不曾”。“未”和“未嘗”的區别是：“未”只指現在尚未實現，但並不否定將來實現的可能性；“未嘗”只是簡單地否定過去。“未嘗”先秦就有，“未曾”是魏晉以後出現的。例如：

自行束脩以上，吾未嘗無誨焉。（論語·述而）

客果有能也，吾負之，未嘗見也。（戰國策·齊策）

友聞白羊肉美，一生未曾得喫，故冒求前耳。（世說新語·任誕）

（四）非（匪）

“非”表示判斷否定，在《詩經》裏有時寫作“匪”。主要用於判斷句的名詞謂語前，否定整個謂語，相當於現代漢語的“不是”。例如：

溥天之下，莫非王土；率土之濱，莫非王臣。（詩經·小雅·北山）

我心匪石，不可轉也。我心匪席，不可卷也。（詩經·邶風·柏舟）

析薪如之何？匪斧不克。取妻如之何？匪媒不得。（詩經·齊風·南山）

是非君子之言也。（禮記·檀弓上）

“非”還可以用於敍述句、描寫句的動詞、形容詞謂語前，否定整個謂語，可譯成“不”、“不是”。例如：

非不說子之道，力不足也。(論語·先進)

城非不高也，池非不深也，兵革非不堅利也，米粟非不多也。(孟子·公孫丑下)

有時表示一種假設的否定，意思是“如果不是”、“如果沒有”。例如：

吾非至於子之門則殆矣。(莊子·秋水)

五十非帛不暖，七十非肉不飽。(孟子·盡心上)

(五) 否

“否”比較特殊，有兩種用法：用於獨詞句，作應答之詞，與“然”對立，意思是“不”、“不是的”。例如：

“許子必織布而後衣乎？”曰：“否。許子衣褐。”(孟子·滕文公上)

用於肯定否定迭用的句子，表示否定。例如：

宦三年矣，未知母之存否？(左傳·宣公二年)

晉人侵鄭，以觀其可攻與否？(左傳·僖公三十年)

廉頗老矣，尚能飯否？(辛棄疾：永遇樂)

有時表假設否定，意思是“不然的話”、“如果不這樣”。例如：

願君留意臣之計。否，必爲二子所禽矣。(史記·淮陰侯列傳)

(六) 微

“微”用於對動作行爲或情況的否定，相當於“非”，常與“獨”組成固定結構“微獨”，相當於“不但、不只”。例如：

微獨趙，諸侯有在者乎？(戰國策·趙策)

神農、黄帝猶有可非，微獨舜、湯。(呂氏春秋·離俗)

微我無酒，以遨以遊。(詩經·邶風·柏舟)

“微”還可以表示一種假設的否定，相當於“非”，意思是“如果不是”、“要是沒有”。例如：

微趙君，幾爲丞相所賣。(史記·李斯列傳)

微夫人之力不及此。(左傳·僖公三十年)

(七) 莫

“莫”一般用作否定性無定代詞，見第三單元第十四節。此外，還可以用作否定副詞。

“莫”表示一般的否定，意思是“不”。例如：

方今之務，莫若使民務農而已矣。(晁錯：論貴粟疏)

還可以表示禁止的否定，意思是“不要”。例如：

莫爲盜，莫爲殺人！（莊子·則陽）

願早定大計，莫用衆人之議也。（資治通鑑·漢紀五十七）

（八）靡

“靡”表示一般的否定，意思是“沒”、“不”。例如：

夙興夜寐，靡有朝矣。（詩經·衛風·氓）

方內安寧，靡有兵革。（史記·孝文本紀）

古布衣之俠，靡得而聞已。（史記·游俠列傳）

六、謙敬副詞

謙敬副詞是古代漢語中用來表示自謙或尊人的副詞。常用的謙敬副詞有“請”、“敬”、“謹”、“幸”、“惠”、“辱”、“敢”、“竊”、“伏”、“忝”、“猥”、“愚”等。這類副詞往往由動詞或形容詞虛化而來。它們作動詞或形容詞時，詞義具體、實在；它們成爲謙敬副詞後，原來的意義虛化或消失，僅僅表示一種客氣或委婉的語氣。

表示尊敬別人的謙敬副詞常見的有“請”、“敬”、“幸”、“謹”、“惠”、“辱”等。“請”作爲動詞，表示請求。例如：

爲之請制。（左傳·隱公元年）

衛侯請盟，晉人弗許。（左傳·僖公二十八年）

作爲副詞“請”的請求義已經虛化，用在動詞或動詞性短語前，表示對對方的尊敬，意思是“請允許我”。例如：

忠之屬也，可以一戰。戰則請從。（左傳·莊公十年）

城不入，臣請完璧歸趙。（史記·廉頗藺相如列傳）

試比較：

欲與大叔，臣請事之；若弗與，則請除之，無生民心。（左傳·隱公元年）

“臣請事之”的“請”，是表敬副詞，意爲“請允許我”；“則請除之”的“請”，是動詞，意爲“請求對方”。

動詞“敬”，是尊敬義，往往帶賓語。例如：

敬鬼神而遠之。（論語·雍也）

敬老慈幼。（孟子·告子下）

副詞“敬”用在動詞前，表示對對方的尊敬。例如：

魯人孔丘，聞將軍高義，敬再拜謁者。（莊子·盜跖）

敬諾。年幾何矣？（戰國策·趙策）

皇帝敬勞將軍。(史記·絳侯周勃世家)

“謹”原本是形容詞，作爲謙敬副詞，用在動詞前表示尊敬對方。例如：

誠若先生之言，謹奉社稷而以從。(史記·平原君列傳)

書不能悉意，略陳固陋。謹再拜。(司馬遷：報任安書)

副詞“幸”用在動詞前表示敬重，表示對方的行爲是自己所希望的。例如：

臣從其計，大王幸赦臣。(史記·廉頗藺相如列傳)

至爲河伯娶婦時，願三老、巫祝、父老送女河上，幸來告語之，吾亦往送女。(史記·滑稽列傳)

副詞“惠”加在動詞前，表示對方所做的某種行爲對自己是一種恩惠。例如：

君惠弔群臣，又重命。(國語·晉語)

君惠徼福於敝邑之社稷，辱收寡君，寡君之願也。(左傳·僖公四年)

今在夫不忘文、襄之意，而惠立桓叔之後。(史記·晉世家)

副詞“辱”用在動詞前表示對方這樣做是使對方受到了屈辱。例如：

君若不忘先君之好，惠顧齊國，辱收寡人。(左傳·昭公三年)

君惠徼福於敝邑之社稷，辱收寡君，寡君之願也。(左傳·僖公四年)

子，一國太子，辱在此。(史記·晉世家)

曩者辱賜書，教以慎於接物、推賢進士爲務。(司馬遷：報任安書)

表示自謙的副詞有“敢”、“竊”、“伏”、“忝”、“猥”、“愚”等。這幾個副詞都表示謙卑，它們所修飾的動詞都是説話人自己發出的動作行爲。

“敢”用在動詞前，是“豈敢”、“冒昧”之意，表示自謙，説明自己的動作是冒昧而爲。例如：

既不獲命矣，敢煩大夫謂二三子，戒爾車乘，敬爾君事，詰朝請見。(左傳·僖公二十八年)

敢問何謂也？(左傳·隱公元年)

“竊”作副詞，有“私自”、“私下”之意，表示不敢直接明白地説出自己的意見、看法。例如：

臣聞吏議逐客，竊以爲過矣。(李斯：諫逐客書)

“伏”往往用於臣子對君主的言辭中，以示臣對君的敬意。例如：

伏聞太子玉體不安，亦少間乎？(枚乘：七發)

臣伏計之，大王奉高祖宗廟最相宜稱。(漢書·文帝紀)

伏惟聖朝以孝治天下。(李密：陳情表)

“伏”常同動詞“惟”組成凝固結構“伏惟”，用作敬辭。

“忝”用在動詞前，表示自謙，是“有愧於某事或某行爲”的意思。例如：

臣忝當大任，義在安國。(三國志·魏書)

臣受恩偏特，忝任師傅，不敢自同凡臣，括囊避咎。（後漢書·楊賜傳）

"猥"表示"苟且"的意思。例如：

然竊恨足下不深惟其終始，而猥隨俗之毀譽也。（楊惲：報孫會宗書）

先帝不以臣卑鄙，猥自枉屈，三顧臣於草廬之中。（諸葛亮：出師表）

"愚"表示自謙，自認爲愚昧無知。例如：

愚以爲營中之事，悉以咨之，必能使行陣和睦，優劣得所。（諸葛亮：出師表）

第十六節　介　詞

介詞由動詞虛化而來，在句子中的作用仍帶有動詞的痕迹。介詞不能單獨充當句子成分，一般不能單獨使用，能帶賓語，但是不能單獨進入句子結構，更不能充當謂語。介詞同名詞、代詞或名詞性短語組成介賓結構，用在動詞或主謂結構的前面作狀語，用在動詞、形容詞後面作補語，表示動作行爲的時間處所、工具、方式、原因、目的等。例如："南方有鳥焉，名曰蒙鳩，以羽爲巢，而編之以髮。"（荀子·勸學）古代漢語介詞還有一些自己的語法特點。古代漢語介詞賓語通常放在介詞的後邊，少數介詞的賓語可以放在介詞的前邊。例如："君若以力，楚國方城以爲城，漢水以爲池，雖衆，無所用之。"（左傳·僖公四年）"楚戰士無不一以當十。"（史記·項羽本紀）一些介詞的賓語有時可以省略。例如："小人有母，皆嘗小人之食矣，未嘗君之羹，請以遺之。"（左傳·隱公元年）

古代漢語常用的介詞有"于（於、乎）"、"以"、"爲"、"與"、"用"、"因"、"由"、"向"、"自"、"從"、"被"等。其中"于（於）"、"以"、"爲"、"與"、"因"用法較爲複雜，"用"、"由"、"自"、"從"等用法比較簡單。

一、于（於、乎）

"于"和"於"時代上的差異最爲明顯：甲骨文只用"于"不用"於"，《尚書》、《詩經》用"于"數量佔絕大多數，只有極少數用"於"，《左傳》"于"、"於"的使用大致相等，其他先秦古籍如《論語》、《孟子》、《荀子》等書，絕大多數用"於"。有人認爲是書寫形式的不同，或者是作者用字的不同。到了漢代，"於"基本上取代"于"。後來，"於"字簡化成"于"。"乎"上古讀音與"于"相近，常作語氣詞，還常作介詞用，用法基本和"于"一致。

于（於、乎）的用法主要有五種。

(1) 介紹動作行爲發生的處所、時間。例如：

遂寘姜氏于城潁。（左傳·隱公元年）

越王句踐棲於會稽之上。（國語·越語上）

浴乎沂，風乎舞雩。（論語·先進）

千乘之國，攝乎大國之間。（論語·先進）

（以上表處所）

自我不見，于今三年。（詩經·豳風·東山）

子食於有喪者之側，未嘗飽也。子於是日哭，則不歌。（論語·述而）

有志乎古者希矣。（韓愈：答李翊書）

（以上表時間）

表示處所的"於"有時可以不出現，處所名詞直接用在謂語動詞或動賓短語之後作補語。例如：

晉軍函陵，秦軍氾南。（左傳·僖公三十年）

吾聞秦軍圍趙王鉅鹿。（史記·項羽本紀）

令女居其上，浮之河中。（史記·滑稽列傳）

(2) 介紹動作行爲涉及的對象，相當於"向"、"給"、"對"。例如：

詢于芻蕘。（荀子·大略）

凡諸侯有四夷之功則獻于王。（左傳·莊公三十一年）

潁考叔爲潁谷封人，聞之，有獻於公。（左傳·隱公元年）

寡君不忍，使群臣請於大國。（左傳·成公二年）

衛靈公問陳於孔子。（論語·衛靈公）

利澤施乎萬物。（莊子·大宗師）

吾日三省乎吾身。（論語·學而）

或問乎曾西曰："吾子與子路孰賢？"（孟子·公孫丑上）

(3) 表示比較，用在形容詞謂語之後。注意：主要用"於"表示比較，極少用"于"、"乎"。例如：

師少於我，鬥士倍我。（左傳·僖公十六年）

王如知此，則無望民之多於鄰國也。（孟子·梁惠王上）

青，取之於藍而青於藍；冰，水爲之而寒於水。（荀子·勸學）

管仲卒，齊國遵其政，常強於諸侯。（史記·管晏列傳）

以吾一日長乎爾。（論語·先進）

(4) 表示原因，相當於"由于"、"因爲"。例如：

貧生于不足，不足生于不農。（晁錯：論貴粟疏）

業精于勤，荒于嬉；行成于思，毁于隨。（韓愈：進學解）

（5）表示被動。參看本書第二十一節“被動句”。

二、以

“以”本來是動詞，是“用”、“以爲”、“根據”的意思。例如：

桓公九合諸侯，不以兵車，管仲之力也。（論語·憲問）

臣之妻私臣，臣之妾畏臣，臣之客有求于臣，皆以美于徐公。（戰國策·齊策）

小大之獄，雖不能察，必以情。（左傳·莊公十年）

作爲“認爲”意義講的“以”可以和“爲”構成“以爲”或“以……爲……”的格式。例如：

寡人之囿方四十里，民猶以爲大，何也？（孟子·梁惠王下）

鮑叔不以我爲貪，知我貧也。（史記·管晏列傳）

介詞“以”由動詞“以”虛化而來，主要用法有五種：

（1）介紹動作行爲所使用的工具、憑藉的條件，相當於“用”、“拿”等。例如：

許子以釜甑爨、以鐵耕乎？（孟子·滕文公上）

以五十步笑百步，則何如？（孟子·梁惠王上）

昔湯武以百里昌，桀紂以天下亡。（戰國策·楚策）

壽畢，請以劍舞。（史記·項羽本紀）

（2）表示某種資格、身份或地位。例如：

齊使者如梁，孫臏以刑徒陰見。（史記·孫子吳起列傳）

以人民往觀之者三二千人。（史記·滑稽列傳）

騫以郎應募使月氏。（漢書·張騫傳）

（3）表示率領或依照，是“率領”、“按照”的意思。例如：

宫之奇以其族行。（左傳·僖公五年）

項梁乃以八千人渡江而西。（史記·項羽本紀）

餘船以次俱進。（資治通鑒·漢紀五十七）

（4）表示原因，相當於“因”、“因爲”、“由于”。例如：

君子不以言举人，不以人废言。（論語·衛靈公）

夫韓魏滅亡，而安陵以五十里之地存者，徒以有先生也。（戰國策·魏策）

釋之事是帝歲餘，爲淮南相，猶尚以前過也。（史記·張釋之馮唐列傳）

王即位二十七日，卒以淫亂廢。（漢書·龔遂傳）

（5）表示時間，相當於“在”。例如：

賞以春夏，刑以秋冬。（左傳·襄公二十六年）

文以五月五日生。（史記·孟嘗君列傳）

子厚以元和十四年十一月八日卒。（韓愈：柳子厚墓誌銘）

注意"以"在句中的位置。"以"可以用在謂語動詞之前，也可以用在其後。例如：

以羽爲巢，而編之以髮。（荀子·勸學）

導之以政，齊之以德，民免而無恥。導之以德，齊之以禮，有恥且格。（論語·爲政）

生，事之以禮；死，葬之以禮，祭之以禮。（論語·爲政）

在表示時間時，"以"只能放在謂語動詞之前。爲了強調賓語，可以把賓語放到"以"的前面。例如：

楚國方城以爲城，漢水以爲池。（左傳·僖公四年）

江漢以濯之，秋陽以暴之，皜皜乎不可尚已！（孟子·滕文公上）

一以當十。（史記·項羽本紀）

當"以"的賓語上文已經出現，這個賓語常常會省略。例如：

衣食所安，弗敢專也，必以（　）分人。（左傳·莊公十年）

小人有母，皆嘗小人之食矣，未嘗君之羹，請以（　）遺之。（左傳·隱公元年）

三、爲

介詞"爲"讀 wèi，經常和賓語一起放在謂語動詞前，主要有三種用法。

（1）介紹與動作行爲相關的對象，相當於"給"、"替"、"向"、"對"等。

以天下與人易，爲天下得人難。（孟子·滕文公上）

故爲淵驅魚者，獺也；爲叢驅爵者，鸇也；爲湯武驅民者，桀紂也。（孟子·離婁上）

于是爲長安君約車百乘，質于齊。（戰國策·趙策）

誰爲大王爲此計者？（史記·項羽本紀）

（2）表示動作行爲發生的原因或目的，可譯爲"因爲"、"由于"。例如：

天行有常，不爲堯存，不爲桀亡。（荀子·天論）

天不爲人之惡寒也輟冬，地不爲人之惡遼遠也輟廣，君子不爲小人之匈匈也輟行。（荀子·天論）

天下熙熙，皆爲利來；天下壤壤，皆爲利往。（史記·貨殖列傳）

（3）用於被動句，介紹動作行爲的主動者，讀 wéi。例如：

公與戰，軍敗，爲流矢所中。(三國志・魏志・武帝紀)

衛太子爲江充所敗。(漢書・霍光傳)

介詞“爲”後面的賓語，有時也可以省略。例如：

禹之時，十年九潦，而水弗爲加益；湯之時，八年七旱，而崖不爲加損。(莊子・秋水)

四、與

“與”原來是動詞，是“給予”、“幫助”、“參與”的意思，後虛化爲介詞。主要用法有三種：

(1) 引進動作涉及的對象，意思是“爲”、“替”、“給”。例如：

陳涉少時，嘗與人傭耕。(史記・陳涉世家)

漢王與義帝發喪。(漢書・高帝紀)

(2) 引進動作行爲的參與者，意思是“跟”、“同”。例如：

執其手而與之謀。(國語・越語上)

後五日平明，與我會此。(史記・留侯世家)

(3) 引進比較的對象，意思是“跟”或“跟……相比”。例如：

受時與治世同，而殃禍與治世異。(荀子・天論)

吾與徐公孰美？(戰國策・齊策)

介詞“與”的賓語常常省略。例如：

項伯見沛公。沛公與（　）飲爲壽，結賓婚。(史記・留侯世家)

臣客屠者朱亥可與（　）俱。(史記・魏公子列傳)

子厚與（　）設方計，悉令贖歸。(韓愈：柳子厚墓誌銘)

五、因

“因”是動詞，“依靠”、“憑藉”的意思。介詞“因”由動詞“因”虛化而來，它和賓語一起充當句子的狀語，主要有兩種用法：

(1) 表示動作行爲的條件、依據，有“憑藉”、“趁着”、“通過”的意思。例如：

因其富厚，交通王侯。(晁錯：論貴粟疏)

魏往年大破于齊，諸侯畔之，可因此時伐魏。(史記・商君列傳)

商鞅因景監見，趙良寒心。(司馬遷：報任安書)

此天亡楚之時也，不如因其機而遂取之。（史記·項羽本紀）

（2）表示動作行爲的原因或理由，有“因爲”、“由于”的意思。例如：

因前使絕國功，封騫博望侯。（史記·衛將軍驃騎列傳）

始皇二十六年，蒙恬因家世得爲秦將。（史記·蒙恬列傳）

第十七節　連　詞

連詞是連接詞、短語或句子的虛詞。古代漢語常用的連詞有“與”、“及”、“而”、“則”、“且”、“況”、“但”、“抑”、“雖”、“然”、“故”、“苟”、“倘”、“令”、“第令”、“藉使”、“以”、“即”、“使”、“向”、“設”、“自”、“將”等。下面討論幾個比較重要的連詞。

一、而

連詞“而”的用法主要有三種。

（1）用於聯合結構，連接形容詞、動詞或相關短語，表示性質或行爲的聯繫。例如：

敏於事而慎於言。（論語·學而）

道千乘之國，敬事而信，節用而愛人，使民以時。（論語·學而）

未若貧而樂，富而好禮者也。（論語·學而）

入而徐趨，至而自謝。（戰國策·趙策）

“而”可以連接兩個主謂結構，表示兩者的聯繫。例如：

士不可以不弘毅，任重而道遠。（論語·泰伯）

故令尹誅而楚奸不上聞，仲尼賞而魯民易降北。（韓非子·五蠹）

在古代漢語中，“而”一般不能連接名詞或名詞性短語。例如：

永州之野產異蛇，黑質而白章。（柳宗元：捕蛇者說）

蟹六跪而二螯。（荀子·勸學）

句中，“而”連接“六跪”和“二螯”，用作謂語，帶有描寫的性質。

（2）“而”用於偏正結構，連接狀語和謂語動詞，意思上往往是一種順接，前後語意相承。例如：

一鼓作氣，再而衰，三而竭。（左傳·莊公十年）

吾嘗終日而思矣，不如須臾之所學也。（荀子·勸學）

未至，道渴而死。（山海經·海外北經）

朝而往，暮而歸。（歐陽修：醉翁亭記）

（3）“而”用於主謂結構，連接主語和謂語，在意思上是一種逆接。有時表示似乎不應有而有的事，有時“而”含有假設的意味。例如：

不好犯上而好作亂者，未之有也。（論語·學而）

先生獨未見夫僕乎？十人而從一人者，寧力不勝，智不若耶？畏之也。（戰國策·趙策）

人而無儀，不死何爲！（詩經·鄘風·相鼠）

人而無止，不死何俟！（詩經·鄘風·相鼠）

人而無禮，胡不遄死！（詩經·鄘風·相鼠）

子產而死，誰其嗣之？（左傳·襄公三十年）

人而無信，不知其可也。（論語·爲政）

人而不仁，如禮何！人而不仁，如樂何！（論語·八佾）

子而思報父母之仇，臣而思報君之讎，其有敢不盡力者乎？（國語·越語上）

二、與

“與”有連詞和介詞的用法。介詞“與”的用法參看介詞部分。連詞“與”一般用來連接並列的名詞、代詞或名詞性短語。例如：

蜩與學鳩笑之曰：“我決起而飛……”（莊子·逍遥遊）

畦留夷與揭車兮，雜杜衡與芳芷。（屈原：離騷）

“與”（或“與其”）和“寧”、“毋寧”、“不如”連用，表示選擇關係。例如：

與人刃我，寧自刃。（史記·魯仲連鄒陽列傳）

與其不孫也，寧固。（論語·述而）

與其餓死道路，爲群獸食，毋寧斃於虞人，以俎豆於貴家。（馬中錫：中山狼傳）

與其過而近，毋寧過而遠；與其近而人知，毋寧遠而人不知：此居下之道也。（惲敬：上汪瑟庵侍郎書）

與其戍周，不如城之。（左傳·昭公三十二年）

三、則

連詞“則”的用法主要有以下四種。

(1) 表示兩事在時間上相承關係，是“就”的意思。例如：
可以一戰，戰則請從。(左傳·莊公十年)
聞令下，則各以其學議之。(史記·秦始皇本紀)
項王今日亡，則次取足下。(史記·淮陰侯列傳)
(2) 表示因果或情理上的聯繫，是“那麼”、“那麼就”的意思。例如：
君子不重則不威，學則不固。(論語·學而)
風之積也不厚，則其負大翼也無力。(莊子·逍遥遊)
倉廩實則知禮節，衣食足則知榮辱。(管子·牧民)
民貧則奸邪生。(晁錯：論貴粟疏)
桔生淮南則爲橘，生于淮北則爲枳。(晏子春秋·晏子使楚)
應之以治則吉，應之以亂則凶。(荀子·天論)
(3) 表示假設關係，是“如果”、“假如”的意思。例如：
公子則往，群臣之子敢不皆負羈紲以從！(左傳·定公八年)
時則不至，而控於地而已矣。(莊子·逍遥遊)
則漢欲挑戰，愼勿與戰！(史記·項羽本紀)
(4) 表示發現，是“原來已經”的意思。例如：
公使陽處父追之，及諸河，則在舟中矣。(左傳·僖公三十三年)
使子路反見之，至則行矣。(論語·微子)
其子趨而視之，苗則槁矣。(孟子·公孫丑上)

四、雖

在古代漢語裏，連詞“雖”一般表示讓步，相當於現在的“雖然”。例如：
雖愚必明，雖柔必強。(禮記·中庸)
十五歲矣，雖少，願及未填溝壑而託之。(戰國策·趙策)
此言雖小，可以喻大也。(史記·李將軍列傳)
秦兵旦暮渡易水，則雖欲長侍足下，豈可得哉？(戰國策·燕策)
齊國雖褊小，吾何愛一牛！(孟子·梁惠王上)
“雖”有時表示假設的讓步，作用和“縱然”、“即使”相同。例如：
雖有槁暴，不復挺者，輮使之然也。(荀子·勸學)
雖九死其猶未悔。(屈原：離騷)
雖人弗損益，猶若不可得而法。(吕氏春秋·察今)
雖殺臣，不能絕也。(墨子·公輸)
雖我之死，有子存焉。(列子·湯問)

五、然

在古代漢語裏，“然”作爲連詞，用於轉折複句中分句與分句之間表示轉折關係，也表示句子之間的轉折關係，相當於現在的“可是”、“但是”、“然而”。例如：

周勃厚重少文，然安劉氏者必勃也。（史記·高祖本紀）

衛青霍去病亦以外戚貴幸，然頗用才能自進。（史記·佞幸列傳）

（以上是複句中轉折關係）

吾不能早用子，今急而求子，是寡人之過也。然鄭亡，子亦有不利焉！（左傳·僖公三十年）

足下位爲上相，食三萬户侯，可謂富貴無歉矣。然有憂念，不過患諸呂、少主耳。（史記·酈生陸賈列傳）

（以上是不同句子之間的轉折關係）

古代漢語中，跟連詞“則”、“雖”、“然”有關的凝固結構或關連詞語有“然則”、“雖然”、“然而”，具體分析如下：

（1）然則。

“然則”是指示代詞“然”和連詞“則”的連用，是“既然這樣，那麼”的意思。例如：

然則治天下獨可耕且爲與？（孟子·滕文公上）

然則端言直道之人不得見，而忠直日疏。（韓非子·三守）

然則何以慎？緣物之情及人之情，以爲所聞，則得之矣。（呂氏春秋·察傳）

然則《關雎》《麟趾》之化，王者之風，故系之周公。（詩經·周南·關雎序）

今有構木鑽燧於夏後氏之世者，必爲鯀、禹笑矣；有決瀆於殷、周之世者，必爲湯、武笑矣。然則今有美堯、舜、湯、武、禹之道於當今之世者，必爲新聖笑矣。（韓非子·五蠹）

今取人則不然，不問可否，不論曲直，非秦者去，爲客者逐，然則是所重者在乎色樂珠玉，而所輕者在乎民人也。（李斯：諫逐客書）

後來，“然則”慢慢凝固爲一個詞，是“那麼”的意思。例如：

生人果有初乎？吾不得而知之也。然則孰爲近？（柳宗元：封建論）

是進亦憂，退亦憂，然則何時而樂耶？（范仲淹：岳陽樓記）

（2）然而。

“然而”是指示代詞“然”和連詞“而”的連用，是“如此，而”或“雖然如此，但是”的意思。例如：

夫環而攻之，必有得天時者矣；然而不勝者，是天時不如地利也。（孟子·公孫丑下）

七十者衣帛食肉，黎民不飢不寒，然而不王者，未之有也。（孟子·梁惠王上）

後來，“然而”慢慢凝固爲一個詞，是“可是”、“但是”的意思。例如：

合爲朝、覲、會、同，離爲守臣、扞城。然而降于夷王，害禮傷尊，下堂而迎覲者。（柳宗元：封建論）

(3) 雖然。

“雖然”是連詞“雖”和指示代詞“然”的連用，是“雖然這樣，但是”的意思。例如：

滕君，則誠賢君也；雖然，未聞道也。（孟子·滕文公上）

善哉。雖然，公輸盤爲我爲雲梯，必取宋。（墨子·公輸）

大王加惠，以小易大，甚善。雖然，受地于先王，願終守之，弗敢易。（戰國策·魏策四）

六、以

連詞“以”由介詞“以”衍化而來，主要有三種用法：

(1) 連接動詞、形容詞及有關短語，表示前後兩項的並列關係。例如：

治世之音安以樂，亂世之音怨以怒，亡國之音哀以思。（禮記·樂記）

秦地半天下，主明以嚴，將智以武。（史記·張儀列傳）

(2) 連接動詞，表示前後兩項時間上的先後關係。例如：

自始合，而矢貫余手及肘，余折以禦，左輪朱殷。（左傳·成公二年）

齊因乘勝盡破其軍，虜魏太子申以歸。（史記·孫子吳起列傳）

(3) 連接兩個動詞性成分，或表示前項是後項的條件、方式或表後項是前項的目的和結果。例如：

越國以鄙遠，君知其難也。焉用亡鄭以陪鄰？（左傳·僖公三十年）

晉靈公不君，厚斂以彫牆。（左傳·宣公二年）

命子封帥車二百乘以伐京。（《左傳·隱公元年》）

樊噲側其盾以撞。（史記·項羽本紀）

(4) 連接狀語与中心語，表示修飾關係。例如：

早夜以思，去其不如周公者。（韓愈：原毀）

(5) 用於複句，表示目的、結果、原因。有的結果在前，原因在後，是由果溯因；有的原因在前，結果在後，是由因及果。例如：

晉侯秦伯圍鄭，以其無禮於晉且貳於楚也。（左傳·僖公三十年）

其子曰張摯，字長公，官至大夫，免。以不能取容當世，故終身不仕。（史記·張釋之馮唐列傳）

第十八節　助　詞

助詞是一種獨立性差、沒有實在意義的特殊的虛詞。助詞通常附着於詞、短語或句子，以突出句子的結構或者某種功能。一些語法著作和古代漢語教材把助詞分爲三大類：結構助詞、語氣助詞、襯音助詞。語氣助詞也就是語氣詞。《馬氏文通》設助字一類，也即助詞。它說的助字其實是指語氣詞。王力先生的《漢語語法史》、《古代漢語》和郭錫良主編的《古代漢語》都沒有助詞的類別。

下面介紹常見助詞“之”、“者”、“所”的用法。

一、之

作爲助詞的“之”，《馬氏文通》最早把“之”歸入介詞，王力先生《古代漢語》也看成介詞，郭錫良主編的《古代漢語》則看成連詞。“之”作助詞，主要有三種用法。

（1）用在定語和中心語之間，表示領屬、修飾和同一關係，相當於“的”。例如：

關關雎鳩，在河之洲。（詩經·關雎）

夫子之道，忠恕而已矣。（論語·里仁）

是炎帝之少女，名曰女娃。（山海經·北山經）

又北二百里，曰發鳩之山。（山海經·北山經）

交戟之衛士欲止不內，樊噲側其盾以撞。（史記·項羽本紀）

（2）用在主謂結構之間，使主謂結構變成名詞性的偏正結構，取消主謂結構獨立成句的可能性，而只能充當句子成分，或複句中的分句。這種結構的“之”不必譯出。例如：

君子之學也，入乎耳，著乎心，布乎四體，形乎動靜。（荀子·勸學）

夫物之不齊，物之情也。（孟子·滕文公上）

湯之問棘也是矣。（莊子·逍遥遊）

歲寒，然後知松柏之後凋也。（論語·子罕）

不虞君之涉吾地也。（左傳·僖公五年）

故不登高山，不知天之高也；不臨深溪，不知地之厚也。（荀子·勸學）

始臣之解牛之時，所見無非牛者。（莊子·養生主）

（以上是帶“之”的主謂結構作主語、賓語、謂語、定語）

皮之不存，毛將安傅？（左傳·僖公十四年）

雖鞭之長，不及馬腹。（左傳·宣公十五年）

臣之壯也，猶不如人。（左傳·僖公三十年）

鵬之徙於南冥也，水擊三千里。（莊子·逍遥遊）

大道之行也，天下爲公。（禮記·禮運）

雖我之死，有子存焉。（列子·愚公移山）

（以上帶“之”的主謂結構作複句中的分句）

（3）用在主語和作狀語的介賓結構之間。例如：

寡人之於國也，盡心焉耳矣。（孟子·梁惠王上）

君子之於禽獸也，見其生，不忍見其死；聞其聲，不忍食其肉。（孟子·梁惠王上）

且今時趙之於秦，猶郡縣也。（史記·張儀列傳）

夫寒之於衣，不待輕煖；飢之於食，不待甘旨。（晁錯：論貴粟疏）

二、者

助詞“者”，王力先生《古代漢語》看成是特別的指示代詞和語氣詞，郭錫良主編的《古代漢語》看成是輔助性代詞。“者”的主要用法有以下四種：

（1）用在動詞、形容詞、數詞、動詞短語、主謂結構之後，組成名詞性短語，表示“……的人”、“……的事物”、“……的”。例如：

仁者不憂，智者不惑，勇者不懼。（論語·子罕）

大者王，小者侯。（漢書·高帝紀）

逝者如斯夫，不舍晝夜。（論語·子罕）

夫物不產於秦，可寶者多；士不產於秦，而願忠者衆。（李斯：諫逐客書）

仲尼之徒無道桓文之事者。（孟子·梁惠王上）

我未見力不足者，蓋有之矣，我未之見也。（論語·里仁）

子苟赦越國之罪，又有美於此者將進之。（國語·越語上）

王莽征天下能爲兵法者六十三家。（後漢書·光武紀）

必不得已而去，於斯三者何先？（論語·顏淵）

老而無妻曰鰥，老而無夫曰寡，老而無子曰獨，幼而無父曰孤。此四者，天下之窮民而無告者。（孟子·梁惠王下）

（2）用在時間名詞之後，可根據具體情況靈活翻譯。例如：

今者項莊拔劍舞，其意常在沛公也。（史記·項羽本紀）

昔者吾友嘗從事于斯矣。（論語·泰伯）

古者富貴而名摩滅，不可勝記，唯倜儻非常之人稱焉。（司馬遷：報任安書）

（3）放在判斷句主語後面，一般不必譯出。有時，“者”出現在動詞“有”的賓語後面，一起構成名詞性短語。例如：

亞父者，范增也。（史記·項羽本紀）

車騎者，天下之武備也。（晁錯：論貴粟疏）

有顏回者好學，不遷怒，不貳過。不幸短命死矣。（論語·雍也）

齊人有馮諼者，貧乏不能自存。（戰國策·齊策四）

以上用法，按照王力先生的說法，前兩例是指示代詞，後兩例是語氣詞。

三、所

助詞“所”，用法複雜多樣，王力先生《古代漢語》看成是特別的指示代詞，郭錫良主編的《古代漢語》看成是輔助性代詞。

助詞“所”附加在謂詞性成分前面，組成所字短語，使謂詞性成分名詞化，表示動詞或介詞賓語所指的對象。有三類：

（1）所＋動詞＋（者）。

奪其所憎而與其所愛。（戰國策·趙策三）

所愛者，撓法活之；所憎者，曲法誅滅之。（史記·酷吏列傳）

（2）所＋介詞＋謂詞性成分＋（者）。

彼兵者，所以禁暴除害也。（荀子·議兵）

是吾劍之所從墜。（呂氏春秋·察今）

古之人所以大過人者，無他焉，善推其所爲而已。（孟子·梁惠王上）

（3）所＋（介詞）＋謂詞性成分。

夙興夜寐，無忝爾所生。（詩經·小雅·小宛）

諾，恣君之所使之。（戰國策·趙策四）

“所”作助詞，還用在被動句中，與表被動的介詞“爲”構成“爲……所……”或“爲所……”結構。“所”有加強被動的意味，不必譯出。“爲”後面的施事者有時候出現，有時候不出現。例如：

申徒狄諫而不聽，負石投于河，爲魚鱉所食。（莊子·盜跖）

贏聞如姬父爲人所殺。（史記·魏公子列傳）

衛太子爲江充所敗。（漢書·霍光傳）

梁父即楚將項燕，爲秦將王翦所戮者也。（史記·項羽本紀）

復爲匈奴所得。（漢書·張騫傳）

不者，若屬皆且爲所虜。（史記·項羽本紀）

其射猛獸亦爲所傷亡。（史記·李將軍列傳）

第十九節　語氣詞

語氣是人們説話時的口氣、態度、情緒。就漢語而言，語氣是通過詞彙形式、句子類型、語調和語氣詞來表達的。

語氣詞是表示各種語氣的虚詞。語氣詞不能充當句子成分，也不能表示句子成分之間的關係。語氣詞的作用是表示陳述、感歎、疑問、祈使等語氣。語氣詞分佈在句子末尾或句中停頓的地方。古代漢語的語氣詞主要用於句尾，也可以用於句首，還可以用於句中。現代漢語語氣詞只能用於句尾。語氣詞一般單獨使用。在句尾位置上，古代漢語有兩個語氣詞連用或三個語氣詞連用的情形。

語氣詞是有限的，而句子的語氣是多種多樣的。每個語氣詞都有一個基本的用法，表示一個主要的語氣，有時在不同類型的句子中會表達不同的語氣。這是要引起注意的。也就是説，語氣詞和所要表達的語氣之間不是一一對應的關係。存在着這樣的情形：同一個語氣詞在不同的句子中，有時會表達不同的語氣；一種語氣也可以用不同的語氣詞來表達。這就要求我們能夠辨别它們在具體的句子中所要表達的不同語氣。

西周時期，語氣詞還很少使用，例如《尚書》，沒有用“也”，用“乎”一次，用“矣”七次。春秋以後，語氣詞逐漸產生和發展了。《馬氏文通》把助字（即語氣詞）分爲傳信、傳疑兩大類。其中，傳信包括陳述、祈使語氣，傳疑包括疑問、感歎語氣。古代漢語中，常用的語氣詞有“也”、“矣”、“乎”、“哉”、“與（歟）”、“邪（耶）”、“爲”、“焉”、“夫”、“已”、“耳”、“者”、“唯（維、惟）”、“其”等。

一、句尾語氣詞

（1）也。

“也”是古代漢語中最常用的語氣詞。從句中的位置看，主要用於句尾，有時也用在句中。從句式看，“也”經常用在判斷句句尾，也可以用於其他句子。

“也”用在判斷句句尾，作用是幫助、加強判斷的肯定語氣。這是“也”的基本用法。這種用法的“也”，現代漢語中沒有和它對應的詞。例如：

起予者，商也。（論語·八佾）

南冥者，天池也。（莊子·逍遥遊）

陳勝者，陽城人也。（史記·陳涉世家）

“也”用在陳述句句尾，加強陳述語氣，有加強肯定的作用，表示說話人的態度肯定、堅決，使人堅信所陳述的內容。用在陳述句句尾的“也”和用在判斷句句尾的“也”，在用法上是相通的。這種用法的“也”可譯成“啊”或“呢”，也可以不譯。例如：

朽木不可雕也，糞土之牆不可杇也。（論語·公冶長）

越國以鄙遠，君知其難也。（左傳·僖公三十年）

今者項莊拔劍舞，其意常在沛公也。（史記·項羽本紀）

“也”用在祈使句和感歎句句尾，往往使祈使、感歎語氣更加堅決和強烈，可譯成“吧”或“啊”。例如：

世世子孫，無相害也！（左傳·僖公二十六年）

（以上是祈使句）

吾乃今日知爲皇帝之貴也！（史記·劉敬叔孫通列傳）

（以上是感歎句）

“也”也可以出現在疑問句句尾。“也”出現在疑問句中，仍然是表示確認、肯定的語氣。“也”所在的疑問句往往會出現疑問代詞或疑問語氣詞。例如：

十世可知也？（論語·爲政）

夫子何哂由也？（論語·先進）

唯求則非邦也與？（論語·先進）

我果是也，而果非也邪？（莊子·齊物論）

與老人期，後，何也？（史記·留侯世家）

由于“也”的使用，就使得這種疑問是在確認的基礎上表達出來的，往往是對已經確認的某種事實提出的疑問，如例一、二的疑問語氣由“何”這樣的疑問代詞來表達；例三、四“也”後有疑問語氣詞“與”、“邪”連用，足以說明“也”字並不表示疑問語氣。

在複句中，“也”字主要用在因果或假設複句的後一分句句尾，含有肯定和確認、加強全句語氣的作用。因爲解釋原因、說明結果、進行推理都帶有論斷性質，而論斷本身必然有所肯定和確認。例如：

小惠未徧，民弗從也。（左傳·莊公十年）

子玉之敗，子之舉也。(左傳・僖公二十七年)

(以上是因果複句，例一爲肯定結果，例二爲肯定原因)

若潛師以來，國可得也。(左傳・僖公三十二年)

距關，毋內諸侯，秦地可盡王也。(史記・項羽本紀)

(以上是假設、讓步複句，例一爲假設複句，例二爲讓步複句)

從以上分析可知，“也”可以用在不同句子的末尾，幫助表達各種語氣。判定句子中的“也”究竟表達哪種語氣，不能脱離文義。但有一個共同點：各類句子用“也”收尾，有使該句子的語氣更加堅決、肯定的作用。

(2) 矣。

“矣”也是古代漢語常用的一個語氣詞，主要是表示動態的直陳語氣，經常用在敍述句句尾，把事物發展變化的新情況告訴别人，相當於現代漢語中的“了”。

“矣”表示的動態有兩種情況。一是表示已然。原來就有這種情况，説話人把它當作一種新情況提出來加以陳述，告訴别人。例如：

雞既鳴矣。(詩經・齊風・雞鳴)

余病矣。(左傳・成公二年)

其子趨而往視之，苗則槁矣。(孟子・公孫丑上)

二是表示將然。現在還沒有出現某種情況，但預料、推斷這種情況將必然出現，把它當作新情況告訴别人。例如：

吾且柔之矣。(左傳・僖公二十八年)

有吴則無越，有越則無吴矣。(國語・越語上)

子即合符，而晉鄙不受公子兵，事必危矣。(史記・魏公子列傳)

“矣”可以用於描寫句，表示原來沒有那種狀態，現在出現了，屬於新情況。例如：

吾君已老矣，已昏矣。(穀梁傳・僖公十年)

天下苦秦久矣。(史記・陳涉世家)

有時帶有感歎的意味，在倒裝的句子裏表現得更明顯。例如：

久矣，吾不復夢見周公！(論語・述而)

遠矣，全德之君子！(莊子・田子方)

甚矣，汝之不惠！(列子・湯問)

“矣”用在祈使句句尾，表示説話人希望對方實現某種行爲或完成某種事情，帶有將然的性質。例如：

善哉，吾請無攻宋矣！(墨子・公輸)

君無疑矣！(商君書・更法)

諾。先生休矣！(戰國策・齊策)

“矣”還可用在疑問句，幫助表示疑問語氣。例如：

危而不持，顛而不扶，則將焉用彼相矣？（論語·季氏）

德何如則可以王矣？（孟子·梁惠王上）

句中一般都另有疑問詞專門表示疑問，如上述二例用了“焉”、“何如”。

“也”和“矣”這兩個語氣詞可以通過比較來把握它們的用法。

從主要功能上看，“也”的基本作用是把對事物進行的判斷告訴別人，往往用在判斷句句尾，表靜態；“矣”字主要用在敍述句句尾，表動態。

（3）乎。

“乎”用在疑問句句尾表示疑問語氣，語氣最強烈，用得也最普遍。“乎”表示疑問語氣時，按疑問的性質不同，可分爲詢問、反問和推測問三種。

詢問是指說話人提出問題，要求回答，可分爲是非問句、特指問句和選擇問句三種。是非問句，發問者把有疑問的事情全部說出來，要求對方作肯定或否定的回答，“乎”譯作“嗎”；選擇問句，問話人把兩種或多種情況列舉出來，要求對方選擇一種，“乎”字可譯作“呢”；特指問句，用疑問代詞提出問題，“乎”字可譯作“呢”。例如：

丈夫亦愛憐其少子乎？（戰國策·趙策）

許子必種粟而後食乎？（孟子·滕文公上）

（以上是是非問句）

事齊乎？事楚乎？（孟子·梁惠王下）

（以上是選擇問句）

是誰之過與？（論語·季氏）

（以上是特指問句）

反問是無疑而問，用疑問的形式表示肯定或否定，不要求對方回答。在句尾用“乎”字的同時，句中還要用其他疑問代詞、否定詞或“豈”、“寧”、“況”等來配合。這種“乎”字可以譯成“嗎”或“呢”。例如：

況日不悛，其能久乎？（左傳·昭公三年）

計中國之在海內，不似稊米之在太倉乎？（莊子·秋水）

王侯將相，寧有種乎？（史記·陳涉世家）

“乎”與“不”還可以構成一種比較委婉的反問句式“不亦……乎”。例如：

學而時習之，不亦說乎？有朋自遠方來，不亦樂乎？人不知而不慍，不亦君子乎？（論語·學而）

其於光也，不亦難乎？（莊子·逍遥遊）

“乎”還可以和語氣詞“其”以及“無乃（毋乃）、得無（得毋）”等表示委婉的詞語相配合，表示委婉推測的語氣，構成推測問句，一般相當於現代漢語的

"吧"。例如：

始作俑者，其無後乎？（孟子·梁惠王上）

今君王既棲於會稽之上，然後乃求謀臣，無乃後乎？（國語·越語上）

日食飲得無衰乎？（戰國策·趙策）

"乎"有時也用在感歎句句尾表示感歎語氣，相當於現代漢語的"啊"。例如：

參乎！吾道一以貫之。（論語·里仁）

善哉，技盍至此乎！（莊子·養生主）

君子慎其所立乎！（荀子·勸學）

天乎！吾無罪！（史記·秦始皇本紀）

(4) 哉。

語氣詞"哉"的基本用法是用在句末表示比較強烈的感歎，相當於"啊"。例如：

管仲之器小哉！（論語·八佾）

楚國若有大事，子其危哉！（左傳·昭公二十七年）

爲法之敝，一至此哉！（史記·商君列傳）

如果"哉"出現於倒裝句，表示的感歎語氣就更爲強烈。例如：

大哉，堯之爲君！（孟子·滕文公上）

快哉，此風！（史記·太史公自序）

上怒曰："烹之！"通曰："嗟呼！冤哉，烹也！"（史記·淮陰侯列傳）

"哉"用在祈使句句尾，加強祈使語氣，可譯作"啊"或"吧"。例如：

振振君子，歸哉！歸哉！（詩經·召南·殷其雷）

汝其念哉！（史記·太史公自序）

"哉"跟疑問詞配合用於詢問句和反問句，句子的詢問語氣和反問語氣由疑問詞來表達，"哉"字則給它們帶上感歎色彩，可譯爲"嗎"、"呢"。例如：

此何鳥哉？（莊子·山木）

足下何以得此聲於梁楚間哉？（史記·季布欒布列傳）

晉，吾宗也，豈害我哉？（左傳·僖公五年）

以遊無窮者，彼且惡乎待哉？（莊子·逍遥遊）

燕雀安知鴻鵠之志哉？（史記·陳涉世家）

(5) 與（歟）、邪（耶）。

與（歟 yú）、邪（耶 yé）是常見的表示疑問的句尾語氣詞，語法作用相同。在先秦，《詩經》、《論語》、《左傳》、《孟子》用"與"不用"邪"，而《莊子》用"邪"很多，用"與"較少。《墨子》、《荀子》及以下文獻既用"與"，也用"邪"。有人認爲二者古音相近，是不同方言的差異，也有人認爲先秦多寫作"與"，"歟"

是後起字。

與（歟）和邪（耶）表示疑問語氣時，在是非問句中，一般不表示純粹的疑問，而是說話人已有某種看法，但還不能深信無疑，要求對方予以證實。語氣沒有“乎”那麼強烈。例如：

是魯孔丘與？（論語·微子）

孝悌也者，其爲仁之本與？（論語·學而）

曰：“自織之與？”曰：“否，以粟易之。”（孟子·滕文公上）

子非三閭大夫歟？（史記·屈原列傳）

寡人所與庶人共者邪？（宋玉：風賦）

與（歟）和邪（耶）用在特指問句中，句中另有疑問詞，疑問的重點落在疑問詞上。例如：

虎兕出於柙，龜玉毀於櫝中，是誰之過與？（論語·季氏）

誰與，哭者？（禮記·檀弓）

子何爲者邪？（莊子·外物）

與（歟）和邪（耶）用在選擇問句中，表示無法肯定或否定，要求對方做出選擇。例如：

求之與？抑與之與？（論語·學而）

南方之強與？北方之強與？抑而強與？（禮記·中庸）

天之蒼蒼，其正色邪？其遠而無所至極邪？（莊子·逍遥遊）

與（歟）和邪（耶）用在反問句中，表示無疑而問的反詰語氣。例如：

唯求則非邦也與？（論語·先進）

然則治天下獨可耕且爲與？（孟子·滕文公上）

趙王豈以一璧之故欺秦邪？（史記·廉頗藺相如列傳）

(6) 爲。

“爲”（wéi）主要有兩種用法：

①用於一般疑問句。例如：

何故深思高舉，自令放爲？（楚辭·漁父）

②用於感歎句。例如：

歸休乎君，予無所用天下爲！（莊子·逍遥遊）

(7) 已。

“已”本是動詞，虛化爲語氣詞，用法與“矣”相似，主要表示對將來的判斷和肯定確認的語氣，相當於“了”。例如：

攻乎異端，斯害也已。（論語·爲政）

古布衣之俠，靡得而聞已。（史記·游俠列傳）

生事畢而鬼事始已。（禮記·檀弓）

夫神農以前，吾不知已。（史記·貨殖列傳）

此其利也，不可失也已。君必滅之！失此利也，雖悔之，必無及已。（國語·越語上）

語氣詞“已”和“而”一起構成“而已”，意思是“罷了”，現代漢語也常用。例如：

夫子之道，忠恕而已矣。（論語·里仁）

豁聞古之伐國者，服之而已。（國語·越語上）

“而”作爲句末語氣詞相當於“啊”、“哪”。例如：

已而已而，今之從政者殆而。（論語·微子）

（8）焉。

“焉”作爲句尾語氣詞：

用於陳述句，表直陳、肯定語氣，相當於“了”、“啊”。例如：

寒暑易節，始一反焉。（列子·湯問）

及至秦之季世，焚《詩》《書》，坑術士，六藝從此缺焉。（史記·儒林列傳）

（9）耳。

“耳”作爲句尾語氣詞，有兩種用法：

表示限止語氣，相當於“而已”、“罷了”。例如：

二三子！偃之言是也。前言戲之耳！（論語·陽貨）

寡人非能好先王之樂也，直好世俗之樂耳！（孟子·梁惠王上）

從此道至吾軍，不過三十里耳。（史記·項羽本紀）

表示肯定語氣，也表示語句的停頓與結束，相當於“啊”。例如：

君子小人之所以相縣者在此耳。（荀子·天論）

諸將易得耳。至於信者，國士無雙。（史記·淮陰侯列傳）

且壯士不死即已，死即舉大名耳。（史記·陳涉世家）

田横，齊之壯士耳。（資治通鑒·漢紀五十七）

（10）句首和句中語氣詞。

最常見的句首和句中語氣詞有“夫”、“唯”、“也”。

“夫”可用於句首，也可用於句尾。“夫”作爲句首語氣詞是從指示代詞“夫”虛化而來，它經常放在句首表示要發議論，起引出下文的作用。古代稱爲“發語詞”。例如：

夫將者，國之輔也。（孫子·謀攻）

夫以百畝之不易爲己憂者，農夫也。（孟子·滕文公上）

“夫”還可以和“且”、“故”、“若”、“今”相結合，組成“且夫”、“故夫”、

“若夫”、“今夫”，用於句首。“且夫”、“故夫”大致等於“且”、“故”，增加了“夫”字，就加強了要發議論的語氣。例如：

且夫水之積也不厚，則其負大舟也無力。（莊子·逍遥遊）

故夫作法術之人，立取捨之行，别辭爭之論，而莫爲之正。（韓非子·問辯）

“夫”用於句尾，表示感歎語氣，也可以表示疑問語氣，可譯爲“啊”、“吧”或“嗎”。例如：

逝者如斯夫！不舍晝夜。（論語·子罕）

吾歌，可夫？（史記·孔子世家）

“惟”用作句首、句中語氣詞時，可以寫作“維”、“唯”。用於句首時，有兩種作用。一種作用是提示，引出主語或年月。例如：

惟辟作福，惟辟作威。（尚書·洪範）

唯赤則非邦也與？（論語·先進）

“惟”用作句中語氣詞，主要起引出謂語的作用，在《書經》、《詩經》中比較常見。例如：

蚩尤惟始作亂。（尚書·吕刑）

周雖舊邦，其命維新。（詩經·大雅·文王）

“唯”用在祈使句中，表示祈求、希望，可譯爲“希望”、“請”等。例如：

闕秦以利晉，唯君圖之。（左傳·僖公三十二年）

唯天王秉利度義焉！（國語·吴語）

惟大王少加意念惻怛之心於臣乘言。（枚乘：上書諫吴王）

“也”用於句中，表示頓宕，也有強調和提示作用。往往用在句中的主語、狀語後，表示語氣上的停頓，對上文是強調，對下文是提示。例如：

大隧之中，其樂也融融。（左傳·隱公元年）

赤也爲之小，孰能爲之大？（論語·先進）

丘也聞有國有家者，不患寡而患不均，不患貧而患不安。（論語·季氏）

斯人也，而有斯疾也！（論語·雍也）

（以上諸例用於主語後面）

今也，滕有倉廩府庫，則是厲民而以自養也。（孟子·滕文公上）

當是時也，商君佐之。（賈誼：過秦論）

（以上二例用於表時間狀語的後面）

(11) 句尾語氣詞的連用。

古漢語中，一個語氣詞常常和句尾其他語氣詞在句尾連用。而連用的語氣詞，各自分别表達不同的語氣，同時全句語氣的重心一般落在最後一個語氣詞上。最常見的是“乎”、“哉”放在其他語氣詞的後面。如“也”常常跟其他語氣詞連用，組成

“也已”、“也夫”、“也哉”、“也乎”等。例如：

臣之壯也，猶不如人。今老矣，無能爲也已。（左傳·僖公三十二年）

天敗楚也夫！（左傳·成公十六年）

九世之卿族，一舉而滅之，可哀也哉！（左傳·襄公二十一年）

女亦知吾望爾也乎？（國語·晉語五）

唯求則非邦也與？（論語·先進）

我果是也，而果非也邪？（莊子·齊物論）

“也”表肯定，“已”表一種變化了的情況，“夫”表感歎，“哉”表感歎，“乎”表疑問。再如“矣”常常跟“夫”、“哉”、“乎”連用。連用以後，“矣”仍然表示敍述語氣，語氣的重點也是落在最後一個語氣詞上。例如：

吾死無日矣夫！（左傳·成公十三年）

飽食終日，無所用心，難矣哉！（論語·陽貨）

有能一日用其力於仁矣乎？（論語·里仁）

三個語氣詞的連用，感情色彩一般比較強烈，最常見的是“哉”放在最後。例如：

我王者也乎哉？（國語·晉語六）

我罪者也乎哉！（左傳·襄公二十五年）

鄙夫可與事君也與哉！（論語·陽貨）

“也乎哉”連用，分別表示肯定、疑問、感歎的語氣。同時，全句的語氣重心落在最後一個語氣詞“哉”上。

古代文化常識四——古代的曆法（上）

中國古代曆法內容十分豐富，涉及天文、數學、物理等多個領域。這裏只介紹一些最基本的知識。

（一）日、月、年、歲

古人通過天象觀察，發現太陽的出沒、月亮的盈虧都有週期性的規律。於是就把晝夜交替的週期叫作一“日”，把月相變化的週期稱爲一“月”，後來叫作朔望月。

《說文解字》：“年，熟穀也。”說明年的概念和農業有關。農作物的成熟週期意味着寒暑往來的週期，也就是地球繞太陽一周的時間，稱爲太陽年。在上古，年和歲是有區別的。“年”指的是今年正月初一至明年正月初一這段時間，一年有12個或13個月，354日或384日；而“歲”表示今年某一節氣到明年同一節氣之間的這段時間，一歲有12個月，365日或366日。

（二）置閏法

以朔望月爲單位的曆法是陰曆，以太陽年爲單位的曆法是陽曆，中國古代的曆法不是純陰曆，而是陰陽合曆。夏曆、殷曆、周曆是我國先秦時期使用的三種曆法，也叫夏正、殷正、周正，合稱“三正”。這三種曆法的主要區别在於正月的時間不同。漢武帝太初（前104—前101）年間，頒佈了太初曆法，此後兩千多年來基本上用的是夏曆（陰陽合曆），也叫農曆。

農曆平年12個月，有6個大月30天和6個小月29天。有大小月之分，是因爲月相的變化爲29~30天（精確數值是29.53天）。每年12個月一共354天，但這個數還不夠1個太陽年（365日或366日）。因爲地球繞太陽一周的實際時間是365.2422日，比陰曆12個月的總和還多出11天多。爲了調合陰、陽曆的矛盾，古人發明了巧妙的“置閏法”：既然陰曆每過3年就和實際太陽年相差1個月的時間，便規定每3年要加1個月，叫作閏月。這樣就使每年的平均時間約等於1個太陽年，而且和自然季節大體一致。

《左傳·文公六年》：“閏以正時，時以作事，事以厚生，生世之道於是乎在矣。”可見，置閏在古代曆法中非常重要。有時三年一閏還不能和太陽年一致，就規定五年閏兩次，即所謂“五年再閏”；如果五年閏兩次還不能吻合，就規定19年閏7個月。

（三）季節

在商代和西周時期，一年只分爲春秋兩季，即前半年是春季、後半年是秋季。《莊子·逍遥遊》：“蟪蛄不知春秋”，意思是蟪蛄生命短促，不足一年。

春秋戰國時期，春秋兩季再分爲春夏秋冬四季。由于冬夏兩季後出，所以很多古書所列的四時順序不是“春夏秋冬”，而是“春秋冬夏”，如《管子·幼官篇》：“修春秋冬夏之常祭”，《禮記·孔子閒居》：“天有四時，春秋冬夏”等。

每季三個月，有閏之季四個月。正、二、三月爲春，四、五、六月爲夏，七、八、九月爲秋，十、十一、十二月爲冬。每季三個月又可稱爲孟、仲、季月，於是就有孟春、仲春、季春、孟夏、仲夏、季夏、孟秋、仲秋、季秋、孟冬、仲冬、季冬等12個月份的代名詞，如《楚辭·哀郢》：“民離散而相失兮，方仲春而東遷”，這裏的仲春指的就是夏曆二月。

練習題

一、釋詞題（解釋下列句中加點詞的意義和用法）

1. 冬，與越人水戰，大敗越人，裂地而封之。（莊子·不龜手之藥）
2. 然而巨盜至，則負匱、揭篋、擔囊而趨，唯恐緘、縢、扃、鐍之不固也。

（莊子·胠篋）

3. 孔子顧謂弟子曰："用志不分，乃凝於神，其病僂丈人之謂乎？"（莊子·達生）

4. 不自伐，故有功。（老子·曲則全）

5. 有物混成，先天地生。寂兮寥兮，獨立而不改，周行而不殆，可以爲天地母。（老子·有物混成）

6. 慎終如始，則無敗事，是以聖人欲不欲，不貴難得之貨。（老子·其安易持）

7. 小國寡民。（老子·小國寡民）

8. 老聃曰："汝庸知汝子之迷乎？"（列子·迷罔之疾）

9. 鄭子陽即令官遺之粟。（列子·列子辭粟）

10. 子列子入，其妻望之而拊心曰。（列子·列子辭粟）

二、標點題

孔子遊于太山見榮啓期行乎郕之野鹿裘帶索鼓琴而歌孔子問曰先生所以樂何也對曰吾樂甚多天生萬物唯人爲貴而吾得爲人是一樂也男女之別男尊女卑故以男爲貴吾既得爲男矣是二樂也人生有不見日月不免襁褓者吾既已行年九十矣是三樂也貧者士之常也死者人之終也處常得終當何憂哉孔子曰善乎能自寬者也

三、古文閱讀題

故絕聖棄知，大盜乃止；擿玉毀珠，小盜不起；焚符破璽，而民朴鄙；掊斗折衡，而民不爭；殫殘天下之聖法，而民始可與論議。擢亂六律，鑠絕竽瑟，塞瞽曠之耳，而天下始人含其聰矣；滅文章，散五采，膠離朱之目，而天下始人含其明矣；毀絕鉤繩而棄規矩，攦工倕之指，而天下始人有其巧矣。故曰："大巧若拙。"削曾、史之行，鉗楊、墨之口，攘棄仁義，而天下之德始玄同矣。彼人含其明，則天下不鑠矣；人含其聰，則天下不累矣；人含其知，則天下不惑矣；人含其德，則天下不僻矣。彼曾、史、楊、墨、師曠、工倕、離朱，皆外立其德，而以爚亂天下者也，法之所无用也。

（一）解釋下列加點字的用法。

1. 殫殘天下之聖法，而民始可與論議。

2. 擢亂六律，鑠絕竽瑟，塞瞽曠之耳，而天下始人含其聰矣。

3. 滅文章，散五采，膠離朱之目，而天下始人含其明矣。

4. 擿玉毀珠，小盜不起。

5. 焚符破璽，而民朴鄙。

（二）翻譯"彼人含其明，……法之所无用也"一段文字，體會文字中的現代意義。

四、古代漢語副詞有哪些分類

五、請解釋副詞“不”、“弗”與“毋”、“勿”的異同

六、以“以”爲例，具體説明連詞和介詞有什麼不同

七、找出下列内容中的語氣詞，並進行分析

夫差將欲聽，與之成。子胥諫曰：“不可！夫吴之與越也，仇讎敵戰之國也；三江環之，民無所移。有吴則無越，有越則無吴。將不可改於是矣！員聞之：陸人居陸，水人居水，夫上黨之國，我攻而勝之，吾不能居其地，不能乘其車；夫越國，吾攻而勝之，吾能居其地，吾能乘其舟。此其利也，不可失也已。君必滅之！失此利也，雖悔之，必無及已。越人飾美女八人，納之太宰嚭，曰：“子苟赦越國之罪，又有美於此者將進之。”太宰嚭諫曰：“嚭聞古之伐國者，服之而已；今已服矣，又何求焉？”夫差與之成而去之。

八、找出下列内容中的連詞和介詞，並進行分析

子曰：“述而不作，信而好古，竊比我於老彭。”子曰：“志於道，據於德，依於仁，游於藝。”子曰：“自行束脩以上，吾未嘗無誨焉。”子曰：“不憤不啓，不悱不發，舉一隅，不以三隅反，則不復也。”子曰：“富而可求也，雖執鞭之士，吾亦爲之，如不可求，從吾所好。”子曰：“飯疏食，飲水，曲肱而枕之，樂亦在其中矣。不義而富且貴，於我如浮雲。”子曰：“加我數年，五十以學易，可以無大過矣。”

九、給下列句子中的空格填上恰當的虚詞

子曰：“學而時習之，不亦説（　）？有朋自遠方來，不亦樂乎？人不知（　）不愠，不亦君子乎？”有子曰：“其爲人（　）孝弟，而好犯上者，鮮（　）；不好犯上，而好作亂者，（　）之有也。君子務本，本立而道生。孝弟也（　），其爲仁之本（　）！”子曰：“弟子入（　）孝，出則悌，謹而信，汎愛衆，而親仁。行有餘力，則（　）學文。”子曰：“君子食無求飽，居無求安，敏（　）事而慎於言，就有道而正（　），可謂好學也（　）。

十、查找原文改正下列句子中用錯的虚詞

子曰：“爲政以德，譬如北辰居其所則衆星共之。”

子曰："吾與回言終日，不違，如愚。退而省其私，亦足已發，回乎不愚。"

子曰："溫故而知新，可以爲師也。"

子曰："攻諸異端，斯害也哉。"

子曰："管仲之器小矣！"

子曰："朝聞道，夕死可乎。"

子曰："參乎！吾道一以貫之。"曾子曰："唯。"子出，門人問曰："何謂哉?"

第五單元

文　選

孫子兵法

《孫子兵法》是我國現存最古老、最傑出的一部兵書，歷來備受推崇。至宋神宗元豐年間，以《孫子兵法》爲首的七部兵書被詔令爲“武經七書”，成爲武科取士的官方教材，取得了與儒家經典同等重要的地位。關於《孫子兵法》的作者曾經有兩種說法較爲重要：一是春秋時期吳國的孫武，一是戰國時期齊國的孫臏。1972 年，在山東臨沂銀雀山發掘的兩座漢代墓葬中同時發現了用竹簡寫成的《孫子兵法》和《孫臏兵法》，至此關於該書作者之爭方有定論，被確認爲春秋時期吳國的將軍孫武。

《孫子兵法》凡十三篇，傳世版本主要有兩個系統：《武經》系統和宋本《十家注》系統。最早給《孫子兵法》作注的是魏武帝曹操。

計　篇[1]

孫子曰：兵者[2]，國之大事，死生之地，存亡之道[3]，不可不察也[4]。故經之以五事[5]，校之以計[6]，而索其情[7]：一曰道，二曰天，三曰地，四曰將，五曰法。道者，令民與上同意者也，可與之死，可與之生，而不畏危[8]。天者，陰陽、寒暑、時制也[9]。地者，高下、遠近、險易、廣狹、死生也[10]。將者，智、信、仁、勇、嚴也[11]。法者，曲制、官道、主用也[12]。

[1]《孫子》十三篇，以“計”爲首篇。本篇講的是廟算，即戰前對敵我雙方的各種主客觀條件進行對比分析，估算戰爭勝負的可能性，並且論述了軍事戰略上的總體方針和主要原則。《武經·孫子》無“篇”字，但有篇次，本篇作《始計第一》。計，算也。

[2] 兵，用兵，即戰爭。

［3］道，路，引申爲途徑。存亡之道，作判斷句謂語，主語承前省略。意謂戰爭是關係國家存亡的途徑。

［4］察，審察。

［5］經，經緯，引申爲統領。竹簡本“五”下無“事”字，《武經》本和《十家注》本均作“五事”，疑爲後人臆增。“五事”，指下文的道、天、地、將、法。

［6］校（jiào），校量，比較。“計”，同篇名，亦即下文“主孰有道？將孰有能？天地孰得？法令孰行？兵衆孰強？士卒孰練？賞罰孰明？”等七計。校之以計，意指把敵我雙方條件的估計來作比較。

［7］索，探索。情，情狀。

［8］危，危疑。士卒感恩，死生存亡與上同之，決然無所疑懼（依張預説，見《十家注》本）。

［9］順天行誅，因陰陽四時之制（依曹操説，見《孫子略解》）。

［10］《武經》本和《十家注》本均無“高下”二字，據竹簡本增。死生，意指死地和生地。

［11］孫武認爲這五種品質，乃是爲將之德。五德皆備，然後可以爲大將。

［12］曲，古代軍事編制的較小單位。“曲”在“部”之下，有低階軍官一人。這裏泛指軍隊。曲制，部隊的組織編制。官道，管理將士的方法。主用，主管軍隊糧食、器械等物資的用度。

凡此五者[1]，將莫不聞，知之者勝，不知者不勝。故校之以計，而索其情，曰：主孰有道[2]？將孰有能[3]？天地孰得[4]？法令孰行？兵衆孰強？士卒孰練[5]？賞罰孰明？吾以此知勝負矣。將聽吾計[6]，用之必勝，留之；將不聽吾計，用之必敗，去之。計利以聽[7]，乃爲之勢[8]，以佐其外[9]。勢者，因利而制權也[10]。

［1］凡，總共，一共。

［2］孰，誰。道，治國方法。

［3］能，指智、信、仁、勇、嚴等五種品質。

［4］天地，天時地利。

［5］練，精練。

［6］計，計策。

［7］以，通“已”。聽，聽從。

［8］勢，兵勢。這裏指軍事威勢。

［9］外，廟堂之外。

［10］制，制定。權，權謀。

兵者，詭道也[1]。故能而示之不能[2]，用而示之不用[3]，近而示之遠，遠而示之近。利而誘之[4]，亂而取之[5]，實而備之[6]，強而避之，怒而撓之[7]，卑而驕之[8]，佚而勞之[9]，親而離之[10]，攻其無備，出其不意。此兵家之勝[11]，不可先傳也[12]。夫未戰而廟算勝者[13]，得算多也；未戰而廟算不勝者，得算少也。多算勝，少算不勝，而況於無算乎？吾以此觀之，勝負見矣[14]。

［1］詭，詭詐。

［2］能，有能力，這裏指能戰。此下三個短句都是先從己方説的。

［3］用，用兵。

［4］利，指敵人貪利，名詞用作動詞。誘，引誘。意指敵人貪利，我方就用利益引誘他。此下七個短句都是先從敵方說的。

［5］取，攻取。意指敵人混乱，我方趁乱攻取他。

［6］實，堅實。意指敵人力量堅實，我方就要防備他。

［7］怒，暴躁易怒。

［8］卑，衰弱。

［9］佚，通“逸”，安逸，安閒。

［10］親，親密，親近。指敵人上下相親，團結一致。

［11］勝，勝策。

［12］傳，傳言。

［13］廟算，古時興師點將一定要獻祭於廟堂之上，然後商討謀劃。這裏指朝廷或帝王對戰事進行的謀劃。算，謀劃。

［14］見，預見。

謀攻篇[1]

孫子曰：夫用兵之法[2]，全國爲上[3]，破國次之[4]；全軍爲上，破軍次之；全旅爲上，破旅次之；全卒爲上，破卒次之；全伍爲上，破伍次之[5]。是故百戰百勝，非善之善也[6]；不戰而屈人之兵[7]，善之善者也。故上兵伐謀[8]，其次伐交[9]，其次伐兵[10]，其下攻城[11]。攻城之法，爲不得已[12]。修櫓轒轀[13]，具器械，三月而後成[14]；距闉[15]，又三月而後已。將不勝其忿而蟻附之[16]，殺士三分之一[17]，而城不拔者[18]，此攻之災也[19]。故善用兵者，屈人之兵而非戰也[20]，拔人之城而非攻也，毀人之國而非久也。必以全爭於天下[21]，故兵不頓而利可全[22]，此謀攻之法也。

［1］本篇講的是臨戰前進攻的計謀問題。詳盡地闡述了戰爭的目標、進攻的策略和戰略指導思想，名言“知己知彼，百戰不殆”也出自此篇。

［2］法，準則。

［3］全，保全。這裏指以方略威勢使得敵方舉國來降。

［4］破，攻破，擊破。

［5］軍、旅、卒、伍都是古代的軍隊編制。據周制，一萬二千五百人爲軍，五百人爲旅，百人爲卒，五人爲伍。

［6］善，高明。善之善，指最高明的。這句話是說，百戰百勝還不是最高明的。

［7］屈，屈服。使動用法，使敵人屈服。

［8］上兵，指軍事上的上策。伐，挫敗。

［9］其次，次第較後的。交，結交，這裏指外交。

［10］兵，士卒。一說器械。

［11］其下，指最下策。

［12］法，方法，手段。爲，動詞，是。這句話是說，攻城的方法是不得已才用的。

［13］修，整治，治理。櫓，大盾。轒（fén）轀（yūn），古代的戰車，用於攻城。用大木並排製成的四輪車，上面蒙上生牛皮，可以防守箭矢和石塊，下面可容十餘人，用來運土石填溝壑。

［14］具，準備，備辦。器械，指攻城的器械，飛樓、雲梯、板屋、木幔之類。這句話是說準備攻城器械，要三個月後才能完成。

［15］闉（yīn），通“堙”，戰爭中堆築的土山。距闉，靠近敵城所築的土丘。藉以觀察城內虛實，並可登城。

［16］勝，能承受。忿，怒。蟻，名詞用作狀語，像螞蟻一樣。這句話是說主將克制不住忿怒，驅使士卒像螞蟻一樣緣牆而上。

［17］士，士卒。這裏指士卒傷亡很大。

［18］拔，攻取。

［19］這就是攻城的禍害。判斷句。此，指示代詞，指上文提到的“將忿”而使士卒攻城，以致傷亡幾近三分之一的情況。災，禍害。

［20］即不戰而屈人之兵。

［21］用“全”的思想爭勝於天下。（按，這是對上文所說的非戰而屈人之兵，非攻而拔人之城，非久而毀人之國從而達到的“全國、全軍、全旅、全卒、全伍”的思想：非戰則士不傷，非攻則力不屈，非久則財不費。即“人、財、力”的保全。）

［22］頓，困頓，頓挫。

故用兵之法：十則圍之[1]，五則攻之[2]，倍則分之[3]，敵則能戰之[4]，少則能逃之[5]，不若則能避之[6]。故小敵之堅[7]，大敵之擒也[8]。夫將者，國之輔也[9]。輔周則國必強[10]，輔隙則國必弱[11]。故君之所以患於軍者三[12]：不知軍之不可以進而謂之進[13]，不知軍之不可以退而謂之退，是謂縻軍[14]；不知三軍之事而同三軍之政[15]，則軍士惑矣[16]；不知三軍之權而同三軍之任[17]，則軍士疑矣。三軍既惑且疑，則諸侯之難至矣[18]，是謂亂軍引勝[19]。

［1］十，十倍於敵。圍，四面合兵以圍城。這裏是指士卒人數上我方十倍於敵，才能合兵圍城，然而前提是主將的智勇、兵器的利鈍要相等，如果主弱客強則士卒人數不用多出十倍。

［2］攻，攻打，指攻城。

［3］倍，兩倍於敵。即以二敵一。之，代詞，指己方。是說己方兵衆一分爲二，“謂分者，分爲二軍，使其腹背受敵，則我得一倍之利也”（依王晳說，見《十家注》）；一說指彼方，“彼一我二，不足爲變，故疑兵分離其軍也”（依杜佑說，見《十家注》）。

［4］敵，匹敵，相當。能，可以，應該。戰，作戰。

［5］少，指己方士卒數量上少於敵方。逃，藏匿，隱伏。這句話是說軍隊數量少於敵方就應該藏匿軍形。

［6］不若，指敵強我弱。（按，不僅僅是數量上，應該包括士氣、器械、天時、地利等綜合因素上弱於敵方。）避，避開。指避其鋒芒，以待時機。

［7］堅，堅戰（依李筌說，見《十家注》）。一說堅守（依孟氏說，見《十家注》）。

［8］擒，俘虜。這句話屬意念被動句，是說弱小的軍隊如果堅戰，就會被強大的軍隊所俘虜。

［9］輔，車輪外的兩條直木，用以增強車輻的承載力。引申爲輔助。判斷句。主將好比是國家的輔木。

［10］周，周密。這裏指親密無間。

［11］隙，縫隙。這裏指意見不合。

［12］患，爲害。三，作謂語，表示列舉，即有三種情況。

［13］謂，令，使。下文"謂之退"之"謂"義同。

［14］是，代詞，指代上文提到的兩種情況。謂，稱爲。縻，羈絆。

［15］三軍，周制，諸侯大國有上、中、下三軍編制，中軍地位最尊，上軍次之，下軍又次之。這裏指軍隊通稱。同，參與，一同主持，這裏指干預。政，政令，這裏指治軍禮度法令。

［16］軍士，兵士，這裏指軍隊。

［17］權，權謀。任，委任，任用。

［18］難（nàn），兵難，指鄰國諸侯之兵叛亂或反抗。

［19］亂，擾亂。引，奪（依曹操說，見《十家注》）。

故知勝有五：知可以戰與不可以戰者勝，識衆寡之用者勝[1]，上下同欲者勝[2]，以虞待不虞者勝[3]，將能而君不御者勝[4]。此五者，知勝之道也[5]。故曰：知己知彼，百戰不殆[6]；不知彼而知己，一勝一負[7]；不知彼不知己，每戰必殆。

［1］識，知。用，任用。這句是說量力而動。一說我對敵人之衆寡，採取不同的戰法或圍，或攻，或分，或戰（依王皙說，見《十家注》）。

［2］欲，欲望，願望。這裏指上下同心，即人和。

［3］虞，預料，指謀劃好，事先有準備。

［4］御，控制，牽制。

［5］道，方法。

［6］殆，危險。

［7］一勝一負，指勝負各半。

虛實篇[1]

孫子曰：凡先處戰地而待敵者佚[2]，後處戰地而趨戰者勞[3]。故善戰者，致人而不致於人[4]。能使敵人自至者[5]，利之也[6]；能使敵人不得至者[7]，害之也[8]。故敵佚能勞之，飽能飢之，安能動之[9]。出其所不趨[10]，趨其所不意[11]。行千里而不勞者，行於無人之地也[12]；攻而必取者，攻其所不守也。守而必固者，守其所必攻也[13]。故善攻者，敵不知其所守；善守者，敵不知其所攻。微乎微乎[14]，至於無形[15]；神乎神乎[16]，至於無聲[17]，故能爲敵之司命[18]。

［1］此篇講的是虛、實對立，相互依存，在一定條件下可以相互轉化的軍事範疇裏的兩個概

念。如何“避實擊虛”，如何集中兵力，爭取主動，如何因敵而制勝是本篇主要討論的問題。

［2］戰地，即戰場。待，等待。佚，通“逸”，安逸。

［3］趨（cù），通“促”，倉促。

［4］致，通“制”，控制。於，介詞，表被動。

［5］竹簡本“敵”字後無“人”字，作“能使適□至者”。“適”、“至”二字間只能容一個字，似“適”下無“人”字。

［6］利，利誘。

［7］得，能。表示情況允許。

［8］害，損害。

［9］勞、飢、動後面跟代詞“之”，都表示使動意味。

［10］出，指出兵。趨（qū），疾走。這句話是指向敵人來不及急救的地方出兵進攻。簡本作“必趨”。

［11］指急進敵人所意料不到的地方。

［12］無人之地，指敵方空虛之地。

［13］守，守備。前句講的是進攻，指進攻敵方所不守備的地方。後句講的是守備，指守備敵方一定會進攻的地方。

［14］微，微妙。微乎微乎，猶微之微者，指最爲微妙。

［15］無形，指敵人不能窺視。

［16］神，神奇。神乎神乎，猶神之神者，指最爲神奇。

［17］無聲，指敵人不能窺聽。

［18］司命，掌握命運。

進而不可禦者，衝其虛也[1]；退而不可追者，速而不可及也[2]。故我欲戰，敵雖高壘深溝[3]，不得不與我戰者，攻其所必救也；我不欲戰，雖畫地而守之[4]，敵不得與我戰者，乖其所之也[5]。故形人而我無形[6]，則我專而敵分[7]。我專爲一，敵分爲十，是以十攻其一也[8]。則我衆敵寡，能以衆擊寡者，則吾之所與戰者[9]，約矣[10]。吾所與戰之地不可知[11]，不可知則敵所備者多，敵所備者多，則吾所與戰者，寡矣[12]。故備前則後寡，備後則前寡，備左則右寡，備右則左寡，無所不備，則無所不寡[13]。寡者，備人者也[14]；衆者，使人備己者也。

［1］進，進軍。衝，突擊。

［2］速，疾速。

［3］高，用如使動，使壘高。壘，防護軍營的牆壁或建築物。深，用如使動，使溝深。溝，坑塹，壕溝。

［4］雖，通“唯”。畫，劃分界限。

［5］乖，違背，這裏指背離。之，動詞，往，到。

［6］形，表現，表露。前一個“形”字用如使動。

［7］專，集中。分，分散。

［8］是，代詞，這。以，介詞。

［9］與（yù），動詞，參與。

［10］約，少。此句屬形容詞謂語句。

［11］知，知曉，這裏指讓敵人知曉。

［12］寡，少。這裏指所要面對的敵人寡弱。

［13］說敵方所要防備的地方多，則士卒到處分散防守，就會導致兵力少。

［14］特殊判斷句，表示因果。兵力少是因爲要到處防備敵人。

故知戰之地，知戰之日，則可千里而會戰[1]；不知戰地，不知戰日，則左不能救右，右不能救左，前不能救後，後不能救前[2]，而況遠者數十里[3]，近者數里乎！以吾度之[4]，越人之兵雖多[5]，亦奚益於勝敗哉[6]！故曰：勝可爲也。敵雖衆，可使無鬥。故策之而知得失之計[7]，作之而知動靜之理[8]，形之而知死生之地[9]，角之而知有餘不足之處[10]。故形兵之極，至於無形。無形則深間不能窺[11]，智者不能謀。因形而錯勝於衆[12]，衆不能知。人皆知我所以勝之形，而莫知吾所以制勝之形[13]。故其戰勝不複[14]，而應形於無窮[15]。夫兵形象水，水之形，避高而趨下，兵之形避實而擊虛[16]；水因地而制流[17]，兵因敵而制勝。故兵無常勢，水無常形[18]。能因敵變化而取勝者，謂之神。故五行無常勝[19]，四時無常位[20]，日有短長，月有死生[21]。

［1］千里，指越千里之遠。會，會合，聚合。這裏指會合兵力進行交戰。

［2］此句簡本作，不知戰之日，不知戰之地，則前不能救後，後不能救前，左不能救右，右不能救左。《武經》本同。

［3］而，連詞，表順承。況，何況。

［4］度（duó），忖度，謀慮。之，代詞，指代下文的“越人之兵”。“吾”，《武經》本作“吳”。

［5］越，國名，都會稽，春秋末期，與吳國仇敵。

［6］奚，何。益，好處。勝敗，偏義複詞，這裏指勝義。

［7］策，謀劃。計，計謀。

［8］作，激作（依杜牧說，見《十家注》）。宋鄭友賢《孫子遺說》引該句作“候之而知動靜之理”，《太平御覽》引文也作“候”。理，情形。

［9］形，形相，細看。

［10］角（jué），古代的量器名。這裏指衡量，考察。

［11］深間，深藏的間諜。窺，窺視。

［12］錯，通“厝”，放置。

［13］莫，無定代詞，沒有人。制勝，制服對方以取勝。

［14］複，重複。這句話是說取胜的方法靈活多變，不重複。

［15］應，應對。這句話是說根據不同形勢變化而應對。

［16］形，性狀。避，避開。趨，趨向，奔向。

［17］制，制服。

［18］常，恒常。

［19］五行，水、火、木、金、土。我國古代稱構成各種物質的五種元素，古人常以此說明宇宙萬物的起源和變化。

［20］四時，春、夏、秋、冬。

［21］死生，猶言盈虧、消長。

行軍篇[1]

孫子曰：凡處軍相敵[2]，絕山依谷[3]，視生處高[4]，戰隆無登[5]，此處山之軍也。絕水必遠水[6]，客絕水而來[7]，勿迎之於水內[8]，令半濟而擊之[9]，利；欲戰者，無附於水而迎客[10]；視生處高[11]，無迎水流[12]，此處水上之軍也。絕斥澤[13]，惟亟去無留[14]，若交軍於斥澤之中，必依水草而背衆樹[15]，此處斥澤之軍也。平陸處易[16]，而右背高，前死後生[17]，此處平陸之軍也。凡此四軍之利[18]，黃帝之所以勝四帝也[19]。

［1］此篇講的是如何在行軍中宿營和觀察敵情。

［2］處，停留，安頓。相，審查，仔細看。

［3］絕，這裏指穿越。依，靠着。

［4］視，看，這裏指面向。生，生地，這裏指山之陽。

［5］隆，高。指敵人在高處。無，通“勿”。

［6］絕水，橫渡河流。這句話是說大凡行軍過河渡江，如果要安營紮寨，必須遠離江河。

［7］客，指敵人。

［8］內，指江河的水面上。

［9］令，使。濟，過河，渡。

［10］附，近。這句話是說我軍想要開戰，不可近水迎敵，恐敵人疑我不渡。

［11］視生，指面向水之陽。處高，指軍處高地。

［12］迎，逆。這句話是說不可駐軍於河流下游。

［13］斥澤，鹽鹼沼澤地帶。

［14］惟，副詞，只有。亟（jí），疾速。去，離開。

［15］依，靠近。背，背負。衆樹，指樹林。

［16］平，平原。陸，陸地。易，平坦。

［17］整句話的意思是：前控（河川、斷崖等地形的）死地，後接（運動便利的）生地。

［18］四軍，這裏指上文提到的處山、水、斥澤、平陸之軍。

［19］四帝，泛指四方諸侯。

凡軍好高而惡下，貴陽而賤陰[1]，養生而處實[2]，軍無百疾，是謂必勝。丘陵堤防，必處其陽而右背之，此兵之利，地之助也。上雨[3]，水沫至[4]，欲涉者，待其定也。凡地有絕澗、天井、天牢、天羅、天陷、天隙[5]，必亟去之，勿近也。吾遠之，敵近之；吾迎之[6]，敵背之[7]。軍行有險阻、潢井、蒹葭、山林、蘙薈者[8]，必謹覆索之[9]，此伏奸之所處也[10]。敵近而靜者，恃其險也[11]；遠而挑戰者，欲人之進也[12]。其所居易者，利也[13]。衆樹動者[14]，來也；衆草多障者[15]，疑也[16]；鳥起者，伏也[17]；獸駭者，覆也[18]；塵高而鋭者[19]，車來也；卑而廣者[20]，徒來也[21]；散而條達者[22]，樵採也[23]；少而往來者[24]，營軍也[25]。辭卑而益備者[26]，進也；辭強而進驅者[27]，退也；輕車先出[28]，居其側者，陳也[29]；無約而請和者，謀也；奔走而陳兵車者，期也[30]；半進半退者，誘也；杖而立者[31]，飢也；汲而先飲者[32]，渴也；見利而不進者，勞也；鳥集者[33]，虚也[34]；夜呼者，恐也；軍擾者[35]，將不重也[36]；旌旗動者，亂也；吏怒者，倦也。粟馬肉食者[37]，軍無懸缻[38]，不返其舍者，窮寇也[39]。諄諄翕翕[40]，徐與人言者[41]，失衆也[42]。數賞者[43]，窘也[44]；數罰者，困也[45]；先暴而後畏其衆者[46]，不精之至也[47]；來委謝者[48]，欲休息也[49]。兵怒而相迎，久而不合[50]，又不相去[51]，必謹察之。兵非益多也[52]，惟無武進[53]，足以併力、料敵、取人而已[54]。夫惟無慮而易敵者[55]，必擒於人。卒未親附而罰之，則不服；不服，則難用也。卒已親附而罰不行，則不可用也。故令之以文[56]，齊之以武[57]，是謂必取[58]。令素行以教其民[59]，則民服；令素不行以教其民，則民不服。令素行者，與衆相得也。

[1] 陽，山、水向陽的一面，指東南的一面。陰，山、水背陰的一面，指西北的一面。

[2] 養生，就豐美水草之處利於放牧。處實，倚隆高之地以便駐紮（依張預説，見《十家注》）。

[3] 上，上游。

[4] 水沫，水上泡沫。

[5] 絶澗，高山陡壁之下的溪澗。天井，古代軍事上稱四周爲山，中間低窪的地形。天牢，指三面環絶，易入難出之地。天羅，古代軍事上稱林木縱横的地形。天陷，指地勢低窪、泥濘易陷的地帶。天隙，指兩山之間狹窄的谷地。

[6] 迎，向。

[7] 背，倚。這句話是説行軍遇到上述六種險惡地形，我軍當遠之、向之，則進退自如；敵人近之、倚之，則舉動受阻。因此我利而敵兇。

[8] 軍行，行軍。這裏指行軍途中。險阻，險要阻塞之地。潢井，指沼澤低窪地帶。蒹葭，蒹葭和蘆葦。泛指茂盛高大的水生草本植物。蘙薈，草木叢密，可以遮罩之地。

[9] 謹，謹慎。覆，審察，查核。索，搜查。

[10] 伏，伏兵。奸，奸細。

[11] 靜，安靜。這裏指敵人逼近而安靜的是依仗他佔據地形的險要。

[12] 這句話是説敵人距我甚遠而挑戰我軍，想要引誘我軍前進。

[13] 這句話是説敵人舍險阻而居平坦之地，必有利可圖。易，平坦。

[14] 動，摇動。這句話是説若無風雨而衆樹摇動，表明樹林内有敵軍隱蔽而來。

[15] 障，障蔽。

[16] 疑，疑兵，佈疑陣。

[17] 伏，伏兵。

［18］覆，埋伏。
［19］塵，煙塵。銳，尖。
［20］卑，低。廣，闊。
［21］徒，步兵。
［22］散，散亂。條達，縱橫斷續的樣子。
［23］樵採，指敵人在砍柴伐木。
［24］往來，來往。
［25］營軍，構築營壘，駐紮軍隊。
［26］卑，謙卑。益，增加。備，防備。
［27］進驅，猶進逼。
［28］輕車，古代兵車名。爲兵車中最爲輕便者。
［29］陳，陳兵。
［30］期，約期。這句話是說敵人奔走卻陳列戰車，是在等待約期，一決胜負。
［31］杖，拄杖。
［32］汲，打水，取水。
［33］集，聚集。
［34］虛，指敵營空虛。
［35］擾，擾亂，驚擾。
［36］重，威重。
［37］粟馬，用糧穀秣馬。肉食，殺牛馬饗士卒。
［38］缻，瓦盆，指煮飯陶鍋。
［39］不返其舍者，軍隊不返營舍的。窮寇，陷於困境的敵人。
［40］諄諄，語氣誠懇的樣子。翕翕，失意不滿的樣子。
［41］徐，低緩。
［42］失衆，指不得衆人之心。
［43］數（shuò），屢次。
［44］窘，困迫。
［45］困，窘迫。
［46］暴，粗暴。衆，部衆。
［47］精，精明，高明。
［48］委，委質，指獻上禮物。謝，謝罪。
［49］休息，休整。
［50］合，交戰。
［51］去，離開，指退兵。
［52］《武經》本作“兵非貴益多也”。
［53］無，通“勿”。武進，恃武冒進。
［54］併力，合力。取人，選取人才。
［55］惟，副詞，只。易，輕視。

[56] 令，命令。文，禮法。

[57] 齊，使整齊。武，武力，與“文”相對。一說，文，仁恩。武，武罰。（依李筌說，見《十家注》）。

[58] 取，戰勝。

[59] 素，平素，舊時。

墨　子

墨子，姓墨名翟，戰國初期魯國人，思想家、學者，墨家學派創始人。關於其生卒年，學術界尚無定論，比較可信的說法是生於公元前468年，卒於公元前376年。

墨子是一位出身於社會下層勞動者的哲學家。早年曾習儒學，因不滿儒學之“禮”的煩瑣，另立新說，聚徒講學，成爲儒家的主要反對派。墨學在當時影響很大，與儒家並稱“顯學”。墨子認爲人類一切罪惡的根源是“不相愛”，因而提倡“兼愛”。主張國與國、人與人之間，都應該“兼相愛，交相利”。從“兼愛”原則出發，主張“非攻”，反對統治者攻伐掠奪的不義之戰，但不反對誅有罪之君的正義戰爭。在政治方面，《墨子》提出“尚賢”、“尚同”的主張，主張統治者要不分等級，不避貧賤，舉用各種賢才。他還反對當權貴族侈靡浪費、厚葬久喪等不良風俗，提倡“節用”、“節葬”、“非樂”等主張。然而書中又有“天志”、“明鬼”說，提倡迷信，相信鬼神，爲其學說中的迷信成分。墨子死後，墨家分爲相里氏之墨、相夫氏之墨、鄧陵氏之墨三個學派。

《墨子》一書是墨子及墨家學派的著作彙編，在西漢時劉向整理成七十一篇，但六朝以後逐漸流失，現在所傳的《道藏》本共五十三篇，其中主要記載墨子的言論和政治活動，書中也攙雜了墨子弟子以及後期墨家的著述資料，這是現在研究墨家學派的主要史籍。歷代注本中，以清末孫詒讓的《墨子閒詁》最爲詳審，影響最大。

尚賢（上）[1]

子墨子言曰[2]：今者王公大人爲政於國家者[3]，皆欲國家之富，人民之衆，刑政之治[4]。然而不得富而得貧，不得衆而得寡，不得治而得亂，則是本失其所欲[5]，得其所惡，是其故何也[6]？子墨子言曰：是在王公大人爲政於國家者，不能以尚賢事能爲政也[7]。是故國有賢良之士衆，則國家之治厚[8]，賢良之士寡，則國家之治薄。故大人之務，將在於衆賢而已[9]。

[1] 本篇主要探討尚賢與政治的關係，墨子提出尚賢爲“政之本”，主張統治者舉賢不避貧賤疏遠，從社會各階層中選拔真才實學之人，給他們地位和權力，同時撤免那些無能之人。這對當時

廣大平民階級爭取政治權力的鬥爭無疑有着現實意義和理論指導意義。尚，尊崇。

［2］子墨子，墨子的弟子對墨子的稱呼。子，古時對男子的一種美稱或尊稱。前一個“子”是古時弟子常在稱述老師的學術觀點時的一種尊稱。

［3］今者，猶言今，者字無義，助詞。王公，天子與諸侯。大人，指在高位者，如王公貴族。

［4］刑政，刑法政令。治，指社會太平，安定（與“亂“相對）。

［5］則，連詞，那麼。本，根本。

［6］是其，兩個代詞連用。

［7］事，使也，役使，任用。

［8］厚，深厚，這裏指治理得好。與“薄”相對。

［9］衆，增多，使增加。

曰：然則衆賢之術，將奈何哉？子墨子言曰：譬若欲衆其國之善射御之士者[1]，必將富之貴之，敬之譽之，然後國之善射御之士，將可得而衆也。況又有賢良之士，厚乎德行[2]，辯乎言談[3]，博乎道術者乎[4]？此固國家之珍[5]，而社稷之佐也[6]。亦必且富之貴之，敬之譽之，然後國之良士亦將可得而衆也。

是故古者聖王之爲政也，言曰：“不義不富[7]，不義不貴，不義不親，不義不近。”是以國之富貴人聞之，皆退而謀曰：“始我所恃者[8]，富貴也，今上舉義不辟貧賤[9]，然則我不可不爲義。”親者聞之，亦退而謀曰：“始我所恃者親也。今上舉義不辟疏，然則我不可不爲義。”近者聞之，亦退而謀曰：“始我所恃者近也，今上舉義不辟遠，然則我不可不爲義。”遠者聞之，亦退而謀曰：“我始以遠爲無恃，今上舉義不辟遠，然則我不可不爲義。”逮至遠鄙郊外之臣、門庭庶子、國中之衆、四鄙之萌人[10]，聞之皆競爲義[11]。是其故何也？曰：上之所以使下者，一物也；下之所以事上者，一術也[12]。譬之富者，有高牆深宮，牆立既[13]，謹上爲鑿一門[14]，有盜人入，闔其自入而求之，盜其無自出[15]。是其故何也？則上得要也。

［1］射御，射箭御馬之術。古代“六藝”（禮、樂、射、御、書、數）中的兩種，都屬尚武的技藝。

［2］厚，指品德高尚。

［3］辯，指語言華麗、巧妙。

［4］博，廣博。道術，指治國之術。

［5］固，本來。珍，比喻賢才。

［6］佐，指輔佐者。

［7］義，符合正義或道德規範。富，不使之富，使動用法。

［8］恃，依賴，憑藉。

［9］舉，推舉。辟，後來寫作“避”。

［10］逮，及。鄙，郊野。臣，這裏指國君統屬的普通民衆。門庭，猶宮廷。庶子，爲有爵位者服役之人。萌，通“氓”、“甿”，黎民百姓。萌人，猶鄉民。

［11］競，疑爲“競”字，爭。

［12］術，技藝，技術。

［13］譬，比如說。既，盡，完。

［14］謹，通“僅”，只。這裏指只凿一扇門供人出入。

［15］闔，關閉。自，介詞，從，由。求，搜尋。其，語氣副詞，表示揣度，大概。

故古者聖王之爲政，列德而尚賢[1]，雖在農與工肆之人[2]，有能則舉之，高予之爵，重予之祿，任之以事[3]，斷予之令[4]，曰：“爵位不高則民弗敬，蓄祿不厚則民不信[5]，政令不斷則民不畏。”舉三者授之賢者[6]，非爲賢賜也，欲其事之成。故當是時，以德就列，以官服事[7]，以勞殿賞[8]，量功而分祿。故官無常貴，而民無終賤。有能則舉之，無能則下之。舉公義，辟私怨，此若言之謂也[9]。故古者堯舉舜於服澤之陽[10]，授之政，天下平。禹舉益於陰方之中，授之政，九州成[11]。湯舉伊尹於庖廚之中，授之政，其謀得。文王舉閎夭、泰顛於罝罔之中[12]，授之政，西土服。故當是時，雖在於厚祿尊位之臣，莫不敬懼而施[13]；雖在農與工肆之人，莫不競勸而尚意[14]。故士者，所以爲輔相承嗣也[15]。故得士則謀不困[16]，體不勞，名立而功成，美章而惡不生[17]，則由得士也。

是故子墨子言曰：得意，賢士不可不舉，不得意，賢士不可不舉，尚欲祖述堯、舜、禹、湯之道[18]，將不可以不尚賢。夫尚賢者，政之本也。

［1］列，序，次。

［2］工，手工業。肆，集市貿易。

［3］任，委任。

［4］斷，決斷。“予之爵”、“予之祿”、“予之令”，爲雙賓語句。

［5］蓄，養。

［6］舉，托舉、奉舉。授之賢者，雙賓句式。

［7］服事，承擔公職。

［8］勞，功勞。殿，定也，評定。

［9］辟，同“避”。若，此。此若，同義詞連用。

［10］服澤，古地名。一說即蒲澤，今山東菏澤。

［11］陰方，古地名，未詳其地。

［12］閎（hóng）夭，人名，文王四友之一。泰顛，周人，與虢叔、閎夭、散宜生、南宮括共佐文王。一作太顛。罝（jū），兔罝，捉兔子的網，泛指捕獸的網，罔，通“網”。

［13］施，讀爲“惕”，小心謹慎。

［14］勸，勉勵。意，疑是“悳（德）”之誤字。

［15］承，繼承。

［16］困，窮盡。

［17］章，後來寫作“彰”，彰顯。

［18］祖述，效法，仿效。

兼愛（上）[1]

聖人以治天下爲事者也[2]，必知亂之所自起[3]，焉能治之[4]；不知亂之所自起，則不能治。譬之如醫之攻人之疾者然[5]，必知疾之所自起，焉能攻之；不知疾之所自起，則弗能攻。治亂者何獨不然？必知亂之所自起，焉能治之；不知亂之所自起，則弗能治。

［1］“兼愛”是墨子思想的核心，是墨子“非攻”、“尚賢”、“尚同”等學說的立論基礎。所謂“兼愛”就是視人若己，愛人若愛己，不分人我，彼此等同之意，表達了墨子“愛無差等”的思想觀念。墨子認爲，不相愛是當時社會混亂最大的原因，只有通過“兼相愛，交相利”才能達到社會安定的狀態。

［2］事，職事，事務。

［3］自，由。起，產生。

［4］焉，乃也。連詞，表示承接，相當於“則”。

［5］攻，治也，治療。

聖人以治天下爲事者也，不可不察亂之所自起。當察亂何自起？起不相愛。臣子之不孝君父[1]，所謂亂也。子自愛不愛父，故虧父而自利；弟自愛不愛兄，故虧兄而自利；臣自愛不愛君，故虧君而自利[2]，此所謂亂也。雖父之不慈子[3]，兄之不慈弟[4]，君之不慈臣，此亦天下之所謂亂也。父自愛也不愛子，故虧子而自利；兄自愛也不愛弟，故虧弟而自利；君自愛也不愛臣，故虧臣而自利。是何也？皆起不相愛。雖至天下之爲盜賊者亦然，盜愛其室，不愛其異室，故竊異室以利其室；賊愛其身，不愛人，故賊人以利其身。此何也？皆起不相愛。雖至大夫之相亂家，諸侯之相攻國者亦然：大夫各愛其家，不愛異家，故亂異家以利其家。諸侯各愛其國，不愛異國，故攻異國以利其國。天下之亂物具此而已矣[5]。察此何自起？皆起不相愛。

［1］孝，孝敬。君父，國君和父親。

［2］虧，毀損，損害。

［3］雖，連詞，表示假設關係，縱然，即使。

［4］慈，愛。

［5］亂物，紛亂之事。

若使天下兼相愛[1]，愛人若愛其身，猶有不孝者乎[2]？視父兄與君若其身，惡施不孝[3]？猶有不慈者乎？視弟子與臣若其身，惡施不慈？故不孝不慈亡[4]。猶有盜賊乎？故視人之室若其室，誰竊？視人身若其身，誰賊？故盜賊亡有。猶有大夫之相亂家，諸侯之相攻國者乎？視人家若其家，誰亂？視人國若其國，誰攻？故大夫之相亂家、諸侯之相攻國者亡有。若使天下兼相愛，國與國不相攻，家與家不相亂，盜賊無有，君臣父子皆能孝慈，若此則天下治。

故聖人以治天下爲事者，惡得不禁惡而勸愛[5]。故天下兼相愛則治，交相惡則亂。故子墨子曰："不可以不勸愛人者，此也[6]。"

［1］兼，全部。

［2］猶，尚。

［3］惡（wū），何。施，施行。

［4］亡，通"無"，沒有。

［5］前一個"惡"字，讀作wū，疑問代詞，安也。後一個"惡"字，讀作è，害也。勸，勸勉。

［6］此也，猶言此之謂也。

非攻（上）[1]

今有一人，入人園圃[2]，竊其桃李，衆聞則非之[3]，上爲政者得則罰之。此何也？以虧人自利也。至攘人犬豕雞豚者[4]，其不義又甚入人園圃竊桃李[5]。是何故也？以虧人愈多。苟虧人愈多，其不仁茲甚[6]，罪益厚[7]。至入人欄廄[8]，取人馬牛者，其不仁又甚攘人犬豕雞豚。此何故也？以其虧人愈多。苟虧人愈多，其不仁茲甚，罪益厚。至殺不辜人也[9]，拖其衣裘[10]，取戈劍者，其不義又甚入人欄廄、取人馬牛。此何故也？以其虧人愈多。苟虧人愈多，其不仁茲甚矣，罪益厚。當此[11]，天下之君子皆知而非之，謂之不義。今至大爲攻國，則弗知非，從而譽之，謂之義。此可謂知義與不義之別乎？

［1］非攻，反對一切不正義的或侵略式的戰爭行爲。墨子主張"非攻"，並不是一味地反對戰爭，在他看來，對一場戰爭的肯定與否定，關鍵看其是否符合"義"的原則。

［2］園，種植蔬果花木的地方，即果園。圃，種植蔬菜的地方。園圃，偏義複詞。

［3］非，非議，責難。

［4］至，至於。攘，盜竊，竊取。豕，豬。豚，小豬，亦泛指豬。

［5］甚，嚴重。

［6］茲（zī），更，更加。

［7］厚，這裏當"重"講。

［8］欄，飼養家畜的圈。廄，馬圈。

［9］不辜，無罪。

［10］拖（tuō），奪取。

［11］當，對，對於。

殺一人謂之不義，必有一死罪矣。若以此說往，殺十人十重不義，必有十死罪矣；殺百人，百重不義，必有百死罪矣。當此，天下之君子皆知而非之，謂之不義。今至大爲不義攻國，則弗知非，從而譽之，謂之義。情不知其不義也[1]，故書其言以遺後世。若知其不義也，夫奚說書其不義以遺後世哉[2]？

［1］情，誠也，確實。

［2］奚，何，什麽。遺，遺留。

今有人於此[1]，少見黑曰黑，多見黑曰白，則以此人不知白黑之辯矣[2]。少嘗苦曰苦，多嘗苦曰甘，則必以此人爲不知甘苦之辯矣。今小爲非，則知而非之。大爲非攻國，則不知而非，從而譽之，謂之義。此可謂知義與不義之辯乎？是以知天下之君子也，辯義與不義之亂也。

［1］有……於此，固定句式，表示假設關係，比如有。

［2］以，認爲。辯，通“辨”，辨別，區分。

節用（上）[1]

聖人爲政一國，一國可倍也[2]；大之爲政天下，天下可倍也。其倍之，非外取地也，因其國家去其無用之費[3]，足以倍之。聖王爲政，其發令興事、使民用財也[4]，無不加用而爲者[5]。是故用財不費[6]，民德不勞[7]，其興利多矣。

［1］“節用”是墨家學説的一個重要内容。墨子認爲，古代聖人治政，宫室、衣服、飲食、舟車只要適用就夠了。而當時的統治者卻在這些方面窮奢極欲，大量耗費百姓的民力財力，使人民生活陷於困境，甚至使很多男子過着獨身生活。因此，他主張凡不利於實用，不能給百姓帶來利益的政事，應一概取消。

［2］倍，增倍。

［3］因，依託，根據。去，去掉。

［4］興事，興建政事。使民，使用民力。用財，用度財物。

［5］加，增益。

［6］費，浪費。

［7］德，通“得”。

其爲衣裘何以爲？冬以圉寒，夏以圉暑[1]。凡爲衣裳之道[2]，冬加温、夏加凊者[3]，芊鉏；不加者去之[4]。其爲宫室何以爲？冬以圉風寒，夏以圉暑雨，有盜賊加固者[5]，芊鉏；不加者去之。其爲甲盾五兵何以爲[6]？以圉寇亂盜賊[7]，若有寇亂盜賊，有甲盾五兵者勝，無者不勝，是故聖人作爲甲盾五兵。凡爲甲盾五兵，加輕以利、堅而難折者[8]，芊鉏；不加者去之。其爲舟車何以爲？車以行陵陸[9]，舟以行川谷[10]，以通四方之利。凡爲舟車之道，加輕以利者[11]，芊鉏；不加者去之。凡其爲此物也，無不加用而爲者[12]。是故用財不費，民德不勞，其興利多矣[13]。有去大人之好聚珠玉鳥獸犬馬[14]，以益衣裳、宫室、甲盾、五兵、舟車之數，於數倍乎？若則不難倍[15]。

［1］以，用來。圉，通“禦”，抵禦。

［2］衣，古代指上身穿的衣服。裳，古代稱下身穿的衣裙，男女皆服。衣裳，這裏泛指衣服。

［3］凊（qìng），通“清”，涼。

［4］芊鉏（qiān qū），當作“善諸”或“尚諸”，意爲肯定、支持。“鉏”，畢沅以爲“鮮”字

之誤。鮮，少也。俞樾以爲“芊䱉”當作“鮮且”，即鮮㖑也，華美的樣子。不加，猶無益。

［5］固，堅固。“有盜賊”三字，明萬曆潛菴《敍子記》本、萬曆馮氏緜眇閣本作“凡爲宮室”。

［6］甲，鎧甲。盾，盾牌。五兵，指戈、殳、戟、酋矛、夷矛。

［7］寇，外敵。亂，叛亂者。盜，偷竊財物的人。賊，搶東西的人。

［8］輕，輕便。以，連詞，表示並列，和。利，鋒利。

［9］陵陸，山陵與平地。

［10］川谷，河流，河谷。

［11］利，疾，便利。

［12］其，大概。此物，指上文說的衣裳、宮室、甲盾、五兵、舟軍三類。用，費用。

［13］民德，民力。勞，勞損，耗費。興，產生。

［14］好，愛好。聚，蓄積，儲集。

［15］倍，加倍，倍增。

故孰爲難倍[1]？唯人爲難倍。然人有可倍也。昔者聖王爲法曰：“丈夫年二十，毋敢不處家[2]。女子年十五，毋敢不事人[3]。”此聖王之法也。聖王既沒[4]，於民次也[5]。其欲蚤處家者[6]，有所二十年處家[7]；其欲晚處家者，有所四十年處家。以其蚤與其晚相踐[8]，後聖王之法十年[9]。若純三年而字[10]，子生可以二三年矣[11]。此不惟使民蚤處家而可以倍與[12]？且不然已[13]。

［1］孰，什麽。

［2］處家，成立家庭。

［3］事人，嫁人。

［4］沒，通“歿”。

［5］次，通“恣”，放縱，放肆。

［6］蚤，通“早”。

［7］有所，由動詞“有”同代詞“所”字詞組構成的固定結構，相當於“有……的”。

［8］踐，通“翦”，除。

［9］後，比……晚。

［10］純，皆，全，都。字，生育。

［11］年，疑爲“人”之誤。

［12］不惟，豈非。

［13］且，連詞，表轉折，但是。

今天下爲政者，其所以寡人之道多[1]。其使民勞，其籍斂厚[2]，民財不足[3]，凍餓死者不可勝數也。且大人惟毋興師以攻伐鄰國[4]，久者終年[5]，速者數月，男女久不相見，此所以寡人之道也。與居處不安、飲食不時、作疾病死者[6]，有與侵就㑅槖、攻城野戰死者[7]，不可勝數。此不令爲政者所以寡人之道[8]，數術而起與[9]？聖人爲政特無此[10]。此不聖人爲政，其所以衆人之道，亦數術而起與？故子墨子曰：去無用之費，行聖王之道，天下之大利也。

［1］所以，所用來。寡，使減少。道，途徑。

［2］籍斂，即稅斂，徵收田稅。厚，重。
［3］民財，人民的財物。
［4］毋，句中語氣詞，加強肯定語氣，無義。
［5］終年，一年到頭。
［6］與，介詞，於。居處，即住所，住處。不時，不按時。作，發生。
［7］有，又。就，通“蹴”，踐踏。偃，當爲“俘”之誤（依王焕鑣說），俘虜。橐，綁縛。
［8］不，非。令，疑爲“今”字誤。
［9］數術，即術數，古代關於天文、曆法、占卜的學問。
［10］特，但。

八　陣[1]

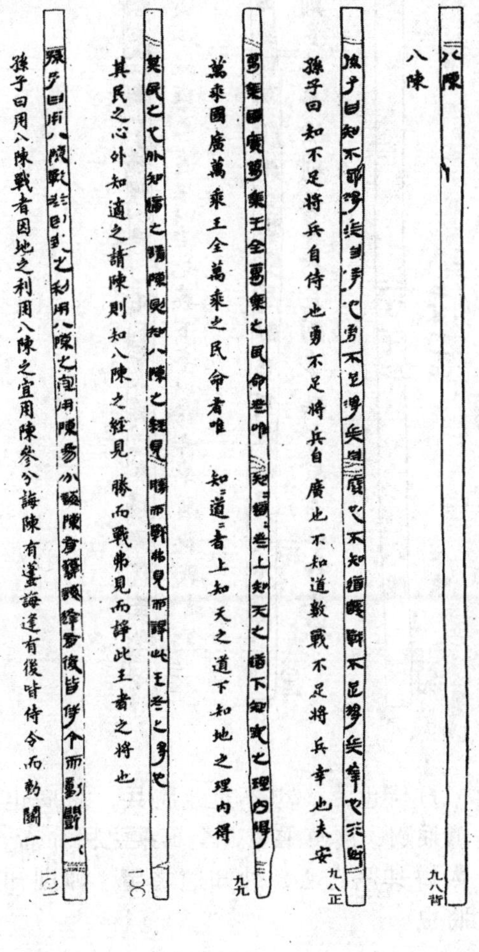

八阵

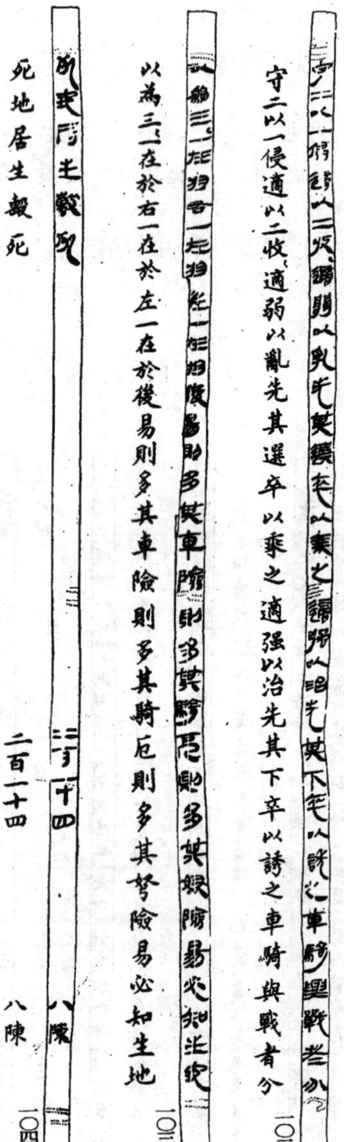

孫子曰：知不足，將兵，自侍也[2]。勇不足，將兵，自廣也[3]。不知道，數戰不足，將兵，幸也[4]。夫安萬乘國，廣萬乘王，全萬乘之民命者，唯知＝道＝者[5]，上知天之道，下知地之理，內得其民之心，外知適之請，陣則知八陣之經[6]。見勝而戰，弗見而諍，此王者之將也[7]。

孫子曰：用八陣戰者，因地之利，用八陣之宜。用陣參分，誨陣有蓬，誨逢有後，皆侍令而動[8]。鬪一守二[9]。以一侵適，以二收<[10]。適弱以亂，先其選卒以乘之[11]。適強以治，先其下卒以誘之[12]。車騎與戰者[13]，分以爲三<，一在於右，一在於左，一在於後。易則多其車，險則多其騎，厄則多其弩[14]。險易必知生地、死地，居生毄（擊）死。

［1］此篇選自《孫臏兵法校理》（張震澤，中華書局 1984 年 1 月版。）“八陣”篇，共七簡，無缺文。首簡簡背有篇題“八陣”二字，末簡有“二百一十四　八陣”字樣，即字數統計，且復有篇題，全篇極完整。“八陣”並不是具體講述八種兵陣的佈陣方法和具體運用的，而是從宏觀上論述用兵作戰的基本規律，從“智、勇、道”三個方面闡述了將領必須具備的素養和對敵使用陣法要遵循的基本原則。

［2］知，同“智”，智謀。將，率領。侍，同“恃”。自恃，即自負。

［3］勇，勇氣。自廣，猶自寬。自我安慰。

［4］道，這裏指兵法。幸，僥幸。

［5］廣，通“光”，光大。全，保全。=，重文符號，即“唯知道，知道者，上知……”。

［6］適，通“敵”，敵人。請，通“情”，指敵人的真實情況。陣，佈陣。

［7］諍，諍諫。

［8］參，同“三”。即將全部兵力分爲三份，保有三分之二，不孤注一擲。誨，曉諭。一說釋爲“每”，每每。逢，通“鋒”，前鋒。後，後隊。侍，通“待”。

［9］鬪，戰鬪。鬪一，守二，即以一鬪，以二守。指上文所說的三分其軍，用三分之一的兵力進攻戰鬥，用三分之二的兵力保持守衛。

［10］侵，侵襲。收，意思是收聚整齊。一說捨止未戰。“<”爲句號，簡文往往於斷句緊要處使用該符號。

［11］以，而。選卒，挑選出來的兵卒，精兵。乘，加也，逾越，超過。

［12］下卒，一般的兵卒。

［13］與，參與。上面說的是兵卒之陣法，這裏說的是車騎之陣法。

［14］易，平地。厄，險隘之地。弩，用機械發箭的弓。

常識：語法（三）

第二十節　判斷句

現代漢語的判斷句，表示某種事物是什麼東西或不是什麼東西，某種事物屬於某一類或不屬於某一類。其中判斷句中的“是”叫作判斷動詞（或繫詞）。古代漢語的判斷句則不同，根據王力（《古代漢語》（第一冊），中華書局1999年版，頁244），是以名詞或名詞性的短語爲謂語，表示判斷的句子。兩相比較，現代漢語的判斷句一般需要用繫詞“是”（否定再加“不”），而古代漢語的判斷句則一般不用繫詞（否定判斷用副詞“非”表示），通過上下文之間的關係表達判斷之意，有時帶有動詞“爲”，句末語氣詞“也”或副詞“則”、“實”等來幫助判斷，這樣的動詞、語氣詞和副詞在古代漢語中不是判斷句非有不可的成分。因此可以說，上古漢語中還沒有出現類似現代漢語“是”的專門的判斷動詞（或繫詞）。

古代漢語判斷句分爲以下幾種情況：

其一，在謂語後面加“也”，形成“……，……也”的形式，幫助判斷。

都城過百雉，國之害也。（左傳・隱公元年）

滕，小國也。（孟子・梁惠王下）

這種結構中的判斷句，主語往往爲“是”、“此”等代詞。例如：

若棄德不讓，是廢先君之舉也，豈曰能賢？（左傳・隱公三年）

此處山之軍也。（孫子兵法・行軍篇第九）

也有一些判斷句的主語承上省略，只出現後半句表判斷的名詞性結構。例如：

郤夏曰：“射其御者，君子也。”（左傳・成公二年）

這個判斷句“君子也”所省略的主語是上一句中“射”的賓語，即“御者”。這種情況在對話中非常常見。例如：

曰：“何器也？”曰：“瑚璉也。”（論語・公冶長）

師冕見，及階，子曰：“階也。”及席，子曰：“席也。”（論語・衛靈公）

明日，子路行，以告。子曰：“隱者也。”（論語・微子）

問之曰：“南冠而縶者，誰也？”有司對曰：“鄭人所獻楚囚也。”（左傳・成公九年）

其二，在主語後帶“者”，這樣的判斷句一般是“……者，……也”的形式，在古代漢語中頗爲典型。其中“者”前面的成分可以是名詞性結構，也可以是謂詞性結構，謂詞性結構後的“者”宜看作是“……的人/東西”的意思，例如：

使我殺適立庶以失大援者，仲也夫！（左傳·宣公十八年）

魯、衛諫曰：“齊疾我矣。其死亡者，皆親暱也……”（左傳·成公二年）

其來者，上卿、上大夫也！（左傳·昭公五年）

能補過者，君子也。（左傳·昭公七年）

名詞性結構後的“者”可以看作複指，例如：

義與利者，人之所兩有也。（荀子·大略）

亞父者，范增也。（史記·項羽本紀）

有的判斷句的謂語部分是疑問代詞，其功能與名詞基本相當，這種句子也是判斷句，只是判斷部分爲未知情況。以下各例爲問人：

問之曰：“南冠而縶者，誰也？”（左傳·成公九年）

追我者，誰也？（孟子·離婁下）

下例爲問原因：

吳之所以亡者，何也？（呂氏春秋·離俗覽第十九·適威）

需要注意的是，有的“者也”出現在句末。此類句子中的“者”一般與其前面的詞語構成“者”字結構，“者”表示“……的人”、“……的事物”，並不表判斷的語氣；而語氣詞“也”幫助表判斷。

神，聰明正直而壹者也，依人而行。（左傳·莊公三十二年）

婦，養姑者也。（左傳·襄公二年）

禮，所以守其國、行其政令、無失其民者也。（左傳·昭公五年）

道者，令民與上同意者也，可與之死，可與之生，而不畏危。（孫子兵法·計篇）

子曰：“回也，非助我者也！於吾言，無所不說。”（論語·先進）

其三，只有“……者，……”的結構，“也”不在句末出現，這裏的“者”表複指。

兵者，國之大事，死生之地，存亡之道，不可不察也。（孫子兵法·計篇）

粟者，民之所種。（晁錯：論貴粟疏）

其四，有的既不出現“者”，也不出現“也”，即“……，……”式判斷句。

子之所難，人之所易。（史記·田敬仲完世家）

荀卿，趙人。（史記·孟子荀卿列傳）

關於古代漢語中的判斷句，要注意的幾點是：

第一，古代漢語判斷句中的“者”與“也”並不是繫詞，它們本身的性質是：“者”爲助詞；“也”是句末語氣詞，可以幫助表示論斷的語氣。即使沒有“者”、

“也”，也不會改變句子的判斷句性質。

第二，上古漢語中常見的“是”往往不是繫詞，而是表指代作用的代詞，複指前面的名詞主語。與“者”不同，“者”黏附於前面的名詞或動詞性詞語之後，不能獨立充當成分，由整個“者”字結構充當判斷句的主語；“是”出現在表判斷的謂語（一般是名詞性詞語）之前，充當這個判斷句的主語。例如：

知之爲知之，不知爲不知，是知也。（論語·爲政）

或曰：“孰謂鄹人之子知禮乎？入太廟，每事問。”子聞之曰：“是禮也。”（論語·八佾）

吾不能早用子，今急而求子，是寡人之過也。（左傳·僖公三十年）

今雍氏圍，而秦師不下崤，是無韓也。（戰國策·韓策二）

上面的例句中標虛綫的即“是”所複指的對象。

有時候“是”出現在判斷句的謂語位置，同樣是指示代詞，而非繫詞。例如：

武王是也。（孟子·梁惠王下）

（臣聞七十里爲政於天下者）湯是也。（孟子·離婁上）

終而復始，日月是也；死而復生，四時是也。（孫子·勢篇）

上文最後一例的兩個“是”是“這樣”的意思，分別指代“終而復始”與“死而復生”兩種情況。

繫詞“是”在戰國時期已經出現，到漢以後開始逐漸普遍：

此是何種也？（韓非子·外儲說左上）

巫嫗弟子是女子也。（史記·滑稽列傳）

余是所嫁婦人之父也。（論衡·死僞）

第三，“爲”在上古漢語中是一個泛義動詞，不能看作是專門的表判斷的繫詞。這樣的“爲”一般有“承擔”、“擔任”、“算作”的意思，動詞意義較強，例如：

四體不勤，五穀不分，孰爲夫子？（論語·微子）

潁考叔爲潁谷封人。（左傳·隱公元年）

民爲貴，社稷次之，君爲輕。（孟子·盡心下）

我爲趙將，有攻城野戰之大功。而藺相如徒以口舌爲勞，而位居我上。（史記·廉頗藺相如列傳）

也有少數動詞意義比較弱的，判斷意味強一些，不過這樣的例子不多。例如：

桀溺曰：“子爲誰？”曰：“爲仲由。”（論語·微子）

夫執輿者爲誰？（論語·微子）

余爲伯鯈，余而祖也。（左傳·宣公三年）

其他如“曰”、“謂”等動詞也與“爲”相類，意爲“名叫”、“稱作”、“叫作”、“意思是”，並不是專職的繫詞，只是恰好出現在後來的繫詞“是”的位置上而已，例如：

奉盛以告："潔粢豐盛"，謂其三時不害而民和年豐也；奉酒醴以告曰"嘉栗旨酒"，謂其上下皆有嘉德而無違心也。（左傳·桓公六年）

老而無妻曰鰥，老而無夫曰寡，老而無子曰獨，幼而無父曰孤，此四者，天下之窮民而無告者。（孟子·梁惠王下）

伍子胥，楚人也，名員。員父曰伍奢。（史記·伍子胥列傳）

此外，固定結構"所謂"也有類似的用法，例如：

臣子之不孝君父，所謂亂也。（墨子·兼愛）

臣自愛不愛君，故虧君而自利，此所謂亂也。（墨子·兼愛）

第四，"則"、"皆"、"乃"、"必"、"固"、"實"、"誠""素"、"即"等是副詞，也不是繫詞。但因爲常常出現在判斷句中，位於謂語之前，加強判斷語氣，有人稱之爲決斷副詞。但實際上這些副詞所表達的語氣各不相同，有的表示確認（如"必"、"固"、"誠"、"乃"等），有的表示否定（如"非"），有的表示承接（如"則"、"即"），有的表示範圍（如"皆"、"盡"）有的表示時間（如"素"）等等。這些副詞都可以起到幫助判斷的作用，雖然在上古漢語判斷句中所處的位置與現在的繫詞相同，但它們都不能看作繫詞。它們可以出現在有"者"、"也"的判斷句中，也可以出現在無"者"、"也"的判斷句中。繫詞"是"產生以後，它們都作爲"是"的修飾語，放在"是"之前。

表肯定、確認語氣的副詞"必"、"誠"、"固"、"乃"等用於判斷句中，例如：

亡鄭國者，必此人也。（左傳·莊公六年）

此固國家之珍，而社稷之佐也。（墨子·尚賢）

子誠齊人也，知管仲、晏子而已矣。（孟子·公孫丑上）

是乃孟舒所以爲長者也。（史記·田叔列傳）

表承接的"即"、"則"等用於判斷句中，例如：

民死亡者，非其父兄，即其子弟。（左傳·襄公八年）

王曰："此則寡人之罪也。"（孟子·公孫丑下）

對主語的數量範圍進行限定的副詞，如"皆"、"盡"等：

子所雅言：《詩》、《書》、執禮，皆雅言也。（論語·述而）

二華，戴族也；司城，莊族也；六官者皆桓族也。（左傳·成公十五年）

天下盡桀也。（新序·刺奢）

表示時間的副詞"素"用於判斷句，例如：

相如素賤人。（史記·廉頗藺相如列傳）

第五，現代漢語表示否定判斷用"不是"，古代漢語一般用"非"，這個"非"也是副詞，不能看作繫詞。

主晉祀者，非君而誰？（左傳・僖公二十四年）

子非魚，安知魚之樂？（莊子・秋水）

第六，還有的判斷句中謂語前出現“唯”、“維”、“惟”，一般把這幾個詞看作語氣詞，也可以幫助判斷，例如：

爾惟舊人，爾丕克遠省，爾知寧王若勤哉！（尚書・大誥）

我馬維騏，六轡如絲。（詩經・小雅・皇皇者華）

公西華曰："正唯弟子不能學也！"（論語・述而）

第七，判斷句中的主語和謂語之間不一定是同性質的事物，也不一定是類屬關係。這些奇特的判斷句爲：有的主語和謂語之間是本體與喻體、結果與原因的關係，有的謂語表主語憑藉的物件，有的是因爲言辭簡略而造成的壓縮判斷句等等；還有一種是古代訓釋詞語的一種方式，謂語部分是對主語的解釋，有時與前者並非是相等的意義，性質也不同。

表比喻的，例如：

魯衛之政，兄弟也。（論語・子路）

君者，舟也；庶人者，水也。（荀子・王制）

表原因的，例如：

桓公九合諸侯，不以兵車，管仲之力也。（論語・憲問）

凡此四軍之利，黄帝之所以勝四帝也。（孫子兵法・行軍篇第九）

孟嘗君爲相數十年，無纖介之禍者，馮諼之計也。（戰國策・齊策四）

吾所以爲此者，以先國家之急而後私讎也。（史記・廉頗藺相如列傳）

表憑藉或工具的，例如：

夫戰，勇氣也。（左傳・莊公十年）

表釋義的，例如：

乾，健也；坤，順也。（易經．說卦傳）

孔子對曰："政者，正也。子帥以正，孰敢不正？"（論語・顏淵）

庠者養也，校者教也，序者射也。（孟子・滕文公上）

最後，判斷句也有倒裝的時候，謂語在前，主語在後。例如：

野哉，由也！（論語・子路）

小人哉，樊須也！（論語・子路）

綜上所述，判斷句式是對某個事物或事件表示判斷、解釋的那一類句子，有時也用來表示譬喻或者說明原因、工具憑藉、意義由來等，它是古代漢語和現代漢語共有的句式。上古漢語時期的判斷句與後來的判斷句最大的區別是，古代漢語沒有專門的判斷標記——繫詞“是”。它的判斷意義或由意合，或由語氣詞“也”、動詞“爲”、副詞“則”等幫助表達，其謂語一般是名詞性詞語。

第二十一節 被動句

被動句中的主語是謂語動詞所表示的行爲的被動者、受事，而不是主動者、施事。有以下幾種情況：

第一，古代漢語中很多表被動意義的句子不用專門表示被動的詞語，其“被動”的意義是從主語和動詞之間的關係看出來的。例如：

以此攻城，何城不克？（左傳・僖公四年）

君能補過，衮不廢矣。（左傳・宣公二年）

彼竊鉤者誅，竊國者爲諸侯。（莊子・胠篋）

屈原放逐，乃賦離騷。（司馬遷：報任安書）

這種有被動意思的句子裏常常有“可”、“足”等助動詞放在謂語動詞之前，例如：

白圭之玷，尚可磨也；斯言之玷，不可爲也。（詩經・大雅・抑）

夏禮，吾能言之，杞不足徵也；殷禮，吾能言之，宋不足徵也。（論語・八佾）

朽木不可雕也，糞土之牆不可杇也，於予與何誅？（論語・公冶長）

如有周公之才之美，使驕且吝，其餘不足觀也已。（論語・泰伯）

蔓草猶不可除，況君之寵弟乎？（左傳・隱公元年）

第二，先秦時候常見的被動句是用介詞“于/於”介引動作行爲的施事。

困于酒食。（周易・困卦・九二）

郤克傷於矢。（左傳・成公二年）

夫惟無慮而易敵者，必擒於人。（孫子兵法・行軍篇第九）

勞心者治人，勞力者治於人。治於人者食人，治人者食於人。（孟子・滕文公上）

第三，用“爲”引出動作的施事，例如：

身爲宋國笑。（韓非子・五蠹）

此類句子中的“爲”所引的施事，也可以不出現。例如：

自今無有代其君任患者，有一於此，將爲戮乎？（左傳・成公二年）

父母宗族，皆爲戮沒。（戰國策・燕策三）

誠令成安君聽足下計，若信者亦已爲禽矣。（史記・淮陰侯列傳）

“爲”式被動句進一步發展，又出現了“爲……所”式被動句。例如：

如姬父爲人所殺。（史記・魏公子列傳）

吾悔不用蒯通之計，乃爲兒女子所詐。（史記・淮陰侯列傳）

衛太子爲江充所敗。（漢書・霍光傳）

此類句子中的施事偶爾也可以省略。例如：

若屬皆且爲所虜。（史記・項羽本紀）

第四，助動詞“見”放在動詞之前，表被動。因爲“見”不是介詞，所以後面不能帶施事，如果要引進動作的主動者，必須用“於”。例如：

盆成括見殺。（孟子・盡心下）

吾長見笑於大方之家。（莊子・秋水）

臣誠恐見欺於王而負趙。（史記・廉頗藺相如列傳）

第五，“被”字式被動句始見於戰國末期，漢以後開始多見。分爲幾種情況：

“被”直接放在動詞之前，例如：

信而見疑，忠而被謗，能無怨乎？（史記・屈原賈生列傳）

曾子見疑而吟，伯奇被逐而歌。（論衡・異虛篇）

“被”介紹動作的施事，位於謂語動詞之前。例如：

禰衡被魏武謫爲鼓吏。（世說新語・言語第二）

風流總被雨打風吹去。（辛棄疾：永遇樂・京口北固亭懷古）

第二十二節　賓語前置句

古代漢語的語序一般是主語在前，謂語次之，賓語在動詞之後。但也有一部分動詞的賓語位於動詞之前。我們稱這一類結構爲賓語前置結構，稱帶有這種結構的句子爲賓語前置句。有以下幾種情況：

第一，疑問句中，代詞充當動詞賓語，賓語位於動詞之前。例如：

樊遲曰：“何謂也？”（論語・爲政）

吾誰欺？欺天乎？（論語・子罕）

君何患焉？（左傳・隱公元年）

客何好？（戰國策・齊策四）

客何爲者？（史記・項羽本紀）

沛公安在？（史記・項羽本紀）

上面第二個例子比較典型，“欺”的賓語一個爲“誰”，一個爲“天”。前者是代詞賓語，所以前置；後者爲名詞賓語，則位於動詞之後。

第二，否定句中，代詞充當動詞賓語，賓語位於動詞之前，例如：

我未之見也。（論語・里仁）

子路有聞，未之能行，唯恐有聞。（論語・公冶長）

莫己知也。（論語・憲問）

歲不我與。(論語·陽貨)

諫而不入，則莫之繼也。(左傳·宣公二年)

臣未之聞也。(孟子·梁惠王上)

上不我用。(史記·淮陰侯列傳)

出現在否定句中的否定詞一般包括否定副詞（不、惟、未、勿、毋、弗、非等）和否定代詞（莫）。

第三，有的並非疑問句或否定句，僅僅是一般的敍述句，賓語也提到了動詞之前，這樣的句子也有幾類：

1. 賓語在動詞之前，賓語和動詞之間有“是”或“之”複指，有的在句首加一個“唯/惟”字。例如：

豈不穀是爲？先君之好是繼。(左傳·僖公四年)

將虢是滅，何愛於虞？(左傳·僖公五年)

鬼神非人實親，惟德是依。……皇天無親，惟德是輔。(左傳·僖公五年)

現代漢語中的“惟命是聽”、“惟利是圖”等成語就是這種結構的遺留。

上古漢語疑問句有時也會出現“之”複指。例如：

姜氏何厭之有？(左傳·隱公元年)

宋何罪之有？(墨子·公輸)

古代漢語中，援引古代詩句或諺語說明事實的時候，常常出現“代詞/名詞＋之＋謂”的形式，這裏的代詞或名詞是“謂”的賓語，前置，句中的“之”則起複指作用。

詩曰：“孝子不匱，永錫爾類”，其是之謂乎！(左傳·隱公元年)

諺所謂“輔車相依，脣亡齒寒”者，其虞、虢之謂也。(左傳·僖公五年)

宣子曰：“嗚呼！‘我之懷矣，自詒伊戚’，其我之謂矣！”(左傳·宣公二年)

諺所謂“室於怒市於色”者，楚之謂矣。(左傳·昭公十九年)

2. 非否定句與疑問句，賓語與動詞之間也沒有“是”、“之”複指，賓語直接位於動詞之前。例如：

爾貢包茅不入，王祭不共，無以縮酒，寡人是徵；昭王南徵而不復，寡人是問。(左傳·僖公四年)

這個例子中的“是”複指（去掉一個“是”）前面的“爾貢包茅不入，王祭不共，無以縮酒”與“昭王南徵而不復”兩件事，這個“是”就是“征”與“問”的賓語，直接位於動詞之前。

第四，由于介詞與動詞之間的密切關係，古代漢語的介詞賓語也同動詞賓語一樣，出現了前置的情況。如下面的介詞“與”、“以”、“爲”的賓語都出現了前置的現象：

吾誰與歸？（禮記・檀弓下）

王誰與爲善？（孟子・滕文公下）

莊王曰："子去我而歸，吾孰與處於此？吾亦從子而歸爾。"（公羊傳・宣公十五年）

子曰："敏而好學，不恥下問，是以謂之文也。"（論語・公冶長）

君若以力，楚國方城以爲城，漢水以爲池，雖衆，無所用之！（左傳・僖公四年）

何以知之？（史記・廉頗藺相如列傳）

夫子何爲不執弓？（孟子・離婁下）

像"何爲"這樣的詞語還有"奚爲"、"胡爲"、"曷爲"等，這裏的"奚"、"胡"、"曷"都是疑問代詞。例如：

許子奚爲不自織？（孟子・滕文公上）

奚爲後我？（孟子・梁惠王下）

胡爲廢上計而出下計？（漢書・英布傳）

客胡爲若此，寡人直與客論耳。（戰國策・齊策四）

王曰："此不叛寡人明矣，曷爲擊之！"（戰國策・齊策一）

鼎曷爲出哉？（史記・封禪書）

第二十三節　雙賓語句

雙賓語句即謂語動詞帶兩個賓語的句子。這兩個賓語叫間接賓語和直接賓語：一般指人的是間接賓語，是動作間接作用的對象；指物的是動作直接作用的事物，爲直接賓語。也可以分爲遠賓語和近賓語兩種：離動詞遠的叫遠賓語，離動詞近的叫近賓語。

不是所有的動詞都可以帶雙賓語，根據謂語動詞的不同，我們把雙賓語句分爲以下幾種情況：

第一，謂語動詞是給予類動詞，如"與"、"賜（錫）"、"予"、"遺"、"饋（或借作'歸'）"、"貽"、"授"、"奉"、"贈"、"送"、"賞"、"賄"、"償"、"畀"、"封"等等。此類句子中的直接賓語一般是有形的事物，經過給予類動作之後，發生空間位移，由主語所在的位置轉移到間接賓語所在的位置。例如：

貽我彤管。（詩經・邶風・靜女）

陽貨欲見孔子，孔子不見，歸孔子豚。（論語・陽貨）

周人將畀虢公政。（左傳・隱公二年）

王予之爵。（左傳・莊公二十一年）

賜我先君履。（左傳·僖公四年）

晉侯賞桓子狄臣千室，亦賞士伯以瓜衍之縣。（左傳·宣公十五年）

與慶舍政。（左傳·襄公二十八年）

故古者堯舉舜於服澤之陽，授之政，天下平。（墨子·尚賢）

李兌送蘇秦明月之珠、和氏之璧、黑貂之裘、黃金百鎰。（戰國策·趙策一）

賜之卮酒。（史記·項羽本紀）

陳餘亦遺章邯書。（史記·項羽本紀）

秦王無意償趙城。（史記·廉頗藺相如列傳）

大王傳之美人以戲臣。（史記·廉頗藺相如列傳）

第二，謂語動詞是言告類的動詞，如“語”、“告”、“問”等，這種結構中的直接賓語是言語、消息等抽象的事物。主語通過言語行爲，將直接賓語傳遞給間接賓語。

公語之故，且告之悔。（左傳·隱公元年）

旦日客從外來，與坐談，問之客曰：“吾與徐公孰美？”（戰國策·齊策一）

第三，謂語動詞是稱謂類的動詞，如“謂”，此類句子中的直接賓語是名稱、稱謂、頭銜、評價等抽象的事物。

孰謂微生高直？（論語·里仁）

子貢問曰：“孔文子何以謂之文也？”（論語·公冶長）

六府、三事，謂之九功。（左傳·文公七年）

天下之民謂之八元。（左傳·文公十八年）

第四，謂語動詞是教示類的動詞，有“教育”、“傳授”、“指示”給人的意味，如“教”、“誨”、“示”。此類句子中的直接賓語往往是知識、技藝、資訊等抽象事物。例如：

示之弱也。（左傳·僖公八年）

使師曹誨之琴。（左傳·襄公十四年）

后稷教民稼穡。（孟子·滕文公上）

唯“示”的直接賓語有時可以是有形的事物，如某個物體的部位，主語指給間接賓語看，目的是讓對方接受這個資訊。與給予類動詞不同的是，“示”的對象即使是看得見的事物，也僅僅是事物的存在情況、特殊現象等抽象信息發生傳遞，事物本身並不發生轉移；間接賓語僅僅能看到這個情況，並不能將對象收歸己有。例如：

費袒而示之背。（左傳·莊公八年）

（公）示之璧。（左傳·哀公十四年）

文侯示之謗書一篋。（戰國策·秦策二）

以上四種類型的動詞都有把某類事物傳遞給另一人的意思，結構中的直接賓語有的是有形的事物，有的是無形的道理、言論、消息、知識，甚至是名稱、評論等等。直接賓語作爲動作直接作用的對象，如果是有形事物，一般會發生空間轉移，從主語所表示的人或物那邊傳遞至間接賓語所表示的人或物這邊；如果直接賓語是知識、道理、信息等無形事物，則通過謂語動作而爲間接賓語所感知、接受、了解或習得。

第五，還有一類特殊的雙賓語結構，其動詞是泛義動詞“爲”。此類句子中的“爲”根據上下文，可以理解爲不同的含義。如下面例句中的“爲”可翻譯爲“安排”：

不如早爲之所，無使滋蔓，蔓難圖也。（左傳・隱公元年）

下例中的“爲”可翻譯爲“預備”、“置辦”：

使盡之，而爲之簞食與肉，寘諸橐以與之。（左傳・宣公二年）

第六，還有一類是奪取類，動作方向與前面的幾種恰恰相反。間接賓語是直接賓語位移的起點，主語才是終點。這樣的動詞與給予類相對，包括“奪”、“聞”、“取”等。

臣聞之胡齕曰……（孟子・梁惠王上）

紾兄之臂而奪之食，則得食。（孟子・告子下）

吾爲公取彼一將。（史記・項羽本紀）

綜上所述，雙賓語結構分爲以下幾種：動詞是給予類的雙賓語結構中，動作施加在直接賓語上，使直接賓語發生位移，由主語所表示的事物轉移到間接賓語，動作的結果是間接賓語擁有該事物，主語則失去該事物；言告類、教示類動詞所在的雙賓語結構，直接賓語爲抽象事物，動作發生後，間接賓語得知了言告內容，而主語所表示的事物並未失去直接賓語；稱謂類動詞與泛義動詞“爲”所在的雙賓語結構，其中的直接賓語是主語爲間接賓語所特意準備，動作發生之前，直接賓語並不屬於主語，動作發生之後，則專屬於間接賓語；奪取類動詞所在的雙賓語結構，直接賓語爲間接賓語所有，主語通過奪取、聽聞等動作，使之歸己所有或爲己所知。

第二十四節　省略句

省略是指一個句子本該出現的成分省去不出現。省略的原因有：①對話中因爲特定語境而省略；②上下文已經出現的詞語承上或蒙下省略；③習慣性的省略。

就句子成分而言，經常省略的是主語、賓語、兼語，還可以是謂語，介詞或介詞的賓語也可以省略。

省略的目的是爲了行文上的簡潔有力。省略不是一種語病，而是語言修飾的結果。只要不引起誤解，省略的內容可以不必補充出來。

首先，對話中因爲雙方已經了解某些情況，而有意無意地省略掉一些內容，如：

明日，子路行，以告。子曰：“（彼丈人）隱者也。”（論語·微子）

這樣的省略成分若一一補出，會令人覺得累贅重複。省略之後，反而顯得言簡意賅，足見省略在語句修飾上的作用。

其次，上下文中已經出現的內容，承上或蒙下省略。

承上省略如：

一鼓作氣，再（鼓）而衰，三（鼓）而竭。（左傳·莊公十年）

衣食所安，弗敢專也，必以（衣食）分人。（左傳·莊公十年）

譬之如醫之攻人之疾者然，必知疾之所自起，焉能攻之；（醫）不知疾之所自起，則弗能攻（人之疾）。（墨子·兼愛）

以相如功大，拜（相如）爲上卿。（史記·廉頗藺相如列傳）

蒙下省略如：

七月（蟋蟀）在野，八月（蟋蟀）在宇，九月（蟋蟀）在户，十月蟋蟀入我床下。（詩經·豳風·七月）

蹇叔之子與師，哭而送之曰：“晉人禦師必於殽。殽有二陵焉：其南陵，夏后皋之墓也；其北陵，文王之所辟風雨也。（爾）必死是間，余收爾骨焉。”（左傳·僖公三十二年）

（項王）夜聞漢軍四面皆楚歌，項王乃大驚。（史記·項羽本紀）

上述幾個例子，有的省略主語（如“七月在野”例），有的省略謂語動詞（如“再而衰”例，省略了連動結構的前一個動詞），有的省略動詞賓語（如“則弗能攻”例）或介詞賓語（如“必以分人”例），還有的省略了兼語（如“拜爲上卿”例）。

再次，習慣性的省略，比如書信或對話中，將第一人稱或對方的人稱省略；還有的句子其主語是泛指一般人或普遍現象，或者自然界的某些常見現象，主語也省略。

顏淵、季路侍。子曰：“（爾）盍各言爾志？”子路曰：“（吾）願車、馬、衣、輕裘，與朋友共，敝之而無憾。”顏淵曰：“（吾）願無伐善，無施勞。”子路曰：“（吾）願聞子之志！”子曰：“（吾願）老者安之，朋友信之，少者懷之。”（論語·公冶長）

聖人以治天下爲事者也，必知亂之所自起，焉能治之；（爲政者）不知亂之所自起，則不能治。（墨子·兼愛）

介詞“於”、“以”的省略也是一種習慣性省略。

客聞之，請買其方（以）百金。（莊子·逍遥遊）

天下苦（於）秦久矣。（史記·陳涉世家）

又試之（以）雞，果如成言。（聊齋志異·促織）

古代文化常識五——古代的曆法（下）

（一）二十四節氣

節氣的確立和天文有關。古人根據季節更替和氣候變化的規律，把周歲太陽年365又$\frac{1}{4}$日分爲立春、雨水、驚蟄等24個節氣。二十四節氣實際上就是地球圍繞太陽公轉軌道上的24個不同的位置。這些節氣先是平分的，平均每個節日是15.22日。後代根據太陽移動的速度，有的規定爲14日（如冬至前後），有的規定爲16日多（如夏至前後）。下面是二十四節氣和四季十二個月的配合：

1. 春季

正月	（孟春）	立春	雨水
二月	（仲春）	驚蟄	春分
三月	（季春）	清明	穀雨

2. 夏季

四月	（孟夏）	立夏	小滿
五月	（仲夏）	芒種	夏至
六月	（季夏）	小暑	大暑

3. 秋季

七月	（孟秋）	立秋	處暑
八月	（仲秋）	白露	秋分
九月	（季秋）	寒露	霜降

4. 冬季

十月	（孟冬）	立冬	小雪
十一月	（仲冬）	大雪	冬至
十二月	（季冬）	小寒	大寒

古人最初還把二十四節氣細分爲節氣和中氣兩種，例如立春是正月節，雨水是正月中，驚蟄是二月節，春分是二月中，其餘可以類推。

二十四節氣名最早出現在《淮南子·天文訓》中。驚蟄古名“啓蟄”，漢朝避景帝名諱改。二十四節氣和月份的搭配不是絕對固定而年年一致的。因爲節氣跟着太陽年走，和朔望月沒有關係。

（二）紀年法

古代紀年的方法很多，這裏只介紹以下三種。

1. 年號紀年法

公元前140年，漢武帝劉徹即位，使用年號“建元”，即位之年就叫建元元年，次年即爲建元二年，其餘類推。這是紀年法的開端，以後歷代帝王都仿照他而建制自己的年號。從漢武帝至清宣統三年2051年期間，共建立過600多個帝王年號。

2. 謚號紀年法

先秦時一般用王侯即位的年次前邊加上謚號來紀年，如齊桓公五年、魯隱公元年、秦穆公十年等，這種紀年方法叫謚號紀年法或帝號紀年法。

3. 干支紀年法

干是天干，即甲、乙、丙、丁、戊、己、庚、辛、壬、癸；支是地支，即子、丑、寅、卯、辰、巳、午、未、申、酉、戌、亥。干支還有陰陽之分：甲、丙、戊、庚、壬爲陽干，乙、丁、己、辛、癸爲陰干；子、寅、辰、午、申、戌爲陽支，丑、卯、巳、未、酉、亥爲陰支。陽干和陽支、陰干和陰支不能相配，這樣十干和十二支的組合，就形成“六十甲子”：

甲子	乙丑	丙寅	丁卯	戊辰	己巳	庚午	辛未	壬申	癸酉
甲戌	乙亥	丙子	丁丑	戊寅	己卯	庚辰	辛巳	壬午	癸未
甲申	乙酉	丙戌	丁亥	戊子	己丑	庚寅	辛卯	壬辰	癸巳
甲午	乙未	丙申	丁酉	戊戌	己亥	庚子	辛丑	壬寅	癸卯
甲辰	乙巳	丙午	丁未	戊申	己酉	庚戌	辛亥	壬子	癸丑
甲寅	乙卯	丙辰	丁巳	戊午	己未	庚申	辛酉	壬戌	癸亥

干支紀年萌芽於西漢，始行於王莽，通行於東漢後期。漢章帝元和二年（85），朝廷下令在全國推行干支紀年。

大約在東漢時期，又產生了十二屬（十二生肖）紀年法，並與地支相配成子鼠、丑牛、寅虎、卯兔、辰龍、巳蛇、午馬、未羊、申猴、酉雞、戌狗、亥豬。今天的屬相就是從這裏來的。

練習題

一、思考題

1. 古代漢語判斷句和現代漢語判斷句有什麼區別？古代漢語判斷句有哪幾種結構形式？如何判斷“是”是代詞還是繫詞？

2. 古代漢語賓語前置結構有哪幾種類型？在什麼情況下，古代漢語中的賓語會發生前置現象？

3. 古代漢語被動句所用的被動標記詞和現代漢語的是否相同？哪些保留下來，

哪些已經消失？

二、簡答題

1. 指出下面哪些句子是判斷句，並說明其形式特點。
A. 其爲人也孝弟而好犯上者，鮮矣！（論語・學而）
B. 子聞之曰："是禮也。"（論語・八佾）
C. 子貢問曰："賜也何如？"子曰："女器也。"（論語・公冶長）
D. 兵者，詭道也。（孫子兵法・計篇）
2. 指出下面哪些句子是被動句，並說明其結構類型。
A. 君子之仕也，行其義也。（論語・微子）
B. 竊鉤者誅，竊國者侯。（莊子・胠篋）
C. 身死人手，爲天下笑者，何也？（賈誼：過秦論）
D. 信而見疑，忠而被謗，能無怨乎？（史記・屈原賈生列傳）
3. 說出下面的句子哪些是雙賓語句，並指出其間接賓語和直接賓語。
A. 公賜之食。（左傳・隱公元年）
B. 爲政以德，譬如北辰，居其所而衆星共之。（論語・爲政）
C. 君子疾夫舍曰欲之，而必爲之辭。（論語・季氏）
D. 后稷教民稼穡，樹藝五穀。（孟子・滕文公上）
4. 下面哪些是賓語前置句，說明你的理由。
A. 子曰："不患無位，患所以立；不患莫己知，求爲可知也。"（論語・里仁）
B. 姜氏何厭之有？（左傳・隱公元年）
C. 貢之不入，寡君之罪也。（左傳・僖公四年）
D. 雞鳴而駕，塞井夷灶，唯余馬首是瞻。（左傳・襄公十四年）

三、補充下面句子中省略的詞語

子路從（　）而後，（　）遇丈人，（　）以杖荷蓧。子路問（　）曰："子見夫子乎？"丈人曰："四體不勤，五穀不分，孰爲夫子？"（　）植其杖而芸。子路拱而立。（　）止子路宿，（　）殺雞爲黍而食之，（　）見其二子焉。明日，子路行，以（　）告（　）。子曰："（　）隱者也。"（　）使子路反見之。（　）至則（　）行矣。子路曰："不仕無義。長幼之節，不可廢也；君臣之義，如之何其廢之？（　）欲潔其身，而亂大倫。君子之仕也，行其義也。道之不行，（　）已知之矣。"（論語・微子）

四、古文閲讀題

公輸盤爲楚造雲梯之械，成，將以攻宋。子墨子聞之，起於齊，行十日十夜而至於郢，見公輸盤。

公輸盤曰夫子何命焉爲子墨子曰北方有侮臣者願藉子殺之公輸盤不説子墨子曰請獻十金公輸盤曰吾義固不殺人子墨子起再拜曰請説之吾從北方聞子爲梯將以攻宋宋何罪之有荊國有餘於地而不足於民殺所不足而爭所有餘不可謂智宋無罪而攻之不可謂仁知而不爭不可謂忠爭而不得不可謂強義不殺少而殺衆不可謂知類公輸盤服子墨子曰然乎不已乎公輸盤曰不可吾既已言之王矣子墨子曰胡不見我於王公輸盤曰諾

子墨子見王，曰："今有人於此，舍其文軒，鄰有敝輿，而欲竊之；舍其錦繡，鄰有短褐，而欲竊之；舍其粱肉，鄰有糠糟，而欲竊之。此爲何若人?"王曰："必爲竊疾矣。"子墨子曰："荊之地，方五千里，宋之地，方五百里，此猶文軒之與敝輿也；荊有雲夢，犀兕麋鹿滿之，江漢之魚鱉黿鼉爲天下富，宋所爲無雉兔狐狸者也，此猶粱肉之與糠糟也；荊有長松、文梓、楩枏、豫章，宋無長木，此猶錦繡之與短褐也。臣以三事之攻宋也，爲與此同類。臣見大王之必傷義而不得。"王曰："善哉！雖然，公輸盤爲我爲雲梯，必取宋。"

於是見公輸盤。子墨子解帶爲城，以牒爲械，公輸盤九設攻城之機變，子墨子九距之。公輸盤之攻械盡，子墨子之守圉有餘。公輸盤詘，而曰："吾知所以距子矣，吾不言。"子墨子亦曰："吾知子之所以距我，吾不言。"楚王問其故，子墨子曰："公輸子之意，不過欲殺臣，殺臣，宋莫能守，可攻也。然臣之弟子禽滑釐等三百人，已持臣守圉之器，在宋城上而待楚寇矣。雖殺臣，不能絕也。"楚王曰："善哉！吾請無攻宋矣。"

子墨子歸，過宋。天雨，庇其閭中，守閭者不內也。故曰："治於神者，衆人不知其功；爭於明者，衆人知之。"

（一）給上文第二段標上新式標點。

（二）解釋文中加點詞語的意思。

1. 起：	2. 文軒：
3. 短褐：	4. 滿：
5. 牒：	6. 距：
7. 圉：	8. 詘：
9. 閭：	10. 內：

（三）將畫綫的句子翻譯成現代漢語。

1. 舍其粱肉，鄰有糠糟，而欲竊之。

2. 荊有長松、文梓、楩枏、豫章，宋無長木，此猶錦繡之與短褐也。

3. 臣見大王之必傷義而不得。

4. 雖殺臣，不能絕也。

5. 治於神者，衆人不知其功；爭於明者，衆人知之。

（四）找出文中賓語前置句並說明其類型。

（五）找出文中判斷句並說明其類型。

（六）說明“吾既已言之王矣”是否屬於雙賓句式？

（七）說明“胡不見我於王”是否屬於被動句式？

（八）指出文中主語、賓語、謂語以及兼語省略現象，各找出一個句子。

附 表

一、繁简字对照表

本表收錄中國文字改革委員會自 1956 年以來公佈的四批簡化字，共 525 個（可以用簡化偏旁類推的除外）。以拼音字母為序排列。

A

爱愛　碍礙　袄襖　肮骯

B

罢罷　坝壩　摆擺襬　板闆　办辦　帮幫　宝寶　报報　贝貝　备備
笔筆　币幣　毕畢　毙斃　边邊　变變　标標　表錶　别彆　宾賓　卜蔔
补補　布佈

C

才纔　参參　蚕蠶　灿燦　仓倉　层層　搀攙　谗讒　馋饞　缠纏
产產　忏懺　尝嘗噹　偿償　厂廠　长長　车車　彻徹　尘塵　衬襯
称稱　惩懲　痴癡　迟遲　齿齒　冲衝沖　虫蟲　丑醜　处處　触觸
出齣　刍芻　础礎　床牀　唇脣　辞辭　聪聰　从從　丛叢　窜竄

D

达達　带帶　担擔　单單　胆膽　当當噹　党黨　导導　灯燈　邓鄧
敌敵　籴糴　递遞　点點　淀澱　电電　垫墊　冬鼕　东東　动動
斗鬥鬭　独獨　断斷　对對　队隊　吨噸　夺奪　堕墮

E

恶惡噁　儿兒　尔爾

F

发發髪　矾礬　范範　飞飛　坟墳　奋奮　粪糞　丰豐　风風　凤鳳
麸麩　肤膚　妇婦　复復複

G

盖蓋　干幹乾　赶趕　冈岡　个個　巩鞏　沟溝　构構　购購　谷穀
顾顧　刮颳　挂掛　关關　观觀　广廣　归歸　龟龜　柜櫃　国國　过過

H

汉漢　号號　轰轟　哄鬨　后後　胡鬍　壶壺　护護　沪滬　划劃
华華　画畫　怀懷　坏壞　欢歡　环環　还還　回迴　会會　秽穢
汇匯彙　伙夥　获獲穫

J

几幾　击擊　积積　鸡鷄雞　极極　际際　继繼　家傢　夹夾　价價
艰艱　戋戔　歼殲　监監　茧繭　拣揀　硷鹼　见見　荐薦　舰艦　鉴鑒
姜薑　将將　讲講　浆漿　桨槳　奖獎　酱醬　胶膠　阶階　疖癤　节節
杰傑　洁潔　借藉　尽盡儘　仅僅　进進　惊驚　竞競　旧舊　举舉
剧劇　据據　巨鉅　惧懼　卷捲

K

开開　壳殼　克剋　垦墾　恳懇　夸誇　块塊　亏虧　昆崑　困睏

L

腊臘　蜡蠟　来來　兰蘭　拦攔　栏欄　烂爛　劳勞　痨癆　乐樂
垒壘　类類　累纍　泪淚　厘釐　离離　里裏　礼禮　历曆歷　丽麗
隶隸　帘簾　联聯　怜憐　练練　炼煉　粮糧　两兩　辽遼　疗療　了瞭
猎獵　邻鄰　临臨　灵靈　岭嶺　刘劉　龙龍　娄婁　卢盧　庐廬　芦蘆
炉爐　虏虜　卤鹵滷　录錄　陆陸　乱亂　仑侖　罗羅　驴驢　虑慮

M

麻蔴　马馬　买買　卖賣　麦麥　脉脈　猫貓　么麽　门門
蒙濛懞矇　梦夢　弥彌　面麵　黾黽　庙廟　灭滅　蔑衊　亩畝

N

难難　恼惱　脑腦　拟擬　酿釀　鸟鳥　聂聶　宁寧　农農　疟瘧

P

盘盤　辟闢　苹蘋　凭憑　扑撲　仆僕　朴樸

Q

栖棲　齐齊　启啓　岂豈　气氣　弃棄　千韆　迁遷　佥僉　签簽籤
牵牽　纤縴　墙牆　乔喬　壳殼　窍竅　窃竊　亲親　寝寢　庆慶　穷窮
琼瓊　秋鞦　区區　曲麯　权權　劝勸　确確

R

让讓　扰擾　热熱　认認

S

洒灑　伞傘　丧喪　扫掃　啬嗇　涩澀　杀殺　晒曬　伤傷　舍捨
摄攝　沈瀋　审審　声聲　升陞昇　胜勝　圣聖　师師　湿濕　时時
实實　适適　势勢　寿壽　兽獸　书書　属屬　术術　树樹　帅帥　双雙
松鬆　苏蘇囌　肃肅　虽雖　随隨　岁歲　孙孫　笋筍

T

台臺檯颱　态態　坛壇罎　叹嘆歎　誊謄　体體　条條　粜糶　铁鐵
听聽　厅廳　头頭　图圖　涂塗　团團糰　椭橢

W

洼窪　袜襪　万萬　网網　为為爲　韦韋　卫衛　稳穩　乌烏　无無
务務　雾霧

X

牺犧　席蓆　习習　戏戲　系係繫　虾蝦　吓嚇　咸鹹　显顯　县縣　宪憲　献獻　乡鄉　响響　向嚮　协協　胁脅　写寫　亵褻　衅釁　兴興　凶兇　绣綉繡　锈鏽　须鬚　旋鏇　悬懸　选選　寻尋

Y

压壓　亚亞　严嚴　岩巖　盐鹽　厌厭　艳艷　阳陽　养養　痒癢　样樣　尧堯　钥鑰　药藥　爷爺　业業　叶葉　页頁　医醫　异異　义義　艺藝　亿億　忆憶　阴陰　隐隱　应應　拥擁　佣傭　痈癰　踊踴　涌湧　优優　忧憂　犹猶　邮郵　馀餘　鱼魚　与與　御禦　吁籲　郁鬱　誉譽　渊淵　园園　远遠　愿願　跃躍　岳嶽　云雲　运運　韵韻　酝醞

Z

扎紮　杂雜　灾災　赃贓髒　凿鑿　枣棗　札劄劄　斋齋　毡氈　战戰　占佔　赵趙　这這　折摺　征徵　症癥　证證　郑鄭　只隻　执執　致緻　制製　质質　钟鐘鍾　肿腫　种種　众衆　周週　昼晝　朱硃　烛燭　筑築　注註　专專　庄莊　装裝　妆妝　桩樁　状狀　壮壯　准準　浊濁　总總　钻鑽

簡化偏旁

共十四個，以筆畫數爲序排列。

讠[言]　饣[飠]　𠃓[昜]　纟[糹]　〢又[臤]　艹冖[𤇾]　〢𠂉[臨]

只[戠]　钅[金]　⺍冖[𦥯]　𠬤[睪]　𢀖[巠]　亦[䜌]　呙[咼]

二、漢字部首例釋

目 錄

部首爲東漢許慎首創，許氏在《說文解字》中把形旁相同的字歸在一起，稱爲部，每部把共同所从的形旁字列在開頭，這個字就稱爲部首，如木、杜、李等字都屬“木”部，“木”就是部首。自許慎創立以形旁編排文字的方法以後，這種方法千百年來一直爲編纂字書的人所採用，只是分部的多寡有所不同，如《說文解字》分爲540部，《康熙字典》分爲214部，《新華字典》分爲189部。

但《說文解字》的部首與《康熙字典》的部首性質不同。王力先生曾經指出：“有兩種不同性質的部首，一種是文字學原則的部首，另一種是檢字法原則的部首。前者嚴格地依照六書的體系（只有同一義符的字可以隸屬於同一部首），如《說文解字》；後者在一定程度上破壞了六書的體系，如清代的《康熙字典》。”①《說文解字》部首是對小篆形體分析的結果，凡是能反映一定意義的相同字形結構，均得立爲部首，因此是文字學原則的部首。從文字學原則出發的均取自意符，歸部也以意符作爲標準。這樣的部首便於我們從文字學的角度理解、研究文字。因此，更好地分析文字形體，理解字義，我們這裏所講的列舉的部首均是文字學原則的部首。

下面從文字學的角度對漢字中常見的部首加以分類並予以說解。

一、與人體有關的部首

（一）與人形有關的部首

1. 人

殷商甲骨文作，西周金文作，小篆作，均一人側面之形，隸變之後，初形已失，而且在作偏旁時，部位不同，寫法不一，變爲“人”（如“企”）、“亻”（如“休”）、“卜”（如“卧”）、“𠂉”（如“臨”）、“⺈”（如“負”）、“儿”（如“先”）。从人之字，字義或表示人的類別，如俊、俠、儒等，或表示人的德性，如倨、仁、侈等，或表示人的行爲，如仰、伏、伸等。又如：

元，甲骨文作若，突出人首，本義爲首。《左傳·僖公三十三年》：“（先軫）免胄入狄師，死焉。狄人歸其元，面如生。”杜預注：“元，首。”

身，甲骨文作，側面人形，突出腹部，本義指懷孕。《詩經·大雅·大明》：“大任有身，生此文王。”毛傳：“身，重也。”鄭玄箋：“重，謂懷孕也。”孔穎達疏：“以身中復有一身，故言重。”

從，甲骨文作，兩人前後相隨，本義是跟隨。《論語·微子》：“子路從

① 王力：《中國語言學史》，山西人民出版社1994年版，頁34。

而後。”

北，甲骨文作，兩人背對背，爲“背”之初文。《戰國策·齊策六》：“士無反北之心。”

保，早期金文作，爲人抱幼子之形，故有養育、保護之義。《國語·周語中》：“夫義所以生利也，祥所以事神也，仁所以保民也。”韋昭注：“保，養也。”

何，甲骨文作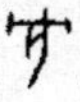，本義是以肩承物。《詩經·曹風·候人》：“彼候人兮，何戈與祋。”爲“負荷”之“荷”的初文。

倫，本義是類，《禮記·曲禮下》：“儗人必於其倫。”鄭玄注：“倫，猶類也。”

2. 卩

殷商甲骨文作，古人席地而坐，字像人跪跽之形。後世不獨立成字，僅作部首使用。从卩之字多與人有關。例如：

印，甲骨文作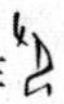，像以手持物在人額頭上烙印之形。

服，甲骨文作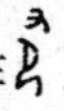，從後面將跪着的人的頭往下按，取逼其降服之意。

卿，甲骨文作，像兩人相向而食之形，是“饗”的初文。

3. 大

殷商甲骨文作，像人正立之形，兩手兩腿張開，顯得身體大。从大之字多與人有關。例如：

夫，甲骨文作，本義是成年男子。《詩經·秦風·黃鳥》：“維此奄息，百夫之特。”

亦，甲骨文作，《說文·亦部》：“亦，人之臂亦也。从大，象兩亦之形。”徐灝箋：“隸變作‘亦’，即古‘腋’字，从大，左右作點，指事。”

天，甲骨文作，大上加指事性的符號，《說文·一部》：“天，顛也。”本義爲頭頂。《山海經·海外西經》：“刑天與帝至此爭神，帝斷其首，葬之常羊之山，乃以乳爲目，以臍爲口，操干戚以舞。”袁珂注：“‘刑天’蓋即斷首之意。”

夾，甲骨文作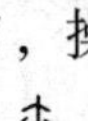，像左右兩個人攙扶中間的人，本義爲輔佐。《左傳·僖公四年》：“五侯九伯，女實征之，以夾輔周室！”

乘，甲骨文作，从大在木上，表示乘樹登高，本義爲登、升。《周易·同人》：“乘其墉，弗剋攻，吉。”

奚，甲骨文作或，像一隻手抓住一個被綁縛的人，本義是奴隸。《周禮·天官·序官》："奚三百人。"鄭玄注："古者從坐，男女沒入縣官爲奴，其少才知以爲奚。"

無，甲骨文作或，像人持繩跳舞之形，爲"舞"之本字。

美，甲骨文作，一個人頭上戴着羊角、羽毛之類的裝飾，顯得十分美麗。

4. 女

女，甲骨文作，李孝定："夫男女之別於文字之形體上殊難表示，故就男女工作之差異以爲區別，女蓋象兩手所操有作之形，女工之事多在室內。男則以力田會意，男耕女織有所專司，故製字以見義。"从女之字，或是一些古老的姓氏，如姜、姬、姚、嬴等，是母系社會制度在漢字中的反應；或與婚姻有關，如嫁、娶、媒、妁等；或與人的不好的品性有關，如奸、嫉、妒、妨、嫌等，這是男權社會對女性歧視的反應；也有一些是描寫女性外貌的，如姝、娜、奸等。又如：

妾，甲骨文作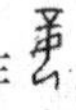，跪坐的女人頭上有刑具（辛），本義爲女奴。《尚書·費誓》："臣妾逋逃。"孔傳："役人賤者，男曰臣，女曰妾。"

妻，甲骨文作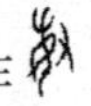，一手抓住一個長髮的女人，古代有搶妻的習俗，故以手得女子取意。

姓，字从女，說明姓氏本源於女性。《說文》："姓，人所生也，从女从生。""人所生"就是"母"所生，也就是說，"姓"是因母而得。

婚，《說文》："禮，取婦以昏時，故曰婚。"娶妻的時間安排在黃昏，這是趁天晚女家不備，把女子搶到手，做自己的妻子，這是搶婚制在漢字中的遺留。

威，《說文》："威，姑也。"也就是丈夫的母親。字从女从戌，"戌"乃斧鉞之象，權威的代表，說明年長的女性在家庭關係中還是有一定的權威的。

5. 子

子，甲骨文作，抓住了小孩子的幾個主要特徵去造字：大大的頭，上下擺動不定的小手，裹在襁褓中的下肢，整個字形的確是一個小孩子的形象。从子之字多與小孩有關，如孕、孫、孿、孺等。又如：

字，本義是生子，所以从子。《易經·屯卦》："女子貞不字，十年乃字。"李鼎祚集解引虞翻曰："字，妊娠也。"

孩，本義是小兒笑，《老子》："我獨泊兮其未兆，如嬰兒之未孩。"

毓，是生育之"育"的本字，甲骨文作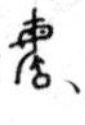、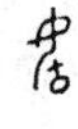、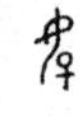、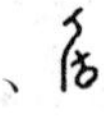、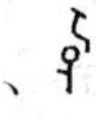等形，均爲婦人產子

之形象。

孚，西周金文作，以爪持子，會俘獲之義，爲“俘”之初文。

孝，西周金文作，《說文》：“孝，善事父母者。从老省、从子。子承老也。”本義是孝順、善事父母。

（二）與頭部有關的部首

1. 口、甘、舌、言、音、欠

口，甲骨文作，像張口之形。與口有關的部首還有“甘”，甲骨文作，口裏含着食物；還有“舌”，甲骨文作，像張口吐舌之形；“舌”上增加一個指事性的符號，作，表示說出的話，即是“言”；“言”與“音”本同源，後世發生分化，“音”作，是在“言”上加一區別符號構成的；“欠”甲骨文作，像人張口打哈欠，也與口有關。

以上幾個部首，最常見的是口與言。从口之字，或表示跟口有關的器官，如喉、吻（嘴邊）；或表示跟口有關的動作，如嚼、吮、喝；或表示語言方面的事情，如問、唯（答應）、命；或爲象聲詞，如呱、哇。从言之字，或與言語有關，如語、議、訴、評等；或與道德有關，如誠、信、詐等。又如：

訪，本義是咨詢。《尚書・洪範》：“惟十有三祀，王訪於箕子。”

謀，本義也是咨詢。《左傳・襄公四年》：“臣聞之，訪問於善爲咨，咨親爲詢，咨禮爲度，咨事爲諏，咨難爲謀。”

誅，本義是指責、責備，所以从言。《論語・公冶長》：“宰予晝寢。子曰：‘朽木不可雕也，糞土之牆不可杇也；於予與何誅？’”

諒，本義是誠信、誠實。《禮記・内則》：“朝夕學幼儀，請肄簡諒。”鄭玄注：“諒，信也。”

旨，小篆作，从匕从甘，本義是味美。《禮記・學記》：“雖有嘉肴，弗食，不知其旨也。”

口與言作爲形旁，表意相近，可以互通，如詠之作咏、吟之作訡等等。

2. 頁（xié）

頁，甲骨文作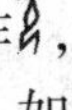，《說文》：“頭也。”本義是指人的頭，所以从頁之字，其本義多和人的頭部有關，如頭、顱、頂、額、碩（頭大）、顆等。又如：

顛，本義是頭頂、頭。《詩經・秦風・車鄰》：“有車鄰鄰，有馬白顛。”

題，本義是額頭。《楚辭・招魂》：“雕題黑齒，得人肉以祀，以其骨爲醢些。”

王逸注："題，額也。"

顏，《說文》："眉目之間。"本義是額頭，俗稱印堂，即眉上髮下、兩額角間部分。《左傳·僖公九年》："天威不違顏咫尺。"

頷，本義指脖子。《詩經·衛風·碩人》："領如蝤蠐，齒如瓠犀。"毛傳："領，頸也。"

項，本義指頸的後部，也泛指頸。《左傳·成公十六年》："王召養由基，與之兩矢，使射呂錡，中項，伏弢。"

3. 耳

耳，甲骨文作，像人耳輪廓之形。《說文·耳部》："耳，主聽者也。"本義是耳朵。《合集》13630："貞：疾耳，隹（唯）有它?"从耳之字多表示與耳朵有關的動作，如聞、聆、聾等。又如：

聖，殷商甲骨文作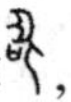，西周金文作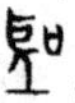，甲骨文聖字像人上着大耳，从口，會意，聖之初義爲聽覺官能之敏銳，故引申訓"通"；賢聖之義，也是其引申義。

聲，甲骨文作，从、从（聽），表示叩擊懸磬，擊磬則空氣振動，傳之於耳感之者爲聲。

取，甲骨文作，一手拿一隻耳朵之形。《周禮·夏官·大司馬》："大獸公之，小禽私之，獲者取左耳。"鄭玄注："得禽獸者取左耳，當以計功。"

耽，本義指耳垂於肩上。《淮南子·地形》："誇父耽耳，在其北方。"由耳垂於肩上引申出承受、擔負之義。又表示沉溺、迷戀，與酖的意義相通。遲延是後起義。如：耽擱、耽誤。

4. 目、見

目，甲骨文作，像一隻眼睛的形狀。見，甲骨文作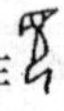，一人睜大眼睛看着前面，本義是看見。从目、从見之字大都表示與眼睛相關的動作，如看、相、睹、觀、覽等。又如：

視，从見、示聲，本義是看。《荀子·勸學》："目不能兩視而明；耳不能兩聽而聰。"

省，本義是視察、察看。《周易·復》："先王以至日閉關，商旅不行，後不省方。"程頤傳："人君不省視四方。"

眷，本義是回頭看。《詩經·大雅·皇矣》："乃眷西顧，此維與宅。"

目與見作爲部首常通用，如視之作眎、睹之作覩等等。

（三）與上肢有關的部首

1. 手

手，金文作，作偏旁寫作“手”或“扌”。从手之字多和手及手部的動作有關，如拿、拳、指、摹、找、招、抬、掙等。

2. 又、爪

殷商甲骨文作，像一隻右手之形，是“右”的本字。从又、爪之字多與手部的動作有關。例如：

友，西周金文作，从兩隻右手，表示兩人互相幫助，朋友的“友”是其引申義。

及，甲骨文作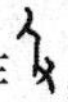，右手捉住一個人，本義是逮、趕上。《左傳・成公二年》：“丑父寢於轏中，蛇出於其下，以肱擊之，傷而匿之，故不能推車而及。”

隻，从“手抓鳥”的角度看，可用以表示“抓獲”的意思，音讀如“huò”，爲“獲”的初文；从“手中抓的是一隻鳥”的角度看，可用以表示“鳥一枚”的意思，音讀如“zhī”。

叔，从又、尗聲，本義爲拾取。《詩經・豳風・七月》：“九月叔苴，採荼薪樗。”毛傳：“叔，拾也。”

秉，甲骨文作，从又持禾，稻禾一把。《詩經・小雅・大田》：“彼有遺秉，此有滯穗。”亦可表執、持。《管子・輕重乙》：“有一人秉劍而前。”

兼，金文作，手握兩把禾，表示同時具有或涉及幾種事物或若干方面。

爲，甲骨文作，一隻手牽着一頭大象，即人役使大象之形，本義是作爲。

受，殷商甲骨文作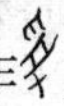，西周金文作，一隻手拿着一個東西交給另外一隻手，古文獻中施受同辭，書面上用同一個字形，加“扌”的“授”是後起字。

爭，甲骨文作，兩手爭奪一個東西。本義是爭奪、奪取。《左傳・隱公十一年》：“公孫閼與潁考叔爭車。”

3. 攴（攵）（pū）

甲骨文作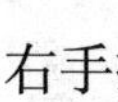，右手持棍敲打之形。从攴之字多有撲打之義，如敲、攻，又如：

敗，甲骨文作或，右手持棍打貝或鼎之形，本義是毀壞。《周易・大有》：“大車以載，積中不敗也。”

寇，西周金文作，以外來的人右手持棍打屋內的人會意，意思有兩個：一是外寇，即外來的敵人；一是侵入。

教，甲骨文作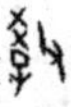，从攴、从子、爻聲，以强制手段教育後代之意。

牧，从攴、从牛會意，本義是放牧。

4. 収（廾）

甲骨文作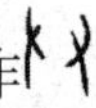，作爲偏旁隸變之後發生了分化，作“廾”、“大”等形。从収之字本義和雙手的動作有關，例如：

共，甲骨文作，像兩手同舉一物，表示共同之義。

弄，甲骨文作，雙手捧玉，玉是常用作撫弄鑒賞的珍品。本義是用手把玩、撫弄。《詩經·小雅·斯干》：“載衣之裳，載弄之璋。”

承，西周金文作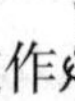，兩手托起一人，取承托之意。

具，甲骨文作，雙手捧鼎（爲古代炊具），字形表示在搬動擺設炊具，意謂準備飯食或酒飲。

5. 丮（jǐ）

《說文·丮部》：“丮，持也。”

藝，或作埶，商代金文作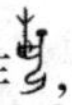，从木从丮，西周金文作，增土旁，像人種樹或五穀之形。“樹藝五穀”的“藝”是其本義。

執，甲骨文作，从幸（即 nè，爲手銬之形）、从丮，即用桎梏銬住罪人雙手之形，本義是抓住罪人。後來“執”的詞義才擴大成爲“捕捉”的意思。

鬥，甲骨文作，小篆作，表示二人徒手毆鬥，或加聲符作“鬭”，現借升斗之“斗”爲之，鬥毆的形狀就看不出來了。

夙，西周金文作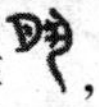，天上掛着殘月，人已辛勤勞動，本義是早。《詩經·齊風·東方未明》：“折柳樊圃，狂夫瞿瞿。不能辰夜，不夙則莫。”毛傳：“夙，早；莫，晚。”

（四）與下肢有關的部首

1. 足

足，甲骨文作，上端表示膝蓋的髕骨，後來變成“口”。从足之字，本義與腳

或腳的動作有關，如跟、踵、跳、蹈、踐等。

2. 止

止，殷商甲骨文作，爲一隻腳的形狀，本義爲足，腳。《儀禮·士昏禮》："御衽於奥，媵衽良席在東，皆有枕，北止。"鄭玄注："止，足也。"止表示停止以後，又造形聲字"趾"表示本義。从止的字多和腳部動作有關。例如：

之，甲骨文作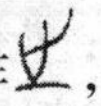，上爲止，下面的横畫表示出發的地方，本義是往、到……去。《詩經·鄘風·載馳》："百爾所思，不如我所之。"

走，西周金文作，像人甩動兩臂奔跑之形，从止，表明字義與行走有關，走的本義近於小跑。《釋名·釋姿容》："徐行曰步"，"疾行曰趨"，"疾趨曰走"。

奔，西周金文作，奔比走更急更快，所以字形在"夭"下加三個"止"以表意。

步，甲骨文作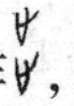，一腳在前，一腳在後，也像行走時留下一前一後兩個腳印之形，表示腳步。

各，殷商甲骨文作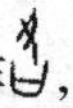，西周金文作，上部是倒"止"，下部像古人穴居的地穴口，足朝向入口表示至、來。金文競卣："白屖父皇競各于官。"

正，甲骨文作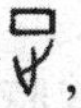，上面的口表示城邑，下邊的止表示行進，字形表示向着城邑前進，爲征伐之"征"的初文。

韋，甲骨文作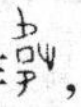，表示很多腳圍住城邑的意思，是"圍"的初文，小篆省作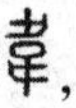，減省重複部件，後又加"囗"作"圍"。

3. 行、彳、辵

行，甲骨文作，像四通八達的道路，本義爲道路。《詩經·豳風·七月》："女執懿筐，遵彼微行。""行"作爲偏旁常省作"彳"。辵甲骨文作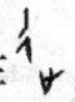，由"彳"和"止"構成，像腳在道路上行走。《說文》："辵，乍行乍止也。"辵作爲偏旁隸變之後多變爲"辶"。

从行之字，本義多和道路有關，如街、衢、術。而从彳、从辵之字大都與行爲、動作或趨向有關，如往、征、徐、循、邁、進、巡、遲、追、還。又如：

征，本義是遠行。《詩經·小雅·小明》："我征徂西，至于艽野。"鄭玄箋："征，行。"

逐，甲骨文作，从止从豕，表示追逐獵物，本義爲追逐。西周金文作，改爲

从辵。

逆，甲骨文有、、等形，从止（或彳、或辵）、从屰，會意，本義爲迎接、迎候。《尚書·顧命》："虎賁百人，逆子釗於南門之外。"

徒，从辵土聲，本義是步行。《周易·賁》："賁其趾，舍車而徒。"李鼎祚集解引虞翻曰："徒，步行也。"

徙，从辵止聲，本義是遷移、移居。《周禮·地官·比長》："徙于國中及郊則从而授之。"鄭玄注："徙，謂不便其居也。或國中之民出徙郊或郊民入徙國中，皆從而付所處之吏，明無罪惡。"

（五）與身體有關的其他部首

1. 心

心，甲骨文作，本義是心臟。作爲偏旁，出現在一個字的左邊時多寫作"忄"，出現在一個字的下面時多寫作"心"或"⺗"。古人認爲心是思維的器官，所以，从心之字大都與內心活動有關，如憶、懷、怨、怒、悔、悲、愁等。也有一些从心之字表示人的德性，如忠、恭、惰、愚、怠等。又如：

惠，本義爲仁愛、寬厚。《尚書·皋陶謨》："安民則惠，黎民懷之。"蔡沈集傳："惠，仁之愛也。"

急，小篆作，从心、及聲，本義是心急。《呂氏春秋·首時》："聖人之於事，似緩而急。"陳奇猷校釋："此謂聖人爲事，外似無爲而內心實急。"引申爲急速、緊急等義。

慢，本義是驕傲、怠慢。《周易·繫辭上》："上慢下暴，盜思伐之矣。"孔穎達疏："小人居上位必驕慢，而在下必暴虐。"

言爲心聲，作爲表意偏旁，兩者常通用，如"誖"之作"悖"、"訴"之作"愬"等等。

2. 肉

隸變之後，只有少數寫作"肉"，絕大多數與"月"混同，如胃、肚、腸、胡等，但從字義上容易辨別，凡與月亮或明亮有關的字，即从月，凡與肉或人體有關的字，即从肉。

3. 疒（nè）

《說文》："疒，倚也。人有疾病，象倚箸之形。"从"疒"之字多與疾病有關，如痛、療、瘋、癢、痙、瘡、瘳、痔等。

二、與動物有關的部首

（一）與飛禽有關的部首

與飛禽有關的部首有鳥、隹、燕、飛、羽等，擇要敍述如下：

1．鳥、隹

《説文》："鳥，長尾禽總名也。"又："隹，鳥之短尾總名也。"桂馥《義證》："析言之，則隹、鳥異類，合言之，則隹、鳥通稱。"兩字常作爲表飛禽類意義的形符，或表示飛禽本體，或表示與飛禽有關的動作，如鳳、鶯、鴨、鳩、鷗、雕、雞等。又如：

雉，即野雞。漢代因避吕后諱，改此鳥名爲"野雞"。

雄，《説文·隹部》："雄，鳥父也。"《詩經·邶風·雄雉》："雄雉于飛，泄泄其羽。"

雌，禽鳥中能産卵的。《論語·鄉黨》："山梁雌雉，時哉時哉！"

集，从隹、从木，會意字，像群鳥落於樹木之上。"聚集"是其引申義。

瞿，《説文》："鷹隼之視也，从隹、从䀠，䀠亦聲。"指禽鳥受驚嚇時不放心地左顧右盼，後加心旁作"懼"，簡化之後作"惧"，成爲純粹的形聲字。

鳥與隹所表示的意義相近，所以作爲形旁可通用。如"雞"之作"鷄"，"雕"之作"鵰"等等。

2．羽

《説文》："羽，鳥長毛也。"从羽之字多與羽毛或翅膀有關，如翔、翎、翮、翱、翻。又如：

翼，小篆作，籀文作。《説文》："翼，翄也。从飛、異聲。翼，篆文龔从羽。"本義爲鳥類或昆蟲的翅膀。《周易·明夷》："明夷于飛，垂其翼。"

習，甲骨文作，表示鳥在太陽下學習飛翔，鳥不斷練飛。《禮記·月令》："鷹乃學習。"陳澔集説："學習，雛學數飛也。"

（二）與走獸有關的部首

鹿，甲骨文作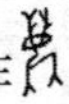，整個字形像一幅簡筆畫，雖然只有幾筆，但已經將一隻鹿的形象勾勒得栩栩如生。象，甲骨文作，字形抓住了大象長鼻子的特徵來描寫，一看就知道是頭大象。虎，甲骨文作、、、等形，爲象形字。《説文》將以上走獸

均列爲部首字，但所轄之字有限，如：

塵，小篆作，表示群鹿奔跑時揚起的塵土。

麗，甲骨文作，下部是鹿，上部突出鹿之雙角，取意成對，此義後作“儷”。

彪，本義指虎身上的斑紋，用來比喻文采。《說文·虎部》：“彪，虎文也。”漢揚雄《法言·君子》：“或問君子，言則成文，動則成德，何也？曰：‘以其弸中而彪外也。’”李軌注：“彪，文也。”

（三）與家畜有關的部首

古代農業社會，牛、羊、豕、犬、馬等經過馴化的家畜與人的關係密切，反應在漢字中，从牛、羊、豕、犬、馬等字衆多，或表示家畜本身及其性狀，或表示與家畜有關的動作。例如：

牢，飼養牛、馬、羊的牲畜圈，“監牢”之牢是其引申義。

牝、牡，殷商甲骨文表示動物公母大多有其專用字，如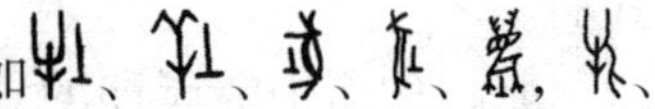、等，西周之後基本固定爲牝、牡。

特，公牛。《詩經·小雅·正月》：“瞻彼阪田，有菀其特。”高亨注：“特，公牛。”

牲，供祭祀、盟誓和食用的家畜。《周禮·地官·閭師》：“凡庶民不畜者，祭無牲。”

物，雜色牛。《詩經·小雅·無羊》：“三十維物，爾牲則具。”

群，《說文》段注：“犬部曰：‘羊爲群，犬爲獨。’引申爲類聚之稱。”

獨，犬好鬥，所以常常是孤獨的。

獸，甲骨文作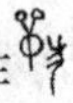，从單（狩獵工具）从犬，犬爲古人狩獵的重要幫手，所以字从犬，爲“狩”之初文。

猒，金文作，犬嘴銜肉，像滿足之義。《左傳·僖公三十年》：“夫晉何猒之有！既東封鄭，又欲肆其西封。”

臭，本義是用鼻子辨別氣味，狗的鼻子是最靈敏的，所以用自（鼻）和犬來表示。後寫作“嗅”。

狂，本義指瘋狗，亦指狗發瘋。《晉書·五行志中》：“旱歲犬多狂死。”

羞，殷商甲骨文作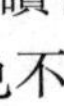，字形以手持羊會意，爲“饈”之初文，篆文作，“又”變爲“丑”，表示字的讀音。

駁，本義是馬毛色不純，亦指毛色不純的馬。

駭，本義是馬受驚。《左傳·哀公二十三年》："知伯視齊師馬駭，遂驅之。"

驚，本義是馬受突然的刺激而行動失常。《左傳·襄公二十八年》："慶氏之馬善驚。"引申指驚慌、恐懼。

驅，本義是鞭馬前進。《詩經·唐風·山有樞》："子有車馬，弗馳弗驅。"孔穎達疏："走馬謂之馳，策馬謂之驅。"

驟，本義是馬疾走、奔馳。《詩經·小雅·四牡》："駕彼四駱，載驟駸駸。"

（四）與爬蟲、鱗甲動物有關的部首

1. 虫（huǐ）、䖵、蟲

"虫（huǐ）"與"蟲"有別，"虫（huǐ）"殷商甲骨文作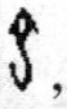，爲"虺"之初文，"蟲"爲有足的動物的通稱。《說文》："有足謂之蟲，無足謂之豸。""蟲"今簡化爲"虫"，與古"虫（huǐ）"混同。今从"虫"之字，有的本从"虫（huǐ）"，如虯（無角龍）、蚪（有角龍）、蚺（蟒蛇）、蛟（龍屬）。蚤，从蟲。另外，今从"虫"之字，大都與爬蟲、昆蟲有關，如蝎、蟻、蝶等。又如：

虹，甲骨文作，"虹"爲後起字。《說文》："螮蝀也，狀似虫。"因形狀像蛇，所以字从虫（huǐ）。

蜀，甲骨文作，本爲蜷曲的蟲子的名稱，卜辭中即用作地名。

2. 魚

魚，甲骨文作，像魚的形狀，頭、尾、腹、鰭俱全。从魚之字或表示魚的類別，如鯊、鯽、鰱等，或表示和魚有關的性狀、動作，如鮮、漁等。

三、與植物有關的部首

人類生存和發展所需的一切都離不開植物，而且，在人類的文化生活中，植物也承擔着不可或缺的重要角色。因此，我們祖先創造了大量的與植物有關的漢字。與植物有關的部首有艸、木、禾、竹等。

艸，小篆作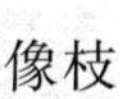，作偏旁時寫作"艹"。木，殷商甲骨文作，象形字，上像枝葉，下像樹根。禾，殷商甲骨文作，西周金文作，象形字，像一株禾穀，下部爲根，中部爲葉子，上部爲聚集在一起垂向一側的穀穗。從字形看，"禾"本爲穀子的專稱，後泛指一般穀物。竹，小篆作，像兩張竹葉分成兩片之形。這幾個部首所表示的意類主要有以下幾種：

（一）表示植物的名稱

表示植物名稱的如梅、松、杏、菊、薇、稷等。又如：

苦，苦菜。即荼。《詩經·唐風·采苓》："采苦采苦，首陽之下。"毛傳："苦，苦菜也。"其味極苦，引申爲一般的苦。

楚，木名，又名牡荊，落葉灌木，或小喬木，枝幹堅勁，可做杖。《詩經·周南·漢廣》："翹翹錯薪，言刈其楚。"

穀，糧食作物的總稱。今與"谷"同音合併。

黍，又稱黄米，可釀酒，甲骨文作，上爲黍株散穗狀（後類化爲禾），下爲"水"，表示可釀酒之穀物。

（二）表示植物各個部位的名稱

表示植物各個部位名稱的如根、莖、本、枝、葉、花等。又如：

節，本義是竹節。後來凡植物枝幹約束之處都稱爲"節"。"節約"、"節制"、"節省"等均爲引申義。

華，"花"的初文。《詩經·小雅·皇皇者華》："皇皇者華，于彼原隰。"

葉，金文作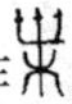，像樹上長有許多葉子之形，不从艸。

果，表示植物結的果實，金文作，像樹上結果之形。

（三）表示植物的性狀

枯，本義指草木枯槁。《禮記·月令》："（孟夏之月）行冬令則草木蚤枯。"

蔫，本義爲花草枯萎，顔色不鮮艷，常用來形容人精神不振的樣子。

萎，本義指植物枯槁、凋謝。《詩經·小雅·谷風》："無草不死，無木不萎。"

蒼，本義指草色。《詩經·秦風·黄鳥》："彼蒼者天，殲我良人。"

薈，草木繁盛貌。《詩經·曹風·候人》："薈兮蔚兮，南山朝隮。"引申爲叢聚；彙集。

香，小篆作，从黍、从甘，黍爲五穀中氣味最爲芳香者，甘有美好之意，本義表示植物的芬芳醇美之氣。

年，殷商甲骨文作，字形像人頭頂着禾，表示收穫穀物或穀物成熟。《説文·禾部》："年，穀熟也。"《春秋·桓公三年》："有年。"《穀梁傳》："五穀皆熟，爲有年也。"

（四）表示用植物製作的器物

杯，本來是木製的，所以从木。《說文》作桮，俗作楹，通作杯。飲酒器。俗作“盃”，从皿表示器物類屬，从木表明材質。《禮記・玉藻》：“母沒而杯棬不能飲焉。”

簡，寫字的竹簡，所以从竹。《詩經・小雅・出車》：“畏此簡書。”

策，馬鞭，用竹做的，所以从竹。《禮記・曲禮》：“則僕執策立于馬前。”

（五）表示與植物相關的動作

析，从木、从斤會意，本義是破木，即用斤（斧）劈開樹木。《詩經・小雅・車舝》：“陟彼高岡，析其柞薪。”後引申爲“分析”。

相，从木、目會意，指用眼睛觀察樹木，有仔細省視之意。《詩經・大雅・公劉》：“相其陰陽。”

采，本義爲摘取。殷商甲骨文作，西周金文作，像手採摘果實之形。《詩經・周南・關雎》：“參差荇菜，左右采之。”

構，本義是以木架屋。《淮南子・泛論》：“築土構木，以爲宮室。”

算，本義是計算。古代計數所用籌碼是用竹子製作而成的。劉勰《文心雕龍・諸子》：“承流而枝附者，不可勝算。”

藏，本義爲隱匿。字从艸，表示用艸覆蓋其物，使別人不能發現。《周易・繫辭上》：“顯諸仁，藏諸用，鼓萬物而不與聖人同憂。”

秀，禾類植物開花抽穗。《詩經・大雅・生民》：“實發實秀，實堅實好。”

租，本義是地租，地租收的是穀物，所以字从禾。《漢書・文帝紀》：“其賜天下民今年田租之半。”

稅，本義是賦稅，賦稅收的是穀物。《老子》：“民之饑，以其上食稅之多，是以飢。”

茬，本義是斜砍、劈削。《漢書・貨殖傳序》：“既順時而取物，然猶山不茬蘖，澤不伐夭。”顏師古注：“茬，古槎字也。槎，邪砍木也。”

茁，草初生出地貌。亦泛指植物的生長。《詩經・召南・騶虞》：“彼茁者葭，一發五豝。”

四、與自然界有關的部首

（一）與天象有關的部首

關於天象的部首有日、月、雨、風等，擇要敘述如下：

1．日

从日的字多和天象、時間有關，如曬、晴、晌、昧、晚等，又如：

旦，甲骨文作，像太陽剛剛升起，本義是天亮、清晨。

莫，爲“暮”之初文，甲骨文作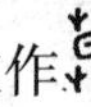，像太陽落在草叢中。

春，甲骨文作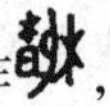，从日，从木或从艸，以“屯”爲聲，而以春和日暖、萬物滋生表意。

景，亮光；日光。《文選·班固〈東都賦〉》：“嶽脩貢兮川效珍，吐金景兮歊浮雲。”高步瀛義疏引李賢曰：“景，光也。”

曆，推算日月星辰之運行以定歲時節氣的方法。《淮南子·本經訓》：“星月之行，可以曆推得也。”與“經歷”之“歷”同時簡化爲“历”。

2．月

殷商甲骨文作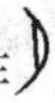，月缺多於月圓，所以以彎月表示月亮之形。从月之字多與時間或光亮有關，如期、朝、明、朦、朧等。又如：

朔，爲每月初一，《說文·月部》：“朔，月一日始蘇也。”

3．雨

殷商甲骨文作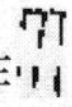，像雨水降落之形。从雨之字大都與氣象有關，如雷、電、雪、霜、霞、霧、霓等。又如：

震，本義是響雷。《詩經·小雅·十月之交》：“爗爗震電，不寧不令。”毛傳：“震，雷也。”

零，本義爲雨徐徐而下。《說文·雨部》：“零，徐雨也。”引申指雨雪霜露等的降落及涕淚的掉落。《詩經·鄘風·定之方中》：“靈雨既零。”《古詩十九首·迢迢牽牛星》：“終日不成章，泣涕零如雨。”

（二）與地理有關的部首

1．山

从山之字，或表示山名，或表示山的種類，或表示山的性狀，或表示與山有關的變化。例如：

嶽，古代指名山“四嶽”或“五嶽”。《詩經·大雅·嵩高》：“嵩高維嶽，駿極于天。”毛傳：“嶽，四嶽也。東嶽岱，南嶽衡，西嶽華，北嶽恒。”

屹，本義指山勢高是聳，引申泛指高聳、聳立貌。《史記·周本紀》：“棄爲兒時，屹如巨人之志。”

崇，本義是山大而高，引申指一般高、大。《國語·周語下》：“夫宮室不崇，器無彤鏤，儉也。”

崗，本義是山脊、山嶺。班彪《北征賦》：“乘陵崗以登降，息郇邠之邑鄉。”

嵐，本義指山林中的霧氣。謝朓《臨楚江賦》：“滔滔積水，裊裊霜嵐。”

2. 水

殷商甲骨文作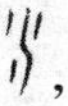，西周金文作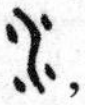，小篆作。作爲偏旁，可寫作“氵”或“氺”。从水之字或者表示水名，或者表示地貌，或者表示水的性狀，或者表示與水有關的動作。例如：

津，渡口。《論語·微子》：“長沮、桀溺耦而耕，孔子過之，使子路問津焉。”又如河津、孟津、天津等，均爲渡口。

汭，是支流流入幹流的地方，內兼表聲義。《尚書·禹貢》：“東過洛汭。”孔傳：“洛汭，洛入河處。”又如夏汭，即漢水（下游古稱夏水）入江地區，渭汭即渭水入河地區。

測，本義是測水的深淺。《荀子·勸學》：“不道禮憲，以《詩》《書》爲之，譬之猶以指測河也，以戈舂黍也，以錐飱壺也，不可以得之矣。”

淫，本義爲浸潤。《周禮·考工記·匠人》：“善防者水淫之。”鄭玄注引鄭司農曰：“謂水淤泥土留着，助之爲厚。玄謂淫讀爲淫液之淫。”

激，水流因受阻而騰涌、飛濺。北魏酈道元《水經注·江水二》：“其水並峻激奔暴，魚鱉所不能游，行者常苦之。”

湯，本義爲沸水。《論語·季氏》：“見善如不及，見不善如探湯。”

涉，殷商甲骨文作，像兩止（趾的本字，意爲腳）涉水過河之形，小篆爲了字形的美觀，將止置於水的一側，作。

3. 阜

殷商甲骨文作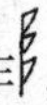，像臺階之形。作偏旁時寫作“阝”，俗稱左耳刀旁。从阜之字所表示的字義與升降有關，如陡、階、險等。又如：

降，殷商甲骨文作，爲雙足下山之形，本義是“升降”的“降”。

陟，殷商甲骨文作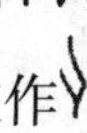，爲登山、登高之形。

队（隊），甲骨文作，爲人從山上墜下之形，“墜”之初文。

陵，本義爲大土山。《詩經·小雅·天保》：“如山如阜，如岡如陵。”毛傳：“大阜曰陵。”

阿，本義爲大的丘陵。《詩經·小雅·菁菁者莪》：“菁菁者莪，在彼中阿。”毛傳：“中阿，阿中也。大陵曰阿。”

陰，本義是山北。《孟子·萬章上》：“禹薦益於天，七年，禹崩，三年之喪畢，益避禹之子於箕山之陰。”

陽，本義是山南。《尚書·禹貢》：“岷山之陽，至于衡山。”

阻，本義是山路難行。《孫子·軍爭》：“不知山林險阻、沮澤之形者，不能行軍。”

4. 土

殷商甲骨文作，像地上有土塊或土堆之形。从土之字，或表示建築物，或表示土的性質，或表示土的變化，或表示對土、用土的動作，例如：

墳，本義是堤岸、水邊高地。《詩經·周南·汝墳》：“遵彼汝墳，伐其條枚。”

坎，本義是地面凹陷處。《禮記·喪大記》：“小臣爪足，浴餘水棄於坎。”

壞，本義爲建築物遭到破壞。《韓非子·說難》：“宋有富人，天雨牆壞。”

基，本義是建築物的根腳。《詩經·周頌·絲衣》：“自堂徂基，自羊徂牛。”鄭玄箋：“基，門塾之基。”

五、與器用有關的部首

（一）與服飾有關的部首

1. 衣

衣，甲骨文作，字形像上衣有領襟之形，本義爲上衣。《詩經·邶風·綠衣》：“綠衣黃裳。”毛傳：“上曰衣，下曰裳。”作爲偏旁，處在字左，寫作“衤”，處在字下或字上寫作“衣”，也有將衣割裂爲兩部分的，如裹、衰。

表，小篆作，本義指衣服的外層、外衣。《莊子·讓王》：“曾子居衛，緼袍无表，顏色腫噲，手足胼胝。”後來引申指表面。

裏，或作“裡”，本義指衣服的內層。《詩經·邶風·綠衣》：“綠兮衣兮，綠衣黃裏。”

初，从衣从刀，會意字，以裁剪衣料爲製作衣裳的開始表示起始、開端。《尚書·伊訓》：“今王嗣厥德，罔不在初。”

2. 巾

巾，本指供擦拭、覆蓋、包裹、佩帶等用的一方布帛。《儀禮·士喪禮》：“沐，巾一；浴，巾二。”鄭玄注：“巾，所以拭汙垢。”从巾之字本義多與布有關，如帆、帛、帳、帽、幔、幃等。又如：

布，小篆作，从巾、父聲。《論語·鄉黨》：“齊，必有明衣，布。”

幗，婦女覆於髮上的飾物，後代指婦女。《晉書·宣帝紀》：“亮（諸葛亮）數挑戰，帝（司馬懿）不出，因遺帝巾幗婦人之飾。”

常，本爲“裳”之異體。《說文》：“常，下帬也。从巾、尚聲。裳，常或从衣。”

3. 糸（mì）、絲

糸，甲骨文作或，像一把絲擰在一起；絲，甲骨文作，由兩個“糸”構成，本義是蠶絲。凡从糸之字，或表示與絲綫或紡織的行爲有關，如紗、纖、縫、綁、紉、紡、織等，或表示色彩，如紅、紫、綠等。又如：

經，絲織物的縱綫，與“緯”相對。《禮記·間傳》：“禫而纖。”鄭玄注：“黑經白緯曰纖。”

緯，絲織物的横綫，與“經”相對。《左傳·昭公二十四年》：“嫠不恤其緯，而憂宗周之隕，爲將及焉。”

絕，戰國金文作，表示用刀將絲繩從中間割斷，本義是斷絕。《荀子·修身》：“其折骨絕筋，終身不可以相及也。”

係，甲骨文作，用手將兩縷綫連接在一起，本義是連綴、連屬。《文選·班固〈幽通賦〉》：“係高頊之玄胄兮，氏中葉之炳靈。”李善注引曹大家曰：“係，連也。”

績，是指將葛麻搓捻成綫的工作。《詩經·陳風·東門之枌》：“不績其麻，市也婆娑。”

4. 革

西周金文作，像獸皮之形，有頭有尾。《說文》：“革，獸皮治去其毛，革更之。”从革之字大都與皮革有關，如靴、鞋、鞭、鞍、鞣、靶等。

5. 玉

玉，甲骨文作，像一串玉之形。玉在古代爲佩飾，所以放在與服飾有關的部首討論。从玉之字，或者表示玉的類别，如璧、璋、環、玦、琪等；或者表示和玉有關的性狀，如瑕、玷等；或者表示對玉施加的動作，如理、琢。又如：

琀，古代放在死者口裏的玉。《說文·玉部》：“琀，送死口中玉也。”

瑞，古代用作符信的玉。《尚書·舜典》：“（舜）輯五瑞，既月乃日，覲四嶽群牧，班瑞於群后。”陸德明釋文：“瑞，信也。”

璞，本義指未雕琢的玉，《韓非子·和氏》：“王乃使玉工理其璞而得寶焉。”

琱，本義是打磨玉器，引申爲雕刻、刻鏤。《說文·玉部》：“琱，治玉也。”

寶，西周金文作，从宀、从貝、从玉，缶聲，表示屋中有錢財和玉石，本義

是珍貴之物。《國語·魯語上》："莒太子僕弒紀公，以其寶來奔。"

朋，西周金文作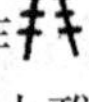，像連起來的兩串貝之形，金文中常用作兩次，後引申出同類的意思。《詩經·小雅·菁菁者莪》："既見君子，錫我百朋。"

（二）與飲食有關的部首

1. 食

食，甲骨文作，上爲倒口，下爲盛滿食物的食器，整體表示進食。从食之字本義大都與食物、糧食或吃有關，如飯、餅、饅、飽、飲等等。又如：

餘，本義指食物餘剩，多出來。《詩經·秦風·權輿》："於我乎，夏屋渠渠。今也每食無餘。"

館，本義指招待賓客居住的房舍。《詩經·鄭風·緇衣》："適子之館兮。"孔穎達疏："館者，人所止舍。古爲舍也。"

饗，甲骨文作，兩人相向進食。本義爲相聚宴飲，《詩經·豳風·七月》："朋酒斯饗，曰殺羔羊。"現簡化爲"飨"。

2. 米

《說文》："米，粟實也。"从米之字大都與糧食有關，如粱、粒、粹、糠、粳、糕等。又如：

精，本義指純淨的好米。《論語·鄉黨》："食不厭精。"劉寶楠正義："精者，善米也。"引申指純粹、精粹、精華。

粗，本義指糙米、粗糧。《莊子·人間世》："吾食也執粗而不臧。"引申指粗糙、粗劣。

糟粕，本義指已濾過酒的渣滓。《淮南子·道應訓》："是直聖人之糟粕耳。"高誘注："粕，已漉之精也。"

3. 酉

酉，甲骨文作，像酒罎之形。从酉之字多與酒有關，如酒、醉、酗、醞、釀等。又如：

酬，本義指勸酒、敬酒。《詩經·小雅·楚茨》："爲賓爲客，獻醻交錯。"鄭玄箋："主人又自飲酌賓曰醻。"

醇，本義指酒味淳厚。《文選·嵇康〈琴賦〉》："蘭肴兼御，旨酒清醇。"李善注："醇，厚也。"

醒，本義指酒醉消除，恢復常態。《左傳·僖公二十三年》："姜與子犯謀，醉而遣之。醒，以戈逐子犯。"引申指睡眠狀態結束或尚未睡着。

酌，本義是舀酒、斟酒。《詩經·周南·卷耳》：“我姑酌彼金罍，維以不永懷。”

配，本義是調配酒液，引申爲泛指勾兑調配一切事物。《周易·豫》：“殷薦之上帝，以配祖考。”

另外還有兩個字造字本義與飲食有關：

即，甲骨文作，左旁是盛滿食物的食器，右旁是一個跪跽之人，表示就食。《周易·鼎》：“鼎有實，我仇有疾，不我能即。”高亨注：“《說文》：‘即，就食也。’此用其本義。”引申指就、接近、靠近。

既，甲骨文作若，跪跽之人嘴背對食器，表示食畢，引申指動作已經完成。《春秋·桓公三年》：“秋七月壬辰朔，日有食之，既。”

（三）與居住有關的部首

1. 宀（mián）

宀，甲骨文作，本義爲房屋。《說文·宀部》：“宀，交覆深屋也。象形。”段玉裁注：“古者屋四注，東西與南北皆交覆也。有堂有室，是爲深屋。”从宀之字本義多與房屋、建築有關，如宫、宅、家、宇、寢、室等。又如：

宿，甲骨文作，屋中一人臥席而睡，本義是住宿、過夜。《詩經·邶風·泉水》：“出宿于泲，飲餞于禰。”

宗，本義是宗廟、祖廟。《周書·大禹謨》：“正月朔旦，受命於神宗。”孔傳：“神宗，文祖之宗廟。言神，尊之。”

宇，本義是屋檐。《詩經·豳風·七月》：“七月在野，八月在宇，九月在户，十月蟋蟀入我牀下。”陸德明釋文：“屋四垂爲宇。”

寍（寧），从宀、从心、从皿，人有吃（皿）、有住（宀）則心安寧。《說文》：“寍，安也。从宀，心在皿上。人之飲食器，所以安人。”

宰，从宀、从辛（辛爲刑具），本義是在室内勞動的奴隸。侍奉主人飲食起居的奴隸最受信任，所以臣子中最受信任的宰輔亦稱爲“宰”，如“宰相”。

2. 广（yǎn）

本義是依山崖建造的房屋。唐韓愈《陪杜侍御遊湘西兩寺》詩曰：“剖竹走泉源，開廊架崖广。”所以从广之字本義多和房屋建築有關，如廟、店、庖（廚房）、廳、廊等。又如：

序，本義是堂的東、西牆。《禮記·喪服大記》：“大夫殯以幬，欑置于西序。”孔穎達疏：“欑置于西序者，屋堂西頭壁也。”

廉，本義是堂的側邊。《儀禮·鄉飲酒禮》：“設席於堂廉東上。”鄭玄注：“側邊爲廉。”

府，本義是收藏財貨或文書的地方。《禮記·曲禮下》：“在官言官，在府言府。”鄭玄注：“府，謂寶藏貨賄之處也。”

庫，儲藏戰車兵甲的屋舍。《禮記·曲禮下》：“在府言府，在庫言庫。”鄭玄注：“庫謂車馬兵甲之處也。”

廢，房屋傾圮無用。《說文·广部》：“廢，屋頓也。”朱駿聲通訓：“廢，屋頓……傾圮無用之意。”

3. 門、户

門，甲骨文作、等形；户，甲骨文作，爲門之省。《論語·雍也》：“誰能出不由户？”劉寶楠正義引《一切經音義》：“一扇曰户，兩扇曰門。”从門、从户之字大都與門户及其動作有關，如閉、閃、闖、閂、鬧、閻等。又如：

闈，本義指宫中小門。《公羊傳·宣公六年》：“有人荷畚，自闈而出者。”何休注：“宫中之門謂之闈，其小者謂之闈。”

閒（間），西周金文作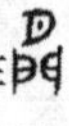，表示从兩扇門的縫隙中看到月亮，本義是指空隙、縫隙。《莊子·養生主》：“彼節者有閒，而刀刃者無厚。”

扇，本義指用竹或葦編的門。《禮記·月令》：“（仲春之月）是月也，耕者少舍，乃脩闔扇，寢廟畢備。”鄭玄注：“用木曰闔，用竹葦曰扇。”

房，古代指正室兩旁的房間。《尚書·顧命》：“胤之舞衣、大貝、鼖鼓在西房；兑之戈、和之弓、垂之竹矢在東房。”

啓，甲骨文作，一隻手把一扇門打開，本義是開門。《左傳》：“門啓而入。”引申爲開導，如不憤不啓。

4. 邑

邑，甲骨文作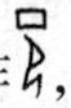，本義是人聚居的地方，上爲城鎮，下爲跪坐之人，表示居住。作偏旁時寫作“阝”，俗稱右耳刀。从邑之字本義多表地名、行政區劃或人的居住地，如都、郭、鄰、郡、邯鄲、邳、郢、邢等。又如：

邦，本義是古代諸侯的封國。《尚書·堯典》：“百姓昭明，協和萬邦。”漢代爲避劉邦諱，而改邦爲國。

鄙，本義爲邊邑、邊境。《公羊傳·莊公十九年》：“冬，齊人、宋人、陳人伐我西鄙。”何休注：“鄙者，邊垂之辭。”

（四）與用具有關的部首

1. 刀

刀，甲骨文作，像一把刀的樣子。作偏旁時寫作“刀”或“刂”。从刀之字多表示和刀有關的動作，如分、切、劈、剪、刺、刻、削、割等。又如：

刖，砍掉腳或腳趾，爲古代酷刑之一。《左傳·莊公十六年》：“九月，殺公子閼，刖強鉏。”

劓，割鼻，爲古代五種酷刑之一。《尚書·呂刑》：“惟作五虐之刑曰法，殺戮無辜，爰始淫爲劓刵椓黥。”孔穎達疏：“劓，截人鼻。”

判，本義爲剖開。《墨子·備穴》：“令陶者爲月明，長二尺五寸六圍，中判之，合而施之穴中。”

删，从冊、从刀，古人書於簡帛，有誤者用刀刮去。引申爲消除、去掉。《漢書·刑法志》：“若開後嗣，不若删定律令。”顏師古注：“删，刊也。有不便者，則刊而除之。”

刊，本義爲砍斫、削除。《周禮·秋官·柞氏》：“夏日至，令刊陽木而火之；冬日至，令剝陰木而水之。”鄭玄注：“刊、剝、互言耳，皆謂斫去次地之皮。”

2. 斤

斤，甲骨文作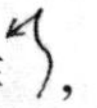，像砍伐用的工具，本義是斧頭。《說文·斤部》：“斤，斫木斧也。”段玉裁注：“此依小徐本。凡用斫物者皆曰斧，斫木之斧則謂之斤。”从斤之字大都與斧斤有關，如斷、斫等。又如：

析，甲骨文作，以斧斤劈木，取意劈開。《詩經·小雅·車舝》：“陟彼高岡，析其柞薪。”

折，甲骨文作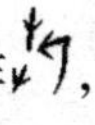，像用斤砍斷木之形，縱向剖開爲析，橫向砍斷爲折。引申指折斷、摘取。

新，本義爲伐木。《說文·斤部》：“新，取木也。”章炳麟《論承用“維新”二字之荒謬》：“且彼亦知‘新’之爲義乎？衣之始裁爲之‘初’，木之始伐謂之‘新’。”

斯，本義是用斧斤劈開。《詩經·陳風·墓門》：“墓門有棘，斧以斯之。”毛傳：“斯，析也。”

所，《說文》：“所，伐木聲也。从斤、户聲。《詩》曰：伐木所所。”

3. 力

力，甲骨文作，像最原始的耕地農具——耒之形。耕田需要用力，所以“力”

字就用爲力量之“力”。在漢字中，凡从力之字大都與力量、力氣有關，如功、助、動、勤、勞、勁等等。

男，造字本義是用耒在田裹耕作的成年男子。《說文·男部》：“男，丈夫也。从田从力，言男用力於田也。”

4. 皿

皿，甲骨文作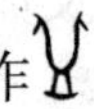，象形字。《說文·皿部》：“皿，飯食之用器也。”凡从皿之字大都與器皿有關，如盒、盆、盞、盂等。又如：

盥，金文作，雙手在器皿中洗滌，本義是洗手。《禮記·少儀》：“舉爵則坐立飲，凡洗必盥。”孔穎達疏：“盥，洗手也。”

監，甲骨文作，人對着器皿照看面容，本義爲察看、督察。《尚書·呂刑》：“上帝監民，罔有馨香。”

益，甲骨文作，像水從器皿中溢出來，爲“溢”之本字。引申指富裕、富足、增加等。《呂氏春秋·察今》：“澭水暴益。”

盡，甲骨文作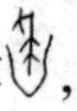，手持毛刷清洗器皿，表示器內已經空淨，本義是空。《說文·皿部》：“盡，器中空也。”桂馥義證：“《世說》：‘可以累心處都盡。’注云：‘盡，猶空也。’”

5. 瓦

《說文》：“瓦，土器，已燒之總名。”凡是經過燒製的土器都可以稱作瓦，本義當指陶製器物。《荀子·性惡》：“夫陶人埏埴而生瓦。”因此，从瓦之字大都與陶器有關，如瓷、瓶、甕、甌（小盆也）等。又如：

甄，本義是製作陶器。《文選·張華〈女史箴〉》：“既陶既甄。”李善注引如淳曰：“陶人作瓦器謂之甄。”

6. 网

网，甲骨文作，像捕獲動物的網。《說文》：“网，庖犧所結繩以漁。从冂、下象网交文。”楷書中，“网”作爲偏旁一般置於字上，且寫作“罒”。从网之字多與網或網的作用有關，如罩（捕魚器也）、罾（漁网也）、罟（網也）、罝（兔网也）。又如：

罪，捕魚竹網，泛指羅網。《詩經·小雅·小明》：“豈不懷歸，畏此罪罟。”馬瑞辰通釋：“《說文》：罪，捕魚竹网；罟，网也。秦始以罪易辠。維此詩罪罟二字平列，猶云网罟。與下章‘畏此譴怒’、‘畏此反覆’語同。”

羅，甲骨文作，从网、从隹，表示用網捕鳥；小篆作，增糸 mì，表示以繩

索結網捕鳥之義。本義是張网捕鳥。《詩經·小雅·鴛鴦》:“鴛鴦于飛,畢之羅之。”

7. 車

車,早期金文作,象形字。从車之字大都與車或車輪的轉動有關,如軌、轎、軸、輪、轉、軋等。又如:

輦,本指人拉的車。《竹書紀年》卷上:“遷于河南,初作輦。”後專指天子所乘之車。

斬,本指車裂之刑。《說文》:“斬,截也。从車、从斤。斬法,車裂也。”

8. 舟

舟,甲骨文作,像一隻彎彎的小船之形。凡从舟之字,大都與船有關,如航、艦、舸、舫、舵等。《周易·繫辭下》:“刳木爲舟。”《楚辭·九歌·湘君》:“美要眇兮宜修,沛吾乘兮桂舟。”王逸注:“舟,船也。”

前,西周金文作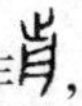,从止从舟,表示乘船而行。《莊子·盜跖》:“孔子下車而前,見謁者曰:‘魯人孔丘,聞將軍高義,敬再拜謁者。’”

9. 貝

貝,甲骨文作,像貝殼之形。古人以貝殼爲貨幣,所以从貝之字本義多和財富有關,如賦、財、貨、資、貴、賤、費、賬、贓等。又如:

貯,甲骨文作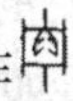,貝置於箱中,表示儲存、收藏財物。《呂氏春秋·樂成》:“我有田疇,而子產賦之;我有衣冠,而子產貯之。”

賑,本義是救濟。《管子·輕重丁》:“貸稱之家皆析其券而削其書,發其積藏,出其財物,以賑貧病。”救濟需要錢財,所以从貝。

賄,本義財物,《詩經·衛風·氓》:“以爾車來,以我賄遷。”毛傳:“賄,財。”

賂,贈送財物。《詩經·魯頌·泮水》:“元龜象齒,大賂南金。”毛傳:“賂,遺也。”賄、賂開始並無貶義。

(五)與鬼神有關的部首

1. 示

示,甲骨文作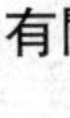,像神主之形。从示之字本義多和鬼神、祭祀有關,如祖、祀、祐祥祡(燒祡樊燎以祭天神)、祼(灌祭也)、祓(除惡祭也)、禪(祭天也)、祈(求福也)等等。又如:

福,本作“畐”,不从“示”,爲酒器的象形。古人灌酒祭神以報神之福佑或求神以賜福佑。《左傳·莊公十年》:“小信未孚,神弗福也。”

神，本作“申”，甲骨文“申”像閃電之形。“申”的本義爲閃電，《說文》“虹”下云：“申，電也。”金文寧簋“其用各百神”、父辛卣“多神”，都已經增加形符“示”，成爲从示、申聲的形聲字。《禮記·祭法》：“山林川谷丘陵，能出雲爲風雨，見怪物，皆曰神。”孔穎達疏：“風雨雲露並益於人，故皆曰神而得祭也。”

祭，甲骨文作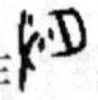，不从“示”，用“以手持肉”祭祀來會意，又加注“示”以加強祭祀的意義。《莊子·盜跖》：“罷兵休卒，收養昆弟，共祭先祖。”

祝，甲骨文作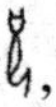，像人跪於地而禱告之形，又加“示”作形符，表明此字意義與祭祀、求神有關。本義是祝禱。《公羊傳·襄公二十九年》：“諸爲君者皆輕死爲勇，飲食必祝曰：‘天苟有吳國，尚速有悔於予身。’”何休注：“祝，因祭祝也。”

社，甲骨文與“土”同字，“社”是土地之神，因此甲骨文的“土”又讀作“社”，如“邦土（社）、亳土（社）、唐土（社）”。戰國文字才有加注“示”的“社”。

禁，本義是禁忌。

祟，本義是鬼神的禍害。《戰國策·東周策》：“及王病，使卜之。太卜譴之曰：‘周之祭地爲祟。’”鮑彪注：“神禍也。”

2. 鬼

鬼，甲骨文作，下爲人，上爲怪異的頭部，本義指人死後的精靈。《說文》：“鬼，人所歸爲鬼。从人，象鬼頭。”从鬼之字大都與鬼神有關，如魂、魄、魑、魅、魍、魎、魔等。又如：

醜，鬼臉很醜陋，所以美醜之“醜”从鬼。簡化字與表示地支的“丑”合併。《楚辭·九章·橘頌》：“紛緼宜脩，姱而不醜兮。”王逸注：“醜，惡也。言橘類紛緼而盛，如人宜修飾，形容盡好，無有醜惡也。”

（六）與軍旅有關的部首

1. 戈

戈，甲骨文作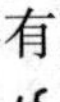，爲商周時期常見的兵器，現仍有“大動干戈”一語，因此，从戈之字多和軍事有關，如戰、戎等。又如：

伐，甲骨文作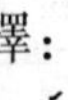，以戈加人頸會砍伐之意。《逸周書·世俘》：“伐右厥甲小子鼎大師。”朱右曾校釋：“伐，殺也。”

戍，甲骨文作，从人从戈，以人扛戈會意，本義爲守邊、防守。《詩經·王風·揚之水》：“彼其之子，不與我戍申。”毛傳：“戍，守也。”

戒，殷商甲骨文作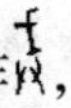，西周金文作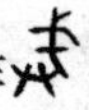，以手持戈取意警戒、防備。《周易·萃》："君子以除戎器，戒不虞。"孔穎達疏："修治戎器，以戒備不虞也。"

武，甲骨文作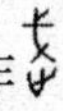，从止、从戈，表示拿起武器動身去打仗。《左傳·宣公十二年》："兼弱攻昧，武之善經也。"

2. 弓、矢

弓，甲骨文作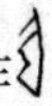，象形字。矢，甲骨文作，像箭之形。从弓、矢之字，大都與弓箭有關，如弦、弩、引等。又如：

張，本義是安上弓弦或拉緊弓弦。《詩經·小雅·吉日》："既張我弓，既挾我矢。"

弛，本義是放鬆弓弦。《墨子·三辯》："聖王不爲樂，此譬之猶馬駕而不稅，弓張而不弛，無乃非有血氣者之所不能至邪!"

至，甲骨文作，以矢（箭）射到某處表示到達之義。《詩經·秦風·渭陽》："我送舅氏，曰至渭陽。"

3. 㫃（yǎn）

㫃，甲骨文作、等形，像旗幟飄颺之形。《說文》："㫃，旌旗之遊㫃蹇之皃。从中，曲而下垂㫃相出入也。"从㫃之字，大都與旗幟有關，如旗、旄、旋、旌。又如：

旅，甲骨文作，以聚衆於旗下表示軍旅。《周禮·地官·小司徒》："乃會萬民之卒伍而用之。五人爲伍，五伍爲兩，四兩爲卒，五卒爲旅。"

族，甲骨文作，以矢在旗下，會意。《周禮·地官·大司徒》："令五家爲比，使之相保；五比爲閭，使之相受；四閭爲族，使之相葬；五族爲黨，使之相救。"

六、其他部首

1. 金

金，本是金屬的總名，後專指黄金。从金之字，或表示金屬名稱，如銀、銅、鐵、錫等；或表示用金屬製作的器物，如針、釘、鏡；或表示與金屬有關的動作。例如：

鑄，甲骨文作，像手持鑄器澆鑄器皿之形。小篆作，變爲从金、壽聲的形

聲字，本義爲鑄造。《管子・任法》："昔者堯之治天下也……猶金之在罏，恣冶之所以鑄。"

錯，以金爲意符，專指將金銀製成的絲或片，鑲入金屬鑄件原先留好的凹槽中，用工具擠實嵌牢，最後用錯石打磨光滑。《詩經・小雅・鶴鳴》："他山之石，可以爲錯。"鄭玄箋："錯，石也，可以琢玉。"

鏤，《說文》："鏤，鋼鐵可以刻鏤。"段玉裁注："鏤本鋼鐵之名，鋼鐵可受鐫刻，故鐫刻亦曰鏤。"鏤由名詞鋼鐵義引申爲動詞刻鏤。

2. 火

火，甲骨文作，本義是物體燃燒所產生的光和熱。作爲部首，出現在字下，楷書一般寫作"灬"，如熟、煮、烹、然等。

光，甲骨文作，頭上有火，本義是光明、明亮。《周易・益》："自上下下，其道大光。"

灸，中醫的一種治療方法，是用燃燒的艾絨熏灼人體的穴位，所以字从火。《莊子・盜跖》："丘所謂無病而自灸也。"

炮，用爛泥塗裹食物置火中煨烤，所以从火。《詩經・小雅・瓠葉》："有兔斯首，炮之燔之。"孔穎達疏："並毛而炮之。"